기독교문서선교회(Christian Literature Center: 약칭 CLC)는 1941년 영국 콜체스터에서 켄 아담스에 의해 시작되었으며 국제 본부는 미국 필라델피아에 있습니다.
국제 CLC는 59개 나라에서 180개의 본부를 두고, 약 650여 명의 선교사들이 이동도서차량 40대를 이용하여 문서 보급에 힘쓰고 있으며 이메일 주문을 통해 130여 국으로 책을 공급하고 있습니다. 한국 CLC는 청교도적 복음주의 신학과 신앙 서적을 출판하는 문서선교기관으로서, 한 영혼이라도 구원되길 소망하면서 주님이 오시는 그날까지 최선을 다할 것입니다.

추천사 1

조배숙 변호사
복음법률가회 상임대표, 제16-18, 20대 국회의원

법률에는 이를 만든 인간이 추구하는 가치가 담겨 있다. 즉, 어떤 시대 상황에서 그 사회의 구성원이 추구하는 가치를 실현시키기 위해 제도를 설계하고 그 제도를 작동시키기 위해 법을 만든다. 따라서 법률에는 그 사상적 뿌리가 있고 이를 이해하는 것이 그 법을 해석하는 데 필수적인 작업이다.

최근 '포괄적 차별금지법'(정의당안), '평등에 관한 법률'(이상민 의원안)이 발의되어 많은 우려를 하고 있다. 두 법은 중요한 부분에 있어서는 거의 동일하다.

위 법안에 많은 문제점이 있지만 가장 큰 문제는 차별금지 사유에 가치중립적 사유와 가치의존적 사유(성적 지향, 성별정체성)가 명백히 다름에도 불구하고 같이 취급되고 있고 동성애 성행위(성적 지향), 트랜스젠더 행위(성별정체성)를 비판하면 차별과 혐오로 보고 제재를 가함으로써 반대할 자유를 빼앗는 것이다. 우리 헌법상 보장되는 가장 중요한 정신적 자유, 즉 양심의 자유, 종교의 자유, 언론의 자유, 학문의 자유가 억압당하고 심대하게 훼손되는 것이다. 이는 전체주의적 사상통제이다.

이 책은 위 법의 사상적 배경인 니체, 하이데거, 푸코의 독일 특유의 비이성적 반도덕주의, 68 소아성애적 안티파, 향락주의적 좌파, 포스트모더니즘, 프랑크푸르트 학파, 프로이트막시즘, 문화막시즘의 사상적 흐름을 일목요연하게 소개하고 있다.

특히, 프랑크푸르트 학파의 마르쿠제의 주장에 대해 소개하고 있다. 즉, 마르쿠제는 "우파 운동에 대해서는 불관용을 좌파 운동에 대해서는 관용을" 의미하는 해방적 톨레랑스를 주장했다. 마르쿠제가 주장하는 해방적 톨레랑스는 당파적 톨레랑스로서 합리성과 비판적 토론의 가능성을 붕괴시키고 있다.

이러한 당파적 톨레랑스 개념은 차별금지법과도 관련이 된다. 마르쿠제는 공산주의의 완성 이전에 그 전 단계로서 민주주의와 자유를 임시적으로 폐지해야 한다고 주장했고 이 부자유의 단계에서는 언론의 자유와 표현의 자유가 제한되어야 한다고 주장했다. 마르쿠제 등이 주장한 표현의 자유는 자신들 진영만을 위한 표현의 자유였다.

이와 같이 차별금지법은 문화막시즘의 오랜 기획과 전략이다. 때문에 차별금지법이 우리 헌법상 보장된 기본적 인권인 자유권을 억압하고 헌법의 원칙과 충돌된다. 이러한 사상적 배경을 알 때 우리는 그것의 실체를 바로 알게 되는 것이다. 이것이 바로 차별금지법을 더 막아야 하는 이유가 된다.

또한, 성혁명, 급진 페미니즘의 이론적 대부라고 할 수 있고, 철학의 왕이라고 불리기까지 했던 프랑스의 미셸 푸코, 프랑스의 저명한 헌법학자이며 유럽연합인권법원에서 영향력을 행사했던 뒤아멜의 소아성애 폭로, 68 좌파의 당황한 침묵, 독일의 젠더 교육의 아버지 헬무트 켄틀러의 성추문과 주디스 버틀러, 샹탈 무페 등으로 이어지는 사상적 계보, 이러한 비도덕적인 사상 흐름에 비판을 가한 영국 로저 스크런턴 경, 르네 지라르(특히, 르네 지라르는 프로이트막시즘의 이론적 기반인 소포클레스의 비극 작품『오이디푸스왕』에서 유래한 오이디푸스 콤플렉스는 원래 서술 의도와는 다른 잘못된 해석에 기인한 것임을 지적하였다), 좌파에서 보수적 전환을 한 독일 철학자 페터 슬로터다이크 등이 소개되어 있다.

우리는 이 책을 통해서 위 법의 배경이 되는 사상을 알고 서구 사회에서 그 사상가들의 소아성애 추문, 위선, 이론의 문제점 등으로 학문적 신뢰가 추락되는 상황 등을 알게 된다. 이에 대해 현재는 서유럽 학계와 언론들이 젠더-헛소리라고 하면서 비판하고 있고 또한 소아성애와 조기 성애화교육에 대한 독일 학부모들의 반대 움직임이 독일 전역으로 확산하고 있다.

헝가리의 빅터 오르반 총리를 필두로, 폴란드, 체코 등 동구 유럽에서 서유럽 좌파 탑다운방식의 국가페미니즘에 반대하는 89세대의 움직임 등 이와 같이 우리가 쉽게 접할 수 없는 유럽 학계의 움직임에 대한 귀한 정보를 이 책은 제공하고 있다.

이는 다년간 유럽에서 연구활동을 해 온 필자의 역량과 항상 긴장의 끈을 놓지 않고 유럽학계와 유럽 사회의 움직임을 파악하는 노력에 기인한 것으로서 우리의 이론적 연구에 기여하는 바가 크다.

결국 이러한 사상적 흐름은 서유럽에서도 이제 저항에 직면하고 있고 황혼에 접어들고 몰락하고 있는데 지금 한국에서는 이렇게 퇴조하고 있는 사상을 글로벌 진보라는 이름으로 금과옥조처럼 강제하려고 한다. 이는 국민들의 무관심과 무지를 이용한 지적 사기이다.

이 책은 지금 우리가 어디로 가고 있고 궁극적으로는 어디로 가야 할 것인지를 깨닫게 하는 소중한 책이다. 포괄적 차별금지법을 비롯한 유사법 제정 움직임에 비판하며 우려를 품고 있는 의식이 있는 사람이라면 필독하여야 한다고 말하고 싶다. 바쁜 와중에도 이렇게 소중한 책을 집필하신 저자에게 다시 한 번 감사의 말씀을 전하고 싶다.

추천사 2

김영한 박사
기독교학술원장, 샬롬나비 상임대표
숭실대학교 기독교학대학원 설립원장

저자 정일권 박사는 독일과 오스트리아에서 신학을 전공하고 특히 르네 지라르의 문화인류학 사상에 관해 연구한 여러 저서를 출판하여 현대 유럽 사상에 대한 정통 신학의 해설가로서 학문적 탁월성을 제시하고 있으며 앞으로 학문적인 성과가 기대되는 젊은 문화신학자이다.

네오-막시즘(Neo-Marxismus)의 문화적 버전인 문화막시즘(Kultur-Marxismus, cultural marxism)은 자본주의가 붕괴되어서 사회주의혁명이 일어나지 않는 원인을 기독교 문화의 영향이라고 주장했다. 그래서 문화막시즘은 서구 전통 규범과 기독교 문화에 대한 문화전쟁(Kulturkampf)을 선포하고 문화혁명(Kultur Revolution)을 통해서 점진적 사회주의혁명을 성취하고자 한다.

이 책은 "서유럽 68 향락좌파와 성인지 뉴스피크(Zender Newspeak)의 황혼"에 대한 소개한 문명비평서로서 오늘날 서유럽에서 몰락하고 있는 문화막시즘의 전반적 상황을 정통 기독교의 입장에서 비판적으로 소개해 주고 있다.

저자는 21세기 문화막시즘을 3가지 아젠다인 사회주의 성정치(젠더 이데올로기), 다문화주의 그리고 생태사회주의를 중심으로 논하고 있다. 이 책은 저자가 앞서 저술한 『문화막시즘의 황혼』(CLC, 2020)의 제2편이라고 말할 수 있다. 이 책은 문화막시즘의 문제점을 보다 구체적으로 잘 설명해 주고 있다.

저자는 젠더 이데올로기 비판과 관련하여 젠더정치와 성 소수자 운동의 대부 미셸 푸코(Michel Foucault)의 소아성애 범죄(제1장)를 독일의 각종 잡지의 보도를 인용하면서 상세히 다루고 있다. 푸코의 소아성애 범죄를 중심으로 21세기 서유럽 68 '소아성애적 안티파'(Achtundsechsiger - Pädophiler Antifaschismus)의 몰락과 사회주의 성정치를 다루고 있다.

저자는 서유럽 68 소아성애적 안티파의 철학 이론과 성혁명적 수행 속에 그동안 은폐된 소아성애 문제와 근친상간 문제를 보다 깊게 비판적으로 논하고 공론화한다. 2021년 푸코 및 좌파/사회주의적 헌법학자 올리비에 뒤아멜 박사의 동성애/소아성애/근친상간 스캔들의 폭로는 서유럽 68 '향락주의적 좌파'(Die hedonistische Linke, the hedonistic left)의 황혼과 몰락을 보여 준다는 저자의 설명은 올바른 진단이다.

다문화주의에 대한 비판과 관련하여 저자는 21세기 독일 철학과 정치학의 보수주의적 전환을 주도하는 페터 슬로터다이크(Peter Sloterdijk), 독일 사민당 출신 틸로 자라친(Thilo Sarrazin)의 보수적 전환, 드보라 소(Debora W. Soh), 미국 원조 페미니스트 카밀 팔리아(Camil Paglia), 토마스 슈빈(Thomas Schwinn), 노베르트 볼츠(Norbert W. Bolz), 볼프캉 라이젠베르크(Wolfgang Leisenberg), 요제프 크라우스(Josef Kraus)들의 좌파 사상 비판을 소개하고 있다.

서사는 젠더 개념이 사회주의 성혁명가들의 "전체주의적 뉴스피크"(totalitarian Newspeak)라고 비판하고 있다. 서유럽 68 '향락주의적 좌파' 혹은 '소아성애적 안티파'가 추진해 온 사회주의 성혁명/성정치도 성유토피아와 젠더유토피아를 추구하는데, 이런 초현실주의적인 담론에 대해 슬로터다이크는 '경솔한 보편주의'라고 비판한다.

슬로터다이크는 20세기 중후반 동안 지속된 독일 사회민주주의(Sozialdemokratie)와 사회국가(Sozialstaat)의 심각한 부작용에 대해서 비판적 학자이며, 오스트리아 학파 하이에크(Friedrich August von Hayek, 1899-1992)의 주장, 곧 "유럽 사회민주주의는 노예의 길"이라는 주장을 지지한다고 소개한다. 사회주의 성정치 운동의 진원지인 독일에서부터 존 머니(John William Money, 1921-2006)가 최초 사용한 젠더 개념이 뇌과학적으로 근거가 없기에 폐기되고 있다고 저자는 소개하고 있다.

생태사회주의(Ökosozialismus) 논쟁(제6장)과 관련하여 저자는 보수주의자들, 곧 오스트리아에서 신자유주의적 사고를 대표하는 격렬한 사상가 쉘호른(Franz Schelhorn), 오스트리아 출신 미국 경제학자 토마스 마이어(Thomas Mayer), '오스트리아경제학·사회철학연구소'(Austrian Institute of Economics and Social Philosophy) 회장 마틴 론하이머(Martin Rhonheimer), 토마스 슈빈(Thomas Schwinn) 등의 좌파 이론에 대한 비판과 대안을 소개하고 있다.

저자는 독일 프랑크푸르트 학파의 비판이론(Kritische Theorie)과 유럽 68 학생 문화혁명 운동 등으로 대표되는 문화막시즘은 1989년 동유럽 공산주의의 붕괴 이후 21세기에 접어들면서 황혼기에 접어들었다고 피력하고 있다.

사회주의 성혁명과 성정치 사상의 진원지인 독일에서도 21세기에 접어들면서 독일 '기독교 우파'(Christliche Rechte)와 독일 AFD 정당 중심으로 젠더 연구와 퀴어 연구 폐지 운동이 등장하고 있다. 2020년 7월 독일의 대표 방송 ZDF는 젠더 광기를 비판하면서 21세기 유럽은 68세대가 아니라, 구소련과 동유럽 공산주의 붕괴 이후의 세대인 89세대가 주도하고 있다고 보도한다.

프랑스 마크롱 대통령도 68 학생 문화혁명 운동에 비판적인 89세대에 속한다.

21세기 대한민국에서 '제도권으로의 긴 행진'을 통해서 권력과 헤게모니를 장악한 86 운동권 세대는 진보 사상가 김누리의 주장처럼 대한민국에서 독일적 68 문화혁명, 성혁명 그리고 교육혁명이 필요하다고 각종 방송에서 주장했고, 현 정부도 유럽 68 문화혁명 세대가 추구했던 문화막시즘에 속하는 여러 정책들을 시도하지만, 이는 서유럽에서 이미 지나간 뒷북 정책이라고 저자는 진단한다.

사회주의 성혁명과 성정치 운동으로부터 파생된 동성애 운동, 퀴어 이론과 퀴어 문화축제, 젠더주의 그리고 이를 법제화하기 위한 차별금지법 등은 모두 문화막시즘으로부터 파생되었고 이 문화막시즘은 21세기 유럽에서 저물고 있다는 저자의 지적은 오늘날 서유럽에서 펼쳐지고 있는 좌파 문화상황에 대한 올바른 통찰이다.

독일에서도 동유럽 사회주의 붕괴 이후 유럽 정치의 주류세력으로 부상한 89세대 이후 자유민주주의 근본질서(freiheitliche demokratische Grundordnung)에 대한 강한 헌신이 강화되고 있다고 소개하고 있다.

저자는 독일권 최신 자료를 통하여 지구촌이 된 세상에서 문화막시즘이 서구에서 황혼에 접해 있는 오늘날 코로나로 인해 위기에 처한 생태사회주의(Ökosozialismus)에 대한 대안으로 막스 베버(Max Weber)가 제안한 윤리인 '자본주의 내적 금욕주의'가 필요하다는 전망을 제시해 주고 있다.

저자는 방법론적 개인주의에 기초한 영미권의 자유민주주의 전통이야말로 생명과 인권 그리고 자유를 위해 투쟁해서 체제경쟁에서 승리한 21세기에도 지속가능한 대안이라고 제시한다. 제4차 산업혁명, 인공지능, 빅데이터 그리고 사물인터넷 등 영국 산업혁명과 자본주의의 축적된 업적 속에서 발전된 방법론적 개인주의에 기초한 영미권의 자유민주주의 전통의 지속적 계승에 대한 저자의 요청은 21세기 우리 시대가 나가야 할 바람직한 방향이다. 여기서 저자는 오늘날 사회민주주의 전통과 젠더 막시즘에 대한 자유민주주의와 자본주의적 내적 금욕 윤리를 제창하는 젊은 기독교 사상가로 자리매김된다.

이 책은 오늘날 서구 문화막시즘에 대해 보수주의 사상가들의 비판과 대안을 소개하는 유럽 문화 동향의 보수신학적 관점의 책이다. 오늘날 한국의 케이팝(K-Pop)이 북한 젊은이들 가운데 퍼져서 식량보다는 자유세계의 정보를 들을 수 있는 와이파이(Wi-Fi)를 요구하는 북한 젊은 세대에 올바른 정보와 문화정보를 제시하는 것이 요청된다.

이 책은 오늘날 유럽의 좌파 사상의 흐름을 비판적으로 고찰함으로써 정통 기독교적 입장에서 문명의 새로운 방향을 추구하는 젊은 청년들, 학생들, 목회자, 철학자, 신학자들이 필히 읽어야 할 교양서이며 문명 비판서이다. 필독하면 오늘날 문화 사상의 방향을 정위하는 데 큰 도움이 될 것이다.

추천사 3

음 선 필 박사
홍익대학교 법과대학 헌법 교수

  푸코의 '황혼'과 젠더의 '종말'이라니?
  제목부터 시대 전환에 관한 과감한 선언을 품고 있기에 이 책은 첫인상부터 범상치 않다는 느낌이 들었다. 포스트모더니즘의 부족장이라 할 수 있는 대표적인 학자의 삶과 20세기 후반기 사조(思潮)의 핵심어에 대한 '종언'(終焉) 선언은 한편으로는 도발적으로 들릴 수 있고, 다른 한편으로는 쾌재를 불러일으킬 수 있기 때문이다.
  책의 목차를 보는 순간, 이른바 젠더정치와 성 소수자 운동의 대부(代父)로 군림해 온 미셸 푸코의 소아성애 범죄라는 새삼 놀라운 사건의 소개와 함께 그 사건의 이면에 숨겨진 코드를 추적하며 서구 사상계의 민낯과 어두운 실상을 파헤쳐 가는 필자인 정일권 박사의 지적 노고를 직감할 수 있었다. 일찍이 국내 신학대학원을 졸업한 후 독일과 오스트리아의 유수한 대학교에서 공부하여 신학 박사(Th.D.) 학위를 받은 정 박사의 폭넓은 책 읽기와 자료 수집에 감탄하였다.
  이 책은 유달리 학문적 사대주의에 경도된 한국의 지적 분위기에 커다란 영향을 끼쳤던 서구 좌파 지식인들의 실체를 발가벗기고 있다. 한때 이름만으로도 위압감을 주었던 미셸 푸코, 주디스 버틀러, 자크 라캉 등의 삶이 자유라는 미명 아래 얼마나 부도덕했는가 그리고 그들의 학문적 토대와 원형이 얼마나 취약하며 허구적인가를 줄기차게 밝히고 있다.

소아성애, 동성애, 근친상간, 마약, 에이즈, 자살 등은 성혁명 또는 성해방 등의 구호를 내세운 사회주의자들의 삶과 너무나도 역겹게 연결되고 있음을 보여 준다. 악인에게서 악이 나온다는 평범한 진리를 확인할 수 있다.

이 책은 대단히 많은 내용을 담고 있다. 그럼에도 불구하고, 저는 다음과 같은 필자의 주장을 특히 강조하고 싶다. 무엇보다도, 인권 개념이 유대-기독교적 기원으로부터 확립되었다는 사실이다. 서구의 보편적 인권 개념은 인간의 존엄성 사상에서 비롯하는데, 이는 '신의 형상'(Imago Dei)으로서의 인간에 대한 믿음에 기초하고 있다.

인권 개념의 기원을 기독교에서 찾지 않고 다른 곳, 예컨대 불교나 그리스에서 찾는 것은 필연코 무지의 숲속에서 헤매거나 미망(迷妄)에 빠지고 만다. 근본적으로 무신론에 기초를 둔 니체, 하이데거, 사르트르 그리고 이들의 영향을 받은 푸코 역시 그러하다.

무신론, 사회주의, 허무주의, 정치적 실존주의가 서로 긴밀히 연결되는 게 오히려 자연스럽다는 지적도 주목하여야 한다. 이들은 '탈진리'(post-truth)를 추구하며 '권력의지'(Wille zur Macht)에 집착하면서 자연스럽게 좌우사회주의, 즉 히틀러의 민속사회주의(나치즘)와 칼 막스 이후 국제사회주의(공산주의)로 기울어졌다. 또한, 이들은 현실적으로는 향락주의에 빠져 다자성애(polyamory), 소아성애 및 동성애, 근친상간 등으로 나타났다.

이러한 행태의 대표적 정당화 논리로 등장한 것이 문화막시즘이다. 정치경제학에서 패배한 사회주의자들이 문화막시즘으로 변모하였는데, 문화 중에서 성정치와 성혁명적 쾌락 원리가 그들의 핵심 사상이 되었던 것이다.

또한, 이 책은 서구의 지적 흐름에 나타난 커다란 변화를 거듭 강조한다. 특히, 서구 68 좌파사회주의자와 동구 89 자유주의자의 대결과 경쟁을 매우 흥미있게 소개하고 있다. 기독교를 배척하는 신이교적(新異敎的, neo-hedonic)인 서구 68 좌파주의자들과 달리 동구 89 자유주의자들은 기독교 민주주의를 적극 추구하고 있는데, 이러한 모습은 앞으로 전개될 사상사의 예고편이라 할 수 있다. 분명하게도 서구 좌파 세력의 황혼이 짙게 드리우고 있다.

오늘날 한국 현실에서 문제되고 있는 정치 세력의 주장과 그들이 추진하고자 하는 입법과 정책을 제대로 이해하기 원하면 이 책을 끝까지 읽어 보기를 강력하게 추천한다. 그럴듯한 용어인 인권·젠더·성인지 교육·다양한 가족 등의 얇은 막을 한꺼풀 벗겨 보면, 그 실체가 드러나게 될 것이다. 반이성적이고도 파괴적인 해체주의의 진면목을 볼 것이다.

그 대표적인 것이 포괄적 차별금지법(평등법)의 제정 시도이다. 이 책은 차별금지법이 "문화막시즘의 오랜 전략과 기획"으로서, 새로운 사회주의적 질서 수립을 위해 이루어진 개인의 권리에 대한 중대한 침해임을 강조하고 있다. 차별금지법이 보호하고자 하는 그룹(성 소수자, 여성, 흑인, 장애인 등)이 사회주의혁명을 위한 새로운 혁명 주체로 인식되고 있기 때문이다.

또한, 유럽인권법원의 사회주의 성정치의 문제점을 지적하면서, 우리나라 법원의 국제인권법연구회가 성 소수자 인권과 난민 정책 등과 관련하여 이러한 영향을 받고 있음을 경고해 준다. 그리고 오늘날 한국에서 광풍처럼 불고 있는 젠더 개념이 개념 조작을 목적으로 하는 광기적인 헛소리에 불과하다는 사실을 독일을 비롯한 서구의 최근 논의를 중심으로 명쾌하게 분석해 준다. 젠더 개념이나 성인지 감수성은 오웰의 뉴스피크(newspeak, Neusprech)에 불과하며, 이제 그러한 개념은 폐기되어야 한다는 것이 필자의 역설(力說)이다.

정 박사는 미제스, 하이에크를 비롯한 오스트리아 학파의 관점에서 좌우 독일 사회주의 전통과 유럽 68 좌파를 비판하고 있다. 그래서 이 책을 읽는 자유주의자들과 보수주의자들은 이제 한물간 "바보들, 사기꾼들 그리고 선동가들"에 대해 내심 쾌재를 부를 것이다.

하지만 필자는 근본적으로 기독교적 관점에서 무신론의 허무주의적 실존주의와 극히 인본주의적 사회주의를 반박하고 있다. 그래서 이 책을 읽는 기독교인들은 '군중(폭민, mob)의 신'인 디오니소스를 추앙하는 사이비 종교인 사회주의의 종말을 확인하는 안도감을 느끼게 될 것이다. 아울러 여전히 "혁명은 안단테로"라고 외치는 이 시대에 맞서서 기독교 문화를 지켜야 하는 한국 교회의 소명과 새로운 과제를 인식하게 될 것이다.

언뜻 어렵게 느낄 수 있는 주제이지만, 다양한 관점의 자료를 제시하며 반복적으로 설명해 주는 친절함 때문에 생각보다 쉽게 최근 서구 사상계의 흐름을 간파할 수 있게 하는 이 책은 모든 독자에게 매우 유용한 입문서요 학습서로 활용될 것이다.

추천사 4

민 성 길 박사
연세대학교 의과대학 정신과 명예교수

이번에 정일권 박사가 『문화막시즘의 황혼: 21세기 유럽 사회민주주의 시대의 종언』에 이어, 『미셸 푸코와 주디스 버틀러의 황혼: 성 소수자 운동의 아동인권 유린과 젠더의 종말』을 펴냈다.

사회, 정치, 경제, 사상에 문외한인 의사로서, 당연히 정일권 박사의 압도적인 논술에 놀라움과 더불어 큰 감명을 받는다. 지금까지 단편적으로 알던 지식들이 구슬을 꿰듯이 연결되면서 이해를 더하게 되었다. 더구나 이 책은 가장 최근의 정보를 포괄하고 있다. 깊이 감사드린다.

정신의학은 그래도 여러 의학 전문분야 중에서도 사회문화에 연결하여 병리를 설명하고는 있지만, 나는 부끄럽게도 사회문화에 대해 평소 교과서적인 단순한 설명으로만 알고 있었을 뿐이다. 성장애나 동성애자, 트랜스젠더 등을 가진 환자들을 치료한 경험은 드물었지만 있었다.

그런데 6년전 동성애에 대한 의학 자료들을 조사하여 제공해 주기를 요청받으면서, 동성애와 '젠더'에 대한 정신의학적 이론들을 다시 공부하기 시작하였다. 그러면서 소위 프리섹스 문화, 성혁명, LGBTQ(Lesbian, Gay, Bisexual, Transgender, Genderqueer) 이슈 등의 배후에 특정한 사회정치 사상적 흐름이 있다는 것을 알 수 있었다. 그것은 방탕주의(libertinism), 막시즘 그리고 성경에도 등장하는 '이방 문화'(이교, 이단)였다.

우리 나이의 사람들은 어려서 6·25전쟁을 겪으면서 반공 사상을 교육받아 막시즘에 대해 일종 혐오반응을 보여 왔다. 나는 1960년대 대학생활을 하였는데, 당시 반정부 학생 운동이 민주화 운동인 줄 알고 열심히 참여하였다. 이후 50여 년간 생업(의사와 의대 교수 생활)에 바빠, 성개방으로 나아가는 사회 변화를 곁눈질로 보면서 살았다.

그런데 요즈음 그런 정치-문화 운동이 막시즘에 근거한다는 것을 알게 되어, 사실 매우 곤혹스러워하고 있다. 특히, 20세기 '성혁명'이나 프리섹스 사조에 프로이트 정신분석이 막시즘과 결합하여 기여하였다는 사실을 알 수 있었다.

심지어 1970년대 동성애가 정신장애 목록에서 제외되었고, 그 이후 줄기차게 LGBTQ 정상화 운동이 벌어져 상당한 성공을 거두고 있다. 이런 변화의 배후에서 네오막시스트들의 성(sex)에 대한 주장과 정치적 옹호 활동이 핵심적 영향을 미치고 있다는 것도 알 수 있었다. 수많은 '의학적 사실'은 전혀 중요하지 않았다.

나는 서구 막시즘의 변화 과정과 그에 대한 단순한 반대가 아니라, 어떤 '철학적 비판' 이론이 있는지 정확히 알고 싶었다. 일반적으로 우리 같은 사람은 막시즘을 반공 사상과 함께 받아들였기 때문에, 단순히 싫어만 하였지, 비판에 대해서는 무지하였다.

이래서는 올바른 사상을 지키기 어렵고, 혁명적이고 급진적인 사회 변화에 적절하게 대응할 수 없으며, 후세를 올바르게 가르칠 수 없다. 이러한 긴요한 필요성에 비추어, 정일권 박사의 책은 참으로 귀중하다.

정일권 박사는 이미 『문화막시즘의 황혼』이라는, 전반적인 막시즘 비판서적에 이어, 이제 한발 더 나아가 미셸 푸코에 대한 비판 서적을 낸 것은 참으로 시의적절하다. 푸코는 21세기 성혁명에 절대적 영향을 미치고 있는 사상들의 대부격이다. 그는 다수 현대 '지식인'의 존경을 받고 있는 '권위자'인데, 그의 삶과 사상에 대한 비판이 있기는 하지만, 보통 사람들의 귀에는 거의 들리지 않고 있었다.

비록 이 책에서 기술하고 있는 것처럼, 푸코의 엽기적 성범죄가 폭로되었지만, 이참에 막시스트들은 늘 그랬듯이 아마도 소아성애 같은 도착적 섹스를 더 밀어붙이지 않을까 우려되기도 한다. 처음에는 폭로하고, 놀라게 만들고, 불안하게 만들고, 토론이 벌어지고 그리고 조금씩 정당화한다. 그러는 사이 대중은 면역이 되어 가고 자포자기하게 되고 결국 받아들이게 되지 않을까 우려된다.

이제 문제는 우리나라이다. 나는 한동안 막시즘이 우리 사회에 아주 강하게 작동한다고 보고 우리나라의 미래를 비관적으로 생각하였다. 그런데 정일권 박사가 각종 자료를 통해 실증적으로 문화막시즘의 발원지였던 서구 유럽과 미국에서 문화막시즘이 '필연적' 과정으로 퇴조하고 있다고 전해 주고 있다. 다소나마 안도의 숨을 쉬게 된다.

우리도 연구를 통해 문화막시즘에 근거한 성문화를 비판하고 올바른 윤리적 대안을 마련해 전파하여야 할 것이다. 이를 위해 정일권 박사가 주장하듯 학제간 연구가 필요하다. 예를 들어, 본인이 지난 50여 년간 연구하고 종사해 온 정신의학에 '윤리적 성문화'를 위해 기여할 수 있는 부분이 있을 것이다.

또한, 근대 정신의학의 기초 중 하나인 정신분석은 인간성의 본질로서 성욕과 공격성을 연구하여 왔고, 개인 간 갈등과 그 결과인 노이로제를 치유하는 데 기여하여 왔다. 소수 일탈된 정신분석가의 일탈된 정신분석 이론이 성해방 문화와 '젠더 이데올로기'가 발생하는 데도 기여하였지만, 이를 비판하고 치유하는 이론도 정신분석과 의과학에서 나올 수 있다. 이런 의미에서 올바른 윤리적 성문화를 위해 많은 의학자의 동참을 촉구하는 바이다.

이 모든 문화적, 정치적 그리고 의학적 이유를 근거로 나는 한국의 지도자와 올바른 지식을 갈구하는 모든 사람이 정일권 박사의 책들을 읽기를 강력히 추천한다.

추천사 5

이 명 진 소장
성산생명윤리연구소 소장, 의사평론가

　상대주의 윤리가 인류의 보편적 윤리와 도덕을 해체하고 건강한 삶을 위협하고 있다. 21세기 자유민주주의 헌법 체제의 대한민국에서 공론화되고 있는 사회주의 성혁명 운동과 성정치 운동 그리고 그것을 법적으로 보호하기 위한 차별금지법, 동성애 운동, 다양한 가족 형태, 퀴어 이론과 퀴어 신학 그리고 젠더 이데올로기 등의 사상적 뿌리는 문화막시즘이다.
　막시즘을 통해 세상을 뒤엎고 장악하려던 시도가 실패하자 악의 세력들은 문화를 통해 인간을 개조하려고 한다. 문화막시즘이라고 한다. 문화막시즘은 자본주의가 붕괴되지 않고 사회주의혁명이 일어나지 않는 원인을 기독교 문화 때문이라고 분석했다. 그래서 문화막시즘은 기독교 문화에 대한 문화전쟁을 선포하면서 문화혁명을 통해서 사회주의혁명을 성취하고자 한다.
　이들은 제도권으로 안단테의 전략을 구사한다. 일단 제도권에 안착하면 바로 탑다운방식으로 세상을 바꾸려고 한다. 이들은 정치경제학보다 문화, 예술, 미디어, 대학 강단, 교회, 가족사회학 등에 파고들어서 변혁을 추구했다. 개인주의, 사유재산, 이윤 동기뿐 아니라, 가족제도, 결혼제도, 일부일처제, 성적 금기(禁忌)에 반항했다.
　68혁명 이후 독버섯처럼 자라난 서유럽의 68 향락적 좌파는 지난 수십 년 동안 미국과 유럽의 지식인들의 뇌를 잠식하며 사회질서와 도덕적 기준을 무너뜨렸다. 향락적 68세대에게 배우고 자란 세대들이 성장하여 UN과 EU와 세계 각 대학 강단을 점령했다.

이들에게 배우고 자라는 학생들의 가치관이 향락적 좌파 사상에 심하게 물들고 있었다. 미국 대학의 좌파적 분위기는 이렇게 형성된 것이다. 우리나라에서는 전교조가 68세대의 역할을 담당했다. 대한민국에서 좌파 세력들이 대학 강단과 각 영역에 견고한 자리를 꿰차고 있다. 좋은 나무에서 좋은 열매가 나오고 나쁜 나무에서 좋은 열매가 나올 수 없다.

금지하는 것을 모두 금지하라!
분노하라!
욕망을 욕망하라!

이들 68 향락좌파들이 외친 구호들이다. 이들은 그럴듯한 신조어(뉴스피크, Newspeak)를 만들어 사용한다. 뉴스피크는 조지 오웰의 『1984년』에 나오는 세뇌용 언어로 특히 정치선전용의 모호하고 기만적인 표현을 말한다. 대표적 뉴스피크는 '젠더'(Gender), '젠더 주류화'(Gender-Main streaming), '성인지 감수성'(Gender Sensitivity) 등이다.

뉴스피크는 실체가 없는 언어 사기이다. 생소한 언어를 반복적으로 사용하면서 언어 프레임에 가두어 버리는 일종의 언어 사기이고 선동책이다. 신조어를 이해하지 못하거나 받아들이지 않는 사람들을 혐오세력과 무식한 사람으로 낙인찍어 버린다. 최신의 것이 최상이고, 인류가 지켜 온 규범과 질서를 무너뜨리는 것이 최상의 것이라고 호도한다.

그럴듯한 양의 탈을 쓰고 곳곳에 스며들고 있는 해체주의적 문화막시즘의 실체를 알아내는 일은 쉬운 일이 아니다. 견고한 세계관을 바탕으로 전문적 지식과 통찰력을 가지지 않고서는 해낼 수 없다.

20세기 이후 인류를 위협하는 해체주의 사상의 위험성을 명쾌하고 정확하게 분석한 학자가 있다. 정일권 박사다. 그는 최근 『문화막시즘의 황혼』에 이어 『미셸 푸코와 주디스 버틀러의 황혼: 성 소수자 운동의 아동 인권 유린과 젠더의 종말』을 통해 지식인들에게 사이다 같은 희망을 전하고 있다. 그의 글을 읽으면 머리가 맑아지고 눈이 밝아지는 쾌감을 느낀다. 첫 장부터 마지막 장까지 성의 있게 채워진 내용은 감탄과 찬사가 절로 나오게 한다.

철학자들은 삶의 문제를 분석하고 정리해서 글로 전달한다. 정일권 박사는 수십 년간 인류를 속이고 망가뜨려 온 문화막시즘을 세 가지 아젠다로 분석했다. 젠더 이데올로기와 다문화주의, 생태사회주의의 모습으로 다가와 인간을 개조하려는 문화막시즘의 음모를 간파했다.

이것은 독버섯과 같다. 독버섯은 언뜻 보기에는 화려하고 먹음직스럽지만 치명적인 독을 가지고 있다. 문화막시즘은 우리의 영혼과 가치관을 파괴하는 독버섯의 특징을 모두 가지고 있다.

세계적으로 젠더 광풍과 함께 몰아친 글로벌 성혁명은 젠더라는 뉴스피크를 이용한 무리에게는 권력의 꿀을 빨게 해 주었고, 지적 사기에 속아 넘어간 시민에게는 젠더라는 독이 든 잔을 마시게 했다. 이들은 남녀평등을 주장하면서 실은 허상 같은 젠더 평등을 강요하고 있다.

이들이 말하는 젠더는 동성애와 트랜스젠더, 남녀 외의 수십 가지 제3의 성을 포함한다. 일명 LGBTQ(Lesbian, Gay, Bisexual, Transgender, Genderqueer)를 말한다. 이들은 새로운 언어와 기준을 만들어 인간의 사고와 윤리 기준과 삶을 송두리째 바꾸려고 한다. 정 박사는 책을 통해 젠더 이데올로기의 허상과 해악을 낱낱이 분석하고 고발한다. 허황된 젠더를 주장하고 옹호해 온 자들의 추악한 민낯을 알려 준다.

이 책을 통해 최근(2021년) 밝혀진 젠더 주장가들의 광기적 삶과 이중성을 적나라하게 폭로하고 있다. 미셸 푸코는 동성 성관계뿐 아니라 소아성애까지 즐긴 자로 밝혀졌다. 2021년 기 소르망 박사는 푸코가 알제리에 있을 때 공동묘지에서 10대 소년들을 대상으로 소아성애를 했다고 폭로했다.

푸코는 자신의 철학을 무기로 권력을 잡고 아이들에게는 지울 수 없는 성폭행 트라우마를 남겼다. 푸코는 급진적인 젠더주의를 주장한 주디스 버틀러에게 큰 영향을 끼쳤다. 이들은 모든 금기를 해체하고 근친상간과 소아성애까지도 허용해야 한다고 주장했다.

유럽 헌법학의 대가로 알려진 올리비에 뒤아멜 박사는 의붓 아들을 강간했다. 최근 독일 성교육(성인지 교육)의 아버지라 불리는 헬무트 켄틀러 박사는 집 없는 아이들을 15년 동안이나 외부와 단절시킨 채 소아성애 성폭력의 노예로 살게 한 사실이 폭로되었다. 심지어 독일 녹색당은 소아성애까지 탈범죄화해야 한다는 미친 주장까지 했었다.

정 박사는 이런 서유럽 68 좌파자유주의자들의 소아성애 스캔들은 성혁명적 조기 성애화 전략에서 파생된 것이라고 정리했다. 또한, 대한민국에서도 성인지 교육이 전 국민을 대상으로 진행되고 있으며, 심지어 유치원 성인지 교육도 등장하고 있는데, 이런 사회주의적 젠더 교육(성인지 교육)은 근본적으로 조기 성애화/조기 성교육 전략에서 결코 분리될 수 없으며, 젠더 교육과 사회주의적 조기 성애화 전략은 깊게 얽혀 있다는 사실을 인식해야 한다고 주장한다.

현재 유럽은 지난 수십 년간 들불처럼 번졌던 해체적 젠더 이데올로기의 폐해에 눈을 뜨기 시작했다. 눌려 있던 지성과 양심의 목소리가 터져 나오고 있다. 1989년 동유럽 공산주의 붕괴 이후 나타난 새로운 세대를 89세대라 한다. 서유럽을 장악한 68 '향락주의적 좌파'에 대항한 동유럽 89 기독교 민주주의 세력이 점차 유럽의 주도권을 확보해 가고 있다. 독일 철학자 하버마스도 자유주의로 전향했다.

21세기는 보수주의 시대가 될 것이라는 주장도 나오고 있다. 독일에서는 젠더를 두고 "젠더 허풍"(Gender-Unfug, 성인지 헛소리)이라는 표현을 하고 있다. 많은 석학이 젠더는 "개소리"(Bullshit)에 불과하다고 주장한다.

헝가리는 젠더 교육과 연구를 법으로 금지시켰다. 막시즘이 몰락했던 것처럼 문화막시즘을 주도했던 젠더 이데올로기 역시 사악한 가면이 벗겨지고 있다. 지난 수십 년 동안 뉴스피크에 세뇌되어 무비판적으로 맹종했던 유럽의 지식인들이 젠더 지적 사기에서 깨어나고 있다. 젠더 이데올로기의 종말이 다가오고 있다.

독일에서는 자녀들을 지키기 위해 학부모들이 일어나 버스 투어를 하며 젠더 이데올로기, 소아성애 그리고 유치원과 초등학교에서 아이들의 조기 성애화를 반대하고 있다.

결혼과 가정이 먼저다!
젠더 이데올로기와 우리 아이들의 성애화를 멈춰라!

이러한 공식 구호와 함께 젠더 퇴출 캠페인을 벌이고 있다. 대한민국도 이제는 양의 탈을 쓴 젠더 사기에 눈을 떠야 한다. 젠더 권력의 꿀을 빨고 있는 자들, 어린 자녀들의 생각 속에 젠더라는 독(毒)을 주입하고 다문화주의와 허풍 같은 생태사회주의 주장자들의 지적 사기와 정체를 낱낱이 밝혀야 한다.

우리의 자녀들을 지켜야 한다. 광기의 젠더를 몰아내고 아이들의 영혼을 지켜 주어야 한다. 대한민국을 향락적 좌파에서 구출해야 한다.

정일권 박사가 대한민국 지성에게 희망의 메시지를 전하고 있다. 이 책을 통해 지식인들의 눈이 뜨이고 대한민국이 언어 사기, 지적 사기에서 벗어나기를 기원한다.

추천사 6

조 영 길 변호사
복음법률가회

  2016년 한국의 동성혼 합법화 청구 소송을 방어하는 변호인으로 활동하면서 세계적으로 확산되는 성혁명 운동을 인지하게 되었다. 그 무렵 읽은 가브리엘 쿠비의 『글로벌 성혁명』(The Global Sexual Revolution)은 동성애 합법화, 젠더주의, 국제인권법으로서의 차별금지법 제정 운동으로 전개되는 무서운 자유파괴적 전체주의 운동의 실상에 눈을 뜨게 해 주었다. 우리나라가 잘못된 사상과 운동에 속아 자유를 잃지 않도록 쿠비의 위 책을 국내에 번역 출간하는 일을 도왔다.
  노동법 실무를 전문 분야로 삼아 일하면서 정통 막시즘이나 이윤지상주의가 노동법의 정의를 얼마나 심각하게 왜곡할 수 있는가를 알게 되어 노동법 분야에서 진정한 정의가 구현되기를 바라는 마음으로 2011년 『노사관계개선의 바른길』이라는 책을 저술한 바 있다.
  쿠비의 책을 통해 차별금지법 제정 운동을 이끄는 사상이 네오막시즘이라는 것을 개략적으로 인식하고 있었는데, 최근 정일권 박사가 저서와 강연을 통해 그 이론의 실상과 부당성을 철저한 문헌적 근거하에 지성적 전문성을 가지고 소개해 주어 큰 도움을 받고 있다.
  특히, 금번 신간을 통해 소수 약자의 인권을 보호한다는 미셸 푸코와 같은 성혁명 이론의 대가들이 그들의 실제 삶에서 의사결정력이 없는 동성의 소아를 상대로 폭력적 강간이라는 끔찍한 반인권적 범죄를 행해 왔다는 진실을 움직일 수 없는 증거들을 통해 보여 주며 그 이론의 허구성을 밝혀 주고 있다.

특히, 성혁명을 통해 추구하는 국가 사회가 소위 성 소수자의 당파적 인권을 내세워 동성애, 근친상간, 성전환 등 비정상적 성행위를 반대할 보편적 양심, 신앙, 학문, 언론의 자유라는 인권을 국가의 법률이라는 강제력으로 박탈 억압하는 전체주의적 사회주의 사회라는 것을 보여 주며, 깨어난 수많은 지성이 이러한 성혁명 사회주의의 위험성과 부당성을 정확하게 보고 반대하고 있음을 증명하며 소개하고 있다.

막시즘 최고 원칙인 당파성의 원칙은 결코 정의의 원칙이 아니다. 당파성은 집단의 이익일 뿐이므로, 당파성이 정의와 진리와 충돌하면 그것은 불의와 거짓일 뿐이다. 참된 진리와 정의는 보편적이며 영원한 타당성(옳음)이 그 본질이다. 거짓과 불의는 진리가 아니며 정의가 아니기에 이는 혼합될 수 없고 구별되는 것이다.

가장 위험한 거짓은 진리로 위장한 거짓이다. 거짓 진리는 인간이 진리를 보지 못하도록 미혹시킨다. 진정한 인권은 신앙, 양심, 학문, 언론의 자유처럼 국가의 법으로도 뺏을 수 없는 보편 타당한 자유권이다.

동성애, 성별전환, 소아 강간 등과 같은 비정상적 성행위를 반대할 신앙, 양심, 학문, 언론의 자유를 박탈하는 것은 인권의 이름으로 인권을 파괴하는 거짓 인권이고, 자유의 이름으로 자유를 파괴하는 거짓 자유이다. 참된 자유는 진리와 도덕을 지킬 수 있는 자유이지 진리와 도덕을 위반하는 것은 거짓과 부도덕의 폐해를 대가로 겪는 문란한 방종일 뿐 자유가 아니다.

진리를 말할 자유를 빼앗고 거짓된 언어인 젠더, 성 소수자 등과 같은 조작된 용어 사용을 강제하고, 양심적으로 잘못된 행동을 혐오할 언어를 사용할 권리를 혐오 표현으로 낙인찍어 금지시키는 PC이론(Political Correctness, 정치적 올바름)이야말로 인간의 본질적 자유인 양심, 신앙의 자유를 박탈해 인간을 노예로 만드는 무서운 거짓 이론이다.

현재 서유럽, 북미 등 주요 선진국가들의 지성계를 무섭게 오염시키고 있는 성혁명 사상, 젠더 이데올로기, PC이론, 문화막시즘 등은 종전 국가사회주의 나치즘과 국제사회주의 공산주의가 자유를 박탈한 전체주의를 초래한 것처럼 우리의 소중한 자유를 박탈한 전체주의를 초래하고 있다는 이 무서운 실상을 보고, 깨어나 우리의 자유를 지키려는 자유수호 운동이 전 세계적으로 반드시 즉시 일어나야 할 시대에 우리는 살고 있다.

  정일권 박사의 이번 신간이 우리 대한민국이 이 성혁명, 차별금지법, 신사회주의적 전체주의를 성공적으로 막아 내는 데 크게 기여하기를 기원하며 자유 대한민국을 사랑하는 모든 사람의 일독을 권한다.

추천사 7

이 상 원 박사
전 총신대학교 기독교윤리학·조직신학 교수
한국기독교생명윤리협회 상임대표, 현대성윤리문화교육원 원장

지금 한국 사회에서는 강력한 국가권력을 등에 업은 병적 성해방 이념에 사로잡힌 이념적 정치적 세력 집단의 주도면밀하고 교활한 전략에 의하여 교육, 문화, 학문, 예술 그리고 특히 법의 영역에서 사회 전체를 혁명적으로 재구성하고자 하는 위험한 시도들이 진행되어 오고 있다.

이 시도들은 그 최종적 목표를 정통 기독교와 교회의 해체에 두고 있다. 이런 상황에서 기독교계의 목회자들, 법조인들, 의료인들, 교수들 그리고 많은 성도가 한국 교회가 존폐 위기에 직면해 있다는 위기의식과 한국 사회가 도덕적으로 붕괴될 수 있음을 선견자적으로 감지하면서 적극적이고 눈물겨운 저항운동에 헌신하고 있는 중이다.

동성애와 동성혼 합법화를 위한 헌법 개정, 되풀이되는 집요한 차별금지법 제정 시도, 사실상 차별금지법을 담고 있는 건강가정기본법, 양성평등기본법, 미디어 통제법, 학생인권조례 등의 제정 시도, 조기 성애화로 기울어져 가고 있는 공교육 등, 숨 돌릴 틈조차 주지 않고 제기되는 악마적이고 패륜적이며 병적인 시도들에 대응하는 것이 때로는 힘겹게 느껴지며, 골리앗을 상대하는 다윗과 같은 입장에 서 있는 것 같은 우리 자신의 모습을 발견하기도 한다.

그런데 이런 힘든 상황 속에서도 우리는 성령의 인도하심을 받아 이렇게 기도해 왔다.

하나님, 서구 세계를 장악하고 병들게 하고 교회를 무너뜨려 온 성해방의 물결을 한국에서만큼은 막아 내고, 역류시킬 수 있게 해 주십시오. 한걸음 더 나아가 병든 성해방 시도에 고통을 당하고 있는 세계의 교회와 사회를 도울 수 있는 힘과 지혜를 주십시오.

한국 사회에서 거센 흐름에 저항만 해도 힘겨운 상황 속에서 이런 거창한 기도를 드리는 것은 현실성이 없는 것 아닐까 하는 생각을 할 때도 있었다.

정일권 박사의 신간 『미셸 푸코와 주디스 버틀러의 황혼: 성 소수자 운동의 아동 인권 유린과 젠더의 종말』은 이 기도가 결코 헛되지 않으며, 우리가 마땅히 드려야 할 바른 방향의 기도임을 확인해 주며, 새로운 용기와 힘을 준다.

이 책은 현재 서구 세계의 상당 부분을 장악해 왔고 고통 속에 몰아넣고 있는 성해방적 동성애 합법화 운동과 젠더 이데올로기 운동의 배후에 헤겔좌파인 막시즘, 막시즘 혁명 운동에 프로이트의 성해방 개념을 접목시켜 기사회생한 헤겔좌파적 문화막시즘이 깔려 있음을 분석해 내고 있다.

동시에 이 운동을 주도하는 사상적 지도자들 곧 미셸 푸코, 올리비에 뒤아멜, 헬무트 켄틀러 등이 한결같이 성폭력적 소아성애, 근친상간, 동성애 등에 은밀하게 빠져 있었고, 결국 자신들의 성적 일탈을 합리화하고 정당화하기 위한 교활한 수단으로 성철학을 전개해 왔음을 밝혀 내고 있으며, 따라서 이들의 성해방 운동은 결국에는 무너질 수밖에 없는 운명을 이미 그 안에 안고 있음을 강조하고 있다.

뿐만 아니라 정일권 박사는 휴머니즘을 추구하면서 시작한 성해방 운동이 철저하게 반도덕적이고 반휴머니즘을 지향하는 냉혹성을 지니고 있기 때문에라도 실패로 귀결되는 것을 피할 수 없음을 또한 설득력 있게 보여 준다.

이 같은 문화막시즘의 내부적 모순 구조는 이미 드러나기 시작하여 독일을 중심으로 한 서유럽과 남미 등지에서 이미 동성애 합법화와 젠더 이데올로기가 강력한 저항에 직면하여 쇠퇴하기 시작하고 있으며, 더욱이 헝가리, 폴란드, 체코와 같은 동유럽에서는 기독교적 성윤리에 근거한 건강한 사회재편성이 이미 이루어지고 있다는 희망적 소식을 전해 준다.

정일권 박사는 이 책에서 동성애 합법화와 젠더 이데올로기의 철학적 배경에 대한 분석을 제시하면서 병든 프로이드적 문화막시즘을 대체할 수 있는 유일한 방법은 기독교적 성윤리를 회복시키는 일임을 시사함으로써 우리에게 새로운 과제를 제시한다.

우리는 동성애 합법화와 젠더 이데올로기의 철학적 배경을 정확하게 파악하는 동시에 그에 못지 않은 노력을 기울여서 정통주의적인 기독교가 지닌 풍부하고 건강한, 인간의 변덕스러운 인지에 근거하지 않고, 생물학과 의학의 정직한 탐구를 통하여 발견되는 하나님의 창조 질서와 성경에 제시된 도덕적 규범에 근거한 건강한 성윤리를 세움으로써 대안을 제시하여야 할 것이다.

19세기 말과 20세기 초 영국, 독일, 네덜란드, 미국에서 기독교와 교회가 막시즘적 폭력적 혁명을 막아 낼 수 있었던 유일한 주체였던 것처럼, 신막시즘의 병들고 도덕해체적인 성해방적 문화막시즘을 막아 내고 사회와 교회를 지켜 낼 수 있는 유일한 세력도 기독교와 교회 밖에 없음을 인식하고 우리에게 주어진 소명을 다시 한 번 확인해야 할 것이다.

정일권 박사의 책은 우리가 그동안 전개해 온 동성애 합법화 반대 운동과 젠더 이데올로기 비판 운동이 세계적인 흐름에 있어서도 바르게 방향을 잡은 것임을 설득력 있게 밝혀 주고, 이 운동을 더욱 가열차게 밀고 나가야 할 이유와 동력을 제공해 주며, 우리가 전개하는 운동이 결코 외로운 운동이 아니라 한국 교회와 한국 사회를 동성애 및 젠더 이데올로기의 독재성으로부터 지켜 내고 나아가서는 세계 사회와 세계 교회를 지켜 내는 열매를 거둘 수 있음을 제시함으로써 우리를 위로해 주며 우리의 결심을 새롭게 하도록 도와준다.

반동성애, 반젠더 이데올로기 운동을 학문적으로 뒷받침할 수 있는 귀중한 문헌을 추가함으로써 이 운동의 이론적 토대를 한층 더 탄탄하게 해 주신 정일권 박사의 노고에 경의를 표하며 모든 기독교인이 이 책을 일독할 것을 강력히 권장한다.

추천사 8

이 봉 화 대표
전 보건복지부 차관, 바른인권여성연합 상임대표

이 책 『미셸 푸코와 주디스 버틀러의 황혼: 성 소수자 운동의 아동 인권 유린과 젠더의 종말』은 20세기에 가장 많이 인용된 철학자 미셸 푸코와 같이 사회주의 성정치를 주도한 서유럽 68 '향락주의적 좌파'와 '소아성애적 안티파' 지식인들의 실추된 도덕성을 비판적으로 공론화했다.

주디스 버틀러 등으로 대표되는 젠더 페미니즘(성인지 페미니즘)은 '푸코적 페미니즘'이라 할 만큼 푸코는 현대 페미니즘과 퀴어 이론의 아버지라 할 수 있다. 나아가 푸코는 21세기 미국 대학가에서 급진화되고 있는 비판적 사회정의 운동(wokeism), 교차성, 퀴어 이론 그리고 비판인종 이론(Critical Race Theory)의 상징과도 같은 학자인데, 최근 프랑스 해외 석학 기 소르망 박사가 푸코의 소아성애적 범죄를 폭로했고, 독일어권 주류 언론과 프랑스 다수 언론 그리고 동유럽과 남미 언론 등에 글로벌하게 이 충격적 사실이 보도되었다.

2021년 프랑스에서는 사회주의적 성정치인 젠더 이데올로기와 차별금지법을 강제하는 유럽연합과 유럽인권법원에 강한 영향력을 행사한 것으로 생각되고 프랑스를 대표하는 헌법학자 올리비에 뒤아멜 박사의 동성애/소아성애/근친상간 사태가 폭로되어서 프랑스 지성계가 충격에 빠졌다.

또한, 독일 성교육의 아버지로 평가되는 헬무트 켄틀러(Helmut Kentler) 박사는 소아성애의 합법화를 주장했을 뿐 아니라, 실제로 베를린 시와 긴밀히 협력해 집 없는 아이들을 소아성애자들에게 의도적으로 넘겨서 15년 이상 외부와 단절된 채 소아성애적 폭력과 강간을 당하게 했다는 사실이 2016년부터 폭로되어 큰 충격을 주고 있다는 내용이 이 책에 잘 소개되었다.

21세기 젠더 종말을 국내에 소개하는 이 책에 의하면 21세기 글로벌 성혁명과 사회주의 성혁명/성정치 맥락 속에서 국가페미니즘 이름으로, 나아가 국제 페미니즘의 강제력으로 유엔과 유럽연합으로부터 탑다운방식으로 강제되는 젠더주의와 퀴어 이론 등은 주디스 버틀러 자신도 2020년 인정했듯이 거센 글로벌 저항 운동에 직면해 21세기 유럽에서 점차 폐지되고 있다.

그리고 젠더(성인지) 개념을 오웰적 뉴스피크(Newspeak)로 파악해서 비판하는 독일 학계의 전반적 분위기는 대한민국에서 점차 확대되고 있는 성인지 교육계에 큰 비판적 함의를 줄 것으로 예상한다.

아무쪼록 20세기 가장 많이 인용된 미셸 푸코의 성담론과 권력담론에 대한 비판적 논쟁과 함께 21세기 유럽에서의 최신 연구와 동향을 국내에 소개하는 이 책을 통해서 페미니즘에 대한 이해와 비판이 깊어지기를 기대한다.

추천사 9

김 지 연 대표
사단법인 한국가족보건협회, 영남신학대학교 겸임교수

정일권 박사는 2020년도 저서 『문화막시즘의 황혼: 21세기 유럽 사회민주주의 시대의 종언』을 통해 21세기 유럽 문화막시즘에 대한 전반적인 통찰을 대한민국에 열어 주었다면, 『미셸 푸코와 주디스 버틀러의 황혼: 성 소수자 운동의 아동 인권 유린과 젠더의 종말』을 통해서는 금세기 문화막시즘의 핵심적 아젠다에 대한 좀더 디테일한 비판을 제공하고 있다.

붓다가 은폐된 희생양이라는 최초의 주장이 실린 저서 『세계를 건설하는 불교의 세계 포기의 역설』을 좀더 진전시킨 『붓다와 희생양: 르네 지라르와 불교 문화의 기원』으로 제30회 한국기독교출판문화상 목회자료 국내 부문 최우수상을 수상하여 교계에 알려진 정일권 박사의 이 책에서도 역시나 그 특유의 예리한 논리와 비판이 돋보인다.

전 지구를 장악해 가고 있는 성혁명의 실체에 대한 통찰과 정보를 얻기 원하는 모든 국민에게 이 책을 강력히 추천한다.

미셸 푸코와 주디스 버틀러의 황혼

성 소수자 운동의 아동 인권 유린과 젠더의 종말

이 연구서는 2021년 '동성혼 합법화 반대 전국교수연합'(동반교연)의 연구과제에 선정되어 연구지원을 받아 출간되었습니다.

Twilight of Michel Foucault and Judith Butler
Sexual Minorities Movement's Violation of Children's Human Rights and End of Gender
Written by Ilkwaen Chung
All rights reserved.
Korean Edition Copyright ⓒ 2022 by Christian Literature Center, Seoul, Korea

미셸 푸코와 주디스 버틀러의 황혼
성 소수자 운동의 아동 인권 유린과 젠더의 종말

2022년 2월 15일 초판 발행

지은이 | 정일권

편　　집 | 김효동, 전희정
디 자 인 | 김소영 서민정
펴 낸 곳 | (사)기독교문서선교회
등　　록 | 제16-25호(1980.1.18.)
주　　소 | 서울특별시 서초구 방배로 68
전　　화 | 02-586-8761~3(본사) 031-942-8761(영업부)
팩　　스 | 02-523-0131(본사) 031-942-8763(영업부)
이 메 일 | clckor@gmail.com
홈페이지 | www.clcbook.com
송금계좌 | 기업은행 073-000308-04-020 (사)기독교문서선교회
일련번호 | 2022-8

ISBN 978-89-341-2390-3 (03300)

이 책의 저작권은 저자와 (사)기독교문서선교회가 소유합니다. 신저작권법에 의하여
한국 내에서 보호받는 저작물이므로 무단 전재와 무단 복제를 금합니다.

[성 소수자 운동의 아동 인권 유린과 젠더의 종말]

미셸 푸코와 주디스 버틀러의 황혼

Twilight of Michel Foucault and Judith Butler

정일권 지음

CLC

목차

추천사

조배숙 변호사	복음법률가회 상임대표, 제16-18, 20대 국회의원	1
김영한 박사	기독교학술원장, 샬롬나비 상임대표	4
음선필 박사	홍익대학교 법과대학 헌법 교수	8
민성길 박사	연세대학교 의과대학 정신과 명예교수	12
이명진 소장	성산생명윤리연구소 소장, 의사평론가	15
조영길 변호사	복음법률가회	20
이상원 박사	현대성윤리문화교육원 원장	23
이봉화 대표	전 보건복지부 차관, 바른인권여성연합 상임대표	26
김지연 대표	사단법인 한국가족보건협회, 영남신학대학교 겸임교수	28

들어가는 말 문화막시즘의 3대 아젠다(젠더주의, 다문화주의, 생태사회주의) 36

제1장 젠더정치와 성 소수자 운동의 대부 미셸 푸코의 소아성애 범죄 38

1. '푸코적 페미니즘': 성인지 페미니즘의 아버지 미셸 푸코 38
2. 서유럽 68 '소아성애적 안티파'와 '향락주의적 좌파'의 황혼 40
3. 포스트모던 철학자들의 소아성애 비범죄화 주장 46
4. 퀴어 이론과 성 소수자 운동의 아버지 미셸 푸코의 민낯 48
5. '철학의 왕' 미셸 푸코의 동성애/소아성애/사도마조히즘 53
6. 푸코의 공동묘지에서의 소아성애 – 독일어권 주류 언론 보도 56
7. 워키즘(Wokeism, 사회정의 운동)의 우상인 푸코의 제국주의 58
8. 성혁명/급진 페미니즘의 이론가 푸코의 동성애적 소아성애 64
9. 푸코, 비판인종 이론, 워키즘(Wokeness), 취소문화, 교차성 67

10. 정체성정치와 사회정의 전사(SJW)의 대부 푸코의 강간   71
11. 푸코와 퀴어한 디오니소스: 포스트모던 좌파의 비이성주의   75
12. 젠더/정체성정치 속 폭민의 광기   77
13. 튀니지에서의 푸코 행적에 대한 의문(알자지라)   80
14. 푸코와 버틀러의 소아성애와 근친상간 주장 그리고 대학교육   85
15. 플라톤의 『향연』, 남색 그리고 일본 선불교의 소아성애적 강간   88
16. 푸코의 소아성애에 대한 서유럽 68 좌파의 당황한 침묵   90

제2장 푸코의 반휴머니즘에 대한 주요 철학가들의 비판   94

1. '휴머니즘 없는 인권': 하버마스의 푸코의 반휴머니즘적 인권 개념 비판   94
2. 마르쿠제의 당파적(빨치산적) 톨레랑스   100
3. 샹탈 무페의 좌파포퓰리즘, 투쟁적 당파성 그리고 그 좌파파시즘   103
4. 유대-기독교의 보편적 인권 개념: 계급투쟁적 당파성을 넘어서   108
5. 찰스 테일러의 푸코 비판: 죽음과 폭력에 대한 매혹   111
6. 니체, 하이데거, 푸코: 독일 특유의 문화부정주의와 반도덕주의   116
7. 촘스키의 반도덕주의자 푸코와 포스트모던적 거품 비판   121
8. 로저 스크러턴: 푸코의 부정주의와 파괴주의 철학 비판   123
9. 르네 지라르: 고독한 광인과 광기에 사로잡힌 폭민   127
10. 언어기호의 자의성: 후기 구조주의는 언어학적 허무주의   132
11. 폭민의 신 디오니소스, 후기 구조주의 그리고 정치적 실존주의   135
12. 히틀러는 사회주의자: 집단주의와 국가주의로서의 사회주의 비판   140
13. 자크 라캉: 주이상스(잉여 쾌락), 오르가즘, 초현실주의   146

제3장 프랑스와 독일 68 좌파의 동성애/소아성애/근친상간   150

1. 프랑스와 유럽의 대표 헌법학자 뒤아멜의 근친상간   150
2. 유럽인권법원의 사회주의 성정치와 국제인권법연구회   154
3. 서유럽 68 향락주의 좌파 vs 동유럽 89 기독교 민주주의   159
4. 히틀러와 스탈린, 두 사회주의자의 '핏빛 경쟁'(티모시 스나이더)   161

5. 조지 소로스 vs 빅토르 오르반: 헝가리와 '열린 국경' 논쟁 167
6. 21세기 좌파 유럽은 없다. 좌파 조국이 없는 것처럼 172
7. '열린 국경 자유주의'는 '경솔한 보편주의'(페터 슬로터다이크) 174
8. 크루아상, 카푸치노, 유럽의 자살: 성정치에 저항하는 동유럽 178
9. 독일 '다양성 성교육' 아버지 켄틀러 교수의 소아성애 게이트 182
10. 빌헬름 라이히와 헬무트 켄틀러: 조기 성애화와 성인지 교육 186
11. '다양한 가족'은 퀴어 가족: '다양성 성교육' 비판 190

제4장 헤겔막시즘, 프로이트막시즘 그리고 문화막시즘의 황혼 197

1. 헤겔막시즘/프로이트막시즘으로 기사회생한 68 신좌파 197
2. 21세기는 보수주의의 세기가 될 것이다(페터 슬로터다이크) 200
3. '더러운 신들'과 프로이트: 프로이트막시즘의 사상누각 201
4. '세 번째 뇌': 모방욕망에 의한 성욕망의 휘어짐(성도착) 204
5. 프로이트의 꿈/무의식 연구에 대한 독일 낭만주의의 영향 209
6. 모방적 욕망이 없는 동물에게는 성도착이 없다 213
7. 젠더 퀴어와 자폐증 그리고 인위적 젠더 개념 215
8. 독일 철학자 슬로터다이크의 경솔한 다문화주의 비판 217

제5장 젠더라는 뉴스피크(Newspeak)와 성인지 헛소리 비판 222

1. 21세기 유럽 젠더 교육의 황혼과 성인지 언어정치 비판 222
2. 젠더는 성정체성의 불안정화와 혼란화를 위한 뉴스피크 223
3. 주디스 버틀러가 말하는 21세기 글로벌 반-젠더주의 운동 225
4. 젠더의 종말: 젠더 개념은 뇌과학적으로 폐기되었다 227
5. 독일 원조 페미니스트 알리체 슈바르처의 성인지 교육 비판 231
6. 디오니소스적 성인지 페미니즘 비판(카밀 팔리아) 234
7. 성인지라는 오웰적 뉴스피크 비판 238
8. 두 언어정치: 오웰적 뉴스피크와 정치적 올바름(PC) 243
9. 새로운 젠더 인간과 오웰적-헉슬리적 디스토피아 247

10. 성인지 개념: 사회주의 재구조화와 재교육(Umerziehung) 전략　　250
　11. 젠더 광기(Genderwahn)와 성인지-헛소리(Gender-Unfug)　　253
　12. 성인지 교육과 사회주의적 조기 성애화 전략　　255

제6장 코로나19는 자본주의의 내적 모순의 결과인가?　　259

　1. 전염병사회주의: 코로나19 팬데믹의 희생양인 자본주의　　259
　2. 독일식 사회적 시장경제가 대안인가?　　262
　3. 막시즘의 르네상스(라인하르트 막스 추기경)　　264
　4. 막스 베버 vs 칼 막스: 칼 막스로 기운 로마가톨릭 사회교리　　267
　5. 좌우 '독일 사회주의'의 영미 자본주의에 대한 르상티망　　270
　6. 21세기 독일 질서자본주의와 사회적 시장경제의 황혼　　273
　7. 독일 사회적 시장경제의 신자유주의적 전환　　275
　8. 경제민주화는 한국형 사회적 시장경제인가?　　279
　9. 자본주의 내적 금욕주의: 모방욕망의 '사회적 거리 두기'　　281

나오는 말 역병은 안난네토.. 헤셀믹시즘, 프로이드마시즘, 문화마시즘 비판　　284

부록 주디스 버틀러의 소아성애와 근친상간 변호를 비판한다　　290

　1. 들어가는 말　　290
　2. 시몬 드 보부아르와 주디스 버틀러의 소아성애 변호　　291
　3. 버틀러는 부모-자식 간의 근친상간의 가능성을 변호한다　　296
　4. 아동 성폭력에 대한 감수성: 거세지는 68 소아성애 운동 과거사 청산　　311
　5. 나오는 말　　316

들어가는 말

문화막시즘의 3대 아젠다(젠더주의, 다문화주의, 생태사회주의)

필자의 저서 『문화막시즘의 황혼: 21세기 유럽 사회민주주의 시대의 종언』[1](김승규 전 법무부 장관/국정원장 연구지원)에서는 21세기 유럽 문화막시즘에 대한 일반적이고 전체적인 소개 그리고 그 사상누각과 황혼에 대해서 소개했다면, 이 책에서는 21세기 문화막시즘의 3대 주요한 아젠다, 곧 젠더주의, 다문화주의 그리고 생태사회주의(Ökosozialismus)에 대한 보다 구체적인 논의와 비판을 시도할 것이다.

첫째, 최근 폭로된 푸코의 소아성애 범죄를 중심으로 21세기 서유럽 68 '소아성애적 안티파'의 몰락을 국내에 소개하면서 문화막시즘의 가장 주요한 아젠다인 사회주의 성정치(젠더 이데올로기와 성인지 페미니즘)를 보다 중점적으로 다룰 것이다.

둘째, 21세기 문화막시즘의 아젠다인 다문화주의에 대해서는 독일 메르켈 총리의 수백만 명 시리아 난민수용을 강하게 비판하면서 21세기 독일 철학과 정치학의 보수주의적 전환을 주도하는 독일에서 가장 유명한 철학자 페터 슬로터다이크(Peter Sloterdijk)의 '경솔한 보편주의' 비판과 서유럽 68 좌파의 '열린 국경 자유주의'(Open-Border Liberalism)에 대한 동유럽 89 지성인들의 비판과 저항 등을 중심으로 논할 것이다.

---

1 정일권, 『문화막시즘의 황혼: 21세기 유럽 사회민주주의 시대의 종언』 (서울: CLC, 2020). 이 책은 김승규 전 법무부 장관/국정원장 (한국기독문화연구소 소장)의 연구지원으로 출간되었다.

서유럽 68세대가 '제도권으로의 긴 행진'을 통해서 헤게모니를 장악한 유럽연합과 유럽인권법원이 추진하는 '열린 국경 자유주의'에 대해서 강하게 저항하는 헝가리, 폴란드, 체코 등의 동유럽 89 지식인들의 주장을 다문화주의 논쟁과 관련해서 다룰 것이다.

셋째, 21세기 문화막시즘의 주요한 아젠다인 생태사회주의 문제는 코로나19 팬데믹으로 인해서 등장한 코로나사회주의에 대한 비판적 성찰로 다룰 것이다.

제1장

젠더정치와 성 소수자 운동의 대부 미셀 푸코의 소아성애 범죄

1. '푸코적 페미니즘': 성인지 페미니즘의 아버지 미셀 푸코

2021년 프랑스에서는 퀴어 이론, 급진 페미니즘 그리고 성 소수자/성 정치 운동의 대부인 미셀 푸코의 소아성애 범죄가 해외 석학 기 소르망 교수에 의해서 폭로되면서 그동안 푸코를 찬양했던 대한민국 철학계와 인문학계가 멘붕에 빠졌을 뿐 아니라, 프랑스 파리 지성계도 큰 충격에 빠졌다.

이 충격적인 사실을 필자는 국내에서 주요 언론보다 앞서서 알렸다. 지금은 국내 주요 언론들은 모두 이 충격적인 사실을 언론 보도했지만, 「한겨레」 등은 아직도 침묵하고 있다. 미셀 푸코는 성 소수자 운동, 동성애 운동 그리고 퀴어 이론의 대부이다.

"지식, 권력 그리고 섹슈얼리티의 상호관계에 대한 푸코의 분석이야말로 퀴어 이론의 가장 중요한 기폭제였다."[1]

"푸코의 저서는 퀴어 이론에 대해서 초석적이었다."[2]

---

1 T. Spargo, *Postmodern Encounters: Foucault and Queer Theory* (Icon Books, Cambridge, 2000), 8.
2 M. A. Mclaren, *Feminism, Foucault, and Embodied Subjectivity* (State University of New York Press, Albany, 2002), 144.

포스트모던적 페미니즘 혹은 버틀러식의 젠더 퀴어 페미니즘(성인지 페미니즘)은 쉽게 말해 "푸코적 페미니즘"(Foucauldian Feminism)이라고 해도 과언이 아닙니다.[3]

이후 소개할 급진 페미니즘 학자 게일 루빈(Gayle Rubin)은 레즈비언으로서 이후 소아성애자와 사도마조히스트(SM)로 커밍아웃한 학자로서 1970년대 후반 미셸 푸코의 『성의 역사』의 중요성을 처음으로 주목한 학자였다. 미셸 푸코의 입장은 퀴어 이론에 있어서 가장 영향력 있는 이론이 되었다. 주디스 버틀러는 게일 루빈에게서 영향을 많이 받았다고 말한다.

미셸 푸코의 소아성애 범죄뿐 아니라, 2021년 초 프랑스를 대표하는 좌파/사회주의적 헌법학자 올리비에 뒤아멜(Olivier Duhamel) 교수의 동성애/소아성애/근친상간 스캔들이 의붓딸에 의해서 폭로되면서 마크롱 대통령까지 나서서 처벌을 요구하게 되었다. 이 사실도 독일 방송을 듣다가 알게 되어 국내 주요 언론보다 앞서서 소개했고, 지금은 「조선일보」와 「동아일보」를 통해서 상세하게 보도되었다.

뒤아멜 교수는 헌법학자로서 유럽연합 국회의원으로 지내면서 프랑스뿐만 아니라, 유럽연합 법조계에 강한 영향력을 행사한 인물이며, 사회주의 성정치를 주도하는 유럽인권법원에도 큰 영향을 미친 인물로 생각되기에 그의 소아성애 스캔들은 큰 충격을 준다.

성 소수자의 인권을 강조하는 대한민국 국제인권법연구회는 유럽인권법원을 모델로 한다고 하는데, 성혁명적 성 소수자 인권 운동을 하는 성정치가들과 국제인권법연구회 등은 최근 폭로된 성 소수자 운동의 대부인 성 소수자 미셸 푸코의 소아성애 범죄와 프랑스 헌법학자 올리비에 뒤아멜 교수의 동성애/소아성애/근친상간 스캔들에 대해서도 감수성 있게 응답해야 한다.

---

3 Catriona Ida Macelod/ Kevin Durrheim, "Foucauldian Feminism: the Implications of Governmentality," Journal for the Theory of Social Behaviour 32(1), 2002 봄, 41-60.

푸코와 뒤아멜 교수는 철학계와 법조계에서 사회주의 성혁명/성정치 운동을 그동안 주도해 온 주요 이론가들이다. 성정치 이론가들로서 그들은 이론적으로 소아성애의 비범죄화를 주장했을 뿐 아니라, 실제로 소아성애를 '수행했다'.

또한, 2021년 독일을 대표하는 '다양성 성교육'(Sexualpädagogik der Vielfalt)의 아버지 헬무트 켄틀러(Helmut Kentler) 교수가 집 없는 아이들을 소아성애자들 그룹에 넘겨 주어서 15년이나 외부와 차단된 채 성폭력을 당하게 한 소아성애 게이트가 폭로되면서 지금은 독일 정치권에서 '켄틀러 게이트'가 되었다.

대한민국에서도 성인지 교육(젠더 교육)의 이름으로 독일의 켄틀러 교수가 주장한 해방적 조기 성교육과 맥을 같이 하는 성교육이 탑다운 국가페미니즘의 방식으로 강제되고 있다.

2. 서유럽 68 '소아성애적 안티파'와 '향락주의적 좌파'의 황혼

철학자 푸코, 헌법학자 뒤아멜 그리고 성교육학자 켄틀러 교수는 모두 프랑스와 독일 68 '소아성애적 안티파'를 대표하는 인물들이다. 필자는 저서 『문화막시즘의 황혼: 21세기 유럽 사회민주주의 시대의 종언』에서 이미 독일 녹색당의 주류가 소아성애의 비범죄화와 근친상간 금기의 해체를 지속해서 주장해 오다가 2014년 당 대회에서 공식적으로 사과한 내용을 소위 독일 녹색당과 좌파 정당에서 볼 수 있는 유럽 68 소아성애적 안티파 몰락의 한 풍경으로 소개했다.

독일 저명 주간지 「디 짜이트」(Die Zeit)는 2013년 10월 10일 "68세대-소아성애적 반파시즘"(Achtundsechsiger - Pädophiler Antifaschismus)이라는 제목으로 68 학생 운동 속의 소아성애 운동을 비판적으로 분석한 바 있다.

이 기사는 "좌파의 아동학대에 대한 무해화 방법을 알려고 하는 자는 당시의 파시즘 이론을 공부해야만 한다. 당시에 성 해방이 나치 과거사 청산으로 이해되었고 소아성애는 해방으로 이해되었다"라는 소제목 아래 다음과 같이 분석한다.

> 성 해방이 반파시즘적 기획으로 간주하였다. 당시 사람들은 이를 위해 빌헬름 라이히에 근거했고 자유로운 사랑으로 나치 시대뿐 아니라 전후 시대의 왜곡된 의식을 물리치고자 했다. 지배 없고, 그리고 이상적 방식으로는 소가정(Kleinefamilie)으로부터 벗어난 사랑놀이(Liebesspiel)는 바로 다가오는 사회주의적 행복을 미리 발산한다고 여겨졌다.
> 충동 억압과 파시즘적인 이데올로기 사이에 존재한다고 여겨지는 연관성은 성인들과 어린아이들 사이의 동의하에서 이루어지는 성적인 접촉들이 허용될 때 비로소 제거될 수 있다.
> 당시 68 운동권들은 소아성애가 어린아이의 인성발달에 대한 긍정적인 결과들을 가져온다고까지 주장했다. 68 학생 운동 1년 이후 작성된 수업교재(Kursbuch)는 아이들과의 성적인 행위들을 칭송했다.
> 68 학생 운동의 소아성애 행위에 대한 비판과 함께 최근에는 앞에서 본 것처럼 독일 녹색당의 소아성애 연루 문제가 공론화되었고, 독일 녹색당뿐 아니라, 독일의 좌파와 좌파자유주의 배경의 소아성애(Pädophilie im linken und linksliberalen Milieu)에 대해서 공론화되기 시작했다. 이렇게 독일 68 학생 운동, 녹색당, 좌파 그리고 좌파자유주의 진영에서 성해방은 신하 근성에 맞서는 적극적인 저항으로 파악되었다.
> '해방된' 성은 어린아이들과 성인들 사이의 어떠한 권력관계도 생각할 수 없는 죄 없는 순수함의 루소적 제국(rousseauistisches Reich der Unschuld)으로서 많은 사람에게 보였다.[4]

---

[4] Adam Soboczynski, "Achtundsechsiger – Pädophiler Antifaschismus", *Die Zeit*, 2013년 10

이 책에서는 미셸 푸코와 같은 서유럽 68 '소아성애적 안티파'를 '향락주의적 좌파'(Die hedonistische Linke)[5]와 동일한 의미로 사용할 것이다. 독일 저명 언론 「타게스짜이퉁」(Die Tageszeitung)은 2008년 11월 5일 기사에서 "좌파의 유산으로서의 향락주의: 정치의 쾌락 원리"(Hedonismus als linkes Relikt:Das Lustprinzip der Politik)라는 제목으로 독일의 대표적 향락주의적 좌파인 녹색당 등의 영향으로 "오늘날 향락주의는 지배적인 사회적 서사이다"라고 분석했다.

이 언론 보도의 첫 문장은 "독일 녹색당은 오늘날 보헤미안적-부르주아적인 것을(bohemistisch-bourgeois) 대변하는 향락주의적 보보정당(hedonistische Bobopartei)으로 불린다. 이는 독일 녹색당에 대한 친절한 표현은 아니지만 적절한 묘사다"로 시작한다.[6]

프로이트의 쾌락 원리(Lustprinzip)를 추종하는 서유럽 68 프로이트막시즘에 대한 비판적 논의와 함께 프로이트의 쾌락 원리를 계승하면서 추월하는 자크 라캉과 슬라보예 지젝이 말하는 칼 막스의 잉여 가치 이후의 신좌파의 새로운 화두인 잉여 쾌락(오르가즘적 쾌락으로서의 주이상스)에 대한 비판적 논의도 향락주의적 좌파에 대한 비판의 맥락에서 진행될 것이다.

그리고 니체와 하이데거를 계승하면서 미학과 해석학을 강의하는 포스트모던 철학자이자 유럽연합의 국회의원으로 활동했던 동성애자 잔니 바티모(Gianni Vattimo)가 주장하는 "향락주의적 기독교"(hedonistic Christianity)에 대한 르네 지라르의 비판 등도 소개할 것이다.

독일 녹색당은 68 좌파 운동의 산물이다. 필자가 『문화막시즘의 황혼』에서 소개한 것처럼 독일 녹색당 주류가 소아성애의 비범죄화를 지속해서

월 10일 기사 (https://www.zeit.de/2013/42/paedophiler-antifaschismus-kindesmissbrauch).

5 Diethart Kerbs (Hg.), *Die hedonistische Linke, Beiträge zur Subkultur-Debatte* (Neuwied/Berlin, Luchterhand 1970).

6 Isolde Charim, "Hedonismus als linkes Relikt: Das Lustprinzip der Politik", *Tageszeitung* 2008년 11월 5일 기사. https://taz.de/Hedonismus-als-linkes-Relikt/!5173214/

주장해 왔고, 또한 그 소아성애 행위가 밝혀져 2014년 당 대회에서 당 대표가 독일 녹색당이 과거 소아성애를 주장하고 실행한 것에 대해서 공식적으로 사과했다. 녹색당 당 대표는 독일 68 성혁명 운동의 한 부분으로 소아성애 운동이 전개된 사실을 인정하면서 사과했다.

또한, 당 대회에서 더욱 젊은 두 번째 강연자도 녹색당이 소아성애 문제에 대해서 침묵하고 은폐했던 사실을 인정하고 공식적으로 사과했다.[7] 적어도 독일의 경우 사회주의 성유토피아를 꿈꾸는 성혁명 운동은 결코 동성애에만 제한되지 않았고 이론적으로 그리고 역사적으로 동성애 운동과 소아성애 운동은 깊게 얽혀 있었다.

그리고 이러한 서유럽 68 소아성애적 안티파와 향락주의 좌파가 헤게모니를 장악한 후 추진한 젠더 정책과 다문화 정책의 결과는 이후 소개하겠지만 21세기 '유럽의 자살'(더글라스 머레이)과 '독일의 자살'(틸로 자라친)이었다. 성인지 페미니즘(젠더 페미니즘)과 그 조기 성애화와 조기 성교육 전략도 이러한 서유럽 68 향락주의적 좌파와 소아성애적 안티파의 유산이다.

하지만 이러한 서유럽 68 향락주의적 좌파가 추진하는 젠더유토피아는 사실 '죽음의 문화'이며 디스토피아적 '불임의 파라다이스'이다. 하지만 21세기에 접어들면서 서유럽 68 향락주의적 좌파는 퇴조기에 접어들었고 이제 더 이상 유럽은 '좌파 유럽'이 아니다. 이는 이후 상세하게 소개될 것이다.

'소아성애적 안티파'는 소아성애와 같은 성혁명과 성해방을 파시즘(독일 나치즘과 자본주의)을 격파하기 위한 안티파시즘적인 기획으로 파악한 서유럽 68 향락주의적 좌파를 말한다. 미시 파시즘을 비판한 미셸 푸코도 여기에 포함된다. 하지만 그들은 독일 민족사회주의(나치즘)를 파시즘과 자본주의로 의도적으로 잘못 파악했다.

이 책에서는 히틀러는 사회주의자였고, 독일 나치즘(민족사회주의, Nationalsozialismus) 운동이 자본주의가 아니라, 독일 우파사회주의 운동이었다

---

7 Grünen-Parteitag: Simone Peter zur Aufarbeitung der Pädophilie-Debatte – 22.11.14.

는 사실을 밝힐 것이다. 서유럽 68 향락주의적 좌파는 칼 막스를 추종하는 독일 좌파국제사회주의(공산주의)를 계승하는 문화막시스트들이었기에, 독일 우파민족사회주의(나치즘)를 자본주의적 파시즘으로 규정하고, 그것을 격파하기 위해 빌헬름 라이히를 추종해서 소아성애적 안티파시즘 운동을 했다.

우리는 이후 이러한 서유럽 68 소아성애적 안티파와 좌파자유주의(Linksliberalismus)가 주도하는 유럽연합과 유럽인권법원의 사회주의 성정치, 젠더 이데올로기 그리고 차별금지법에 강하게 저항하는 동유럽 89 지식인들의 저항을 소개할 것인데, 혹자는 이러한 동유럽 89 지식인들의 관점을 반자유주의적 극우라고 비판하지만, 그들은 서유럽 68 소아성애적 안티파와 좌파자유주의(Linksliberalismus)를 비판하는 것이다. 서유럽 68 좌파자유주의를 비판하고 거부한다고 해서 반자유주의적 극우로 매도당하는 것은 부당하다.

독일과 프랑스의 사회주의적 68 문화혁명적-성혁명적 운동권은 앞에서 본 것처럼 '소아성애적 안티파'로 요약될 수 있다. 서유럽 68 운동권에서 소아성애는 이론적으로뿐 아니라 수행적으로 본질적인 문제였다. 최근 비판적으로 공론화되고 있는 프랑스의 푸코와 뒤아멜 교수의 소아성애와 독일의 켄틀러 교수의 소아성애 폭로로 인해서 유럽 68 소아성애적 안티파의 은폐된 과거사가 침묵을 깨고 비로소 공론화되고 있다.

국내에서는 성 소수자 운동과 동성애 운동에 있어서 이론적으로 본질적인 소아성애 문제와 근친상간 문제가 그동안 학문적으로 금기시되어 온 것 같지만, 이 책에서는 서유럽 68 소아성애적 안티파의 철학 이론과 성혁명적 수행 속에 그동안 은폐된 소아성애 문제와 근친상간 문제를 더욱 깊게 비판적으로 논하고 공론화하고자 한다.

유럽 68 소아성애적 안티파의 창시자는 성혁명 개념의 창시자인 오스트리아 출신의 빌헬름 라이히이다. 라이히는 소아들과 청소년들의 성혁명과 성해방을 주장했다.[8] 2021년 폭로된 푸코를 비롯한 서유럽 68 좌파 지식인들의 동성애/소아성애/근친상간 사태는 68 향락주의적 좌파(hedonistic left)의 황혼과 몰락을 잘 보여 준다.

현대 급진 페미니즘인 성인지 페미니즘(젠더 페미니즘), 퀴어 이론, 퀴어 신학 그리고 성 소수자들의 성정치 운동의 철학적 대부인 미셸 푸코의 소아성애 범죄 등을 중심으로 소아성애적 안티파의 몰락을 보다 상세하게 국내에 소개하고자 한다.

21세기 유럽, 특히 사회주의 사유의 진원지인 독일과 프랑스에서는 민주적 사회주의(사회민주주의) 시대가 종언 되었을 뿐 아니라, 68 문화혁명과 성혁명이 탄생시킨 사회주의 성정치와 사회주의적 조기 성교육(젠더 교육) 등이 강력한 저항 운동에 직면하고 있으며 점차 폐지되고 있다는 사실을 소개하고자 한다.

대한민국 86 운동권 정권이 추진하는 성인지 페미니즘과 성인지 교육 속에 내포된 사회주의적 조기 성교육과 조기 성애화(Frühsexualisierung)는 21세기 글로벌 트랜드가 아니라, 글로벌 뒷북이다. 『문화막시즘의 황혼』에서 이미 소개한 것처럼 주디스 버틀러도 2020년 젠더 이데올로기(성인지 이데올로기)가 강력한 글로벌 저항 운동에 직면하면서 점차 폐지되고 있다고 도움을 호소하고 있다.

21세기 사회주의 성정치의 두 기둥은 대체로 미셸 푸코와 주디스 버틀러라 할 수 있는데, 푸코의 소아성애 범죄 폭로로 성 소수자 운동은 크게 충격을 받고 있다.

이후 소개하겠지만, 독일 철학자 페터 슬로터다이크는 68 좌파가 프로이트막시즘(Freudomarxismus)으로 변신함으로 기사회생할 수 있게 되었다고 최근 바르게 분석한 바 있는데, 2021년 폭로된 프로이트막시즘과 사회주

8　정일권, 『문화막시즘의 황혼: 21세기 유럽 사회민주주의 시대의 종언』 (서울: CLC, 2020)을 보라.

의 성정치와 성교육을 주장하는 이론가들의 동성애/소아성애/근친상간 사태로 인해 기사회생한 서유럽 68 사회주의 성정치는 흔들리고 있다.

이 책에서 더 나아가 프로이트막시즘과 프로이트 정신분석 자체가 소포클레스의 그리스 비극 작품 『오이디푸스왕』에 대한 명백한 오독 위에 세워진 사상누각이라는 사실도 르네 지라르의 이론을 통해서 주장할 것이다.

3. 포스트모던 철학자들의 소아성애 비범죄화 주장

서유럽 68 좌파/사회주의적 주류 철학자들과 이론가들의 소아성애 범죄가 지속적으로 폭로되고 있는데, 그 이유는 바로 사회주의 성혁명과 성정치 운동이 근본적으로 조기 성애화(Frühsexualisierung)와 조기 성교육 전략을 마련하고 있기 때문이다.

그렇기에 소아성애 문제는 사회주의 성정치 운동에 있어서 결코 주변적인 문제가 아니라, 구조적인 문제이다. 성혁명의 창시자인 빌헬름 라이히로부터 소아들과 청소년들의 성혁명과 성해방 사상이 시작된다. 소아성애 문제의 기원은 바로 빌헬름 라이히이다.

그러므로 동성애/소아성애/근친상간 문제는 사회주의 성혁명/성정치 운동에 있어서 깊이 얽혀 있다. 아동 성학대에 대한 재프레임화(reframing)와 소아성애를 사회 주변부로부터 해방하는 것은 퀴어 이론 안에서 지배적인 개념이었다. 미셸 푸코가 실재와 인간 조건을 새롭게 개념화하는 방식에 있어서 창시자였다.

주디스 버틀러도 근친상간 금기의 해체를 주장하며 근친상간을 변호한다.

근친상간 금기는 근친상간적 욕망을 금지하고 어떤 젠더화된 주체성들을 강제적인 동일시 메커니즘을 통해서 구축한다고들 말해지는 법이다. 그러나 이 근친상간 금기라는 법의 보편성과 필요성은 어떻게 보증할 수 있는가.[9]

가정 내에서의 아동 성학대에 대한 법적인 비난들을 반대하면서 버틀러는 근친상간에 반대하는 법률이 근친상간을 만들어 내며 성적으로 아동들을 학대하고 싶은 욕망을 만들어 낸다고 주장한다.[10] 버틀러는 근친상간 금기에 대한 푸코적인 비판을 확장한다.

슬라보예 지젝의 의하면 실존주의 철학자이자 프랑스 공산당원이었던 장 폴 사르트르, 페미니즘의 대모 시몬 드 보브와르, 해체주의 철학자 자크 데리다, 기호학자 롤랑 바르트, 미셸 푸코, 아라공, 들뢰즈와 가타리, 리오타르 등 프랑스 68 포스트모던 좌파 철학자들 거의 대부분이 소아성애의 비범죄화를 주장했다.[11]

앞에서 말한 것처럼 독일 녹색당 주류가 소아성애의 비범죄화를 주장했다가 2014년 공식적으로 사과했다. 프랑스와 독일 68 학생 문화혁명 운동에서부터 소아성애 문제는 존재했다.

독일 녹색당과 좌파의 "소아성애적 안티파(안티파시즘)" 운동에서는 "동성애의 비범죄화 운동과 소아성애 운동이 동일한 그룹에 의해서 추진되었다"라고 2020년 독일 뷔르츠부르크대학 현대사 교수인 페터 호에레스 (Peter Hoeres)는 주장했다.

---

9   J. Butler, *Gender Trouble. Feminism and Subversion of Identity* (London, Routledge, 2000), 96.
10 J. Butler, *Gender Trouble. Feminism and Subversion of Identity* (London, Routledge, 2000), 97.
11 Slavoj Žižek, "SEXUAL LIBERATION, 1968 and 2018" (http://fabella.kr/xe/blog11/83200?fbclid=IwAR3S79iJS-MNZKiiUMkR5OBKWjINIXPf-cinK1gaJikTZBKXFGDX6Hvh7Nwk)

그에 의하면, "소아성애는 1980년대 독일 녹색당의 미래 기획이었고 이는 동성애의 비범죄화와 연결되어 있는데, 동성애 운동과 소아성애 운동은 동일한 그룹에 의해 추진되었다."[12] 이렇게 사회주의 성혁명과 성정치 운동에서의 동성애/소아성애/근친상간 사이의 깊은 얽힘에 대해서 이 책은 다루고자 한다.

차별금지법(평등법)을 요구하는 성 소수자 운동가들은 그들의 성정치 운동의 이론적 대부인 성 소수자 미셸 푸코의 소아성애 범죄에 대해서 침묵하지 말고, 그 당파적 침묵을 깨고 책임 있고 감수성 있게 응답해야 한다.

지금까지 이 책의 대체적인 결론과 요약을 먼저 소개했다. 이제 보다 깊고 상세하게 21세기 서유럽 소아성애적 안티파의 민낯과 21세기 점차 폐지되는 성인지 페미니즘(젠더 페미니즘)과 성인지 교육(젠더 교육)에 대해서 알아보자.

4. 퀴어 이론과 성 소수자 운동의 아버지 미셸 푸코의 민낯

퀴어 이론의 아버지 성 소수자 미셸 푸코의 소아성애 범죄에 대해서 퀴어 신학자들은 답변해야 한다. 「기독교 사상」 2018년 12월호에는 '특집: 한국 교회의 인권 이해'라는 주제 아래서 "퀴어 신학: 퀴어스레 신학하기"라는 제목으로 성 소수자 미셸 푸코가 퀴어 이론의 아버지인 것을 다음과 같이 적고 있다.

---

12   페터 호에레스 교수는 2020년 3월 11일 독일 보수주의 도서관(Bibliothek des Konservatismus)에서 "포스트모더니즘 이후 - 미래 보수주의의 개막극"(Nach der Postmoderne – Vorspiel eines Konservatismus der Zukunft)이라는 제목의 강의에서 현대사 전공의 역사가로서 20세기 후반 유행했던 포스트모더니즘의 황혼 이후 21세기에 접어들면서 독일어권을 비롯한 유럽에 새로운 보수주의의 시대가 도래했다고 주장했는데, 이 강의에서 그는 또한 독일 녹색당과 좌파 정당이 추진했던 동성애 운동과 소아성애 운동이 동일한 그룹에 의해서 추진되었다고 주장한다.

퀴어 이론은 프랑스 철학자 미셸 푸코(Michel Foucault)에게서 나왔고 주디스 버틀러(Judith Butler), 게일 루빈(Gayle Rubin), 이브 세지윅(Eve Kosofsky Sedgwick) 등이 발전시켰다. 푸코는 고정되고 본질적인(essential) 정체성을 의문시하여 정체성이란, 담론과 지속적인 재정의를 통해 사회적으로 구성되는 것이라고 주장했다. 예를 들어, 푸코는 에로티시즘이 담론적으로 형성되었다고 강조했는데, 특히 19세기 후반에 독일에서 일부 학자들에 의해 처음으로 동성애가 정체성으로 구분되고 '동성'(homo)과 '이성'(hetero)이라는 제한된 이분법적인 형태로 말하고 생각하게 되면서 욕망이 어떻게, 왜 심각하게 억압되었는지 보여 주었다.[13]

퀴어 신학에 대한 한국어 위키백과에도 "퀴어 신학은 미셸 푸코, 게일 루빈(Gayle Rubin), 이브 세지윅, 주디스 버틀러라는 학자의 퀴어 이론에 대한 철학적 접근에서 발전한 신학이다"라고 정의하고 있다.[14]

'페미위키'에는 급진 페미니스트이자 성인류학자인 게일 루빈이 레즈비언이자 사도마조히스트(SM)로 두 번 커밍아웃했으며 소아성애적 성향이 있다고 밝혔다고 소개되어 있다. 게일 루빈은 레즈비언 사도마조히스트(SM)그룹인 사모아(SAMOIS)를 창립했다. 게일 루빈은 "섹슈얼리티의 위계"(성 위계질서)를 주장하는데, "'최악'에는 성적 소수자 집단의 하위문화를 형성한 복장전환자, 트랜스 섹슈얼, 페티시스트, SM(사도마조히스트), 소아성애자, (매춘하는) 성노동자가 있다. 그와는 반대되는, 축복받고 권장되는 섹슈얼리티로는 '결혼한', '낭만적 사랑하의', '두 사람 간의', '이성 간의', '금전이 오가지 않는', '도구를 사용하지 않는', '실내에서의', '변태적이지 않은' 등의 기준이 있다."

---

13 https://www.clsk.org/bbs/board.php?bo_table=gisang_special&wr_id=1127&main_visual_page=gisang&fbclid=IwAR241JQHaYDurBLDcf0ESDaHUzEacABCedMoS-NVvX5RABMMhULCy0WHtePw

14 https://ko.wikipedia.org/wiki/%ED%80%B4%EC%96%B4_%EC%8B%A0%ED%95%99

게일 루빈은 단일한 섹슈얼리티 기준을 따르는 것, 곧 결혼 중심의 강요된 '이성애 정상성'을 전복하고자 한다. "'최상'급에 놓인 유일한 성적 실천인 '축복받은 섹슈얼리티'의 성교 방식을 모든 사람이 따라야 한다는 생각이야말로 억압이며 폭력"이라고 주장한다.[15]

우리는 게일 루빈의 주장처럼 젠더 퀴어 운동, 성 소수자 운동 그리고 퀴어 이론과 퀴어 신학이 대체로 "결혼한, 이성 간의, 실내에서의 그리고 변태적이지 않은"의 정반대인 결혼 밖의, 동성 간의, 실외에서의 그리고 소위 변태적인 성행위를 의도적으로 퀴어한 일탈의 정신으로 시도하려고 한다고 본다.

그래서 이후 소개할 미국 원조 페미니스트 카밀 팔리아(Camil Paglia) 교수의 분석처럼 유대-기독교적 성도덕과 일부일처제 등을 전복하려고 하는 이러한 젠더 퀴어 운동은 집단 성교, 집단 광기 그리고 집단 폭력을 보여 주는 디오니소스적 신이교(Neuheidentum) 운동이다.

동성애자/소아성애자/사도마조히스트인 미셸 푸코를 철학적 대부로 모시는 이러한 디오니소스적 젠더 퀴어 운동은 의도적으로 소위 '변태적인' 성행위라는 '일탈'을 추구한다. 미셸 푸코도 실내에서가 아니라, 실외인 공동묘지 묘비 위에서 소아성애적 매춘과 강간을 했다고 한다.

'퀴어 신학'은 엄밀히 말해서 모순이다. 퀴어 이론과 운동 자체가 디오니소스적, 신이교적 그리고 영지주의적 기원을 가진다.

미셸 푸코는 니체적-디오니소스적 광기를 철학적으로 잘 보여 주는 학자이다. 나중에 등장하겠지만, 퀴어스러운 것은 디오니소스적인 것이고 일탈적인 것을 의미한다.

쉽게 말해 퀴어는 디오니소스적이다. 고대 그리스의 디오니소스적인 것은 포스트모던 시대에서 퀴어스러운 것으로 부활했다. 그렇기에 이 책에

---

15 "성은 언제나 정치적이다. 저주받은 섹슈얼리티의 사면" 「한겨레」, 2015년 9월 10일. http://www.hani.co.kr/arti/culture/book/708397.html

서는 퀴어 이론과 퀴어 신학을 대체로 디오니소스적 이론과 신학으로 파악한다. 이후 등장할 미국 원조 페미니스트 카밀 팔리아(Camil Paglia)의 분석처럼 고대 그리스의 디오니소스 축제와 이교가 포스트모던적이고 포스트막시즘적인 시대에 퀴어 이교로 재등장한 것이다.

디오니소스는 퀴어스러우며, 퀴어는 디오니소스적이다. 디오니소스적 퀴어는 급진 페미니스트 게일 루빈의 표현처럼 정상적이고 일상적이고 변태적이지 않은 것의 대척점에 있는 비정상적이고 일탈적이고 소위 '변태적인 것'을 상징하고 의미한다. 형이상학 비판과 이성 중심주의를 비판하는 포스트막시즘의 포스트모더니즘 자체가 디오니소스적이고 퀴어하고, 일탈적이고 향락주의적인 반대철학(counter-philosophy)이다.

동성애자 유발 하라리는 『호모 데우스』에서 동성애와 동성혼을 지지하는 신학자들이 성경으로부터 그 근거를 발견할 수 있는 것처럼 주장하지만, 사실 그것은 미셸 푸코의 영향이라는 사실을 다음과 같이 바르게 분석했다.

> 퀴어 신학자들도 성경 자체에서 그 근거를 애써 찾으려고 하지만, 유발 하라리의 분석처럼 퀴어 신학은 미셸 푸코의 영향으로부터 탄생했다. 앞에서 본 것처럼 퀴어 신학자들도 퀴어 신학이 미셸 푸코로부터 시작된다고 명시하고 있다. 그러나 기독교의 진보적인 참된 신자들은 그들의 윤리학을 푸코로부터 그리고 해러웨이(Haraway)로부터 도출하고 있다는 점을 인정할 수 없다. 그래서 그들은 성경과 성 어거스틴과 마틴 루터에게로 돌아가서 매우 깊은 연구를 한다. 그들은 그들이 원하는 것, 곧 창조적으로 해석된다면 하나님께서 동성혼을 축복하며 여성들도 사제직으로 서품받을 수 있다고 충분하게 의미할 수 있는 몇몇 금언, 비유 그리고 결정들을 마침내 발견할 때까지 성경의 각 페이지와 스토리를 극도의 집중력으로 읽어 내려 간다. 그들은 그러한 개념이 성경으로부터 유래하는 것처럼 가장하지만(pretend), 사실은 그것은 미셸 푸코로부터 유래한다.[16]

16　Yuval Noah Harari, *Homo Deus – A Brief History of Tomorrow* (London: Random House,

퀴어 신학, 젠더 퀴어, 동성애/동성혼을 지지하는 퀴어 신학자들과 기독교 좌파는 최근 폭로된 미셸 푸코의 소아성애 범죄에 대해서 더 이상 침묵하지 말고 '성인지 감수성'으로 응답해야 한다.

이후 상세하게 소개하겠지만, 미셸 푸코는 튀니지의 공동묘지의 묘비 위에서 8-9세 소년들과 동성애적-소아성애적 매춘과 강간을 했는데, 이는 성적 '일탈'을 추구하는 동성애자/소아성애자/사도마조히스트(SM)인 게일 루빈이 주장하는 실외에서의 '변태적'이고 동성애적-소아성애적 매춘(성노동?)의 맥락에서 충분히 이해될 수 있다.

미셸 푸코도 동성애자/소아성애자/사도마조히스트(SM)로 알려져 있다. '이성애 정상성'을 전복하고자 하는 미셸 푸코, 주디스 버틀러, 게일 루빈과 같은 성혁명가/성정치가들은 소위 비정상적이고 '변태적인' 모든 성행위의 정상화가 성취되는 성유토피아(Sexualutopie)를 주장한다. "빌헬름 라이히와 마르쿠제와 같은 혁명적 좌파 프로이트 추종자들은" "통음난무(Orgie)를 성유토피아(Sexualutopie)로 설파하기도 했다."[17]

푸코와 게일 루빈과 같은 성정치가들은 디오니소스적-광적인 통음난무를 성유토피아로 정상화하려고 시도한다. 이렇게 동성애자/소아성애자인 게일 루빈을 국내에 상세하게 소개한 「한겨레」가 미셸 푸코의 소아성애 범죄에 대해서 지금까지도 침묵하고 있는 것은 어쩌면 당연한 일인지도 모른다.

강제적 이성애를 비판하는 동성애적 성정치가들은 성인지 페미니즘(젠더 페미니즘)/성인지 교육/성인지 감수성을 탑다운방식의 국가페미니즘 (Staatsfeminismus)의 이름으로 '강제'하려고 하며, 소아성애, 사도마조히즘 (SM), 매춘(성노동?)과 같은 게일 루빈이 말하는 '변태적이지 않은'의 반대

2017), p. 277-8. 유발 하라리에 대한 비판적 평가에 대해서는 다음을 참고하라: 정일권, 『질투사회: 르네 지라르와 정치경제학』(서울: CLC, 2019). 제 9장 유발 하라리의 『호모 데우스』 비판.

17 Martin Lindner, *Leben in der Krise: Zeitromane der neuen Sachlichkeit* und die intellektuelle Mentalität der klassischen Moderne (Stuttgart, 1994), 28.

말인 '변태적인' 성행위를 기어코 정상화하려고 한다.

주디스 버틀러는 『젠더 트러블』에서 세계를 레즈비언화시키겠다고 말한다. 일부 성 소수자 운동가들과 성정치 운동가들은 소아성애는 자신들과 무관하다고 주장하지만, 성정치 운동의 주요 이론가들이 분명하게 소아성애, 사도마조히즘, 매춘 등을 지지하는 사실에 대해서 감수성 있게 응답해야 한다.

5. '철학의 왕' 미셸 푸코의 동성애/소아성애/사도마조히즘

2021년 3월 28일 영국 신문 「타임스」(*The Times*)는 "프랑스 철학자 미셸 푸코가 튀니지에서 소년들을 성폭행했다"는 제목으로 미셸 푸코는 "소아성애적 강간범"(a paedophile rapist)이었다는 푸코의 동료 지식인의 최근 폭로를 보도했다.

푸코의 동료 지식인 기 소르망(Guy Sorman)은 최근 "푸코가 1960년대 튀니지에 살면서 아랍 어린이들과 섹스한 소아성애적 강간범"이었다고 주장해 파리 지성계에서 큰 파문을 일으키고 있다는 언론 보도이다.[18] 필자가 페이스북과 블로그를 통해 국내에서 아마 가장 먼저 소개한 이 충격적인 소식은 2021년 3월 30일 이후 국내 주요 언론(「동아일보」, 「조선일보」, 「중앙일보」) 등을 통해서 보도되었다.

「조선일보」는 "기 소르망의 폭로 철학의 왕 미셸 푸코, 소년들 性 착취"라는 제목으로 "세계에서 가장 유명한 철학자 중 하나인 프랑스의 미셸 푸코(1926~1984)가 아동 성애자였고, 소년들의 성을 착취했다는 폭로가 나왔다"고 보도했다.

---

18   Matthew Campbell, "French philosopher Michel Foucault 'abused boys in Tunisia'" *The Times* 2021. 3월 28일 기사.

영국 언론「더타임스」에 따르면 28일(현지 시각) 푸코가 1960년대 후반 튀니지 수도 튀니스 근처에 머물 당시 현지 어린이들과 성 관계를 가졌던 소아 강간범이라고 기 소르망(77) 전 프랑스 파리정치대학 교수가 폭로했다. 푸코는 저서 '감시와 처벌'로 잘 알려진 철학자로, 세계에서 가장 많이 인용된 인문학 저자로 꼽히는 인물이다. 소르망 또한 세계적 석학이자 '21세기 몇 안 되는 지성'으로 불리는 인물이다. 소르망에 따르면 그는 당시 1969년 부활절 휴가에 친구들과 함께 푸코가 살고 있던 시디부사이드를 방문했다.

푸코는 8-10세 아이들과 "지역 공동묘지"에서 "어린 소년들과 묘비 위에서 성 관계를 했다"라고 보도되었다. 소르망 교수는 푸코의 소아성애적 강간 범죄를 목격했지만, 이는 공론화되지 못했는데, 그 이유는 "프랑스에서 푸코에게 감히 그렇게 할 수 없었을 것"이라고 설명했다.

"당시 부활절 여행에 기자들도 함께 있었고 증인도 많았지만, 당시 아무도 그런 이야기를 하지 않은 이유는 '푸코가 철학의 왕(philosopher king)이었기 때문'이라는 것이다. 그는 '푸코는 프랑스의 신(god in France)과 같다'고 했다."

또한,「조선일보」는 "푸코는 1977년 당시 13세 미성년자와의 성 관계를 합법화하는 청원에 서명한 바 있다. 또한, 푸코의 전기 제임스 밀러의 '미셸 푸코의 열정'에서 푸코의 성향이 '동성애자', '사도마조히즘에 대한 관심' 등으로 묘사되기에 그의 사생활에 대해서는 널리 알려진 바 있다. 또한, 그는 프랑스 유명인 중 처음으로 에이즈로 사망한 인물이다"라고 잘 보도했다.[19]

독일, 오스트리아, 스위스의 주요 언론들은 거의 모두 이 충격적인 사실을 언론 보도했다. 나중에 소개하겠지만, 영미권 주류 언론은 이 충격적 사실에 "당황해서" "침묵하고 있다." 그 외 아랍권, 남미, 중유럽(동유럽)의 언론들도

---

19   기 소르망의 폭로 "철학의 왕 미셸 푸코, 소년들 性착취."「조선일보」, 2021년 3월 30일. (https://www.chosun.com/international/international_general/2021/03/30/EPCWKRXQ3BHQBHYITJ4TO7X7AY/?fbclid=IwAR1UWLLH6q5E8c-A8Nn-JXyYAH0f-v02byYZS5k81gB4yXYL41KTGDdn5-iU)

빠르게 이 충격적인 소식을 언론 보도했다. 포스트모던적 좌파 담론에 경도된 일부 서유럽 국가들과 서구의 언론들도 이 충격적 사실에 침묵하고 있는 분위기가 보이지만, 미셸 푸코에 대한 영어 위키피디아에는 이 푸코의 소아성애 행위가 최근 공식적으로 실렸다.

68 운동권들이 푸코를 동성애 운동과 철학의 왕처럼 혹은 신처럼 모시면서 후기 구조주의, 포스트모더니즘, 니체주의, 광기 그리고 동성애 등을 외쳤지만, 아동 인권의 문제와 관련된 소아성애적 강간 문제에 당파적 침묵하는 것은 실망스러운 일이다.

미셸 푸코에 대한 영어 위키피디아 최근 업데이트에서는 "미성년자와의 섹스와 소아성애"(Underage sex and pedophilia)라는 제목 아래 푸코가 "합의적 성인-미성년 어린이와의 섹스와 소아성애에 대한 강경파 지지자"였다고 밝히고 있다.

> 1977년 장 폴 사르트르, 자크 데리다 그리고 다른 지성인들과 함께 푸코는 15세 이하의 아이들과 성인들 사이의 모든 합의적 성 관계에 대한 비범죄화를 요구하는 청원을 프랑스 국회에 제출했다.
> 푸코는 「르몽드」지에 소아성애로 기소된 세 사람을 변호하는 편지를 썼다. 푸코의 『성의 역사』 2권과 3권에서 남색(pederasty)과 '소년들에 대한 사랑의 가능성'이 '초석적 역할'을 감당했다.[20]

미셸 푸코에 대한 한국어 나무위키도 푸코의 소아성애 범죄를 업데이트한 "6. 아동 성범죄 주장"이라는 제목이 붙은 기록에 다음과 같이 소개하고 있다.

---

20 https://en.wikipedia.org/wiki/Michel_Foucault#Underage_sex_and_pedophilia (2021년 4월 28일자).

프랑스의 비평가 기 소르망(Guy Sorman, 1944~)의 주장에 의하면 1960년대에 푸코가 튀니지에 체류하면서 8-10세 사이의 아동들을 주기적으로 성착취를 했다고 한다. 기 소르망의 표현에 의하면 당시 푸코는 '프랑스 철학의 왕'이었고, 이 때문에 프랑스 언론은 이 사실을 이전부터 알고 있었음에도 의도적으로 은폐했다고 한다. 소르망 자신도 이러한 사실을 일찍이 폭로하지 못했음을 후회한다고 밝혔다.[21]

6. 푸코의 공동묘지에서의 소아성애 – 독일어권 주류 언론 보도

2021년 4월 7일 독일의 대표 언론 「슈피겔」(*Der Spiegel*)이 "지성인들은 미셸 푸코의 아동학대를 비난한다"라는 제목으로 기 소르망 교수가 폭로한 미셸 푸코의 튀니지 "공동묘지"에서의 소아성애를 언론 보도했다.

특히, 당시 기 소르망 교수의 동료였던 언론인 샹탈 샤르팡티에(Chantal Charpentier)의 독일 언론 「짜이트」(*Zeit*)에서의 증언을 소개하면서 기 소르망 교수의 주장을 샹탈 샤르팡티에(Chantal Charpentier)가 확인해 주고 있다고 언론 보도했다. 그녀는 푸코가 "추악한 식민주의자처럼"(ein scheußlicher Kolonialist)처럼 행동했다고 증언하고 있다.

「슈피겔」은 기 소르망 교수가 자신의 책에서 "푸코가 공동묘지에서 소년들을 만났고" "달빛 아래서 그들을 강간했다"라고 적고 있는 내용을 소개했다. 그리고 그때 당시 소년들이 성 관계에 대해서 동의했는지에 대한 질문은 제기되지 않았다는 기 소르망 교수의 주장을 「슈피겔」이 소개했다.[22]

---

21 https://namu.wiki/w/%EB%AF%B8%EC%85%B8%20%ED%91%B8%EC%BD%94. . 2021년 4월 29일.

22 "Intellektueller wirft Michel Foucault Kindesmissbrauch vor", Der Spiegel, 2021. 4. 7일 기사. https://www.spiegel.de/kultur/michel-foucault-vorwurf-des-kinde-

또 다른 독일의 대표 언론 프랑크푸르트 「프랑크푸르트 알게마이네 짜이퉁」(FAZ)은 "'푸코 사태?': 죽은 자에 대한 심판"("EIN FALL FOUCAULT?": Totengericht)이라는 제목으로 2021년 4월 10일 보도했다. 기 소르망 교수의 증언을 대체적으로 수용해서 미셸 푸코의 소아성애 매춘, 강간 그리고 범죄로 인해서 미셸 푸코에 대한 "죽은 자에 대한 심판"이 이루어졌다고 보도했다.

특히, 이 신문은 기 소르망 교수가 제기한 "의심의 모멘트"(Verdachtsmoment)가 무겁다면서 "당시 프랑스 파리 지성계의 문학 거장들이 아프리카에서 성적인 자유 공간을 추구했다는 사실은 비밀이 아니다. 앙드레 지드 혹은 후기의 롤랑 바르트의 그림들에서는 모든 에로틱한 황홀을 느낄 수 있다"라고 적고 있다.

하지만 이러한 매춘 관계는 "대칭적 관계"가 아니라고 이 독일 언론은 바르게 분석했다. "바로 이런 배경을 볼 때 의심을 더 날카로워지며, (푸코의) 섹스 파트너들이 얼마나 어렸는가에 대한 질문이 함께 제기되게 된다"라고 이 신문은 보도하고 있다.[23] 푸코는 권력관계를 분석하는 권력 비판가였는데, 튀니지에서의 소아성애적 깅긴에서는 배인 제국주의적 권력관계를 푸코는 자신의 몸으로 보여 주고 있다.

가장 상세하게 보도하고 있는 독일 주류 언론 「짜이트」는 푸코의 소아성애에 대해서 "모두 알고 있었다"(Alle wussten es)라는 소제목으로 자세하게 보도했다.[24]

---

smissbrauchs-durch-guy-sorman-a-87a95333-fb4f-440c-a8c6-8c86d8be324b?fbclid=IwAR3k11j48oVh2SITzJsnEFw9JvEBEqp7yDm_7zKMsq7xPS7AjcfL1m4mlrw

[23] EIN „FALL FOUCAULT"? :Totengericht. EIN KOMMENTAR VON HELMUT MAYER. 「프랑크푸르트 알게마이네 짜이퉁」(FAZ) 2021년 4월 10일 기사. https://www.faz.net/aktuell/feuilleton/debatten/zu-den-vorwuerfen-der-philosoph-michel-foucault-habe-kindesmissbrauch-begangen-17285759.html?fbclid=IwAR0Xzn-4NF2-dMjMnIlVnur0NEgEjpVQmVyU4Aw6DlodVlYjFC-M9VUqfhEA

[24] https://www.zeit.de/2021/15/michel-foucault-vorwuerfe-sexueller-kindesmissbrauch-tunesien/seite-2

프랑스 파리 문학 교수이자 롤랑 바르트 전기 작가 티파니 사모요트(Tiphaine Samoyault)도 독일「짜이트」와의 인터뷰에서 미셸 푸코의 소아성애 "강간"에 대한 "비난들이 설득력이 있다"라고 증언했다. "푸코의 북아프리카에서의 소아 매춘에 관한 비난들은 신뢰할 만하다"라고 그녀는 증언했다. 그녀에 의하면 "많은 프랑스 지식인이 (푸코의) 아동 성폭력에 대해서 알았다."[25]

1780년 창간된 스위스 대표신문「노이에 취리히 짜이퉁」(Neue Zürcher Zeitung)은 "공동묘지에서의 강간: 미셸 푸코를 향한 소아성애 비난들"이란 제목으로 2021년 4월 11일 언론 보도했다.[26]

7. 워키즘(Wokeism, 사회정의 운동)의 우상인 푸코의 제국주의

오스트리아 비엔나에 위치한 저명 언론「데어스탠다드」(DerStandard)는 2021년 4월 14일 "미셸 푸코를 향한 소아성애-비난들"이라는 제목 아래서 워키즘 혹은 사회정의 운동(Woke Bewegung)의 우상 미셸 푸코의 소아성애 범죄로 "당황한" 영미권 언론의 침묵에 대해서 비판적으로 분석했다. 오스트리아의「데어스탠다드」뿐 아니라, 스위스 언론「세인트갈렌 탁블라트」(St.Galler Tagblatt)를 비롯한 다수의 독일어권 언론도 영미권 언론의 "당황한" 침묵에 대해서 비판적 보도를 했다.

---

25 독일 언론「짜이트」(Zeit)를 통한 기 소르망 교수의 폭로에 대한 이 두 여성의 확인은 독일어권 언론포털(Pressportal)에 2021년 4월 7일에 소개되었다. Journalistin bestätigt Kindesmissbrauchs-Vorwürfe gegen Michel Foucault. https://www.presseportal.de/pm/9377/4883183?fbclid=IwAR3HKuaG0R2_0ipuzXoZcRb1OeJW8zCXcr-D-S-1u9Sx20b-g5tb3xaqv98

26 https://www.nzz.ch/feuilleton/michel-foucault-dem-philosophen-wird-paedophilie-vorgeworfen-ld.1611320?reduced=true&mktcid=smsh&fbclid=IwAR2OdW-9ZHeTMeavSJ_LQXbDO70FAZ6cS7U_IKXk1DkQkgDibJFNj_5mvhsM&mktcval=-Facebook

오스트리아의 「데어스탠다드」는 "프랑스 철학과 성적 자유의 아이콘"으로 평가되던 푸코의 소아성애에 대해서 보도했다. 이 언론은 미셸 푸코는 튀지니에서 했던 소아성애적 강간을 프랑스에서는 결코 할 수 없었을 것이라는 기 소르망 교수의 지적을 보도했다. 이 오스트리아 언론은 영어권 언론의 "당황한 보도"(Verlegene Berichte)에 대해서 지적한다.

「선데이 타임즈」(The Sunday Times)에 의한 최초 점화 이후로 영어권 언론들은 어떤 당혹감을 보도하고 있다.

> 미국에서 주도적인 사회정의 운동(Woke Bewegung)에 있어서는 이전에 마오이스트적인 프롤레타리아 좌파(maoistischen Gauche prolétarienne)의 멤버였던 미셸 푸코는 바로 '탈식민주의적' 사유의 개척자였다.

즉, 소수자와 피억압자의 고통에 민감한 감수성에 호소하는 사회정의 운동(Woke Bewegung)의 우상, 탈식민주의적 사유의 아이콘 그리고 권력 비판가와 피억압자의 해방가로 높게 평가되던 미셸 푸코의 "백인 제국주의적인" 소아성애 범죄에 대해서 영어권 언론들이 "당황"해서 침묵하고 있는 사실을 이 신문은 지적한 것이다.

이 오스트리아 언론은 "모든 종류의 권력 구조에 대한 비판가, 팔레스타인에서부터 프랑스 식민지들의 권리를 박탈당한 자들을 위한 투사였던 푸코가 튀지니 소년들의 몸을 구입함으로 '백인들의 제국주의'의 삶을 살았다"라고 비판한다. 푸코가 소아성애-청원(Kindersex-Petition)에 서명한 것은 기존 질서에 대한 일회적인 반사가 아니었다. 소아성애는 어떤 의미에 있어서 푸코의 저서 『성의 역사』에 등장하는 개념들에 어울리는 것이다.[27]

독일의 대표적 언론 중 하나인 「프랑크푸르트룬트샤우」(Frankfurter Rund-

---

27 Stefan Brändle, "Pädophilie-Vorwürfe gegen Michel Foucault", *Der Standard* 2021년 4월 14일 기사. https://www.derstandard.at/story/2000125803352/paedophilie-vorwuerfe-gegen-michel-foucault

schau)는 미셸 푸코의 최근 저서인 『육체의 고백』(*Geständnisse des Fleisches*)을 제목으로 잡고서 "미셸 푸코의 성폭력에 대한 비난들이 논의되고 있기에 1984년 작고한 그의 저서들에 대한 비판적인 다시 읽기(kritische Neulektüre)가 불가피해졌다"라고 보도했다.

이 독일 언론은 "푸코가 어린 소년들도 오르가즘에 대한 권리를 가졌다는 핑계로 튀니지의 소아들을 사서 공동묘지에서 그들을 만나서 무덤들 위에서 그 소년들을 강간했다"라고 비판적으로 보도했다.

이 언론은 기 소르망 교수의 폭로를 확인해 준 프랑스 여성 언론인 샹탈 샤르팡티에(Chantal Charpentier)의 확인 내용을 소개하면서 "샤르팡티에의 기억과 소르망 교수의 대담한 묘사들은 권력 이론에 대한 철학적 대가(Meisterdenker)인 미셸 푸코를 논쟁의 대상로 만들기에 충분한데, 이 사태는 프랑스의 문화 생활에 충격들을 야기한 것만은 아니다"라고 보도했다. 이 독일 언론은 미셸 푸코의 영향력을 다음과 같이 잘 소개했다.

> 과장 없이 우리는 인종주의, 식민주의, 젠더정치, 취소문화(Cancel Culture) 등에 대한 현대적 논쟁은 억압, 거부 그리고 가부장주의에 대한 서로 다른 입장들 가운데 미셸 푸코의 방대한 저술로부터 직접적으로 혹은 간접적으로 자양분을 공급받는다고 할 수 있다.

그리고 이 언론은 푸코의 소아성애가 소년에 대한 사랑(Knabenliebe)에 대한 푸코의 논의 속에서 암시되었다고 다음과 같이 적고 있다.

> 역사적 소년에 대한 사랑(Knabenliebe)에 대한 푸코의 논의들은 도움이 될 만한 이론 제안들로 파악될 수 있는데, 이는 이미 명시적으로 성적 학대를 의미하는 것이지만 이는 오랫동안 공적인 인식에서 은폐됐다.[28]

---

28 Harry Nutt, "Geständnisse des Fleisches," *Frankfurter Rundschau* 2021년 4월 11일 기

미셸 푸코의 『성의 역사』 4권 『육체의 고백』이 프랑스에서 2018년 2월에 나왔는데 불과 1년 10개월만인 2019년 12월에 한국어로 번역되었다고 한다. 푸코의 이 책에 대한 한국어 번역은 번역의 나라 일본보다도 1년이나 빠른 번역이었고 미국이나 영국에서 기 소르망 교수의 폭로 직전인 올해 2월과 3월 초에 번역된 것보다 빨랐다고 한다.

그 정도로 국내에는 푸코 마니아들이 많이 있기에, 푸코의 소아성애 범죄는 많은 사람에게 큰 충격을 주고 있으며, 일부 푸코 마니아들은 애써 침묵을 유지하고 있다.

성인지 감수성(젠더 감수성)을 주장하는 분들이 성인지 감수성 운동의 선구자인 성 소수자/성정치가 미셸 푸코의 소아성애 범죄에 대해서는 감수성 없게 침묵하고 있다.

2021년 4월 9일 서독 방송(WDR3)에서는 "야유: 푸코는 소아성애자인가?"란 제목으로 현대 "정체성정치의 아버지"인 미셸 푸코의 공동묘지에서의 소아성애적 "매춘"과 "강간"에 대해 보도하면서, 특히 미셸 푸코의 최근 출간작 『육체의 고백』에 이 소아성애적 강간을 암시하는 부분이 존재한다는 것도 보도되었다.

2021년 4월 9일 서독 방송(WDR) 라디오에서는 "스타 철학자 미셸 푸코의 흠집"이라는 제목으로 "철학의 팝스타"로 간주되고 피억압자의 해방을 위한 철학을 전개한 것으로 이해되는 미셸 푸코가 소아들을 "강간"했다고 폭로한 기 소르망 교수의 폭로를 대체로 잘 소개했다.

기 소르망 교수의 폭로를 대체로 반영했고, 미셸 푸코의 소아성애 스캔들로 인해서 유럽에서의 68 운동권의 유산에 대한 비판적 검토가 전개되고 있다고 보도되었다. 또한, 이 방송에서는 미셸 푸코의 소아성애 범죄는 필자가 국내 주요 언론보다 앞서서 소개한 2021년 최근 프랑스를 대표

사. https://www.fr.de/kultur/gesellschaft/gestaendnisse-des-fleisches-90405577.html?fbclid=IwAR3denLsjSsG33BML4X7-mKq_nfSEnuX3ROpfkpMyrtLQszQTGs4X-ITjAUU

하는 헌법학자를 비롯한 프랑스 68 좌파 유명 지식인들의 동성애/소아성애/근친상간 파문이 폭로되는 상황과 연관된다는 내용도 보도되었다.

독일 문화 매거진인 「페얼른타우어」(*Perlentaucher*)는 2021년 4월 9일 최근 독일어권의 푸코의 소아성애 스캔들을 보도하면서 "좌파는 침묵하고 있고" 푸코의 소아성애는 "모든 사람이 알고 있었다"는 사실을 보도했다.

> 프랑스 파리 좌파 유력 시사 주간매거진인 「르 누벨 옵세르바퇴르」(*Le nouvel observateur*)의 편집장이었던 장 다니엘(Jean Daniel)의 수행단 중에서, 특히 푸코에 대해서 말하는 지식인들이 많았다. 이 수행단은 시디 부 사이드(Sidi Bou Saïd)에서 여러 차례 휴가를 지냈고 거기서 푸코를 만났다. 이 수행단은 푸코의 성적인 일탈들에 대해서 비방했고 푸코의 어린 소년들과의 한밤중 공동묘지에서의 모험에 대해서 비웃었다고 기 소르망 교수는 회상했다. '모두가 (푸코의 소아성애) 이에 대해서 알고 있었다'(Alle wussten es).²⁹

프랑스 유력 시사 주간매거진인 「르 누벨 옵세르바퇴르」(*Le nouvel observateur*)도 2021년 3월 31일 푸코의 소아성애 범죄에 대한 기 소르망 교수의 폭로를 상세하게 보도했다. 공동묘지에서의 소아성애적 강간과 매춘이라는 미셸 푸코의 "비열하고 극도로 도덕적으로 흉측한 행위"(comportement «*ignoble*» et «*extrêmement hideux moralement*»)에 대한 기 소르망 교수의 폭로를 상세하게 보도했다. 여기에는 "식민주의적 차원이 존재하는데, 그것은 백인 제국주의(Un impérialisme blanc)이다"라는 기 소르망 교수의 주장을 이 언론은 보도했다.³⁰

---

29 https://www.perlentaucher.de/9punkt/2021-04-09.html?highlight=Michel+Foucault#a82134

30 "Guy Sorman accuse le philosophe Michel Foucault d'abus sexuels sur de jeunes garçons" *Le nouvel observateur* 2021년 3월 31일 기사. https://www.nouvelobs.com/societe/20210331.OBS42153/guy-sorman-accuse-le-philosophe-michel-foucault-d-abus-sexuels-sur-de-jeunes-garcons.html

1953년 창간된 좌파적 성향의 프랑스 주간지 「르 익스프레스」(*L'Express*)는 프랑스 지식인들 사이에 강력한 영향력을 행사하는데, "미셸 푸코와 소아성애: 언론의 열광적 보도에 대한 조사"(Michel Foucault et la pédophilie : enquête sur un emballement médiatique)라는 제목으로 현대 사회정의 이데올로기(l'idéologie woke contemporaine)의 우상이었던 미셸 푸코의 "소아성애, 인종주의, 식민주의, 제국주의"를 비판하고 있다.

이 프랑스 언론은 푸코의 소아성애 범죄로 인한 국제적인 언론 보도가 폭증하고 있다고 보도하면서, 특히 소수자들이 받는 고통에 대한 민감한 감수성을 강조하는 사회정의 이데올로기(l'idéologie woke contemporaine)의 아이콘이자 우상인 미셸 푸코의 소아성애적 범죄를 비판한다. "피억압자의 편에 서있는 것으로 생각되던 위대한 동성애 철학자 미셸 푸코는 가증스러운 백인 남성(un mâle blanc détestable)으로 드러나게 되었다"라고 이 언론은 비판한다.

또한, "푸코의 자유에 대한 찬양은 … 결국 자신의 사악함을 위한 알리바이에 불과했다"는 기 소르망 교수의 주장을 보도하고 있다. 이 언론은 미셸 푸코가 세계적으로 가장 많이 인용된 철학자이며, 미국에서는 정치적 정체성의 탄생과도 깊이 관련된 철학자이기에 더 충격이 크다고 전하고 있다.[31]

프랑스 중도좌파 신문 「리베라시옹」(*Libération*)도 "소아성애범죄로 비난받는 미셸 푸코"라는 제목으로 2021년 4월 12일 보도했다. 「리베라시옹」은 대표적 좌파 일간지로서 1968년 혁명 당시 학생 운동세력의 선전지로 출발해 1973년 68혁명 정신의 계승을 선언하며 정식 일간지로 창간된 신문이다.

---

31 "Michel Foucault et la pédophilie : enquête sur un emballement médiatique," *L'Express* 2021년 4월 9일 기사. https://www.lexpress.fr/actualite/idees-et-debats/michel-foucault-et-la-pedophilie-enquete-sur-un-emballement-mediatique_2148517.html?fbclid=IwAR0nbEKLpDiUGz0MwCg40k4lhecKAIKs9SQOmjx1lMxt-mXlBdWVDWusFyw4

당시 발행인은 실존주의 철학자이자 프랑스 공산당원이었던 장 폴 사르트르였다. 프랑스 68 문화혁명의 정신을 계승하면서 초기에는 극좌파 노선을 지지하다가 이후는 대체로 중도좌파 노선을 대변하는 언론이 된다. 프랑스 68 좌파 운동의 아이콘이자 우상이었던 미셸 푸코의 소아성애 범죄에 대해서 제대로 보도하기가 쉽지 않았을 것인데, 대체로 기 소르망 교수의 주장이 신빙성이 있는 것으로 보아 보도했다.³²

기 소르망 교수는 "푸코와 다른 철학자들이 자신들의 정념과 욕망을 정당화하기 위해 자신들의 논증을 어떻게 사용했는지를 이해하라고 권한다. 푸코는 논증을 통해서 자신이 원하는 모든 것을 할 수 있게 된다고 생각했다."³³

8. 성혁명/급진 페미니즘의 이론가 푸코의 동성애적 소아성애

독일어권 교회와 문화를 위한 로마가톨릭 매거진「카톨리세스」(*Katholisches, Magazin für Kirche und Kultur*)는 "푸코, 동성애적 소아성애자"(Foucault, der homosexuelle Pädophile)라는 제목으로 "성혁명과 급진 페미니즘의 지배적 이데올로그"이자 "급진 페미니즘의 구루"(Guru des radikalen Feminismus) 미셸 푸코가 "동성애적 소아성애자"인 것이 폭로되었다고 상세하게 보도했다. "좌파적이고, '진보적인' 스펙트럼의 고위급 구루(Oberguru)인 미셸 푸코가 동성애적 소아성애자로 폭로되었다"라고 이 문화 매거진은 적고 있다.

---

32 "Michel Foucault accusé de pédocriminalité : que sait-on vraiment？" *Libération* 2021년 4월 12일 기사. https://www.liberation.fr/idees-et-debats/michel-foucault-accuse-de-pedocriminalite-que-sait-on-vraiment-20210412_SJ7F5HOQQZDDTM-TYV3YZQ6ZGLU/?fbclid=IwAR0jb3Aq_7YseQIw2LDqMdKrfg8H9EDOr6kwB_qt7tWHYoHGhsNL6suw4U0

33 https://www.lepoint.fr/livres/pedocriminalite-guy-sorman-denonce-les-actes-ignobles-de-michel-foucault-30-03-2021-2419958_37.php#

이 로마가톨릭 문화 매거진은 또한 이렇게 기술했다.

몇 년 이래로 로마가톨릭 신부에 의한 소아들에 대한 성학대의 80퍼센트가 동성애적 성학대(homosexueller Mißbrauch)라는 사실이 알려졌다. 동성애적 성학대에 대한 디테일이 종종 자주 간과되고 잊히는데, 이유가 있다. 그 이유 중 하나는 유행철학자(Modephilosoph)이자 좌파 '기둥 성자'(Säulenheilige)인 미셸 푸코가 그 새로운 디테일로 인해 동성애적 소아성애자(homosexueller Pädophiler)로 폭로되자 보다 명확하게 알게 되었다.

"막시스트적인 무신론자 미셸 푸코는 소아성애의 법제화(Legalisierung der Pädophilie)를 명백하게 지지했다", "미셸 푸코는 아동포르노그라피(Kinderpornographie)와 한 인간이 비극적인 방식으로 범할 수 있는 최악의 도착 혹은 변태 행위 중 하나인 소아성애를 지지했다"라고 이 언론은 지적한다.
"1977년 푸코는 자크 데리다, 루이 알튀세르, 장 폴 사르트르, '낙태의 어머니'인 시몬 드 보부아르와 함께 프랑스 국회에 제출된 소아성애적 접촉의 비범죄화를 요구하는 청원에 서명했다"는 사실을 이 매거진은 잘 보도했다. 이 독일 매거진은 프랑스 실존주의 철학과 프랑스 포스트모더니즘을 대변하는 이들 학자에 대해서 다음과 같이 분석한다

거명된 학자들의 공통점은 무엇인가?
이 학자들은 모두 막시스트들이고, 적어도 몇 년 동안 프랑스 공산당 당원이었고, 성혁명과 급진 페미니즘의 지배적 이데올로그들이었고, 그들 모두 좌파 문화산업의 대변자들이었고 그리고 무엇보다도 그들 모두 동성애자들이면서 소아성애자들이었다.

독일 매거진은 미셸 푸코의 다음 공적 발언 중 하나를 소개하고 있다.

어떤 경우에도 섹슈얼리티는 어떤 입법 아래에 종속되어서는 안 된다. 그리고 어떤 사람이 강간으로 처벌받게 된다면, 그는 오직 폭력으로만 처벌되어야 하지 성범죄로 처벌되어서는 안 된다. 어떤 사람이 다른 사람에게 손가락을 얼굴에 집어넣는 것이나 페니스(Penis)를 다른 사람의 성기에 꽂는 것이나 큰 차이가 없기 때문이다.

이 독일 매거진은 "현대 프랑스 철학의 구루"인 미셸 푸코의 소아성애 범죄에 대한 소식이 프랑스 언론에 "폭탄"처럼 투하되었다고 다음과 같이 보도했다.

2021년 3월 29일 프랑스 신문들에 푸코가 소아성애자라는 사실, 그것도 프랑스에서가 아니라, 소아들을 몇 푼으로도 살 수 있는 튀니지에서 소아성애를 했다는 사실이 담긴 '폭탄'이 투하되었다. 물론 이 '폭탄'은 푸코의 소아성애 사실을 안 사람들이나 오래전부터 어렴풋이 알아왔던 사람들에게는 폭탄으로 다가오지는 않았을 것이다.[34]

들뢰즈-가타리의 『안티-오이디푸스』의 서문을 쓰기도 한 프랑스 포스트모던 철학자 미셸 푸코도 독일 녹색당의 주장처럼 합의에 의한 소아성애의 비범죄화를 주장했다. 푸코는 1977년 강간 범죄는 오직 폭력 범죄로만 처벌되어야 하며, 성범죄로 처벌되어서는 안 된다고 주장했다.

1978년에는 성인과 어린아이들의 "비강제적 섹스는 완전히 비범죄화되어야만 한다"라고 주장했다. 당시 페미니스트들은 강간과 소아성애에 대

---

[34] Giuseppe Nardi, "Foucault, der homosexuelle Pädophile," *Katholisches. Magazin für Kirche und Kultur*. 2021년 4월 27일 기사. https://katholisches.info/2021/04/27/foucault-der-homosexuelle-paedophile/?fbclid=IwAR0M9apWuPYe4-3hCx89N7ax-WU8AWYV-Oy3Ms8YoVRRzXKkEJaOMNTYMysQ

한 푸코의 이런 입장에 대해서 일관되게 비판적이었다.[35]

니체가 말한 디오니소스적 광기(mania)와 통음난무(orgia)를 다시금 철학적으로 재발견한 푸코는 프랑스 공산당원이었다가 이후 중국의 마오쩌둥을 숭상하는 마오이즘에 빠졌고, 마약 LSD(Lyseric acid diethylamide, 무색·무미·무취한 백색 분말로, 환각 증상을 일으키는 마약의 하나)를 사용하기도 했고 이후 향락주의적 동성애자/소아성애자/사도마조히스트로서 살았으며 결국 에이즈로 사망했다.

9. 푸코, 비판인종 이론, 워키즘(Wokeness), 취소문화, 교차성

2021년 4월 29일 캐나다의 로마가톨릭 매거진 「가톨릭 인사이트」(Catholic Insight)에서 "워키즘으로 깨어나기"(Waking up to wokeness)라는 제목으로 현대 "성혁명의 아바타"이자 현대 워키즘의 아이콘인 미셸 푸코의 소아성애 범죄에 대해서 필자가 국내에 많이 소개한 영국 정치철학자 로저 스크러턴 경(Sir Roger Scruton)의 푸코 비판을 소개하면서 비판적으로 보도했다.

> 프랑스 철학자이자 성혁명의 아바타인 미셸 푸코가 현대에서 가장 유행에 밝은 이데올로기(hippest ideology)인 워키즘의 창시자로 간주한다는 사실을 당신은 아는가?
> 이것은 사실이다. 수많은 교수와 학자가 푸코를 포스트모더니즘 철학에서 가장 영향력 있는 사상가로 간주한다. 왜냐하면, 푸코의 포스트모더니즘이 개인과 서구 문명과 모든 객관적 현실에 대한 거부를 장려하는 '비판 이론'을 탄생시켰기 때문이다. 푸코는 삶의 역동성을 고결한 '피억압자'와 그들의 악마

---

[35] Chloe Taylor, *Foucault, Feminism, and Sex Crimes: An Anti-Carceral Analysis* (Routledge 2018); Linda Alcoff, "Dangerous Pleasures: Foucault and the Politics of Pedophilia," in Susan Hekman (ed.), *Feminist Interpretations of Foucault*. Pennsylvania State Press (1996).

적 '억압자' 사이의 권력투쟁 속에 갇힌 정체성 그룹들(identity groups)로 구성된 것으로 간주한다. 푸코의 이러한 사유는 미국 민주당의 이데올로기 기초가 된 '비판 인종 이론'(CRT: Critical Race Theory)을 생산하게 된다.

워키즘(Wokeness), 정치적 올바름(Political Correctness), 문화막시즘, 취소문화(Cancel Culture), 교차성(Intersectionality) 그리고 사회정의 운동의 전사(SJW, Social Justice Warrior)는 혁명이라는 동일한 것의 모든 측면이다. 이 혁명은 "가정파괴, 민족 정체성과 사회적 통합의 파괴, 정상적이고 전통적인 것에 대한 비하, 타락하고 허무주의적인 것에 대한 찬양", "기독교와 서구 문명의 기초들"의 파괴 그리고 "되도록 많은 희생자 계급들(victim classes)을 수입하고 또한 고안해서 그들을 다수에 대항하는 것으로 의도적으로 선동해서 어떠한 저항도 뭉갤 수 있는 절대권력을 획득하는 것" 등을 통해서 이루어지고 있다.[36]

그러므로 몇 년 전 한국 IVF 등을 통해서 방한해서 강의한 바 있는 칼빈대학 교수 제임스 K. A. 스미스가 주장하는 것처럼 '푸코를 교회로 모셔오는 것'에 대해서는 조심해야 한다. 제임스 K.A. 스미스는 『누가 포스트모더니즘을 두려워하는가?: 데리다, 르요타르 그리고 푸코를 교회로 모셔오기』[37]라는 책을 통해서 기독교회가 포스트모더니즘을 적극적으로 수용해야 한다고 주장했는데, 최근 폭로된 미셸 푸코의 소아성애 범죄 문제에 대해서는 침묵하지 말고 견해를 밝혀야 할 것이다.

미셸 푸코야말로 전형적인 SJW(사회정의 운동의 전사, Social Justice Warrior)인데, 그가 튀니지에서 백인 제국주의적 소아성애적 강간을 했다. 한국 나무위키에서는 SJW에 대해서 다음과 같이 잘 소개하고 있다.

---

[36] Paula Admick, "Waking up to Wokeness", 2021년 *Catholic Insight* 4월 29일 기사. https://catholicinsight.com/waking-up-to-wokeness/?fbclid=IwAR0R9Sahdsvil-fUcZB7jMFN4IHOfQUY8ULQg5UPYARIuWywrAW_x_DC88Kw

[37] James K. A. Smith, *Who's Afraid of Postmodernism? Taking Derrida, Lyotard, and Foucault to Church* (The Church and Postmodern Culture; Grand Rapids: Baker Academic, 2006).

한국어로는 '사회정의의 전사들' 또는 '정치적 올바름(Political Correctness)의 전사들'로 번역된다. SJW는 "종교에 대한 이중성"과 이중잣대를 보이는데, "성 소수자 배격, 여성 차별 등의 이유를 들어 기독교계를 비판하고, 기독교 신앙 자체를 비난하는 이들이 이슬람에는 매우 우호적이라는 점이다. 기독교권보다 훨씬 수구적이며 억압적인 이슬람권에 대한 일방적이고 맹목적인 옹호를 하는 추태를 보이는 탓에 과연 이들이 진정성이 있기나 한 집단인지에 대한 회의를 가지는 여론이 늘어나는 추세이다." 이는 SJW 특유의 정체성정치에 기반을 두고 있는데, 성 소수자, 유색인종, 여성, 이슬람과 차별이라는 공통 주제로 연대하여 기득권층인 기독교인 이성애자 백인 남성에 대항하기 위해 뭉치기 때문이다. 사회정의 운동의 전사들은 "선택적 인권"을 주장한다. 하지만 인권은 "보편성"을 띄고 "보편성을 추구한다."[38]

우리는 이후 미셸 푸코의 반도덕주의적 반휴머니즘 철학에서 나온 그의 '선택적 인권 개념'과 당파적(partisan, 빨치산적) 인권 개념을 보편적 인권 개념의 관점에서 비판할 것이다. 미셸 푸코의 반휴머니즘 철학에 기초한 성 소수자 인권 운동은 보편적 인권 운동이 아니라, 선택적이면서도 당파적(partisan, 빨치산적) 인권 운동이라는 점을 68 학생 운동에 깊이 영향을 준 마르쿠제의 당파적 톨레랑스 개념을 비판적으로 논하면서 이후 다시 다룰 것이다.

이렇게 미셸 푸코는 사회정의 운동인 워키즘(Wokeness)의 대부였고 아바타였고 우상이었기에 그의 소아성애적 강간과 매춘은 반드시 비판적이고 학문적으로 공론화되어야 한다.

푸코는 다른 사회정의 전사들과 마찬가지로 반기독교적이고 반청교도적이면서도 니체를 계승하면서 신이교적 입장을 취한다. 푸코는 이란 혁명을 지지함으로 친이슬람적 입장을 보였다. 21세기 성 소수자 운동의 또 다른 기둥인 레즈비언 페미니스트인 주디스 버틀러도 하마스와 같은 이슬

---

38 https://namu.wiki/w/SJW

람 폭력단체를 글로벌 좌파로 파악하고 연대해야 한다고 주장한다.

이렇게 독일어권 언론뿐 아니라, 다수의 영미권 일반 언론과 교회 언론은 미셸 푸코의 소아성애 범죄에 대한 소식을 전하면서 많은 경우 사회정의 운동인 워키즘(Wokeness)과의 관련성 속에서 이 충격적 소식을 전한다.

미셸 푸코의 소아성애 범죄를 폭로한 기 소르망 교수의 초기 인터뷰를 보도한 영국 「타임즈」 기사도 첫 문장에서 미셸 푸코를 "현대 사회정의 이데올로기의 등대"(a beacon of today's "woke" ideology)로 소개하면서 그의 충격적인 동성애적 소아성애 범죄를 보도했다.

사회정의 운동인 워키즘(Wokeness)은 사회정의와 같은 이슈에 대한 민감성과 감수성을 의미하는 단어로 최근 영미권에서 매우 자주 사용되지만 국내에도 아직 제대로 알려지지 않은 개념이다.

다른 많은 영미권 언론 보도에서도 빈번하게 미셸 푸코가 현대 사회정의 이데올기의 창시자이자 아이콘과 같은 존재인데, 모순되게 백인 제국주의적-사무라이적인 방식으로 소아성애적 강간, 매춘 그리고 범죄를 범했다고 비판적으로 보도하고 있다.

필자는 『질투사회: 르네 지라르와 정치경제학』[39]에서 사회정의 이데올로기(woke ideology)에 빠져서 현대 사회의 부조리를 모두 사회구조 탓으로 전가시키는 것에 반대하는 조던 피터슨과 21세기 독일 지성계의 보수주의적 전환을 대표하는 페터 슬로터다이크의 입장을 소개했다.

조던 피터슨은 사회를 탓하기 전 너의 방부터 청소하라고 권면한다. 유토피아적 혁명의 폭력이 아니라, 점진적 사회공학적 개혁이 대안이며, 유토피아는 지상에 폭력적으로 건설하기 이전에 우리 자신의 욕망과 마음속에 건설해야 한다. 정의는 자유민주주의 체제의 가장 중요한 가치이지만, '사회적 정의'를 외치면서 오직 모든 문제를 사회구조와 권력구조에만 전가하는 급진 좌파적 관점은 비판적으로 성찰되어야 한다.

---

[39] 정일권, 『질투사회: 르네 지라르와 정치경제학』 (서울: CLC, 2019).

10. 정체성정치와 사회정의 전사(SJW)의 대부 푸코의 강간

퀴어 이론을 소개하는 사이트에서 2021년 4월 1일 "푸코의 미투 모멘트"(Foucault's #Me Too moment)라는 제목으로 "세계에서 가장 많이 인용된 학자인 푸코에 대한 충격적인 성범죄 비난"에 대해서 소개했다. 여기서는 프랑스 철학자 뤽 페리(Luc Ferry)가 "1968년 사유가 소아성애를 권장했었다는 사실을 사람들은 망각하고 있다"라고 주장한 내용이 소개되었다.

뤽 페리는 프랑스 언론「르 피가로」(Le Figaro)에 "모든 성인은 부르주아들이 은폐하고 있는 섹슈얼리티를 각성시키는 권리와 심지어 의무를 지고 있다"는 내용이 실렸다는 사실을 상기시키는 내용이 퀴어 이론 사이트에 소개되었다. 앞에서 본 것처럼 푸코도 소아들도 오르가즘에 대한 권리가 있다고 주장함으로써 자신의 소아성애를 정상화/정당화했다.

그리고 이 퀴어 이론 사이트에서 좌파 사상가 에드워드 사이드(Edward Said)가 2000년 자신의 블로그에 푸코가 튀니지를 떠나야만 했던 이유를 이해할 수 없다고 적었는데, 그는 1990년 초기 튀니지대학의 어떤 교수가 푸코가 튀니지를 떠나야만 했던 다른 이유를 알려 준 사실을 상기시켰다. "푸코는 어린 학생들과의 동성애적 관계로 인해서 튀니지에서 강제추방되었다"라고 그 튀니지대학의 여성 교수는 말했다고 사이드 교수는 말한다. 그리고 이 퀴어 이론 사이트는 알제리의 어떤 여성이 트위트에 푸코의 소아성애 범죄에 대한 증인과 관련해서 올린 글을 다음과 같이 소개했다.

> 튀니지를 방문했을 때 나의 친구가 그녀의 여행 가이드와 함께 튀니지의 거리를 걷고 있다가 큰소리로 소리 지르며 사람들을 저주하는 한 미친 사람을 보았다. 그녀의 여행 안내자는 바로 그 미친 사람이 푸코가 강간한 여러 소년 중 한 사람이라고 말했다.[40]

---

40 Jonathan Poletti, "Foucault's #MeToo moment." https://medium.com/queertheory/

앞에서 우리는 독일과 프랑스의 68 학생 운동권이 전체적으로 소아성애적 안티파로 파악될 수 있다는 점을 보았다. 68 문화혁명/성혁명 운동 당시 많은 학생이 소아들과 청소년들의 성해방과 성혁명을 주장한 성혁명 개념의 창시자 빌헬름 라이히의 책을 광범위하게 읽었고, 소아성애를 주장하는 빌헬름 라이히의 성혁명 개념을 따라서 68 운동권은 소아성애를 이론적으로 지지하거나 수행적으로 감행했다. 빌헬름 라이히 자신도 소아 시절부터 하녀와 성 관계를 가졌던 인물이다.[41]

퀴어 이론의 대부인 성 소수자 미셸 푸코의 소아성애 범죄에 대해서 퀴어 신학자들은 답변해야 한다. 소아성애, 근친상간, 폴리아모리(다자성애적) 그리고 사도마조히즘도 퀴어(성 소수자)인지 답해야 한다.

언제부터 인권이 주로 성 소수자 인권으로 과잉되게 환원되고, 언제부터 소아성애로 인한 아동 인권 문제는 침묵되었는지 질문해야 한다. 포스트모던 철학의 새로운 니체와 새로운 디오니소스라 할 수 있는 미셸 푸코의 성담론은 반기독교적이고 반청교도적이며 또한 니체처럼 신이교적이다.

퀴어 신학은 '기독교 사상'에 속하지 못하고, 이후 소개할 미국 원조 페미니즘 학자 카밀 팔리아(Camille Paglia)의 주장처럼 유대-기독교에 의해서 억압받다가 다시금 새롭게 부상한 이교주의다.

아직도 「한겨레」와 국내 푸코 마니아들은 그의 소아성애 문제에 대해서 당파적으로 침묵하고 있지만, 에큐메니칼 진영에서 비판적 성찰이 등장해서 다음과 같이 소개한다. 「에큐메니안」에 실린 "참된 인격주의와 휴머니즘의 차이는 무엇인가"라는 최근 글에서는 다음과 같이 침묵을 깨고 푸코의 소아성애 문제를 비판적으로 논했다.

---

foucaults-metoo-moment-a672a1d9a869

41 정일권, 『문화막시즘의 황혼: 21세기 유럽 사회민주주의 시대의 종언』 (서울: CLC. 2020)을 보라.

2천년대 초 한국의 교육부를 '교육인적자원부'로 이름을 바꾸어서 IMF 이후 인간 존재를 철저히 자원화하고 기계화하고자 했던 의도와 유사한 감을 풍기는 이 언어 '인간공학'은 서구 현대에 와서, 특히 미셸 푸코(M. Foucault, 1926-1984)의 자기 테크놀로지로서의 자기 수련적 사고를 크게 받아들인 것이다. 최근 푸코와 동시대의 철학자 '기 소르망'은 푸코가 1960년대 말 아프리카의 튀니지에 머물면서 8-10세의 소년들을 상대로 저열한 성 착취를 저질렀다고 폭로했다. 특히, 감옥제도와 성(性)의 역사에 관한 연구로 지금까지 서구 문명을 이끌어 왔던 핵심 도덕 권위들을 해체하면서 신 없는 자기 수련의 테크놀로지를 제안한 사상가가 그와 같은 '저열하며, 도덕적으로 추한' 아동 성 착취자였다는 것이다.[42]

푸코의 철학은 근본적으로 하이데거의 경우처럼 차가운 반휴머니즘(Anti-humanismus)을 대변한다. 푸코는 하이데거를 깊이 수용한 학자이기도 하다. 푸코의 후기 구조주의적 반휴머니즘과 그와 푸코 이후의 당파적이고 선택적인 인권 개념에 대한 비판은 이후 등장할 것이다.

미국 워싱턴에 위치한 언론 「워싱턴이그재미너」(Washington Examiner)는 "왜 그들은 푸코를 결코 취소하지 못할 것인가?"라는 제목의 기고문을 통해서 다음과 같이 보도했다.

> 만약 존 롤스(John Rawls)나 칼 포퍼(Karl Popper)와 같은 강성 좌파(hard Left) 바깥의 어떤 정치철학자가 어린 소년들을 성적으로 학대했다고 상상해 보라. 그들은 곧바로 대학 커리큘럼에서 사라졌을 것이며 주류 출판사들은 그들의 저서들을 버릴 것이며 그들의 사유들은 지하출판사 형태로만 유통되었을 것이다. 그러나 취소문화(cancel culture)는 그것이 선택적이지 않으면 아무것도 아니며 스스로 현대 정체성정치(identity politics)의 대부(godfather)라고 주장할 수 있는

---

[42] 이은선, "참된 인격주의와 휴머니즘의 차이는 무엇인가?" 「에큐메니안」, 2021년 4월 4일 기사. http://www.ecumenian.com/news/articleView.html?idxno=21337&fbclid=I-wAR08IJkbKN09QkZg5jiMFtaiSarm2WktA2cUbwhEPosiq3SNb7i-wK65qk8

상당한 권리를 소유하고 있는 미셸 푸코가 아랍 어린 어린이들을 상습적으로 강간했다는 주장에도 불구하고 여전히 유행적인 철학자로 남아 있을 것이라고 우리는 확신할 수 있을 것이다.

이 워싱턴 언론은 "푸코가 결코 프랑스에서는 소아성애적 강간을 시도할 엄두를 내지는 못했을 것이다. 그렇기에 튀니지에서의 소아성애에는 식민주의적 차원이 존재하며 그것은 바로 백인 제국주의다"라는 기 소르망 교수의 주장을 소개했다. "취소문화(Cancel culture)는 항상 거의 우파 쪽으로만 향한다"라고 이 언론은 비판한다.

푸코는 진리를 사회구조들의 표현으로 간주하면서 위계질서에 대해 집착했다. 그의 많은 저술은 감옥과 정신병원에 관한 연구들인데, 그런 장소들은 푸코가 보기에 만약 당신이 부르주아 사회의 지배적 가치들에 도전한다면 너는 그곳에 수용되는 것으로 종말을 맞이하게 될 것이라고 간주하는 장소들이었다. 푸코는 어떻게 자신은 그러한 운명을 회피할 수 있었는지는 절대 설명하지 않았지만 진리 자체를 포함한 모든 것을 억압자들과 피억압자들 사이의 끝없는 투쟁의 과정으로 파악하는 현대 문화 전사들(modern culture warriors)에게 필요한 모든 연장을 제공했다.

이 워싱턴 언론은 결론적으로 "푸코의 저술들은 사려 깊게 사유 돼야 하며 그 자체의 모순성에 근거해서 거부돼야만 한다"라고 주장한다.[43]

---

[43] Dan Hannan, "Why they will never cancel Foucault " *Washington Examiner* 2021년 4월 5일 기사. https://www.washingtonexaminer.com/opinion/why-they-will-never-cancel-foucault

11. 푸코와 퀴어한 디오니소스: 포스트모던 좌파의 비이성주의

20세기 중후반의 서유럽 사회민주주의 노선의 황혼과 퇴조 이후 21세기 글로벌 좌파와 사회주의의 대세는 소위 '포스트모던 좌파'이다. 포스트막시즘인 포스트모더니즘 대부분의 철학자가 포스트모던 좌파 사상가들이며, 주디스 버틀러와 샹탈 무페와 같은 학자들도 포스트모던 좌파로 분류된다. 미셸 푸코는 포스트모던 좌파의 원조격에 해당한다. 『광기의 역사』로 잘 알려진 미셸 푸코의 첫 저서 원제는 『광기와 비이성』(Folie et déraison)이다.[44]

푸코는 디오니소스의 철학자인 니체를 계승하는 철학자로서 광기로 생을 마감했던 니체를 많이 닮아 있다. 푸코의 광기는 디오니소스적-비이성적 광기를 보여 준다. 푸코는 니체처럼 현대의 디오니소스이다. 르네 지라르가 잘 분석하고 있듯이 디오니소스는 하데스로서 군중, 집단 폭력, 집단 광기 그리고 집단 도취를 의미한다.[45]

디오니소스적 성혁명가/성정치가인 미셸 푸코는 그렇기에 21세기 사회정의 운동인 워키즘(wokeness)과 성정체성정치 운동 속에서 발견되는 '군중의 광기'를 대변하는 철학자이다. 2017년 출간된 『유럽의 이상한 죽음: 이민, 정체성, 이슬람』이라는 책은 헝가리에서 베스트셀러였고, 다른 동유럽 국가들뿐 아니라 유럽 전체에 걸쳐서 베스트셀러가 되었는데, 이 책에서 더글라스 머레이(Douglas Murray)는 유럽의 자살에 대해 비판적으로 논한다.[46]

더글라스 머레이는 2019년에 현대 젠더, 인종, 정체성 등과 관련된 사회정의 운동인 워키즘(wokeness) 등에서 발견되는 "군중의 광기"를 다룬 책 『군중의 광기: 젠더, 인종 그리고 정체성』[47]을 출간했다.

---

44   Michel Foucault, *Folie et déraison. Histoire de la folie à l'âge classique* (Paris: Plon, 1961).
45   정일권, 『우상의 황혼과 그리스도: 르네 지라르와 현대사상』 (서울: 새물결플러스, 2014)을 보라.
46   Douglas Murray, *The Strange Death of Europe: Immigration, Identity, Islam* (London: Bloomsbury Continuum, 2017).
47   Douglas Murray, *The Madness of Crowds: Gender, Race, and Identity* (London: Bloomsbury

이 책은 2020년 빠르게 프랑스어로 『거대한 비이성』(*La Grande Déraison*)[48]이란 제목으로 번역되었다. 머레이는 이 책에서 현대 워키즘의 대부인 미셸 푸코에 대해서도 깊게 비판한다. 문화막시즘, 정치적 올바름(PC), 워키즘(Wokeness), SJW(사회정의 운동의 전사들), 성정체성 운동, 사회주의 성정치 그리고 성인지 페미니즘(젠더 퀴어 페미니즘)에서 주장하는 성 소수자들, 흑인들, 여성들의 인권은 보편적 인권 개념이 아니라, 당파적(partisan, 빨치산적), 선택적 그리고 부족적(tribal) 인권 개념이다.

이러한 니체적-푸코적-디오니소스적 광기는 성인지 페미니즘에서 말하는 성인지 광기(Genderwahn), 젠더 가가(Gender Gaga) 그리고 젠더-헛소리(Gender-Unfug)에서도 발견되는데, 이에 대해서는 이후 상세하게 논할 것이다.

젠더 광기(Genderwahn, 성인지-광기)를 주장하는 21세기 성인지 페미니즘(젠더 페미니즘)의 사회정의 운동(wokeness)의 아버지는 바로 니체적-디오니소스적 광기의 철학자 미셸 푸코인데, 수 차례 자살과 자해를 반복하면서 부분적으로 광인의 삶을 살았던 미셸 푸코의 공동묘지에서의 소아성애 범죄 폭로로 인해서 20세기 후반 풍미했던 포스트모던적-이성비판적 비이성주의와 광기철학에 대한 비판적 성찰이 불가피해졌다.

푸코는 광기와 죽음에 천착한 사람이며, '죽음의 철학'이라 할 수 있는 일본 선불교에도 심취한 학자이다. 비밀불교(밀교, 탄트라)에서의 디오니소스적 통음난무도 바로 화장터(혹은 공동묘지)에서 이루어졌다.[49]

광기를 철학적으로 미화하고, 미학화하고 찬양했던 미셸 푸코식의 포스트모던적 광기철학은 프랑스와 독일 68 소아성애적 안티파의 황혼과 함께 유럽에서 저물고 있다. 레지비언/소아성애자/사도마조히스트로 커밍아웃한 급진 페미니스트인 게일 루빈은 『일탈』의 페미니즘을 주장했는데,

---

Continuum, 2019).

48　Douglas Murray, *La grande déraison : race, genre, identité* (Paris : l'Artilleur, DL 2020).
49　정일권, 『붓다와 희생양. 르네 지라르와 불교문화의 기원』(서울: SFC, 2013)을 보라.

푸코의 공동묘지에서의 소아성애적 강간도 그의 비이성적이고 반이성적 일탈 철학을 보여 준다.

21세기 유럽 인문학과 철학은 포스트모던적-반이성적인 광기철학과 일탈 철학으로부터 점차 각성해서 다시금 이성, 의식, 가정 그리고 일상의 철학으로 회귀하고 있다.

12. 젠더/정체성정치 속 폭민의 광기

2021년 4월 8일 프랑스 지라르 학회(L'Association Recherches Mimétiques) 학자들이 공동운영하는 공식 블로그에서 "희생자에 대한 근심으로부터 희생자들의 청구에 이르기까지: 사회정의 운동과 취소문화"(Du souci des victimes aux revendications victimaires [wokeness & cancelculture])라는 제목의 글은 현재 유럽 각국에서 베스트셀러인 더글라스 머레이의 책 『군중의 광기: 젠더, 인종 그리고 정체성』[50]의 2020년 프랑스 번역인 『거대한 비이성』(La Grande Déraison)[51]을 르네 지라르의 이론 속에서 비교하면서 소개하고 있다.

필자가 『문화막시즘의 황혼』에서 소개한 영국 정치철학자 로저 스크러턴 경과 깊은 친분을 가졌던 더글라스 머레이의 『군중의 광기』에 대한 책은 르네 지라르의 사유가 많이 반영되어 있다. 로저 스크러턴 경도 지라르의 사유를 자주 인용한다. 국제 지라르 학파에서도 머레이의 책이 지라르적이라고 분석된다.

이 글의 요지는 유대-기독교적이고 성경적인 "희생자에 대한 근심"(le souci des victimes)이 어떻게 현대에 와서 급진 좌파적이면서도 초기독교적인 희생자 이데올로기(victim ideology)로 변질되고 왜곡되었는지를 비판하는 것이다. 이 글에 의하면 유대-기독교적 "희생자에 대한 근심"이 "희생자에 대한 현대

---

50 Douglas Murray, *The Madness of Crowds: Gender, Race, and Identity* (London: Bloomsbury Continuum, 2019).

51 Douglas Murray, *La grande déraison : race, genre, identité* (Paris : l'Artilleur, DL 2020).

적 근심"(ce souci contemporain des victimes)으로 발전하면서 "희생자에 대한 근심이 모방적 경쟁의 역설적인 이슈가 되어 버렸다"(le souci des victimes est devenu un enjeu paradoxal des rivalités mimétiques).

이 프랑스 지라르 학회의 분석처럼 정당하고 적절한 희생자에 대한 성경적 근심과 관심이 종종 극좌적인 희생자 전체주의 혹은 피해자 전체주의로 변질되고 왜곡되기도 한다.[52] 이러한 급진좌파적인 희생자 이데올로기(victim ideology), 희생자 정치학(victim politics) 그리고 희생자 의식(victimhood) 문화는 21세기 젠더, 인종 그리고 정체성에 대한 사회정의 운동(wokeness)과 취소문화(cancel culture)에서 발견된다.

이는 21세기 새로운 디오니소스적 "군중의 광기"이다. 지라르의 분석처럼 고대 그리스에서 디오니소스는 한나 아렌트의 표현을 빌려서 번역하자면 폭력적 군중인 폭민(mob)을 상징했다. 21세기 사회정의 운동인 워키즘(wokeness)과 취소문화 등은 유대-기독교적 "희생자에 대한 근심"을 문화막시즘적 계급투쟁의 관점에서 해석해 급진 좌파적 당파성의 방향으로 악용해서 무기화하고 있다.

기 소르망 교수는 미셸 푸코의 소아성애 범죄를 2021년 2월에 출간된 자신의 책 『개소리에 대한 나의 사전』(Mon dictionnaire du bullshit)[53]에서도 적고 있다. 이 책에서는 다른 프랑스 좌파 지식인들의 소아성애 문제도 소개되었다. 기 소르망 교수의 이 책은 프랑스 지성인들의 이중도덕(double morale)을 고발하며, 소아성애(Pédophilie)라는 장에서 푸코의 소아성애 범죄를 고발한다.

---

52 "Du souci des victimes aux revendications victimaires (wokeness & cancelculture)" https://emissaire.blog/2021/04/08/du-souci-des-victimes-aux-revendications-victimaires-wokeness-cancel-culture/; 정일권, 『문화막시즘의 황혼: 21세기 유럽 사회민주주의 시대의 종언』 (서울: CLC. 2020); 정일권, 『질투사회: 르네 지라르와 정치경제학』 (서울: CLC, 2019).

53 Guy Sorman, *Mon dictionnaire du bullshit* (Grasset, 2021).

2020년 국내에도 Bullshit(개소리)에 관한 책 『개소리는 어떻게 세상을 정복했는가: 진실보다 강한 탈진실의 힘』(*Post-Truth: How Bullshit Conquered the World*)이 출간되었다.[54] 탈진실(Post-Truth)을 추구하는 포스트모더니즘 철학 자체가 진리(Truth)에는 별 관심이 없으면서 니체적-푸코적 권력의지를 따라서 권력과 헤게모니를 추구한다.

니체주의적인 푸코야말로 탈진리(post-truth)를 추구하는 사유의 전형이다. 그렇기에 푸코의 문화부정주의적 철학에서는 '헛소리'가 많다. 중세 대학을 탄생시켰던 전통적인 기독교적 '진리에의 의지'(Wille zur Wahrheit)가 니체와 푸코에 의해서 '권력에의 의지'(Wille zur Macht)로 대체되었다.

후기 구조주의적-기호학적 탈진실(post-truth)을 추구하는 포스트모더니즘에는 헛소리(bullshit)가 많은데, 대부분 언어의 지시성을 의도적으로 무시하고 언어기호의 자의성을 주장하는 무의미하고 언어유희적이기만 한 기호학적 놀이에서 파생된 개소리 혹은 헛소리(bullshit or nonsense)가 많다.

미국의 이론물리학자 앨런 소칼은 『유행하는 헛소리: 과학에 대한 포스트모던 지식인들의 오용』(*Fashionable Nonsense*)이라는 책을 출판해서 유행철학으로 풍미했던 포스트모던 철학의 넌센스(헛소리)를 지적했다.[55]

이 책은 한국에서는 『지적 사기』로 번역되었다.[56] 소칼에 의하면 포스트모던 철학은 영어책의 제목처럼 "유행하는 헛소리(혹은 개소리)"이다. 21세기 독일에서는 반실재주의적, 반생물학적, 반자연과학적 그리고 해체주의적 젠더(성인지) 개념을 젠더-헛소리(Gender-Unfug)라고 비판한다.

퀴어 이론의 아버지 미셸 푸코의 소아성애 범죄 폭로로 인해서 프랑스 포스트모던적 급진좌파 지식인들의 이중도덕과 반도덕주의가 다시금 이

---

54 제임스 볼, 『개소리는 어떻게 세상을 정복했는가. 진실보다 강한 탈진실의 힘』, 김선영 역 (서울: 다산초당, 2020).

55 Alan Sokal and Jean Bricmont, *Fashionable Nonsense: Postmodern Intellectuals' Abuse of Science* (New York: Picador, 1998).

56 앨런 소칼·장 브리크몽, 『지적 사기』, 이희재 역 (서울: 민음사, 2000).

렇게 프랑스에서도 최근 비판적으로 성찰되고 있다. 기호학적 전복을 의도하는 반자연과학적, 초현실주의적, 급진사회구성주의적, 해체주의적 그리고 포스트모던 좌파담론은 기호학적 개소리(Bullshit) 혹은 헛소리이다.

21세기 인문학과 철학은 디오니소스적, 일탈적, 축제적 그리고 광기적 '헛소리'(Nonsense) 혹은 '개소리'(Bullshit)의 철학적 거품으로부터 벗어나 일상과 현실과 과학으로 되돌아와야 한다.

13. 튀니지에서의 푸코 행적에 대한 의문(알자지라)

2021년 4월 16일 중동 지역에서 가장 인기를 누리고 있는 언론인 「알자지라」(AlJazeera)에 미셀 푸코의 튀니지에서의 소아성애 범죄에 대해서 튀니지의 학자이자 언론인이 푸코의 "튀니지에서의 약탈적 행위"(predatory behaviour)에 대해서 신랄한 비판의 글을 기고했다.

> 튀니즈는 푸코에게 튀지니대학의 첫 아카데믹한 교수직을 제공했다.
> 공적인 인물이자 권력과 섹슈얼리티에 대한 유명한 이론가인 푸코는 그의 첫 변혁적 체험에 있어서 튀니지에 빚지고 있다.

이 튀니지 학자는 "튀니지인들에게는 푸코의 아동 성학대(sexual abuse of children)에 대한 소문들이 오래전부터 알려져 왔지만, 최근에 와서 저명한 프랑스 학자 기 소르망 교수에 의해서 새로운 엄청나게 충격적인 진술이 이루어졌다"라고 적고 있다.

"푸코는 폴 고갱(Paul Gauguin), 앙드레 지드(André Gide), 가브리엘 마츠네프(Gabriel Matzneff), 프레데릭 미테랑(Frédéric Mitterrand), 잭 랑(Jack Lang) 그리고 다른 유명인들과 같이 (신)식민지에서 성적으로 아동들을 학대했다는 소문이 돌고 있는 프랑스 작가들, 예술가들 그리고 정치인들의 불명예스러운 긴 리스트에 가장 최근에 추가된 인물이다"라고 이 튀니지 학자는 적고 있다. 기소르망 교수의 책에도 등장하는 가브리엘 마츠네프는 텔레비전에 나와서 자신의 소아성애에 대해서 떠벌렸고 자기 경험담을 책으로 출판하기도 했다.

"마츠네프는 이제 기소를 앞두고 있으며, 미테랑과 랑은 모든 소문과 비난들을 전면적으로 부인하고 있다. 그러나 푸코의 경우에는 아마도 별다른 논쟁 없이 이슈가 묻힐 것 같다"면서 왜 푸코의 소아성애 문제는 비판적으로 공론화되고 있지 않은지를 비판하면서 "특히, 「르몽드」와 「리베라시옹」과 같은 프랑스의 주류 신문들이 소르망 교수의 비난을 보도하지 않고 있다는 사실을 주목할 가치가 있다"라고 분석한다.

하지만 앞에서 본 것처럼 68 좌파 운동의 선전지로 출발한 「리베라시옹」은 침묵을 깨고 보도했다. "튀니지에서의 푸코의 추정된 소아성애에 대한 언론의 심판 부재는 또한 「선데이 타임스」(*The Sunday Times*)에 의해서 소르망 교수의 주장이 프레임화되는 방식을 특징 지우는 그 왜곡들과 침묵들과도 연관된다"라고 이 튀니지 학자는 바르게 분석했다.

"영국 신문은 푸코의 추정된 성적 학대의 역사를 '오늘날 워키즘(woke Ideology)의 등대'이자 '파리 지성인'인 푸코에 대한 공격으로 그 언론 보도를 프레임화함으로 공평한 심판의 가능성을 약화해 버렸다"라고 그는 바르게 분석한다.

저명한 프랑스 작가인 가브리엘 마츠네프는 프랑스 어린이들과 필리핀 어린이들에 대한 그의 소아성애 비난들에 대해서 공적으로 망신을 당했고 프랑스 당국에 의한 기소를 앞두고 있다. 가브리엘 마츠네프는 필리핀 소년들과 소녀들에 대한 성적 학대에 대한 자신의 경험에 대해서 많은 소설 속에서 썼지만, 그의 백인 미성년자 희생자 중 한 사람인 바네사 스프링고라(Vanessa Springora)에 의해서 『동의』(*Le consentement*)가 출간되고 나서야 마츠네프는 그의 출판사들로부터 퇴출당했고 그의 문학상들도 박탈당했다. 푸코에 대한 길들여진 비난 (tamed indictment)과 대조되는 마츠네프에 대한 이러한 열렬한 반발은 처분 가능한 신체로서의 (신)식민주의적 주체를 바라보는 긴 역사로부터 기인한다. 현재의 글로벌 미투 심판 운동에서 종종 간과되는 것은 바로 개발도상국의 아이들에 관한 이야기다.[57]

2021년 2월 앞에서 언급한 프랑스 문단 미투 운동의 신호탄이 된 바네사 스프링고라의 책 『동의』(Le Consentement)가 국내에 번역 출판되었다.[58] 이 책은 출간 즉시 프랑스 아마존 베스트셀러 1위로 출간 3개월 만에 18만 부가 판매되었고 전 세계 20개국 언어로 번역 출간되었다.

"침묵할 수밖에 없는 여자아이들만을 성적 대상으로 하면서 그 침묵이 동의라고 공격적으로 정당화한 문인 가브리엘 마츠네프"의 소아성애를 그녀는 폭로한다. 스프링고라는 약 30년 전 13세 때 처음 만났던 유명 작가와의 성착취 관계를 폭로하는 이 소설로서 수상쩍은 성윤리에도 불구하고 2013년 에세이 부문 르노도상을 수상하는 등 여전히 문단 내에서 강고한 위치에 있던 가브리엘 마츠네프의 치부를 적나라하게 고발한다.

이 책은 2020년 엘르 여성 독자 대상을 수상했다. 이 책은 가스라이팅이 필연적인 청소년 성착취 사건에서 가해자가 무기로 삼고 사법부가 기계적으로 수용하는 '동의'라는 이 위험한 개념을 신중하게 고려하기를 촉구하고 있다. 소아성애자 푸코도 『동의』를 강조했다.

그런데 왜 동의적 소아성애를 이론적으로 지속해서 주장했고 또한 소아성애적 행위를 한 것으로 비난받는 푸코는 마츠네프와 달리 왜 절제된 공격과 비난만 받고 있는가?

---

[57] Haythem Guesmi, "Reckoning with Foucault's alleged sexual abuse of boys in Tunisia" 2021년 「알자지라」(AlJazeera) 4월 16일 기사. https://www.aljazeera.com/opinions/2021/4/16/reckoning-with-foucaults-sexual-abuse-of-boys-in-tunisia?fbclid=IwAR3UB6wCcadTeBK_bdav3ha763amvbC_vqdQwz0uYglxDPiUlyQwhzQNze4

[58] 바네사 스프링고라, 『동의』, 정혜용 역 (서울: 은행나무, 2021).

푸코가 프랑스 '철학의 왕'이기 때문인가?
아니면 이미 죽은 학자이기 때문인가?
아니면 피해자가 튀니지라는 신식민주의적 국가의 어린 소년들이어서 그러한가?

2021년 초에는 프랑스를 대표하는 헌법학자 올리비에 뒤아멜 교수의 동성애/소아성애/근친상간 스캔들이 폭로되면서, 뒤아멜 교수는 모든 활동을 중단하고 조사를 받을 예정이다. 이 논의는 이후 하겠지만 여기서 강조하고자 하는 것은 프랑스 다른 지성인들과는 달리 푸코의 소아성애 문제에 대해서는 상대적으로 매우 절제된 분위기가 존재한다는 것이다.
앞서 소개한 튀니지 학자는 다음 같이 프랑스 지식인의 위선을 고발한다.

> 기 소르망 교수가 주장하듯이, 튀니지 소년들에 대한 푸코의 성학대는 타히티 소녀들에 대한 프랑스 화가 폴 고갱의 성착취와 유사하다. 푸코와 폴 고갱 모두 그들이 원시적이고 착취 가능하다고 간주하는 원주민 '타자'에 사로잡히게 되었다. 두 사람 모두 감시를 피해서 프랑스 메트로폴리스로부터 탈출해서 그들의 약탈적 자아를 풀어 놓았다. 푸코와 폴 고갱 모두 어린 희생자의 신체에 대해 완전한 통제를 하기 위해서 그들의 명예와 경제적이고 문화적인 권력을 활용했다.

"푸코는 그러나 보다 더 전략적이다. 비록 푸코가 서구에서 섹슈얼리티, 지식 그리고 권력 사이의 관계에 대한 가장 영향력 있는 이론가이자 비판가이긴 하지만, 푸코는 섹슈얼리티에 대한 그의 저술에서 식민주의적 주체를 완전히 무시해 버렸다"라고 이 튀니지 학자는 날카롭게 비판했다. 그리고 이 튀니지 학자는 튀니지에서의 푸코의 행적에 대한 보다 깊은 연구가 필요하다는 주장하면서 다음과 같이 적고 있다.

튀니지에서의 푸코의 시간은 불가해한 방식으로 축소 보도되었다(underreported) … 푸코가 그의 정치적 행동주의로 인해서 튀니지 경찰에 의해서 구타당한 이후 튀니지를 떠나기로 했다는 주장도 여전히 의문으로 남는데, 왜냐하면 그 사건 이전에 이미 푸코는 뱅센느대학교(University of Vincennes) 철학부 새로운 교수직을 수락했기 때문이다.

그리고 가장 중요한 것은 튀니지에서 푸코의 체류 기간을 망라하는 어떠한 공적으로 접근 가능한 경찰 기록이 존재하지 않다는 사실이 의심된다는 것이다. 이후 튀니지 대통령이 된 (푸코가 머물렀던) 시디 부 사이드(Sidi Bou Said) 원주민 베지 카이드 에셉시(Beji Caid Essebsi)는 당시 내무부 장관(interior minister)이었고 그의 파놉티콘적 경찰 감시 정책(policies of panoptic police surveillanc)으로 알려져 있었다. 그런데도 튀니지에서의 푸코의 약탈적 행위에 대한 어떠한 공식적 기록이 존재하지 않는 것처럼 보인다.

오늘날에도 푸코가 그의 악마적 행위들에 대한 책임을 지게 될 것이라고 기대하는 것은 나이브한 것이다. 프랑스 인텔리겐치아는 프랑스 유명인의 성학대가 개발도상국 피해자들에게 대한 것일 경우 매우 비호적 자세를 취했다. 그렇기에 (푸코의) 이러한 끔찍한 유산에 대한 처벌 요구는 아마도 아카데믹하고 문화적 저술의 각주 정도로 축소될 것이다.

그러나 푸코의 악마성이 많은 얼굴 없고 이름 없는 튀니지 아이들의 삶을 항구적으로 변화시켜 그들 인생에 있어서 잔물결처럼 트라우마적 효과를 야기했다는 사실을 인정하는 것이 중요하다.[59]

---

[59] Haythem Guesmi, "Reckoning with Foucault's alleged sexual abuse of boys in Tunisia" 2021년 「알자지라」(AlJazeera) 4월 16일 기사. https://www.aljazeera.com/opinions/2021/4/16/reckoning-with-foucaults-sexual-abuse-of-boys-in-tunisia?fbclid=IwAR3UB6wCcadTeBK_bdav3ha763amvbC_vqdQwz0uYglxDPiUlyQwhzQNze4

14. 푸코와 버틀러의 소아성애와 근친상간 주장 그리고 대학교육

2021년 5월 3일 영국 런던킹스칼리지(King's College London)에서 발행하는 「킹스 비즈니스 리뷰」(*King's Business Review*)에는 "푸코의 소아성애 비난과 영문학부 강의계획서(English Syllabus) 재평가하기"라는 제목으로 미셸 푸코의 소아성애 범죄 폭로와 주디스 버틀러의 근친상간 금기 폐지 주장 등으로 인해서 푸코와 버틀러가 대학 강의 계획서(syllabus)에 포함될 때의 문제를 비판적으로 조명했다. 이 기사는 이렇게 주장한다.

> 대학들은 이들 이론가들(푸코와 버틀러)가 소아성애를 지지했다는 사실에 대해서 그 책임·연루 등에 대한 부인(disclaimer)을 의무적으로 포함시켜야 하는데, 만약 그렇지 않을 경우 진실에 대한 계획적인 모호하게 만들기와 이들 학자를 존경할 만한 학자들로 고의적으로 사실을 와전하는 것처럼 보이기 때문이다. 푸코와 버틀러는 우리가 흠모해야만 하는 사람들이 아니다.

이 기사에서는 또한 푸코가 그의 두 동시대인과 진행한 라디오 방송에서 푸코가 그동안 동의적인 소아성애를 주장했는데, 이제는 더 나아가 "동의하는 나이 자체를 아예 폐기해서 아동 포르노그래피를 포함한 약탈적 소아성애를 비범죄화하기 위한 푸코의 열정"을 잘 보여 주었다고 적고 있다.

푸코와 버틀러 등의 소아성애와 근친상간 지지 등의 문제를 상세하게 비판한 엠 박사(Dr. Em)는 "트로이 유니콘: 퀴어 이론과 소아성애, 1부"(The Trojan Unicorn: Queer Theory and Paedophilia, Part 1)에서 다음과 같이 주장했다.

> 성폭력과 아동학대(child abuse)가 푸코에게 있어서는 "극도로 진부한 것이었다"(extremely banal)라고 분석되고 있다. 푸코는 돈을 주는 것을 성행위 이후 그 아이의 동의를 구입하는 것으로 제시했고 그것을 통해서 그 사건의 실체를 변경시켜 버렸다.

이 내용이 이 「킹스 비즈니스 리뷰」(*King's Business Review*)에 소개되었다. 이 글은 버틀러의 젠더 이론이 푸코적 이해에 깊이 뿌리내리고 있다는 사실을 지적한 이후 버틀러를 비판한다.

> 게다가 버틀러는 근친상간을 반대하는 입법을 함으로 인해서 국가는 이성애를 강요하고 있다고 주장하기 위해 퀴어 이론을 이용해서 적극적으로 근친상간을 변호한다.

2004년 출간된 『젠더 허물기』(*Undoing Gender*)에서 그녀는 "반드시 트라우마적이지 않은 근친상간 형태들이 아마도 존재하거나 혹은(근친상간)의 트라우마적인 성격은 그것이 생산하는 사회적 수치심에 대한 의식으로 인해서 발생하는 것이다"[60]라고 주장한다며 이 글은 비판한다.

즉, 버틀러는 "아동학대가 그 희생자들에게 가해진 심리학적 피해 때문에 트라우마틱한 것이 아니라, 그러한 행위에 대한 공적인 항의와 혐오가 문제이다"라고 "훈계"하는 것이다. "이제 드러난 것은 미셸 푸코와 주디스 버틀러는 대학의 영문학부에 의해서 최고의 문학비평가, 자유사상가 그리고 퀴어 이론의 창시자들로 존경을 받지만", 실제로는 "상당하게 사악한 견해들"(considerably sinister views)을 견지하고 있다. "만약 도덕적 가치라는 모양이라도 교수들에 의해서 견지되어야 한다면, 이러한 사실들은 결코 간과되어서는 안 된다"라고 이 글은 주장한다.

미셸 푸코의 소아성애와 주디스 버틀러의 근친상간과 같은 "이러한 무시무시하고 약탈적인 개념들이 만약 그 이론가들의 세계관의 주요한 부분이고 그들의 문학적 작업들의 모든 측면에 영향을 준다면 반드시 대학 강의 토론 시간에서 회피되어서는 안 된다"라고 이 기사는 바르게 주장한다.[61]

---

60 Judith Butler, *Undoing Gender* (London: Routledge, 2004), 157.
61 Samanta Gladklauskaite, "Allegations of Foucault's Paedophilia and Re-evaluating the English Syllabus", 2021년 5월 3일 *King's Business Review* 기사. https://kingsbusiness-

이렇게 현대 동성애 운동의 두 중요한 철학자인 미셸 푸코와 주디스 버틀러 모두 소아성애자라는 비난을 받고 있다. 주디스 버틀러는 최근 브라질 강연 일정 중 "버틀러는 소아성애자"라고 외치는 시민 운동가에 강력한 저항에 직면하기도 했다.

푸코와 버틀러와 같은 독일과 프랑스의 68 소아성애적 안티파 혹은 향락주의적 좌파 전통의 학자들이 주장하는 성유토피아주의적이고 젠더유토피아주의적 소아성애와 근친상간 등에 대해서 21세기 영국의 젊은 지식인들은 지극히 회의적이고 비판적인 관점을 가진다는 것을 잘 보여 주는 기사로 평가된다.

푸코와 버틀러의 소아성애와 근친상간 지지의 이론적 근거로서는 오이디푸스 콤플렉스가 사용된다. 푸코는 『성의 역사』 1권 서론에서 이론적으로 소아성애의 비범죄화를 주장할 뿐 아니라, 나아가 버틀러처럼 근친상간 금기의 폐기도 주장한다.

푸코와 버틀러 모두 소아성애와 근친상간을 정당화하기 위한 도구로서 프로이트 정신분석학의 초석인 오이디푸스 콤플렉스(근친상간과 부친 살해)를 제시한다. 소아 오이디푸스의 어머니를 향한 근친상간적 성욕망을 긍정함으로써 소아성애와 근친상간을 이론적으로 정당화하려고 한다.

하지만 르네 지라르가 프로이트를 잘 비판하듯이, 오이디푸스의 근친상간과 부친 살해는 억압된 성욕망의 상징이 아니라, 일종의 '파르마코스'(독)인 오이디푸스의 '하마르티아'(죄)로 읽어야 한다.

근친상간과 부친 살해는 사회주의 성혁명 운동에 등장하는 소아성애나 근친상간을 지지하는 것이 아니라, 일종의 최악의 죄이며 오이디푸스는 쉽게 말해 욕받이다.

review.co.uk/__trashed-2?fbclid=IwAR3JtW12H0kyZGQGDHsNdjvEs6kh-SszdhE-hTR8Ic1zCgS3bBb9Xx0TXzPc

프로이트의 정신분석과 프로이트막시즘(푸코와 버틀러) 모두 소포클레스의 그리스 비극 작품 『오이디푸스왕』에 대한 오독에 기초하기 있기에 이론적으로 학문성을 결여하고 있다.

15. 플라톤의 『향연』, 남색 그리고 일본 선불교의 소아성애적 강간

동성애/소아성애/남색의 고전적인 근거 본문은 플라톤의 『향연』이다. 남색(pederasty)은 고대 그리스에서 제도화된 동성애였다. 고대 그리스에서는 여성이 공적 영역에서 배제당했기에, 최고의 에로스는 동성애적인 남색이었다. 이 남색은 통과의례적이고 교육적 목적이 있었는데, 젊은 소년들을 성인 사회로 진입시키기 위한 목적이다.

프로이트의 리비도 이론도 플라톤의 에로스 개념에서 영향을 받았다고 한다. 이후 보겠지만, 고대 그리스뿐 아니라, 일본 선불교에서도 통과의례적이고 교육적인 목적으로 동성애적 남색이 이루어졌다.

어린 미소년에 대한 남색의 신화적 모델은 제우스의 남색 행위였다. 그리고 플라톤의 에로스는 동성애/소아성애를 의미했다. 어린 소년은 통과의례 속에서 남색을 통해서 성인이 된다.

『향연』은 창녀가 동행하기도 하는 심한 술 마시기 잔치를 의미한다. 제우스의 미소년 납치하기 등이 남색의 신화적 모델이 되었고, 이 미소년에 대한 사랑은 교육, 군사, 철학 분야의 통과의례적인 교육 제도로 제도화되었다. 그리고 이 남색과 남색에 대한 플라톤의 『향연』에는 디오니소스적 광기에 대한 언급도 등장한다.

플라톤 『향연』에서는 "디오니소스적 통음난무"와 "광기"가 부정적인 것이 아니라, 축복으로 긍정적으로 받아들여진다. "광기가 축복을 가져온다." "에로스가 일종의 광기"다.

플라톤의 『향연』이 프로이트와 라캉에까지 영향을 주었다.[62] 푸코는 자신의 동성애/소아성애를 정당화하기 위해서 고대 그리스의 남색뿐 아니라, 일본의 동성애를 언급하는데, 세계적인 선불교 학자 베르나르 포르(Bernard Faure)는 일본 선불교 사찰 안에서의 창녀들의 문제뿐 아니라, 불교 사찰 안에서 동성애와 어린 소년에 대한 성적 착취에 대해서 지적했다. 자신의 책 5장 "불교적 동성애"와 6장 "남성 성인들에게 간 소년들"에서 포르는 상세하게 일본어로 '난쇼쿠'(nanshoku, '남성들의 사랑')라는 주제를 다루었다.

그의 책 5장은 일본에 간 예수회 선교사들이 중국과 일본에 광범위하게 행해지고 있던 동성애를 발견하고서는 큰 충격을 받는 장면이 소개된다. 포르 교수는 일본 불교의 동성애는 어린 소년에 대한 착취를 하나의 '도'(way)로 변화시킴으로써 그리고 소년과의 항문 성교가 이루어지는 남색(男色, pederasty)을 하나의 교육으로 변모시킴으로써 그 동성애 행위들을 독특한 방식으로 미화시키고 있다고 지적한다.[63]

플라톤의 『향연』과 에로스 개념도 일본 선불교 문헌들과 마찬가지로 고대 그리스의 디오니소스적 동성애적 남색 혹은 동성애적 소아성애를 철학적으로 미화하고 있는 측면이 존재한다.

Pederasty(남색)은 소년과의 항문 성교를 의미하는 것으로 *Paederastia*의 영어식 표기이다. *Paederastia*는 그리스어 *Paidos*(소년)와 *Eran*(사랑)의 합성어로 된 용어다. 이는 고대 그리스에서 퍼졌던 악습으로 기독교 전통은 소년과의 항문 성교를 죄악으로 정죄했다. 포르는 이 일본 선불교에서 광범위하게 이루어진 동성애 혹은 소년과의 항문 성교인 남색의 희생자인 어린 소년(chigo)에 대한 성폭력과 성착취를 지적한다.

62　Raoul Mortley, *Platonic Love* (Ideas of the West Book 2) (Delacroix Press, 2013)
63　Bernard Faure, *The Red Thread. Buddhist Approaches to Sexuality* (Princeton: Princeton University Press, 1998), 213; 정일권, 『질투사회: 르네 지라르와 정치경제학』 (서울: CLC, 2019)을 보라.

포르는 불교 법문집 혹은 (남성들간의) 연애 이야기라 할 수 있는 '치고 모노가타리'(chigo monogatari)라는 장르를 분석하면서 이러한 불교 문헌들을 "일종의 제도화된 매춘 혹은 강간에 대한 잔인한 이데올로기적 은폐"로 파악했다.[64] 플라톤의 『향연』도 고대 그리스도의 '제도화된 동성애/남색'에 대한 철학적 미화와 은폐로도 읽혀져야 한다.

16. 푸코의 소아성애에 대한 서유럽 68 좌파의 당황한 침묵

동성애 운동/젠더 퀴어 운동의 가장 중요한 철학자는 미셸 푸코이다. 현대 성 소수 운동의 두 기둥은 푸코와 버틀러라 할 수 있다. 포스트모던-후기 구조주의 철학을 외쳤던 그는 동성애자/소아성애자로서 피가학증(사도마조히즘)을 지지했고, 마약 복용자이며, 몇 번이나 자살과 자해를 시도한 사람이며, 니체주의적 공산주의자였고, 마오이스트였다. 그리고 그는 향락주의적 성생활로 에이즈에 걸려 사망한 철학자이다.

21세기 일부 서유럽 일부 언론들이 푸코의 소아성애적 착취에 대해서 당파적으로 침묵하는 것을 보며 동아시아 지식인으로서 여러 가지 생각이 든다. 이런 디오니소스적 광기에 근접하는 니체적 철학자를 철학의 왕으로 때로는 신으로 모셨던 서유럽 68 운동권 지식인들 그리고 그 계승자들의 지속하는 침묵은 이해할 만하면서도 웃프기도 하다.

서유럽 68 소아성애적 안티파의 몰락을 잘 보여 주는 푸코의 소아성애 범죄는 21세기 유럽에서 베스트셀러가 되는 '유럽의 자살'과 '독일의 자살'에 관한 대중의 관심과 연관되어 있다.

21세기 유럽에서는 그동안 헤게모니를 장악했던 '68 향락주의적 좌파' 혹은 '소아성애적 안티파'가 몰락하고, 그 68 소아성애적 안티파가 추진

---

64 Faure, *The Red Thread. Buddhist Approaches to Sexuality*, 265.

한 유토피아주의적 다문화 정책과 사회주의 성혁명 정책으로 인한 '유럽의 자살'과 '독일의 자살'을 심각하게 우려하는 새로운 89 자유 세대가 새로운 주도세력으로 부상했다.

프랑스의 마크롱은 푸코와 같은 68 소아성애적 안티파의 몰락 이후 점차 부상하는 21세기 유럽의 새로운 젊은 리더들 중 한 사람이라 할 수 있다. 68 포스트모던 좌파/향락주의적 좌파/소아성애적 안티파/사회민주주의(좌파자유주의) 노선에 대해서 반기를 들고 독자 노선(Sonderweg)을 걷고 있는 헝가리, 폴란드, 체코 등의 중유럽(동유럽) 국가들이 이러한 68 소아성애적 안티파가 주장하는 사회주의 성정치 담론과 향락주의적 성담론이 지배적인 서유럽은 전통적 의미에서의 기독교적 유럽이 아니라고 본다.

프랑스의 일부 좌파 언론, 영국과 미국의 주류 언론, 대한민국의 「한겨레」 등을 제외하면 20세기에 가장 많이 인용되는 철학자인 미셸 푸코의 소아성애 범죄는 대체로 글로벌하게 보도되고 있다. 독일어권(독일, 오스트리아, 스위스) 주류 언론들도 대체로 빠르게 보도했고, 헝가리와 폴란드 등 동유럽(중유럽) 언론들과 남미 언론들 그리고 이슬람권 언론들도 빠르게 보도했다.

하지만 CNN 칠레는 푸코의 소아성애 범죄에 대해서 보도했는데, CNN과 같은 주류 언론들은 아직도 침묵하고 있다. 언제까지 푸코의 소아성애 문제에 대해서 당파적(partisan, 빨치산적) 침묵이 계속될지 지켜볼 것이다. 미셸 푸코는 유럽 68 소아성애적 안티파를 대표하는 상징과 같은 학자이다.

독일 68 소아성애적 안티파가 주도한 독일식 사회민주주의(좌파자유주의)에 대해서 강하게 거부감을 가지는 헝가리, 폴란드, 체코 등을 극우나 반자유주의로 독일 주류 언론은 종종 몰아간다.

푸코의 소아성애나 프랑스와 독일의 68 소아성애적 안티파를 비판하면 극우로 몰리는 것인가?

조지 소로스는 유럽연합과 유럽인권법원에 글로벌 자본 권력으로 막강한 영향력을 행사하고 있다. 언론 권력과 미디어 헤게모니를 장악한 68 운동권과 그 후예들이 푸코를 그렇게 찬양해 왔으니 곧바로 푸코의 소아성애 범죄를 비난하기는 쉽지 않을 것이다.

하지만 성 소수자 인권, 흑인 인권, 여성 인권을 그렇게 외치면서도 왜 푸코의 소아성애적 강간 문제와 연관된 소아 인권과 아동 인권 유린에 대해서는 선택적이고 당파적 침묵을 하는 것인지 질문해야 한다. 대한민국 좌파들이 인권을 그렇게 주장하면서 북한 인권에는 침묵하는 것과 비교될 수 있을 것이다.

주디스 버틀러의 성인지 페미니즘(젠더 퀴어 페미니즘)도 니체주의적 푸코를 핵심적으로 계승하기에, 포스트모던적 퀴어젠더 운동에 있어서 푸코는 대부와 같은 학자이기에, 그동안 푸코를 왕의 이름처럼 외치면서 각종 성혁명 담론을 확대 재생산했던 대학가와 학자들의 스탠스를 지켜볼 필요가 있다. 푸코의 '소아성애 범죄'에 대해서 보다 양심적으로 진지하게 성찰할 것인지, 아니면 샹탈 무페(Chantal Mouffe) 식의 '좌파포퓰리즘'(Links-faschismus, 실제로는 좌파파시즘)의 이름으로 당파성(partisan, 빨치산)의 관점에서 무시하고 침묵하고 혹은 궤변으로 정당화하는지 지켜볼 필요가 있다.

2014년 이후 독일에서 출판되기 시작한 마틴 하이데거의 철학적 일기장 『검은 노트』(Schwarze Hefte)에 드러난 노골적인 하이데거의 히틀러 찬양과 나치즘 찬양의 경우처럼 니체와 하이데거의 디오니소스적-반형이상학적 철학을 계승하는 '철학의 왕' 미셸 푸코의 소아성애 매춘과 강간에 대한 기 소르망 교수의 목격담과 증언에 대해서 좌파 지성계의 반응이 궁금해진다. 사회주의 성정치에 저항하는 21세기 동유럽에 대해서는 이후 보다 상세하게 소개할 것이다.

2021년 4월 14일 네덜란드 언론은 미셸 푸코의 소아성애에 대해서는 이미 30년 전 푸코의 전기 작가들에 의해서도 잘 알려진 사실이라는 점과 미셸 푸코가 젠더(성인지) 연구와 성 연구 그리고 나아가 인문학에서 가장 많이 인용되는 학자이기에 충격적이라는 사실이 지적되었다. 그리고 이 언론에서는 미셸 푸코의 소아성애 스캔들과 마틴 하이데거의 독일 나치 과거사의 비교도 이루어졌다.

니체의 광기와 매우 유사한 광기를 보였던 미셸 푸코는 니체주의자이며 그렇기에 니체의 디오니소스적 철학을 계승하는 마틴 하이데거 철학도 수용한다. 니체와 하이데거 계보학 위에 세워진 프랑스 반이성주의적 포스트모더니즘 철학의 아이콘이었던 미셸 푸코의 소아성애 범죄는 이성비판의 이름으로 진행된 그들의 포스트모던적 비이성 찬양이 결코 무해하지 않았다는 것을 보여 준다.[65]

---

65 https://www.trouw.nl/religie-filosofie/filosoof-foucault-zou-zich-aan-minderjarige-jongens-hebben-vergrepen-heeft-dat-gevolgen-voor-hoe-we-naar-zijn-denken-kijken~bb28440e/?fbclid=IwAR1GI3p_feuhEas3keOndnD0PeHrD4Hf8c780P5SelY-HLxFG-eUMbyh9oHI

제2장

푸코의 반휴머니즘에 대한 주요 철학가들의 비판

1. '휴머니즘 없는 인권': 하버마스의 푸코의 반휴머니즘적 인권 개념 비판

독일의 국가적 철학자로 평가되는 위르겐 하버마스는 미셸 푸코의 반휴머니즘을 비판한 것으로 잘 알려져 있다. 하버마스는 자신의 유명한 저서 『현대성의 철학적 담론』(*Der philosophische Diskurs der Moderne*)[1]에서 푸코의 반휴머니즘을 비판하고 있는데, 이 유명한 책에 대해 독일어 위키피디아는 다음과 같이 소개한다.

> 하버마스는 자신의 책 6장 "형이상학 비판을 통한 서구 합리주의의 침식: 마틴 하이데거"에서 니체의 후계자이자 파시스트인 하이데거를 우선 비판한다. 푸코도 니체 철학을 계승하는 마틴 하이데거의 반휴머니즘 철학에 깊이 영향을 받았다. 하버마스는 니체가 자신의 미학적 형이상학을 통해서 이성비판을 시도하고 있지만, 이성을 일면적으로 권력에의 의지로 축소하고 있다고 비판한다. 푸코도 니체를 따라서 후기 구조주의적-포스트모던적 이성비판을 하지만, 이성을 권력의지로 환원해서 축소하고 있다. 니체주의자 푸코도 이성비판

---

1 J. Habermas, *Der philosophische Diskurs der Moderne. Zwölf Vorlesungen* (Frankfurt am Main: Suhrkamp, 1985).

의 이름으로 디오니소스적 광기철학을 전개했지만, 니체처럼 이성을 일면적으로 권력에의 의지(Wille zur Macht)로 축소시키고 있다. 또한, 하버마스는 하이데거와 데리다도 논하는데, 그들은 결국 형이상학을 극복하지 못했다고 본다. 하이데거와 데리다의 이론들은 숙명주의로 흐를 위험이 있다고 그는 분석한다.[2]

하버마스는 자신의 이 책 9장과 10장에서 푸코도 비판적으로 다루는데, "푸코와는 달리 휴머니즘을 문제로 보지 않고, 비인간화를 비판하게 하는 필요한 기준으로 파악한다."

하버마스가 잘 분석한 것처럼 포스트모더니즘 철학은 반현대주의와 반계몽주의를 의미할 뿐 아니라, 반휴머니즘을 의미하기도 한다. 이러한 포스트모던적 반휴머니즘의 정서 속에서 21세기에는 트랜스 휴머니즘 혹은 포스트 휴머니즘 담론들이 유행하고 있다. 하버마스의 시각에 "푸코는 위장된 휴머니스트(ein verkappter Humanist)로서 오래된 인권(개념)(alten Menschenrechte)을 새롭게 기술해 보고자 한다는 것이다."[3]

하버마스는 포스트모더니즘의 노력이란 결국은 철학을 벗어나 "새로운 신화학"의 이념을 설정하려는 노력이라고 비판한다. 그것은 전통 형이상학에 대한 비판, 실증학문 또는 이성 원칙에 대한 비판을 의미한다. 하버마스는 이러한 철학적 시도는 디오니소스적 메시아 사상을 생성시키기 위해 신화학을 예술철학적으로 새롭게 단장한 것이라고 본다. 이는 신화로 철학을 대치하려는 시도로, 자리 바꿈의 노력에 지나지 않는다고 하버마스는 평가한다.[4]

---

2   Raymond Geuss: *Reviewed work(s): Der philosophische Diskurs der Moderne by Jürgen Habermas* Zeitschrift für philosophische Forschung Bd. 41, H. 4 (Oct. - Dec , 1987), 684.

3   J. Habermas, *Der philosophische Diskurs der Moderne. Zwölf Vorlesungen* (Frankfurt am Main Suhrkamp, 1985), 279-342; David B. Ingram, "*Foucault and Habermas*" in: Gary Gutting(Hg.):*The Cambridge Companion to Foucault* Cambridge University Press 2003, pp. 251-252.

4   신승환, 『포스트모더니즘에 대한 성찰』 살림지식총서 027 (서울:살림출판사, 2003)에

푸코의 후기 구조주의적-포스트모던적 이성비판도 결국 니체적-디오니소스적 새로운 신화학 운동이다. 푸코의 포스트모던적 반대철학(counter-philosophy)도 결국 서구 전통 철학을 해체하고 디오니소스적 신화로 대체하려는 시도이다. 푸코 철학에서 니체적-디오니소스적 차원은 그렇기에 중요하며 깊게 분석되어야 한다.

푸코는 유대-기독교적 문명의 유산인 오래된 인권 개념을 자신의 권력의지(Wille zur Macht)에 기초한 새로운 인권 개념으로 새롭게 기술하고자 시도한 반휴머니즘적 철학자이다. 반휴머니즘(Antihumanism)에 대한 영어권 위키피디아에는 후기 구조주의 철학도 반휴머니즘에 속한다고 소개하면서 후기 구조주의 철학자 미셸 푸코의 반휴머니즘에 대해서 다음과 같이 소개한다.

> 미셸 푸코는 계몽주의 휴머니즘의 초석적 측면들에 도전한다. 푸코는 인식론(진리 혹은 확실성)과 철학적 인간학(주체, 영향, 전통, 계급의식)의 절대적 범주들을 니체가 이성, 도덕성, 영혼, 주체, 동기 등을 신에 대한 철학적 대체물로서 거부한 것과 별다르지 않게 거부했다. 푸코는 "휴머니즘이 주장하는 보편적인 것들"(the universals)을 거부하면서 "반휴머니스트적인 회의주의"(anti-humanist skepticism)를 표방한다.[5]

푸코의 철학은 반계몽주의적이며 낭만주의적이며 또한 사회주의적이다. 푸코는 이렇게 휴머니즘적인 보편성을 거부하고 반휴머니즘적, 반계몽주의적, 회의주의적 그리고 허무주의적 당파성을 선택해서 주장한다.

2015년 법률 저널인 「오스트레일리아 공법」(*Australian Public Law*)에는 "휴머니즘 없는 인권(Human rights without humanism): 왜 공공연한 반휴머니스트인 미셸 푸코는 후기 저술에서 '권리'(rights)로 회귀했는가"란 제목으

서 '새로운 신화학'의 사유를 보라.
5 https://en.wikipedia.org/wiki/Antihumanism#:~:text=In%20social%20theory%20and%20philosophy,humanity%20and%20the%20human%20condition

로 "확실히 '반휴머니스트 인권 활동가'(anti-humanist human rights activist)라는 말은 하나님을 믿지 않는 크리스천이나 공산주의 이상을 거부하는 막시스트와 같이 모순된다"는 첫 문장으로 반휴머니즘적 인권 운동의 아버지인 미셸 푸코의 반휴머니즘 문제를 비판적으로 연구하고 있다.

> 20세기 중반의 이 니체주의적 비도덕주의자인 푸코 자신이 20세기의 지배적인 도덕적 보편주의적 담론인 인권(master moral universalist discourse: human rights)을 지지하게 되었다. 1970년 후반 푸코는 여러 가지 권리들, 곧 죄수들의 권리와 난민자들의 권리, 게이들과 레즈비언들의 권리, 자살할 권리 등 다양한 권리들을 공개적으로 변호한다.
>
> 이런 사실은 푸코가 인간 주체성을 비판하는 기획을 포기하고 그 대신에 그것을 도덕적이고 보편적 가치로 당연하게 수용했다는 것을 의미하는가?
>
> 많은 사람이 바로 그렇다고 주장하면서 푸코가 인권에 대한 자유주의적 명분으로의 때늦었지만, 헌신된 개종자가 되었고 푸코의 과거에서 볼 수 있는 유치한 비판석인 것들을 던져 비렸다는 것을 익미한다고 말한다. 그러나 이 문제에 대해서 푸코 자신은 다음과 같이 말한다.
>
> "나는 어떤 인간 본성(a human nature)이 존재한다고 인정하지 않으면서 인권을 그 역사적 실체 가운데서 간주하려고 시도한다."
>
> 푸코의 관점에서는 보편적 인간 본성이라는 견해를 부정하면서도 인권 지지자가 될 수 있었다. 즉, 푸코는 "휴머니즘 없는 인권"(human rights without humanism)이 가능하다고 보았다.[6]

현대 사회정의 운동(wokeness)의 아바타인 미셸 푸코의 튀니지에서의 소아성애적 강간에서 드러난 백인 제국주의라는 모순만큼이나 미셸 푸코의

---

6   Ben Golder, "Human rights without humanism: Why does Foucault – an avowed anti-humanist – turn to 'rights' in his later works?" *Australian Public Law* 2015년 11월 19일 기사. https://auspublaw.org/2015/11/human-rights-without-humanism/

'휴머니즘 없는 인권'이나 '반휴머니스트적 인권'은 모순이다. 본래 후기 구조주의나 포스트모던 철학 자체가 반현대주의적, 반학문적, 루소주의적, 반계몽주의적, 낭만주의적 그리고 초현실주의적인 사유이기에 선문답처럼 모순을 내포하고 있다.

이러한 포스트모던적 반계몽주의와 초현실주의는 서구 학문이 전통적으로 지향해 왔던 진리에는 관심 없는 탈진실(post-truth)과 권력을 추구하는 사유이고 철학적이라기보다는 신화적 사유이기에 모순은 필연적으로 내재되어 있다.

헤겔의 변증법 자체가 반아리스토텔레스적인 모순 논리이다. 이성과 진리보다는 반이성적 광기와 권력에 집착하고 천착하는 푸코의 이러한 사유는 독일 낭만주의적-사회주의적 사유로부터도 기원한다. 우리는 이후 독일 낭만주의로부터 프로이트의 정신분석에 이르기까지 흐르는 꿈, 무의식, 광기 등에 대한 낭만주의적-초현실주의적 차원을 비판적으로 분석할 것이다.

"반휴머니스트적 인권(Anti-humanist Human Right)은 무엇인가?"

이런 제목의 논문도 "푸코에 대한 최근의 논의들에 응답하면서 푸코는 후기 저술에서 휴머니즘의 '도덕적 우위성'에 굴복해 자유주의적 휴머니스트적 주제(a liberal humanist subject)를 도입하지 않았다는 사실을 논증한다."

이 논문에 의하면, "오히려 주체성에 대한 푸코 후기의 연구들은 이 주제에 대한 그의 초기 입장으로부터의 급진적인 이탈이 아니라 연속임을 보여 준다."

"그러한 독법은 인권에 대한 푸코 후기의 가정된 포용 혹은 회귀는(여기서는 인권에 대한 비판적 반휴머니스트적 관여[a critical anti-humanist engagement with human rights]로 재해석되는데) 미완성 인간성의 이름으로 이루어진 것으로 평가하게 도와준다"라고 이 논문은 분석한다.

이런 방식으로 이 논문은 "인권에 대한 주류 서술이 반-기초주의적이고 후기 구조주의적인 도전들을 흡수하려는 경향으로 흐르는 방식에 대해서 알아보고자 한다."[7]

미셸 푸코의 휴머니즘 없는 인권 개념 혹은 반휴머니스트적 인권과 같은 모순된 입장들은 부정주의적 반대철학으로밖에 스스로를 정의할 수 없는 포스트모더니즘의 한계와 모순과 관련된다.

미셸 푸코도 다른 많은 포스트모던 철학자처럼 부정주의적 반대철학자(Anti-philosopher)이다. 하버마스의 비판처럼 푸코는 유대-기독교적 유산으로부터 탄생한 전통적 인권 개념을 새롭게 기술해 보려고 노력하지만, 결국 휴머니즘 없는 인권이라는 모순적 상황만 만들어 냈다.

반대철학으로서의 포스트모더니즘 철학도 철학을 반대하면서도 철학이라는 이름을 가지는 모순을 가지고 있는 것처럼 푸코도 반휴머니즘적 인권 개념을 수립하려는 어색하고 모순된 부정주의적 노력을 시도했다. 쉽게 말해 푸코는 반인권적(반휴머니즘적) 인권이라는 모순을 주장하는 부정주의적, 허무주의적 그리고 회의주의적 반대철학자이자 반인권 철학자이다.

푸코와 가까운 들뢰즈도 니체를 따라서 일종의 "반대철학"(counter-philosophy)을[8] 제시했다. 니체가 말한 디오니소스적 긍정을 들뢰즈의 사유에서도 발견할 수 있다. 들뢰즈는 노마드, 다양성, 카오스모스(chaosmos, chaos와 cosmos의 합성어), 정신분열증, 넌센스의 센스, 정신착란(delirium) 그리고 다원주의를 강조한다.

들뢰즈는 이렇게 "디오니소스적 사유"를 대변한다.[9] 들뢰즈는 유럽 68 문화혁명을 개념적 언어로 철학적 사유에 포함한 첫 학자 중 한 명이다. 그의 디오니소스적 반대철학은 유럽 68 문화혁명의 반문화(counter-culture)

---

7   Ben Golder, "What is an Anti-humanist Human Right" September 2010; *Social Identities* 16(5): 651-668.
8   Gilles Deleuze, "Nomad Thought," trans. D. B. Allison, in *The New Nietzsche*, ed. David Allison (New York: Dell, 1977), 149.
9   Gilles Deleuze, *Différence et repetition* (Paris: PUF, 1968), 3.

운동과 연결되어 있다.

푸코의 반휴머니즘은 디오니소스적 반휴머니즘이고 그의 반인권적(반휴머니즘적) 인권 개념도 디오니소스적 인권 개념이기 때문에, 그의 인권 개념은 태생적으로 비당파적-보편적이지 못하고, 당파적이고 폭민적이다.

앞에서 비판적으로 분석한 푸코를 부족장으로 모시는 현대 정체성정치에서 발견되는 폭민적 광기는 바로 고대 그리스에서 하데스와 폭민(mob)을 상징했던 디오니소스적 집단 광기이다. 들뢰즈와 푸코 모두 디오니소스적 정신분열증, 정신착란(delirium) 그리고 넌센스의 센스를 주장하는데, 디오니소스는 당파적-폭민적 집단마니아, 정신분열증 그리고 정신착란을 의미했다.

2. 마르쿠제의 당파적(빨치산적) 톨레랑스

미셸 푸코의 휴머니즘 없는 인권 혹은 반휴머니즘적 인권 운동은 보편적 인권 운동이 아니라, 계급투쟁적이고 당파적(partisan, 빨치산적)인 폭민적 인권 개념이다.

다른 곳에서 우리는 21세기 사회정의 운동인 워키즘(wokeness)의 대부인 미셸 푸코의 계급투쟁적 인권 개념에 대해서 살펴 보았다. 이러한 푸코의 반도덕주의적-반휴머니즘적인 당파적 인권 개념은 서구 68 좌파 학생 운동의 구루였던 마르쿠제의 당파적 톨레랑스 개념과도 연관된다.

마르쿠제는 "우파 운동에 대해서는 불관용을 좌파 운동에 대해서는 관용을"(intolerance to right-wing movements and toleration of left-wing movements) 의미하는 '해방적 톨레랑스'를 지지했다.[10] 마르쿠제가 주장하는 해방적 톨레랑스는 당파적 톨레랑스였다.

---

10 Herbert Marcuse, *"Repressive Tolerance". A Critique of Pure Tolerance.* (Boston:Beacon Press, 1969), 109-111.

미국 노트르담대학교 알래스데어 매킨타이어(Alasdair Macintyre) 교수는 마르쿠제에 관한 자신의 책에서 혁명적 소수자들이 표현들을 억압할 권리가 있다는 마르쿠제의 이론은 잘못된 것이며 잠재적으로 "어떤 합리적 진보와 해방에 대한 효과적인 장애물"이 될 수 있다고 주장했다. 매킨타이어는 마르쿠제의 제안들이 합리성의 가능성과 비판적 토론의 가능성을 붕괴시키고 있다고 주장한다.[11]

정치학자 로날드 베이어(Ronald Bayer)는 '억압적 톨레랑스'에 대한 마르쿠제의 논증들이 게이 인권 활동가들(gay rights activists)이 동성애가 정신장애(mental disorder)로 분류되지 않도록 캠페인할 때 정신의학자들의 강의를 방해하거나 그들 반대자의 견해들을 관용하기를 거부하는 데 영향을 주었다고 보았다.[12]

푸코의 반휴머니즘적 인권 개념은 자유주의 전통에서 말하는 비당파적이고 보편적 인권 개념이 아니라, 사회주의 전통에서 말하는 당파적 인권 개념이요 계급투쟁적 인권 개념이다. 마르쿠제의 이러한 당파적 톨레랑스 개념은 차별금지법과도 깊게 연관된다.

차별금지법은 문화막시즘(Kulturmarxismus)의 기획과 전략이다. 독일 보수주의 사상가 바이스만(Karlheinz Weißmann) 박사는 "교육독재로의 긴 행진"(Der lange Marsch in die Erziehungsdiktatur)이라는 제목으로 새로운 사회주의 언어 검열인 "정치적 올바름"(Political Correctness)에 대해 설명하면서 문화막시즘을 지향했던 독일 프랑크푸르트 학파의 마르쿠제는 칼 막스가 예언한 공산주의라는 "자유의 제국에 대한 준비"로서 먼저 "부자유의 단계"(Phase der Unfreiheit)가 선행되어야 하며, 이 부자유의 단계에서는 "교육독재"(Erziehungsdiktatur)가 필요하고 "프롤레타리아 독재"가 필요하다고 주장했던 것을 상기시켰다.

---

11 Alasdair MacIntyre, *Marcuse* (London: Fontana, 1970), 89-91.
12 Ronald Bayer, *Homosexuality and American Psychiatry: The Politics of Diagnosis* (Princeton: Princeton University Press, 1987), 98, 99, 227.

마르쿠제는 자유의 제국인 공산주의의 완성 이전에 그 전 단계로서 "민주주의와 자유"를 임시로 폐지해야 한다고 주장했다. 이러한 마르쿠제의 주장은 미국과 독일의 좌파 학생 운동에 지대한 영향을 주었는데, 이러한 사유는 사회주의 사유의 아버지인 장 자크 루소까지 거슬러 올라간다·

이사야 벌린(Isaiah Berlin)은 장 자크 루소의 "자유에 대한 배신"(Betrayal of Freedom)을 비판한 바 있다. 이러한 마르쿠제의 주장을 좌파 학생 운동권은 열렬히 환호했다. 마르쿠제는 "자본주의와 민주주의 그리고 시민사회를 파괴해야 자유의 제국에 도달할 수 있게 된다"라고 주장하며 그것을 위한 "폭력을 정당화했다."

마르쿠제는 이 "부자유의 단계"에서는 언론의 자유와 표현의 자유가 제한되어야 한다고 주장했다. 마르쿠제 등이 주장한 표현의 자유는 자신들 진영만을 위한 표현의 자유였다.

차별금지법을 주장하고 젠더 페미니즘과 무정부주의적 퀴어 이론, 동성애 운동 등에 있어서 가장 중요한 파워 엘리트인 주디스 버틀러도 1997년경 자신의 주장이 소수일 때에는 표현의 자유를 지지하다가 '제도권으로의 긴 행진'을 통해서 권력을 잡은 후에는 표현의 자유를 차별금지법 제정 등을 통해서 제한한다는 비판을 강하게 받고 있다.

차별금지법(평등법)은 문화막시즘의 오랜 전략과 기획인데, 차별금지법이 법적으로 보호하고자 하는 주변인 그룹(성 소수자, 여성, 흑인, 장애인 등)은 사회주의혁명을 위한 새로운 혁명 주체로 인식된다. 이러한 입장은 21세기 대한민국 좌파 진영에서 최근 많이 학습되고 있는 '좌파포퓰리즘'(Left Populism)을 주장하는 정치철학자 샹탈 무페의 고전적 저서『헤게모니와 사회주의 전략』[13]에 잘 나타나 있다.

---

13 Chantal Mouffe (with Ernesto Laclau), *Hegemony and Socialist Strategy: Towards a Radical Democratic Politics* (London – New York: Verso, 1985) ; 샹탈 무페,『헤게모니와 사회주의 전략』, 이승원 역 (서울: 후마니타스, 2012).

차별금지법(평등법)은 '제도권으로의 긴 행진'을 통해 권력과 헤게모니를 장악한 학생 운동권이 장 자크 루소와 마르쿠제의 가르침대로 '자유의 제국'(공산주의) 전 단계로서의 '부자유의 단계'를 위해서 차별금지법과 그 새로운 언어 검열인 정치적 올바름(PC)을 통해서 표현의 자유를 억압하는 것이다.

그람시의 헤게모니론과 문화막시즘 전략을 계승하는 샹탈 무페의 『헤게모니와 사회주의 전략』이라는 책에서 잘 볼 수 있듯이 차별금지법(평등법)은 문화막시즘의 전략과 기획이다.

3. 샹탈 무페의 좌파포퓰리즘, 투쟁적 당파성 그리고 그 좌파파시즘

푸코의 계급투쟁적-당파적 인권 개념, 마르쿠제의 빨치산적 톨레랑스 개념은 21세기 글로벌 좌파/사회주의의 대세로 부상한 '포스트모던 좌파' 샹탈 무페가 강조하는 선명하고 투쟁적 당파성(partisan, 빨치산)과도 맥을 같이 한다

그람시의 문화막시즘이라는 중장기적인 새로운 사회주의 전략과 문화적 헤게모니(cultural hegemony) 전략을 최근 가장 잘 대변하고 있는 학자는 좌파포퓰리즘(left populism)[14]을 주장하는 샹탈 무페(Chantal Mouffe)이다.

그람시주의에 기반한 정치 이론, 특히 헤게모니론과 급진민주주의 이론을 발전시킨 샹탈 무페의 대표적인 저서는 에르네스토 라클라우(Ernesto Laclau)와 1985년 함께 집필·출간한 『헤게모니와 사회주의 전략』[15]인데, 이 책은 그람시가 기획했던 문화막시즘 전략을 계승하고 있다.

14　Chantal Mouffe, *For a Left Populism* (London – New York: Verso, 2018); 샹탈 무페, 『좌파포퓰리즘을 위하여』 이승원 역 (서울: 문학세계사, 2019).

15　Chantal Mouffe (with Ernesto Laclau), *Hegemony and Socialist Strategy: Towards a Radical Democratic Politics* (London – New York: Verso, 1985) ; 샹탈 무페, 『헤게모니와 사회주의전략』, 이승원 역 (서울: 후마니타스, 2012).

샹탈 무페는 그람시의 헤게모니론을 계승한다.[16] 샹탈 무페는 그람시의 이론, 후기 구조주의 그리고 정체성 이론들에 기초한 포스트막시즘 이론가이다. 그녀는 존 롤스(John Rawls)의 자유주의와 위르겐 하버마스가 대변하는 숙의민주주의(deliberative democracy)에 대한 주요 비판가이다.

그녀는 보편적 이성을 가동해 숙의민주주의를 실현하려는 하버마스나 롤스와는 달리 데리다나 라캉, 푸코 등과 같은 '포스트모던적 좌파'에 속하는 학자이다. 샹탈 무페는 숙의민주주의보다는 독일 헌법학자 칼 슈미트의 저서들에 대한 비판적인 사용으로 잘 알려져 있는데, 특히 칼 슈미트의 주저 『정치적인 것의 개념』(Der Begriff des Politischen)[17]을 차용해서 "투쟁적 다원주의"(agonistic pluralism)를 주장한다.

칼 슈미트는 『정치적인 것의 개념』에서 '친구와 적의 구분'(Freund-Feind-Unterscheidung)을 정치적인 것의 핵심으로 분석한 바 있다. 칼 슈미트는 『빨치산 이론: 정치적인 것의 개념에 관한 중간 소견』(Theorie des Partisanen. Zwischenbemerkung zum Begriff des Politischen)이라는 책도 출간했다. 이 책에서는 레닌과 마오쩌둥의 빨치산 전투에 대해서도 상세하게 논하고 있다.[18] 그람시와 칼 슈미트 등에 기초해서 샹탈 무페는 '좌파포퓰리즘'의 이름으로 새로운 좌파의 헤게모니와 정체성을 추구한다.

샹탈 무페는 이렇게 그람시의 문화적 헤게모니론에 근거해서 21세기 새로운 좌파포퓰리즘 운동을 보다 선명하게 투쟁적으로 전개해야 한다고 주장한다. 샹탈 무페의 투쟁적(agonistic) 좌파포퓰리즘이 등장하게 된 것은 바로 유럽 사회주의의 몰락, 특히 1989년 동유럽 공산주의의 붕괴 이후이다.

---

16   Chantal Mouffe (ed.) *Gramsci and Marxist Theory* (London – Boston: Routledge / Kegan Paul, 1979).

17   Carl Schmitt, *Der Begriff des Politischen* (München: Duncker & Humblot,. 1932).

18   Carl Schmitt, *Theorie des Partisanen. Zwischenbemerkung zum Begriff des Politischen* (Berlin : Duncker & Humblot, 1963).

샹탈 무페는 선명하고 투쟁적으로 당파적이어야 한다고 주장하면서 다음과 같이 페미니즘, 동성애 운동, 환경 운동 등을 통해서 좌파의 정치적 전선을 그을 것을 요구한다.

> 정치는 화해이고 합의라는 생각은 명백히 잘못된 생각이다. 민주정치는 당파적(partisan)이어야 한다. 민주정치는 좌파와 우파 사이의 전선을 그을 것을 요구한다. 가능한 대안에 대한 투쟁적(agonistic) 토론 없이 민주주의는 있을 수 없다 … 전통적인 좌파의 정치적 전선은 계급에 기초하여 그어졌다. 노동계급, 즉, 프롤레타리아 대 부르주아의 전선이 그어졌다. 오늘날에는, 사회의 발전을 고려해 볼 때, 그런 방식으로 정치적 전선을 그어서는 안 된다. 계급의 관점에서 정식화될 수 없는 일련의 민주적 요구들이 존재한다. 예를 들자면, 페미니즘, 반인종주의, 동성애 운동, 환경 운동같은 요구들을 고려하는 것이 필수적이다. 이런 요구들은 노동계급과 부르주아 사이의 전통적인 대립과는 결이 다른 요구들이다. 우리는 포퓰리즘의 방식으로 전선을 만들어야 한다.[19]

이렇게 21세기 포스트모던 좌파 사상가들인 주디스 버틀러, 슬라보예 지젝 등과 연대하면서 샹탈 무페는 칼 슈미트가 말하는 '정치적인 것의 개념'의 빨치산적 성격을 강조한다.

샹탈 무페 등의 '좌파포퓰리즘'은 문화막시즘적인 '빨치산' 전술과 '진지전'(war of position)을 추구하는 좌파파시즘이라 할 수 있다. 이후 막시즘으로부터 결별한 위르겐 하버마스는 독일 68 좌파 학생 운동권의 폭력을 좌파파시즘으로 비판한 바 있다.

독일의 저명한 정치철학자 인고 엘베(Ingo Elbe) 교수는 "포스트모던적 제3의 위치. 샹탈 무페의 정치적인 것의 개념에 대한 논평"이라는 논문을 통해

---

[19] "'좌파포퓰리즘을 위하여': 샹탈 무페와의 인터뷰," 민중의 소리 (http://www.vop.co.kr/A00001340324.html). 보다 상세한 내용은 다음을 보라: 정일권, 『문화막시즘의 황혼: 21세기 유럽 사회민주주의 시대의 종언』 (서울: CLC. 2020).

서 샹탈 무페의 "좌파파시즘"을 비판했다. 엘베 교수는 사회주의혁명의 실패로 인해서 등장한 샹탈 무페의 좌파포퓰리즘을 "반자유주의적인 좌파포퓰리즘"과 "권위주의적 마조히즘"으로 분석하면서 그 "비관주의적 관점"을 비판한다.

소렐, 데리다 그리고 그람시를 수용하는 샹탈 무페의 좌파포퓰리즘은 "포스트모던적-후기 구조주의적으로 정초된 파시즘적인 사회 이론"과 "비이성주의적 사회 이론"으로서 "이성에 대한 거부와 도덕적 보편주의의 거부"로 특징지워진다고 엘베 교수는 바르게 비판했다.

포스트모던 좌파의 대부라 할 수 있는 푸코의 철학도 보편적 이성과 도덕적 보편주의에 대해서 거부를 하는 비이성주의적 사회 이론과 철학으로서 포스트모던적-후기 구조주의적으로 정초된 좌파파시즘의 위험에 노출되어 있다. 샹탈 무페에게 있어서 "자유주의가 주적이다." 그녀의 반자유주의는 칼 슈미트의 반자유주의적 입장을 전폭적으로 수용하고 있다. 그리고 샹탈 무페는 "반서구적이고 반미적인 르상티망"의 정서가 있다.

샹탈 무페는 "합리주의적고 개인주의적 자유주의는 집단정체성을 거부한다고 비판한다." 자유주의와 개인주의를 거부하면서 샹탈 무페는 포스트모던적 "반기초주의"에 근거해서 "집단 정서"를 강조한다. 하지만 "비이성적 감정"을 강조하는 그녀의 입장은 비이성주의의 위험을 안고 있다고 엘베 교수는 분석한다. "새로운 무정부주의"를 주장하는 샹탈 무페의 좌파포퓰리즘은 "집단 정서의 정치적 동원"(politische Mobiliserung der kollektive Affekte)을 목표로 한다.

샹탈 무페의 "후기 구조주의적-상대주의적 반본질주의"로서의 좌파포퓰리즘은 칼 슈미트를 따라서 "감정으로 장악된 우리(Wir)와 그들의 날카로운 대조"를 정치적인 것의 핵심으로 삼는다.

포스트모던 좌파 정치철학자인 샹탈 무페는 "반기초주의와 반실체주의"의 관점에서 "언어행위의 단순한 퍼포먼스"로 모든 것을 환원시킨다. 포스트모던 좌파 철학자인 주디스 버틀러에게도 젠더는 언어일 뿐이다. 칼 슈미트의 정치적 결단주의(Dezisionismus)처럼 샹탈 무폐의 주장도 "비이성주의적이고 결단주의적"이다.

엘베 교수는 후기 구조주의자들은 기본적으로 "정치적 실존주의자들"이라고 분석하면서 샹탈 무폐의 "보편주의의 거부"는 결국 "좌파파시즘"으로 기울어지게 된다고 비판한다. 또한, 샹탈 무폐와 같은 "포스트모던적-후기 구조주의적 정치이론"은 "파시즘"으로 기울어지게 된다고 비판하면서, 이런 정치 이론 속의 "개인에 대한 집단주의적 억압"의 문제를 제기한다. 그리고 샹탈 무폐가 "우리(Wir)와 그들의 대립"이 만약 "배출구"(Ventil)를 발견하지 못하면 안 된다고 주장하는데, 이는 모든 책임을 정치적 적에게 전가하는 파시즘적인 경향성을 보인다.[20]

이러한 포스트모던 좌파 혹은 포스트막시즘(postmarxism) 정치철학자 샹탈 무폐의 정치 이론 속에 발견되는 포스트모던적 비이성주의, 반자유주의, 집단주의, 이성에 대한 거부, 도덕적 보편주의에 대한 거부, 빨치산적 인권 개념과 톨레랑스 개념, 빨치산적 정치학 그리고 좌파파시즘의 문제는 성 소수자/동성애 운동과 철학의 두 기둥인 미셸 푸코와 주디스 버틀러의 사유에서도 그대로 발견된다.

집단 정서에서 정치적인 것의 기원을 찾고자 하는 이러한 포스트모던적이고 반기초주의적 사유는 자유주의적 개인주의를 전복하고자 하는 집단주의적 사회주의에서 파생된 것이다.

또한, 이런 사유는 푸코를 우상으로 모시는 현대 부족주의적 정체성정치, 사회정의 운동(wokeness), 성 소수자 운동, 급진좌파적 젠더 퀴어 페미니즘 그리고 미국의 비판인종 이론(CRT)과 그 운동에서 발견되는 디오니소스적 폭민(mob) 현상에까지 이어진다. 68 '소아성애적 안티파'를 상징하

---

[20] 2017년 6월 26일 독일 올덴베르크대학교(Universität Oldenburg)에서 개최된 철학 강좌 시리즈에서 엘베 교수가 한 강의다. 이 강의는 이후 다음 저널에 출간되었다. Ingo Elbe, "Die postmoderne Querfront. Anmerkungen zu Chantal Mouffes Begriff des Politischen," In *Sans Phrase. Zeitschrift für Ideologiekritik*, Heft 12, Frühjahr 2018.

는 미셸 푸코의 소아성애 범죄에서 우리는 좌파파시즘 혹은 신식민지 튀니지의 어린 소년들에게 가해진 미시 파시즘을 보게 된다.

4. 유대-기독교의 보편적 인권 개념 : 계급투쟁적 당파성을 넘어서

그러므로 사회주의 성혁명/성정치를 대변하는 성인지 페미니즘(젠더 퀴어 페미니즘), 성 소수자 운동과 동성애 운동, 환경 운동, 반인종주의 운동 등에서 우리는 21세기 문화헤게모니에 집착하는 사회주의 전략을 볼 수 있다. 이들 문화막시즘을 추구하는 자들은 문화헤게모니와 문화 권력을 확보하기 위해서 그람시가 말한 '시민사회 속의 진지전'(war of position within civil society)과 문화영역에서의 '빨치산'(Partisanen) 전술을 전개한다.

문화막시즘의 진지전(war of position)은 중장기적 시간과 복잡성을 지닌 문화적 투쟁을 의미한다. 진지전은 반자본주의적 혁명가들이 부르주아의 문화헤게모니를 격파할 수 있는 가치체계를 가진 프롤레타리아 문화를 창조하는 지성적이고 문화적 투쟁을 의미한다.

현대 자유민주주의 안에서 급진적인 사회 변화를 일으키는 복잡한 프로그램은 자본주의가 가진 헤게모니의 전복을 위해서 필요한 사회제도를 창조할 수 있는 강하고 창조적인 문화를 발전시키는 것을 의미한다.

문화막시즘의 진지전은 그렇기에 문화전쟁(Kulturkampf)을 수행하는 빨치산적(partisan) 투쟁의 성격을 지닌다. 그람시는 진지전이야말로 서구에서 유일하게 가능한 가능성이며, 그 진지전은 물리적 투쟁이 아니라, 문화적 투쟁과 저항을 의미한다고 주장한다.[21]

---

21 A. Gramsci, *Prison Notebooks, Volume 3*. trans. J.A. Buttigieg. (Columbia University Press, 2007), 168.

프랑스 68 소아성애적 안티파를 대표하는 푸코의 이러한 반휴머니즘적 인권 개념은 사회주의 성혁명/성정치 운동을 주도하는 21세기 유럽연합과 유럽인권법원의 새로운 인권 개념에까지 강한 영향을 주었다.

푸코의 이러한 반휴머니즘적 인권 운동이라는 모순은 그의 반기독교적 성이해와 관련된다. 푸코는 기독교적, 칼빈주의적 그리고 청교도적 성이해를 강하게 비판하면서 고대 그리스와 불교에서의 성이해를 찬양하는 신이교적 입장을 보인다. 디오니소스를 미래의 새롭게 도래하는 신으로 숭배했던 니체의 신이교주의(Neuheidentum)처럼 디오니소스적 광기철학을 전개한 푸코의 반휴머니즘적 인권 개념도 자기 분열적이고 모순적이다.

하지만 인권 개념을 새롭게 기술해 보려고 노력하는 푸코의 반휴머니즘을 비판하면서 보편적 인권 개념의 유대-기독교적 기원에 대해서 상기하는 것이 필요하다. 하버마스는 보편적 인권 개념의 유대-기독교적 기원과 유산에 대해서 다음과 같이 최근 주장했다.

> 기독교는 근대의 규범적 자기 이해에 있어서 선구자 혹은 촉매제 역할만 한 것이 아니었다. 자유와 연대적 공존, 자율적 삶의 영위와 해방, 개인적 양심, 도덕, 인권 그리고 민주주의가 파생된 평등한 보편주의는 바로 유대교 정의의 윤리와 기독교의 사랑 윤리의 직접적인 유산이다. 지금까지 이것을 대신할 대안이 존재하지 않는다. 후기 민족국가적 성좌(the post-national constellation)라는 현재의 도전 앞에서도 우리는 이 유산을 기억해야 한다. 다른 모든 것은 포스트모던적 헛소리(Gerede)이다.[22]

'휴머니즘 없는 인권' 혹은 반휴머니즘적 인권 개념을 주장하는 미셸 푸코의 성 소수자들에 대한 인권 담론은 '포스트모던적 헛소리'이다. 언제

---

22   J. Habermas, "Ein Gespräch über Gott u. die Welt," in: ders., *Zeit der Übergänge* (Frankfurt: Suhrkamp Verlag, 2001), p. 174f.

부터인가 보편적-비당파적 인권 개념이 아니라, 사회주의적 성정치에서 말하는 성 소수자들만을 위한 계급투쟁적이고 당파적 인권 개념이 21세기 인권 담론을 지배하기 시작했다. 이제는 다시금 보편적이고 비당파적 인권 개념으로 되돌아가야 한다.

21세기에는 노사 관계에서도 "상대적 당파성의 원칙에서 보편적 타당성의 원칙으로" 나아가야 한다. 노동법 전문가 조영길 변호사는 당파적 철학관, 당파적 법률관 그리고 당파적 정의관의 새로운 위험을 잘 지적했다.

> 다수와 소수, 약자와 강자, 지배자와 피지배자를 불문하고 유익을 추구하되 정당한 이익만을 추구하는 자세가 원칙에 부합하는 자세다. 보편타당한 원칙들을 지키면 모든 사람에게 정당한 유익이 실현된다. 소수의 지배하는 강자에게도 누려야 할 정당한 이익이 있고, 다수의 피지배 약자에게도 보호받을 수 없는 부당한 이익이 있을 수 있다.[23]

하버마스는 이렇게 현대 서구 민주주의의 신학적 기원 혹은 유대-기독교적 기원에 대해서 주장한다. 그에 의하면 자유, 평등, 인권, 보편주의, 평등주의 등 현대 민주주의적 가치의 기원이 "유대교의 정의의 윤리"와 "기독교의 사랑의 윤리"이다.

독일의 헌법학자 칼 슈미트(Carl Schmitt)는 헌법학자로서 자신의 저서 『정치신학-주권론에 관한 네 개의 장』[24] 중 3장 첫 문장에서 "현대 국가학(Staatslehre)의 모든 중요한 개념들은 세속화된 신학적 개념들이다"라고 주장했는데, 이 문장은 20세기 인문학 문헌들에서 가장 자주 인용된 문장 중 하나에 속한다.

---

23 조영길, 『실제 현장 사례들 속에서 걸어본 노사 관계 개선의 바른 길 1: 상대적 당파성의 원칙에서 보편적 타당성의 원칙으로』 (서울: 비봉출판사, 2011) (2011년 전국경제인연합회 시장경제대상 대상 수상).

24 Carl Schmitt, *Politische Theologie: Vier Kapitel zur Lehre von der Souveränität. Siebente Auflage* (Berlin: Duncker & Humblot, 1996), p. 43; 칼 슈미트, 『정치신학-주권론에 관한 네 개의 장』, 김항 역 (서울: 그린비, 2010).

니체는 "민주주의는 자연화된 기독교다"(Die Demokratie ist das vernatürliche Christentum)라고 주장했는데, 기독교가 자연화되면서 탄생한 것이 정치적 민주주의라는 것이다. 칼 슈미트의 말처럼 신학적 개념이 정치와 법학의 영역에서 세속화되어서 현대 국가학의 기본 개념들을 형성했다. 민주주의를 탄생시킨 것은 기독교다. 법 앞에 만인은 평등하다는 민주주의의 대원칙도 한 분 하나님 앞에 만인은 평등하다는 기독교 신앙이 자연화되고 세속화되어서 형성된 것이다.

푸코는 하버마스가 잘 분석하고 있는 것처럼 유대-기독교에서 파생된 보편적 인권 개념을 자신의 니체적-반도덕주의적 반휴머니즘의 관점에서 새롭게 기술하려고 고대 그리스나 일본 선불교 등을 거론했지만, 고대 그리스나 일본 선불교에서 현대적 의미의 보편적 인권 개념이 나온 것이 결코 아니다.

5. 찰스 테일러의 푸코 비판: 죽음과 폭력에 대한 매혹

하버마스뿐 아니라, 캐나다의 사회철학자 찰스 테일러(Charles Taylor)도 미셸 푸코와 데리다와 같은 후기 구조주의자들의 반휴머니즘을 내재적 반계몽주의라 규정하면서 비판한 바 있다.

그는 장 자크 루소의 공화주의 모델에 대한 비판적 시각에서 한나 아렌트의 정치 이론을 의견의 차이와 논쟁을 전제로 하는 "자유주의적 공화주의"로 규정하고 그것을 활기찬 민주주적 정치에 걸맞은 원리로 본다.[25]

공동체주의자인 찰스 테일러는 장 자크 루소의 낭만주의, 니체 철학, 독일 낭만주의 운동과 프랑스 포스트모더니즘 속의 반계몽주의 운동을 "내

---

25 Charles Taylor, 'Wieviel Gemeinschaft braucht die Demokratie?', in *Transit. Europäische Revue,* 1992/1993, 12; 박혁, "의지의 정치에서 의견의 정치로 - 루소의 『사회계약론』에 나타난 의지의 정치에 대한 아렌트의 비판," 「정치사상연구」, 2012년 5월.

재적 반계몽주의"(The Immanent Counter-Enlightenment)[26]로 파악하고서 비판적으로 다음과 같이 분석한다.

계몽주의는 시간이 흐르면서 하나의 내재적 반작용, 즉 '내부로부터' 그것이 가장 신봉했던 이상들에 대한 공격을 자극했다. 그에 의하면 오늘날 계몽의 가치들에 대한 푸코나 데리다와 같은 사람들의 공격, 또 한 세기 전의 니체의 공격을 모두 내부로부터의 공격이라고 부를 수 있다.

찰스 테일러에 의하면 "내재적 반계몽주의"가 일차적으로 발생했던 것은 낭만주의와 그 후계자들로부터 자라났던 문학·예술 영역이다. 낭만주의 운동은 전부는 아니지만, 반계몽주의의 중요한 소재지의 하나이다.

내재적 반계몽주의는 처음부터 미학적인 것의 우선성과 결합되었다. 내재적 반계몽주의는 예술, 특히 현대적인 포스트낭만주의 예술과 관련되어 있었다. 내재적 반계몽주의는 미학적 전환과 연결된다고 테일러는 분석한다.

이런 종류 견해의 가장 영향력 있는 옹호자인 니체는 위대하고 예외적이고 영웅적인 것을 주장했다. 또한, "반인간주의적" 사상가들, 예를 들면, 푸코, 데리다 그리고 이후의 바타이유(Bataille) 등은 모두 이러한 니체에 크게 의존하고 있다.

이러한 내재적 반계몽주의와 낭만주의 운동은 더욱 안정된 민주주의적 시스템을 발전시키지 못하고 독일 나치의 경우처럼 거대한 폭력적 군중에 의한 전체주의로 기울어졌다.

니체와 바타이유는 모두 개인의 가치를 절대화하는 기독교적 계몽에 역행해서 다시금 종족을 위한 인간 제사를 옹호했다. 앞에서 보았듯이 니체는 유대-기독교적 계몽이 탄생시킨 평등주의에 반대했다. 그는 잔인성, 지배, 배제 그리고 집단 폭력까지도 디오니소스적으로 긍정하려고 했다.

---

26 Charles Taylor, "The Immanent Counter-Enlightenment," in: Ronald Beiner & W. J. Norman (eds.), *Canadian Political Philosophy: Contemporary Reflections* (Oxford University Press, 2001), 386--400.

알고 보면 니체는 너무나 반인간적인 사상가이다. 성 소수자들의 인권 운동의 우상으로 추앙받았던 푸코도 니체처럼 사실 반인간적이고 반인간적인 철학자이다. 구조주의와 후기 구조주의 철학도 근본적으로 반휴머니즘을 의미한다. 니체는 기독교적 계몽의 계보에서 탄생한 박애, 보편주의 그리고 조화와 질서에 분개했다.

유대-기독교적 계몽은 참된 인간주의와 휴머니즘을 탄생시켰다. 니체 이후의 미학적 전환, 디오니소스적 전환, 역계몽 그리고 반문화의 사상들은 반인간주의와 비도덕주의의 위험을 언제나 안고 있다. 기독교는 휴머니즘의 아방가르드였다. 우상들의 황혼을 가져온 기독교의 계몽은 인권과 휴머니즘의 역사적 변호자였다. 니체 이후의 반인간주의는 단지 미학적인 것과 해가 없는 것으로만 남지 않고, 실제로 야만적 파시즘으로 귀결되었다.[27]

푸코의 후기 구조주의적-반도덕주의적 반휴머니즘도 소아성애적 범죄라는 어두운 그림자를 남긴다. 니체의 죽음과 폭력에 대한 디오니소스적 매혹과 도취는 결코 무해 하지 않았으며 또한 아름답지 않았다. 독일과 일본의 낭만주의 운동도 미학적 전환으로만 끝나지 않고 폭력과 광기로 물든 전체주의와 파시즘의 역사와도 관련되었음을 기억해야 한다.

독일 민족사회주의(나치즘) 운동도 독일 우파 낭만주의 운동이었다. 칼 막스를 따르는 레닌과 스탈린의 국제사회주의(공산주의) 운동은 독일 좌파 낭만주의 운동의 산물이다. 사회주의 사상은 장 자크 루소의 낭만주의 인류학과 독일 낭만주의로부터 파생되었다.

테일러가 잘 보았듯이, 니체는 자신이 플라톤 이전과 기독교 이전의 전사 윤리, 즉 용기, 위대함, 엘리트적 탁월성의 고취라는 유산 일부를 이어 받고 있다고 생각했다. 그리고 그 핵심에는 항상 죽음의 원형적 자리가 있

---

27 정일권, 『우상의 황혼과 그리스도: 르네 지라르와 현대사상』 (서울: 새물결플러스, 2014)를 보라.

다. 죽음에 직면하려는 의지, 삶을 명예와 명성보다 낮은 것으로 설정할 수 있는 능력은 항상 전사의 우월성 주장의 징표였다.

현대 안에서 삶을 긍정하는 인간주의는 무기력을 낳았다. 이러한 비난은 흔히 역계몽의 문화에서 반복적으로 나타난다고 테일러는 분석한다. 즉, 니체는 플라톤적이고 기독교적 계몽을 역행해서 비이성적이고 신화적이고 전사적이고 그리고 디오니소스적 심연으로 되돌아가고자 했다.

유대-기독교적 계몽은 전사가 아니라, 신사를 지향했다. 자유주의적이고 개인주의적인 영국은 젠틀맨을 이상적 인간형으로 제시했다. 하지만 독일 지식인들은 이러한 영국적 젠틀맨이 아니라, 게르만적-니체적-초인적 전사를 모델로 제시했다.

기독교는 야만적 전사까지도 계몽시키고 순화시켜서 신사적 기사도를 탄생시켰다. 기독교적 기사도는 니체가 비판했듯이 유약한 인간상도 아니고, 그렇다고 야만적 인간상도 아니다. 니체의 전사 윤리는 선불교적 사무라이 정신과 연결될 수 있다. 실제로 니체의 철학적 계보에 서 있는 히틀러는 일본의 선불교적 사무라이 정신을 매우 부러워했다고 한다. 니체적 역계몽이나 20세기 후반의 반문화 모두 점차로 초월적이고 기독교적인 것을 배제하려는 시도였다.

테일러가 잘 분석했듯이, 물론 이러한 반문화 귀결의 하나는 파시즘이다. 니체의 디오니소스적인 것에서 볼 수 있는 죽음과 폭력에 대한 매혹은 바타이유 그리고 데리다와 푸코 등에서 반복적으로 등장한다.[28] 푸코의 공동묘지에서의 소아성애적 강간도 이 디오니소스적-사무라이적 죽음과 폭력에 대한 매혹으로부터 이해될 수 있을 것이다.

필자가 『문화막시즘의 황혼』에서 소개한 것처럼 독일 낭만주의/사회주의는 니체가 말한 초인적 '전사'를 영국 자유주의/자본주의의 '소상인'과

---

28 Charles Taylor, "The Immanent Counter-Enlightenment," in: Ronald Beiner & W. J. Norman (eds.), *Canadian Political Philosophy: Contemporary Reflections* (Oxford University Press, 2001), 386--400.

대비시켰다. 막스 베버와 함께 20세기 초 독일에서 가장 유명한 학자였던 좀바르트의 책 『상인과 영웅: 애국주의적 성찰』(*Händler und Helden*)[29]은 당시 독일 지식인들의 반영국적인 반상업주의, 반자본주의 그리고 영웅적 전사주의 등이 잘 반영된 책이다.

좀바르트는 상인으로 대표되는 영국의 자본주의적 상업주의를 거부하고 영웅으로 대표되는 독일 특유의 전사적 영웅주의를 주장하고 있다. 영웅적 전사주의 등은 독일 민족사회주의(나치) 시대의 공식철학자로 부상한 니체 철학에도 흐르고 있다.

좀바르트는 독일 게르만 민족은 전사(Krieger)이며, 영국인은 소상인(Krämer)이라고 비난한다. 그리고 영국 자유민주주의, 자유로운 시장경제 그리고 상업주의 전통에서 발전된 자유와 권리는 "소상인의 철학"(Recht und Freiheit als „Krämerphilosophie")이라고 비난했다.[30]

이러한 독일 낭만주의/집단주의에서 발견되는 사회주의적 투쟁전사의 이미지는 니체를 계승하는 푸코에게도 이어진다. 21세기 사회정의 전사(SJW)의 철학적 모델인 미셸 푸코에게도 쇼파쇼시즘에서 볼 수 있는 시무리이적 전사의 이미지가 존재한다.

독일 사회주의(Deutscher Sozialismus) 전통은 독일 낭만주의 전통으로부터 탄생했다. "낭만주의는 독일 사건이다". 독일의 저명 철학자 사프란스키(Rüdiger Safranski)는 2007년 『낭만주의: 독일 사건』(*Romantik. Eine deutsche Affäre*)[31]을 출간했다. 프로이센 이후의 독일 사회주의 전통은 이후 좌우 독일 사회주의라는 '적과 같은 쌍둥이'를 낳게 되는데, 그것은 바로 칼 막스의 국제사회주의(공산주의)와 히틀러의 독일 민족사회주의(나치즘)다. 지극히 독일적 사건인 낭만

---

29   Werner Sombart, *Händler und Helden; patriotische besinnungen* (München, Leipzig : Duncker &Humblot, 1915.
30   Roland Baader, *Totgedacht: Warum Intellektuelle unsere Welt zerstören* (Resch Verlag, Gräfelfing 2002), 75-76.
31   Rüdiger Safranski: „*Romantik. Eine deutsche Affäre*" (München: Hanser Verlag, 2007).

주의도 이후 좌우 독일 낭만주의로 분열되게 된다. 독일 좌파 낭만주의는 칼 막스 이후의 독일 국제사회주의(공산주의) 운동이고, 독일 우파 낭만주의는 히틀러의 독일 민족사회주의(나치즘) 운동이다. 히틀러도 사회주의자였고, 칼 막스도 낭만주의자였으며, 나치즘과 공산주의 모두 낭만주의 운동이었다.

독일 낭만주의 연구의 대가 이사야 벌린은 낭만주의 운동이 독일 특유의 사상이라고 보았는데, 사프란스키도 낭만주의는 매우 독일적 사건이라는 의미를 담은 부제를 달았다.

사프란스키는 독일 낭만주의, 니체, 하이데거, 쇼펜하우어, 횔덜린 등의 전문가로서 많은 철학자의 전기를 집필한 학자이다. 좌우로 분열한 독일 사회주의 사상도 낭만주의로부터 파생했다. 반영미적이고, 반자본주의적이고 반계몽주의적인 독일 특유의 낭만주의 사유는 포스트모더니즘과 성혁명적 젠더 페미니즘에까지 계승된다.

자유로운 섹스를 주장한 사람들도 바로 독일 낭만주의자들이었다. 무의식, 꿈, 비이성적 광기, 천재성 등을 강조한 것도 바로 독일 낭만주의이며 이는 쇼펜하우어, 니체에까지 이어지며, 이후는 프로이트의 정신분석과 초현실주의적 라캉의 정신분석과 젠더 퀴어 페미니즘에게까지 이어진다.

6. 니체, 하이데거, 푸코: 독일 특유의 문화부정주의와 반도덕주의

니체의 디오니소스적 반휴머니즘(Antihumanismus)은 히틀러의 독일 민족사회주의(나치즘) 운동의 폭력, 야만 그리고 집단 광기로 이어지게 된다. 니체는 히틀러의 독일 나치가 공식적으로 장려한 철학자였다. 니체를 유럽의 붓다로 생각하는 한국 불교계 등의 영향으로 니체와 하이데거는 동정적이고 낭만적으로 소개되고 니체와 하이데거의 독일 나치즘과의 깊은 관계가 국내에서 그동안 비판적으로 조명되지 못한 것이 사실이지만, 필자는 여러 책을 통해서 지속적으로 이를 소개해 왔다.

독일을 대표하는 언론 「슈피겔」(Der Spiegel)은 1981년 6월 8일자 Nr.24 기사를 통해서 히틀러와 니체가 한 몸을 이루는 것을 표지 사진으로 사용하면서 "철학자의 귀환. 실행자 히틀러: 사상가 니체"(Wiederkehr eines Philosophen. Täter Hitler. Denker Nietzsche)라는 제목으로 특집으로 보도한 바 있는데, 이는 사상가 니체의 철학을 히틀러가 실행에 옮겼다는 것을 잘 보여 준다.

니체의 권력에의 의지(Wille zur Macht)를 히틀러가 실행에 옮긴 것이다. 이 「슈피겔」의 언론 보도에 대한 내용은 독일어권에서 가장 유명한 니체 전문가인 독일 프라이부르크대학 안드레아스 우어스 좀머(Andreas Urs Sommer) 교수가 2017년 독일 국영 라디오방송(Deutschlandfunk)에서 "프리드리히 니체는 누구였는가? 논쟁적 사상가의 부담과 영향"이라는 방송에 등장한 것이다.

이 방송에서 그는 "통음난무적이고, 집단 도취적이고, 디오니소스적 니체"(Der Nietzsche des Orgiastischen, Rauschhaften, Dionysischen)에 대해서도 비교적 정확하게 소개하고 있나.**32**

푸코의 부정주의적 반휴머니즘은 니체 철학의 허무주의적 실존주의에서도 발견되는 독일 특유의 (사회주의적) 문화부정주의 전통으로부터 영향을 받기도 한 것이다. 앞에서 소개한 독일어권에서 가장 대표적인 니체 전문가이자 연구가인 안드레아스 우어스 좀머(Andreas Urs Sommer) 교수는 2017년 독일 프라이부르크 대학에서 개최된 기념강좌(Festvortrag Dies Universitatis)에서 "오늘날의 문화철학"이란 제목으로 니체, 하이데거, 아도르노 그리고 슈펭글러 등의 독일 특유의 "문화부정주의"(kultureller Negativismus)를 비판적으로 논했다.

자본주의적 상업국가로서 뉴턴적 자연과학과 산업혁명의 모태였던 영국과의 경쟁 관계 속에서 독일은 전통적으로 '문화국가'(Kulturstaat)를 지향해 왔다.

---

32 Andreas Urs Sommer, *Nietzsche und die Folgen* (Stuttgart: J.B. Metzler, 2017).

독일 프랑크푸르트 학파의 비판 이론(Kritische Theorie) 등이 추구한 문화막시즘은 본질적으로 '부정주의'(Negativismus)의 사유인데,[33] 이러한 부정주의적 사유는 독일 철학의 기원으로까지 거슬러 올라갈 수 있는 매우 뿌리 깊고 전통적인 독일 특유의 사유이다.

독일 특유의 문화부정주의를 비판적으로 분석한 좀머 교수는 최근 영국 BBC 방송의 철학자 니체에 대한 다큐멘터리 방송에도 등장한 학자로서, 최근 독일에서 니체 연구로 가장 유명한 학자 중 한 명이다.

좀머 교수는 이러한 독일적 문화부정주의가 실존주의, 후기 구조주의, 자본주의비판론, 후기 식민주의 이론 등에도 흐르고 있다고 비판한다. 푸코의 계급투쟁적 인권 개념과 후기 구조주의적 반휴머니즘 철학에도 이러한 독일과 프랑스 특유의 사회주의적 문화부정주의가 흐르고 있다고 볼 수 있다.

좀머 교수는 니체의 "데카당스" 개념이나, 하이데거의 "존재 망각"(Seinsvergessenheit), 아도르노의 "현혹연관"(Verblendungszusammenhang), 오스발트 슈펭글러(Oswald Spengler)의 "문화 이론" 등에서 이 문화부정주의가 발견된다고 주장한다. 이후 좌우 사회주의로 분열되긴 했지만, 독일 철학은 더욱 실증주의적이고 현실주의적인 영미 세계와의 경쟁 상황에서 부정주의적이고 영지주의적 사유로 기울게 된다.

좀머 교수는 이 전통적인 독일 특유의 문화부정주의를 극복하고 새로운 문화철학을 전개해야 한다고 이 강의에서 주장했다. 그에 의하면 독일은 '문화국가'(Kulturstaat)라는 미학적 이름으로 프로이센 이후로 군국주의적 군사국가와 전쟁국가의 길을 걸어왔다. '문화부정주의적' 관점을 가진 '문화국가' 독일은 그리스 문화에 대한 과도한 낭만주의적 동경으로 인해서 그리스 비극 등을 오독해 오기도 했다.

---

33 정일권, 『문화막시즘의 황혼: 21세기 유럽 사회민주주의 시대의 종언』 (서울: CLC. 2020)을 보라.

최초의 반도덕주의자 니체 그리고 니체를 계승하는 독일 나치 하이데거 그리고 니체와 하이데거의 반형이상학적이고 반도덕주의적이고 반휴머니즘적인 철학을 수용하는 푸코의 후기 구조주의적 반휴머니즘 철학에는 전통적이고 고전적인 휴머니즘에서 말하는 인권에 대한 도덕적이고 윤리적 헌신이 증발되어 있다.

그렇기에 반도덕주의적 반휴머니즘을 주장하는 니체와 하이데거가 독일 민족사회주의(나치즘)의 폭력과 야만으로부터 자유로울 수 없는 것처럼 후기 구조주의적 반휴머니즘과 반휴머니즘적 인권 개념이라는 모순을 주장하는 미셸 푸코도 최근 백인 제국주의적 소아성애 범죄로 비난받고 있다.

르네 지라르는 하이데거를 디오니소스적 "신이교주의자"로 파악하는데, 하이데거는 도덕은 역겨운 것이라고 주장했다.

하버마스의 제자인 토마스 아스호이어(Thomas Assheuer)는 2014년 독일 주요 주간신문 「디차이트」(Die Zeit)에 기고한 "독이 든 유산"(Das vergiftete Erbe)이란 제목의 글에서 2014년 이후 독일에서 출판되기 시작한 마틴 하이데거의 철학적 일기장인 『블랙 노트』(Schwarze Hefte)에 대해 말했다.

그에 의하면 하이데거의 "『블랙 노트』 속에 나타난 유대인들을 향한 적의는 결코 부수적인 것이 아니다. 그것은 (하이데거의) 철학적 분석을 근본을 구성하고 있다." 또한, 그는 하이데거가 부재하는 존재(Sein)에 대해서 슬퍼할 뿐이지, 사람들에 대해서는 슬퍼하지 않는다(Heidegger trauert um das abwesende "Sein", aber nicht um die Menschen)고 분석한다.

아스호이어는 독일 흑림을 산책했던 하이데거가 서정적인 슬픔으로 사라져 가는 존재(Seyn)의 마지막 고통을 슬퍼해야 했지만, 하이데거에게 있어서 인간의 고통에 대해서는 어떠한 말도 발견할 수 없다는 사실을 지적한다.

그에 의하면 "'도덕'은 하이데거에게 있어서 역겨운 것이었다("Moral" ekelt ihn an). 왜냐하면, 하이데거에게 있어서 도덕은 "영미 세계의 상업가적 계산성"(händlerischen Rechenhaftigkeit der englisch-amerikanischen Welt)에 대한 장식용 칠

(Glitzerlack)에 불과했다. 아스호이어는 신앙고백적으로 볼 때 "새로운 이교도인 하이데거"(konfessionelle Neuheiden Heidegger)가 도덕을 철학적으로 논하지 않고 있다"라고 바르게 비판했다.[34]

마틴 하이데거는 독일 나치즘을 철학에 도입하려고 했던 철학자이다. 『하이데거: 철학으로의 나치즘 도입』(Heidegger, l'introduction du nazisme dans la philosophie)이라는 2005년 출간된 연구서는 마틴 하이데거의 존재철학이 독일 민족사회주의(나치즘) 사상을 철학에 도입하려고자 했던 시도라는 것을 잘 보여 준다.[35]

저자는 프랑스 국가 시험에서 마틴 하이데거에 대한 논의를 배제해야 한다는 청원을 하기도 했다. 마틴 하이데거에 대한 논란이 반복되는 것은 하이데거의 나치 부역 전력과 반유태주의 입장을 증명하는 수많은 증거를 고집스럽게 거부하는 하이데거 옹호자들 때문이다.

하이데거는 1933년 독일 프라이부르크대학교 총장에 취임할 때 학생들에게 나치에 참여하라고 연설을 했고, 1945년까지 나치 당적을 유지했다. 뿐만 아니라 그가 한 강의와 연설, 나치 고위층과의 관계, 부인에게 보낸 편지 그리고 2014년 이후로 독일에서 출간되기 시작한 하이데거의 철학적 비밀일기 『검은 노트』 혹은 『블랙 노트』[36]를 통해서도 친나치 행적을 확인할 수 있다.

독일 나치였던 하이데거의 철학은 이상하게도 프랑스 일부 지식인들에 의해서 복권되어서 미셸 푸코에게도 강한 영향을 주었다. 2016년 독일 하노버대학 귄터 멘싱(Günther Mensching) 교수는 독일 공영방송에 출연해서 마틴 하이데거의 철학적 비밀일기인 『검은 노트』 혹은 『블랙 노트』

---

34 http://www.zeit.de/2014/12/heidegger-schwarze-hefte-veroeffentlicht. 마틴 하이데거의 『블랙노트』에 대한 보다 자세한 논의는 다음을 보라: 정일권, 『예수는 반신화다: 르네 지라르와 비교신화학』(서울: 새물결플러스, 2017).

35 Emmanuel Faye, Heidegger, l'introduction du nazisme dans la philosophie: autour des séminaires inédits de 1933-1935 (Paris, Albin Michel, Idées 2005).

36 Peter Trawny(Hrsg.), Martin Heidegger: Überlegungen II-VI (Schwarze Hefte 1931-1938). Gesamtausgabe Band 94 (Frankfurt am Main: Klostermann, 2014).

(Schwarze Hefte)에 소개하면서 다음과 같이 주장했다.

그는 공식적으로 독일 나치당원이었던 하이데거가 전후 프랑스 일부 사상가들을 통해서 어떻게 복권되는지를 보여 주었다. 프랑스에서의 하이데거 철학의 수용사에 결정적인 역할을 한 장 보프레(Jean Beaufret)가 독일 나치가 유대인 600만 명을 살해한 홀로코스트를 부인한다는 내용과 함께 프랑스 극우주의자 장마리 르 펜(Jean-Marie Le Pen) 등에 의해서 지금도 하이데거가 높게 평가되고 있다는 내용이 이 방송에서 소개되었다.

장 보프레의 이러한 하이데거 수용은 이후 데리다, 라캉, 푸코 등 프랑스 포스트모던 철학자들에게도 깊은 영향을 주었다는 사실도 그는 소개한다. 장 보프레가 임마누엘 레비나스에 대한 반유대주의적 시각을 가진 것에 대해서 데리다가 충격을 받기도 했다.[37]

7. 촘스키의 반도덕주의자 푸코와 포스트모던적 거품 비판

디오니소스적 광기를 철학적으로 찬양했던 니체를 모방하고 계승하는 미셸 푸코의 비도덕주의적 혹은 도덕관념이 없는(amoral) 면모는 1971년 네델란드 TV 토론 프로그램에서 이루어진 인간 본성에 대한 세계적인 언어학자 촘스키(N. Chomsky)와 푸코의 논쟁에서도 보여진다.

촘스키는 토론 이후 푸코만큼 비도덕적인(amoral) 사람을 지금까지 만나본 적 없다고 했다. 노엄 촘스키는 창조성의 씨앗과 정의를 추구하는 태도가 인간의 본성에 깔려 있다고 주장했고, 미셸 푸코는 인간 본성과 정의라는 관념 자체가 역사적 생산물이라고 주장했다.

---

37 Helmut Poguntke im Gespräch mit Prof. Dr. Günther Mensching, Leibniz Universität Hannover, zu den "schwarzen Heften" Martin Heideggers.

촘스키에 의하면 "'진정한' 정의의 개념은 인간성의 바탕에 깔려 있다. 우리가 이룩하려는 사회 혁명은 바로 정의를 달성하려는 것이고 인간의 근본적인 욕구를 실현하려는 것이며, 우리의 혁명이 단지 어떤 집단에 권력을 넘겨 주는 것이 되어서는 안 된다."

하지만 미셸 푸코에 의하면 정의라는 개념은 특정 정치·경제 권력의 지배 수단으로서 혹은 그러한 권력에 대항하는 무기로서, 여러 다른 유형의 사회에서 발명되어 유통된 개념이다. 푸코는 인간의 본성이라는 개념 자체에 회의적인 관점을 가진다.[38]

촘스키는 토론 이후 이렇게 말했다.

> 푸코는 나에게 완전히 비도덕적인(amoral, 도덕관념이 없는) 자로 강타했다. 나는 지금까지 그렇게 완전히 도덕관념이 없는(amoral, 비도덕적인) 사람을 만나 본 적이 없다. … 나는 푸코를 개인적으로 좋아하지만, 그를 도대체 이해할 수 없다. 푸코는 전혀 다른 종(種, species) 혹은 어떤 것으로부터 온 것처럼 보였다.[39]

좌파적 관점을 가졌지만 막시즘은 거부한 촘스키에게 니체주의적 반휴머니즘과 반도덕주의를 대변하는 미셸 푸코가 주장하는 인간 본성과 정의에 대한 사유는 도덕관념이 전혀 없는 비도덕적이라고 인식되어 큰 충격을 주었다.

노암 촘스키는 2011년 3월 네델란드 레이든에서 이루어진 인터뷰에서 푸코와 같은 포스트모던적 "프랑스 지성인들의 이상한 거품"(The Strange Bubble of French Intellectuals)에 대해서 비판했다. 촘스키는 이 인터뷰에서 당시 1960년대와 70년대에 프랑스 파리 지성계를 풍미했던 스탈린주의와 마오이즘이 알렉산드르 솔제니친이 옛 소련의 강제수용소인 굴락(Gulag)

---

38 노암 촘스키, 미셸 푸코 저, 『촘스키와 푸코, 인간의 본성을 말하다』, 이종인 역 (서울: 시대의 창, 2015).
39 James E. Miller, *The Passion of Michel Foucault* (Cambridge, Massachusetts, Harvard University Press, 2000), 201.

에 대해서 쓴 1973년 『수용소 군도』를 출간한 사실이 알려지자 갑자기 사라졌다고 소개한다. 그리고 촘스키는 포스트모던 철학에 흐르는 프랑스 특유의 비이성적(irrational) 사유의 흐름을 비판한다. 이 인터뷰에서 촘스키는 권력의 도구가 되어 버린 포스트모더니즘에 대해서 말하며, 이 사유를 어떻게 지식인들이 포용했는지를 비판적으로 조명했다.

21세기 프랑스 후기 구조주의적-기호학적 거품이 터지기 시작했다. 소포클레스의 그리스 비극 작품 『오이디푸스왕』에 대한 명백한 오독 위에 세워진 거대한 프로이트막시즘의 사상누각도 무너지기 시작했다. 사회주의 성혁명과 성해방 운동은 프로이트 정신분석의 억압 이론을 전제하는데, 이 프로이트의 억압 이론은 프로이트 정신분석의 초석인 오이디푸스 콤플렉스 이론에 기초하고 있다. 하지만 오이디푸스 콤플렉스 이론 자체가 그리스 비극 작품 『오이디푸스왕』에 대한 명백한 오독이기에 20세기에 풍미했던 성해방 운동 자체가 학문적 근거가 없는 것이다.

8. 로저 스크러턴: 푸코의 부정주의와 파괴주의 철학 비판

푸코에 대해서 신랄한 비판을 한 학자 중 한 명은 또한 최근 작고한 영국을 대표하는 보수주의 정치철학자 로저 스크러턴 경(Sir Roger Scruton)이다. 로저 스크러턴 경은 테리 이글턴과 자본주의 vs 사회주의 논쟁을 벌이기도 했다. 로저 스크러턴 경은 프랑스 파리 68 급진 좌파 학생 운동을 직접 목격하면서 보수주의 정치철학을 재정립하기로 결심을 했다고 한다.

21세기 에드먼드 버크(프랑스 혁명을 비판한 보수주의 정치철학의 창시자)로 불리우는 영국의 대표적인 보수주의 정치철학자 로저 스크러턴 경은 20세기 후반의 아카데믹 막시즘(학계 속에 침투한 막시즘), 네오막시즘, 포스트모더니즘 등을 비판하면서 영국의 오래된 보수주의 정치철학을 현대적으로 재정립하는데 헌신하겠다고 결심했다고 한다.

그는 방대한 저술을 했을 뿐 아니라, 실제로 폴란드, 헝가리, 체코 등에서 직접 공산주의 체제에 대한 저항 운동을 지원하고 연대하면서 여러 가지 고생도 한 학자이다.

폴란드와 체코가 공산당의 지배 아래 있을 때 민주주의를 지원하기 위해 반체제 인사로서 지하에서 활동하다가 체코 공산당에 의해 체포되어서 6개월간 투옥되기도 했다. 그 공로로 최근 로저 스크러턴 경은 폴란드, 체코, 헝가리 정부 등으로부터 공로상을 받기도 했다. 그는 공산주의 정권하에 지배받던 폴란드, 헝가리, 체코 등에서 자유민주주의적 반체제 조직들을 비밀스럽게 지원하는 등 실존적으로 헌신적인 삶을 살기도 한 학자로서 옛 오스트리아-헝가리 제국 중심의 동유럽 국가들에 대한 남다른 애정과 관계를 맺고 있다.

로저 스크러턴 경은 무엇보다도 푸코와 같은 68 신좌파 철학자들의 허무주의적 부정성과 그 부정주의를 비판한다.『신좌파 사상가들』(Thinkers of the New Left)라는 1985년 저서를 통해서 그는 미셸 푸코, 안토니오 그람시, 루이 알튀세르, 루카치 그리고 장 폴 사르트르와 같은 신좌파 사상가들을 비판했다. 이 책은 2015년『바보들, 사기꾼들 그리고 선동가들: 신좌파 사상가들』(Fools, Frauds and Firebrands: Thinkers of the New Left)로 재출간되었다.

그는 이러한 신좌파 운동들은 자주 광신자들에 의해서 주도되는데, 그들의 수사는 프랑스 혁명 당시의 로베스피에르(Maximilen Robespierre)의 그것과 비교될 수 있다. 스크러턴에 의하면 칼 막스의 이론들은 이미 사회학자 막스 베버, 오스트리아 학파의 미제스(Ludwig von Mises)와 하이에크(Friedrich Hayek) 그리고 오스트리아 철학자 칼 포퍼에 의해서 이미 본질적으로 반박되었다는 점을 상기시킨다.[40]

---

40 Roger Scruton, *Fools, Frauds and Firebrands: Thinkers of the New Left* (London: Bloomsbury Continuum, 2015).

영국의 전통적인 보수주의, 자유주의 그리고 개인주의 전통을 계승하는 로저 스크러턴은 그렇기에 이러한 영국 전통과 맥을 같이 하는 미제스와 하이에크 등의 오스트리아 학파의 관점을 지지하며, 그 관점에서 서유럽 68 신좌파 사상가들을 깊게 비판해 왔다.

2017년 11월 22일 영국 옥스퍼드대학의 저명한 토론 클럽인 옥스퍼드 유니언(Oxford Union Society)에 초대되어서 로저 스크러턴은 좌파/사회주의 사상의 유혹에 쉽게 빠지는 이유는 창조하는 것은 느리고 수고롭고 힘들지만, 기존 질서를 파괴하고 해체하는 것은 쉽고 신나는 일이기 때문이라는 사실을 바르게 지적했다.

그리고 신좌파 사상가들의 "부정성에 대한 강조", "거부의 정치학"(politics of repudiation) 그리고 "르상티망의 정치학"(politics of resentment)의 문제도 바르게 비판했다. 옥스퍼드 유니언은 로저 스크러턴이 "냉전의 최고조기에 구소련에 의해 통제되는 동유럽에서 지하 대학들과 학자들의 네트워크를 설립하는데 현저하게 도왔고, 그 공로로 1998년 체코로부터 공로 훈장(Medal of Merit)을 받았다"는 사실을 소개했다.[41]

로저 스크러턴은 체코뿐 아니라, 헝가리와 폴란드와 같은 동유럽 국가들에서도 구소련 공산주의 독재 아래서 신음하는 동유럽에 자유민주주의 가치를 회복시키는데 공헌한 공로로 상을 받았다. 오스트리아 학파의 미제스(Ludwig von Mises)는 사회주의를 새로운 "파괴주의"(Sozialismus: Der neue Destruktionismus)로 파악한 바 있는데[42], 이 새로운 파괴주의로서의 사회주의에 대한 이해는 루카치가 시도한 문화테러리즘(cultural terrorism) 개념과 맥을 같이 한다고 볼 수 있다.

---

41 https://www.oxford-union.org/node/1593
42 Ludwig Mises, *Die Gemeinschaft. V. Teil. Der Destruktionismus* (De Gruyter Oldenbourg 1932).

미제스에 의하면 사회주의는 근본적으로 "파괴주의"(Destruktionismus)로서 기존 질서에 대한 파괴를 주된 목적으로 삼는 이데올로기이다. 하이데거의 형이상학 비판이나 데리다의 해체주의 철학 모두 사회주의적 파괴주의로부터 탄생한 것이다. 문제는 파괴주의와 해체주의로서의 사회주의가 기존 질서에 대한 부정주의적 해체에 집착하기 보다 창조적이고 건설적인 긍정의 대안을 제시하지는 못한다는 것이다. 파괴주의적이고 해체주의적 사회주의는 오직 부정주의적인 방식으로만 자신을 정의할 수 있는 한계를 지닌다.

오스트리아 학파와 오스트리아-헝가리 제국에 대한 조예가 깊은 영국의 정치철학자 로저 스크러턴도 미제스처럼 좌우 독일 사회주의 전통과 유럽 68 신좌파 사상의 본질이 부정주의(Negativismus)와 파괴주의(Destruktionismus)이라는 사실을 잘 간파하고 역설했다. 미셸 푸코의 반휴머니즘과 니체주의적 반도덕주의도 이러한 좌파사회주의적인 부정주의와 파괴주의의 광기가 깊게 자리 잡고 있다.

2016년 영국 여왕으로부터 작위를 수여 받은 로저 스크러턴 경(Sir Roger Scruton)은 2019년 진행된 인터뷰에서 자신은 위대한 사상가인 르네 지라르의 희생양 이론으로부터 크게 영향을 받았다는 고백했다. 지라르의 주장처럼 현대 정신분석학의 이론적 기초인 오이디푸스 콤플렉스 이론에서 등장하는 근친상간과 부친 살해가 희생 염소 역할을 하는 오이디푸스에 대한 사회적 비난 형태라고 사실을 로저 스크러턴은 수용한다.

로저 스크러턴은 1968년 유럽 학생 문화혁명의 포스트모던적 급진좌파 철학을 경험한 이후 그 문제의식과 비판의식 속에서 유럽의 전통적이고 기독교적이고 보수주의적 정치철학과 철학서들을 방대하게 집필했는데, 그 공로로 2016년 영국 여왕으로부터 작위를 받았다. 그는 철학 전공자이지만 정치철학, 미학, 오페라 작곡가, 소설가 등 다양한 분야의 글들을 써온 학자이다.

로저 스크러턴은 2012년 9월 13일 영국 왕립연구소(Royal Institution)에서 개최된 토론에서 영국 사회주의자 테리 이글턴과 자본주의 vs 사회주의 논쟁을 했다. 이 논쟁에서 막시스트인 테리 이클턴이 서구 대학 사회가 자본주의에 의해 점령당했다고 주장하자, 로저 스크러턴 경은 자본주의가 아니라, 서구 대학 사회가 사회주의에 의해 지배당하고 있다고 반박했다. 이 토론에서 데리다의 해체주의 철학 등에서 볼 수 있는 것처럼 좌파의 주장들이 지나치게 부정주의이었다는 점을 테리 이글턴은 어느 정도 인정했다.

장 폴 사르트르와 논쟁했던 프랑스 레이몽 아롱의 책 제목처럼 '사회주의는 지식인의 아편'이었다. 실제로 20세기 후반 프랑스와 독일의 68 문화혁명 학생 운동권, 프랑스 포스트모더니즘 그리고 독일 프랑크푸르트 학파의 비판이론 등의 지배적인 영향으로 인해 로저 스크러턴의 지적처럼 자본주의가 아니라, 사회주의가 서구 대학 사회, 교수 사회 그리고 학계에 지배적 이데올로기였다.

하지만 1989년 동유럽 사회주의의 몰락 이후 21세기 유럽에서는 사회주의(사회민주주의) 노선의 정당 몰락과 함께 이러한 대학 사회에서의 사회주의 담론이나 문화막시즘이 점차 황혼기에 접어들었다.

9. 르네 지라르: 고독한 광인과 광기에 사로잡힌 폭민

지금까지 푸코의 후기 구조주의적 반휴머니즘 철학에 대한 위르겐 하버마스와 찰스 테일러, 촘스키 그리고 로저 스크러턴 경의 비판을 살펴 보았다. 여기서는 '인간의 종말'을 주장하는 포스트모던적-후기 구조주의적 철학자 미셸 푸코의 부정주의적 반휴머니즘과 허무주의에 대한 르네 지라르의 비판을 살펴 보자.

지라르는 니체로부터 포스트모더니즘-후기 구조주의에 지속적으로 흐르고 있는 부정의 정신, 부정성 그리고 부정주의를 비판한다. 지라르는 구조주의 인류학자 레비-스트로스에게서 발견되는 "인식론적 허무주의"가 들뢰즈에게도 발견된다고 말한다.

들뢰즈와 가타리의 『안티 오이디푸스』에서 나타난 모든 차이의 유동성은 "유동의 차이화라는 전형적인 구조주의적 제스처에 대한 풍자적 흉내 내기와 혼동"이라고 그는 말한다. 지라르는 레비-스트로스와 들뢰즈의 기획이 결국은 "현재의 언어학적 구조에 대한 유아론적(唯我論的, solipsistic)인 이상주의"로 끝나고 만다고 지적한다.[43]

지라르는 니체로부터 포스트모던 철학에까지 흐르는 "부정의 정신"에 동의하지 않는다. 지라르는 『창세로부터 감추어져 온 것들』[44]에서 "허무주의의 광범위한 진영"에 대해서 지적한다. 후기 구조주의자들이나 스스로 포스트모더니스트라고 주장하는 학자들은 푸코와 같이 인간의 임박한 실종을 선언하지만, 지라르는 인간의 회복을 주장한다.

해체주의 철학은 의미에 대해서 절망하거나 혹은 쉽게 그것으로부터 회피하려고 하지만, 지라르는 그의 근본 인류학의 입장에서 신비화로부터 의미를 구조하기 위해서 문화의 기원적 순간과 직면한다.[45] 들뢰즈·가타리는 『자본주의와 분열증』이란 제목으로 책을 두 권 냈다.

첫 번째 책, 『안티 오이디푸스』(*L'Anti-oedipe : capitalisme et schizophrnie*)
두 번째 책, 『천 개의 고원』(*Mille Plateaux: Capitalisme et Schizophrnie 2*)

『안티 오이디푸스』는 1968년 문화혁명을 중심으로 하는 당시 프랑스 정치학의 급진적인 전환의 관점에서 쓰여졌다. 이 책은 모든 종류의 구조

---

43 René Girard, "Differentiation and Undifferrentiation in Lévi Strauss and Current Critical Theory," in *Directions for Criticism: Structuralism and Its Alternatives*, ed. Murray Krieger and L.S. Dembo (The University of Wisconsin Press, 1977), 133.

44 René Girard, *Things Hidden since the Foundation of the World*. Research undertaken in collaboration with Jean-Michel Oughourlian and Guy Lefort (Stanford: Stanford University Press, 1987).

45 Thomas F. Bertonneau, "The Logic of the Undecidable: An Interview with René Girard," in *Paroles gelées*, 5(1). Retrieved from: http://escholarship.org/uc/item/7444f0z3, 1987, 1-2.

와 위계질서에 대한 강한 공격을 포함하고 있다. 들뢰즈의 사유에는 니체적이고 디오니소스적인 것이 흐른다.

푸코는 들뢰즈와 가타리의 『안티 오이디푸스』 서문에서 이 책을 비-파시스트적 삶으로의 입문서라고 평가했다. 거대한 파시즘에서부터 사소한 파시즘에 이르기까지 이 책은 모든 형태의 파시즘에 저항할 것을 말한다. 파시즘의 요소를 철학 속에 품고 있는 니체를 '새로운 니체'로 리메이크한 들뢰즈는 『안티 오이디푸스』를 통해서 파시즘에 저항할 것을 제안한다.

우리는 앞에서 이러한 푸코의 안티파시즘이 소위 68 소아성애적 안티파였다는 사실을 보았다. 우리는 푸코의 후기 구조주의적 반휴머니즘이 그가 계승하고 있는 니체적 반도덕주의와 깊게 연관되어 있다는 사실을 보아야 한다.

지라르는 들뢰즈와 가타리의 『안티 오이디푸스』에 대해서 비판적 평론을 썼다. 지라르는 이 책이 신화와 그리스 비극의 중요성을 간과하고 있다고 본다. 하지만 지라르는 사회적 병리학의 원인을 유아기에서만 발견하려고 해서는 안 된다는 들뢰즈와 가타리의 입장에 어느 정도 동의한다.[46]

지라르는 구조주의 인류학자 레비-스트로스가 신화와 제의를 바르게 이해하지 못하고 있다고 비판했는데,[47] 이 비판은 오이디푸스 신화에 대해서 제대로 이해하지 못하고 있는 『안티 오이디푸스』에게도 해당한다는 것이다.

지라르는 들뢰즈와 가타리가 어떤 사회적 망상(social delusion)을 설명하려는 것에는 동의하지만, 그 정신착란(delirium)을 모든 표현과 모든 특정한 대상의 기저에 흐르는 모방적 욕망의 렌즈로 읽어 낸다.[48] 들뢰즈와 가

46　René Girard, "Système du délire. Review of 'L'anti-Oedipe,' by Gilles Deleuze." *Critique* 28, no. 306 (1972), 961.

47　René Girard, "Levi-Strauss and Contemporary Theory," *To Double Business Bound: Essays on Literature, Art and Mimesis* (Johns Hopkins University Press, 1978).

48　René Girard, *Mensonge romantique et vérité romanesque* (Paris: Grasset, 1961). 영어 번역본은 다음과 같다. René Girard, *Deceit, Desire, and the Novel: Self and Other in Literary Structure* (Baltimore: The Johns Hopkins University Press, 1965).

타리의 『안티 오이디푸스』에 대한 논평은 "시스템으로서의 망상"(Delirium as System)이란 제목으로 다시 작성되어 출판되었다.⁴⁹

들뢰즈가 말하는 정신분열증 망상(delirium)을 지라르는 희생양 메커니즘이라는 시스템 속에서 이해했다. 푸코도 『안티 오이디푸스』를 안티파시즘(안티파)의 관점으로 읽어 내려 하지만, 오이디푸스가 쉽게 말해 욕받이 역할을 하고 있고, 오이디푸스의 근친상간과 부친 살해가 일종의 최악의 욕이라는 사실을 깨닫지 못하고 있다.

지라르는 그리스 고전주의로부터 시작해서 현대에 이르기까지, 곧 그리스 비극작가 소포클레스로부터 프로이트에 이르기까지 그리고 들뢰즈와 가타리의 『안티 오이디푸스』에 이르기까지 "오이디푸스"(신화)에 대한 해석에 있어서 "이상한 취약성"을 보인다고 말한다. 소포클레스도 자신의 "파르마코스-영웅"(pharmakos-hero)인 오이디푸스를 끝내 추방했다.⁵⁰

앞에서 분석한 것처럼 지라르는 들뢰즈와 가타리의 『안티 오이디푸스』에 대한 자신의 서평에서 결국 은폐된 희생양 오이디푸스를 보지 못하고 있다고 비판한다.⁵¹

이미 지라르는 『폭력과 성스러움』 7장 "프로이트와 오이디푸스 콤플렉스"에서 프로이트가 그리스 폴리스의 희생양 오이디푸스를 보지 못하고 있다고 비판했다.

진정한 '안티 오이디푸스'는 향락주의적이고 디오니소스적으로 욕망의 고삐를 푸는 것이 아니라, 근친상간과 부친 살해라는 가장 '더러운' 범죄를 범했다고 비난받아서 자신을 두 눈을 스스로 찔러 피를 흘리며 왕위를 버리고 죽음을 향해 방랑하고 추방되는 은폐된 희생양으로서의 오이디푸

49　René Girard, "Delirium as System", trans. P. Livingston and T. Siebers, in *To Double Business Bound: Essays on Literature, Art and Mimesis* (Johns Hopkins University Press, 1978), 84-120.
50　Philippe Lacoue-Labarthe, "Mimesis and Truth," in *Diacritics, Vol. 8, No. 1, Special Issue on the Work of René Girard (Spring, 1978)*, 15.
51　Girard, "Système du délire. Review of 'L'anti-Oedipe,' by Gilles Deleuze."

스에 대한 비판적 에피스테메(*epistēmē*)일 것이다.[52]

지라르의 논문 "시스템으로서의 망상"(Delirium as System)을 언급하면서, 인문학에서의 카오스의 문제를 주제로 다룬 저널에 기고한 논문 "고독한 광인과 광기에 사로잡힌 군중: 사회적 유대의 대칭적인 형태발생"(The Solitary Madman and the Madding Crowd: Symmetrical Morphogenesis of the Social Bond)에서 지라르학파의 어느 학자는 마이너스 원(minus one)을 초점으로 하는 만장일치에서 볼 수 있는 "형태발생적 능력"(morphogenetic power)에 대해서 지적했다.[53]

은폐된 희생양인 고독한 광인을 가운데 두고 광분에 휩싸인 차이소멸화된 군중(the undifferentiated crowd)은 점차로 질서를 회복해 간다. 인류 문화의 기원에 관한 연구에 있어서, 지라르는 사회적 제도의 무한한 다양성 뒤에서 차이소멸화된 군중을 본다. 지라르는 이 집단 광기의 정신착란과 망상을 희생양 메커니즘 속에서 파악한다. 그래서 "통속적 무신론자들"은 이 고독한 광인에게서 발견되는 신에 대한 집단 살해를 제대로 파악하지 못하고 있다고 지적한다.

현대에는 "희생양들에 대한 낭만화"보다 "광기의 신비주의"가 더 많이 존재한다고 말한다. 광인에게 예지력을 투영시키는 것은 단지 현대적인 현상만이 아니다. 광인은 보통 사람들로부터 "은폐된 어떤 것" 곧 상상하기 힘든 사건인 신들의 탄생에 대해서 증언하고 있다.[54]

푸코의 니체적-디오니소스적 광기철학에도 지라르가 분석하는 광기에 대한 철학적 신비주의가 존재한다. 포스트모던 시대에도 니체와 푸코와 같은 광인에게 철학적 예지력을 투영시켜서 숭상하는 오래된 인류학적 습성이 그

---

[52] 정일권, 『르네 지라르와 현대 사상가들의 대화: 미메시스 이론, 후기 구조주의 그리고 해체주의 철학』(서울: 동연, 2017).

[53] Mark Rogin Anspach, "The Solitary Madman and the Madding Crowd: Symmetrical Morphogenesis of the Social Bond," in *Synthesis. An interdisciplinary journal*. Chaos in the Humanities. Volume 1 Number 1. Spring 1995, 143.

[54] Anspach, "The Solitary Madman and the Madding Crowd: Symmetrical Morphogenesis of the Social Bond," 142-143.

대로 남아 있다. 들뢰즈가 『안티 오이디푸스』에서 노마드, 다양성, 카오스모스, 정신분열증, 넌센스의 센스, 정신착란(delirium) 등을 말하지만, 은폐된 희생양인 오이디푸스의 고독한 광기를 둘러싸고 있는 차이소멸화된 군중의 정신착란(delirium)을 보지 못하고 있다.

니체는 무명의 철학자로 남아 있다가 그가 광기로 접어들자 갑자기 유명한 철학자가 되었다고 한다. 미셸 푸코도 광인의 삶을 살았다. 자크 라캉처럼 미셸 푸코도 초현실주의에 의해 깊은 영향을 받았다. 니체와 푸코, 들뢰즈 모두 정신착란과 광기를 철학적으로 찬양하지만, 광기의 디오니소스와 광기의 오이디푸스의 정체에 대해서는 깨닫지 못하고, 그저 비이성주의적 광기신비주의만 찬양하고 있다.

니체와 푸코의 반도덕주의와 반휴머니즘에서 볼 수 있듯이 이성과 의식이 아니라, 충동과 무의식과 광기가 권력의지를 주도하게 된다. 무의식, 꿈 그리고 광기에 대한 철학적 천착은 독일 낭만주의의 유산이다.

'오이디푸스'에 대한 프로이트, 라이히, 라캉, 푸코, 들뢰즈-가타리의 인지불능(méconnaissance)에 대해서 말해야 한다. 미셸 푸코도 오이디푸스 콤플렉스에 대해서 말하지만, 욕받이 오이디푸스의 정체에 대해서 알지 못하고 있다.

10. 언어기호의 자의성: 후기 구조주의는 언어학적 허무주의

"미메시스와 이론: 1953년부터 2005년까지의 문학과 비평"에 관한 논문들에서 지라르는 신비평(New Criticism)의 변종으로서 해체주의는 구조주의와 마찬가지로 일종의 "형식주의"로서 "언어학적 놀이"를 선택함으로 "내용의 도피"(evacuation of contents)를 초래했다고 비판한다.

그래서 그는 이 형식주의적 배타성이 가지는 암시적인 "허무주의"를 비판하고, "내용으로의 복귀 곧 역사적, 사회적 그리고 심리적 의미로의 복귀"를 주장한다. 어떤 의미에서는 "어떤 텍스트에 대한 지라르의 독법은 해체주의적 독법보다 더 급진적이라 할 수 있다. 왜냐하면, 해체주의적 접근법은 결국 텍스트를 액면 그대로 받아들이기 때문이다."[55]

구조주의는 기호학으로부터 파생한 한 가지이다. 지라르는 롤랑 바르트, 레비-스트로스, 푸코, 데리다와 같은 인물로 대변되는 구조주의와 해체주의를 일종의 "형식주의적 연구들"로 본다. 이들 이론에 있어서 강조점은 소쉬르적인 의미에서의 구조주의적 언어학에 있다. 하지만 이 소쉬르적인 언어학은 "'내용'의 추방"을 확증하고 강화하는 수단이 되었다. 후기 구조주의는 이 구조주의적 언어학에 계속 의지해서 모든 텍스트의 지시성(referentiality)을 의심했다.[56]

독일 관념론이나 해체주의, 포스트모더니즘, 후기 구조주의와는 달리 지라르는 한때 풍미했던 언어학적 허무주의를 극복하면서 현실, 곧 '레페랑'(referent, 지시체. 언어가 지시하는 현실 속의 대상)으로 되돌아가고자 한다. 지라르는 "인류학적 기초가 없는" 현대 사상을 비판한다.[57]

푸코의 후기 구조주의 철학으로부터 주디스 버틀러가 말하는 성인지 페미니즘(젠더 퀴어 페미니즘)에 이르기까지 이러한 포스트모던적-후기 구조주의 철학은 모두 언어의 지시성(referentiality)을 부정하고 언어기호의 자의성을 주장하면서 기호학적이고 급진사회구성주의적 '놀이'를 추구하는 언어학적 허무주의로 빠지게 된다. 구조주의와 후기 구조주의는 근본적으로 언어의 지시성을 부정하고 언어의 자의성을 주장한다.

---

55 Robert Doran, "Editor´s Introduction," René Girard, *Mimesis and Theory: Essays on Literature and Criticism, 1953-2005,* ed. Robert Doran (Stanford: Stanford University Press, 2008), xxiv.
56 René Girard, *Mimesis and Theory: Essays on Literature and Criticism, 1953-2005,* ed. Robert Doran (Stanford: Stanford University Press, 2008), 198-9.
57 Girard, *Things Hidden since the Foundation of the World,* 63 ; McKenna, *Violence and Difference. Girard, Derrida, and Deconstruction,* 174. 보다 상세한 논의를 위해서는 정일권, 『르네 지라르와 현대 사상가들의 대화: 미메시스 이론, 후기 구조주의 그리고 해체주의 철학』(서울: 동연, 2017)을 보라.

소쉬르는 언어기호의 첫 번째 원리로 언어기호의 자의성(l'arbitraire du signe)을 주장한다. 기호가 자의적(arbitrary)이란 말은 기표와 기의간 연결 관계가 자의적이라는 것이다. 이 언어의 자의성이야말로 소쉬르의 언어학적 방법론의 핵심이다. 소쉬르의 언어학, 구조주의 그리고 후기 구조주의는 모두 언어기호의 근원적 자의성을 핵심원리로 삼는다.

언어기호의 근원적인 자의성의 원리야말로 소쉬르 언어학의 중요한 공리(axiome)다. 언어기호의 근원적 자의성의 원리가 언어학 전체를 지배한다. 이렇게 라캉의 정신분석도 상징계와 상상계에 대한 초현실주의와 유토피아주의 그리고 언어구조주의적 형식주의의 한계를 보인다.

르네 지라르는 푸코의 후기 구조주의적 반휴머니즘, 포스트모던적 루소주의, 프랑스의 미학적 실존주의, 낭만적 원시주의가 기독교적인 자유적-휴머니즘 전통을 익사시켜 버렸다고 비판한다. 2018년 지라르 전기문[58]이 출간되었는데, 그 전기문에 대한 서평에는 다음과 같이 적혀 있다.

> 지라르는 터무니없는 비이성주의를 화려하게 드높이는 데리다, 푸코, 폴 드만(Paul DeMan)과 함께 그가 이후 '프랑스 역병'(the French plague)이라고 부른 것을 미국에 소개한 역할에 대해서 조용히 뉘우쳤다. 지라르 자신의 노력들은 점차적으로 인류학과 종교적 연구로 방향을 잡았다. 루소, 낭만적 원시주의, 니체 그리고 프랑스 미학주의, 악마주의(diabolism, '악의 꽃') 그리고 미학적 실존주의-사드, 보들레르, 지드, 사르트르, 장 주네, 푸코, 데리다, 폴 드만, 바타유-는 잔여분으로서 남아 있는 기독교적이고 플라톤적이고 아놀드적인(Arnoldian) 자유적-휴머니즘적인 전통을 익사시켜 버렸다.[59]

---

58 Cynthia L. Haven, *Evolution of Desire: A Life of René Girard* (East Lansing, MI:Michigan State University Press, 2018).

59 M. D. Aeschliman, Mimicry, Mania, and Memory: René Girard Remembered. *National review*. 2018년 10월 21일 기사. ttps://www.nationalreview.com/2018/10/book-review-evolution-of-desire-rene-girard-remembered/

니체와 하이데거 철학, 구조주의 인류학, 후기 구조주의 그리고 포스트모더니즘 철학은 또한 모두 플라톤적-기독교적 휴머니즘 전통을 비판한 반휴머니즘적 철학이라 할 수 있다.

이 반휴머니즘 철학은 그 반도덕주의적 관점으로부터 나온다. 하이데거도 니체처럼 반도덕주의자로서 그의 철학도 반휴머니즘적 차원을 가진다. 이들은 최초의 반도덕주의자로 자신을 정의한 니체를 따라서 현대 사유와 현대 철학에서 윤리학과 도덕을 추방해 버린 반도덕주의자였다.

유럽 68 문화혁명 세대와 포스트모더니즘 철학은 일상의 존재론과 인식론 그리고 일상적 도덕과 윤리를 과도하게 추방한 일탈의 철학이라 할 수 있다. 그래서 많은 포스트모던 철학자와 유럽 68 문화혁명 세대가 자신들의 반문화적 삶과 반대철학적인 사유를 통해서 보다 일상적이고 정상적인 것들을 버리고 LSD 마약을 먹고 동성애/소아성애를 했던 푸코의 경우처럼 반정상적이고 일탈적인 삶을 살다가 결국 푸코는 에이즈로 사망하고 들뢰즈는 결국 자살로 생애를 마감했다.

일탈의 철학이라 평가할 수 있는 포스트모넌적 사유 속에서 일상 철학이 과도하게 상실되고 추방되게 되었다. 21세기 인문학과 철학은 다시금 일상의 지평을 회복해야 한다.

11. 폭민의 신 디오니소스, 후기 구조주의 그리고 정치적 실존주의

동성애자들과 그 옹호론자들이 차별금지법에 대해서 반대하는 국내 기독교를 반인권적 혐오단체라고 비난하기도 하지만, 이 책에서 반복해서 주장한 것처럼 기독교가 차별을 금지하는 평등주의적인 민주주의와 보편주의를 점차로 이룩해 나갔다.

인권과 성 소수자 논리에 기초한 포스트모더니즘 철학 자체와 퀴어 이론 자체가 앞에서 본 것처럼 반휴머니즘을 의미하기에 어느 의미에서 '반인권적'이라 할 수 있다. 퀴어 이론에 결정적인 영향을 준 포스트모던 철학자 미셀 푸코는 '주체의 죽음'을 선언하고 반휴머니즘적 철학을 전개했다. 포스트모더니즘 철학에 의하면 인권의 주체가 죽었고 사라졌다.

반휴머니즘 정신 속에서 인간의 종말과 죽음을 주장하는 미셸 푸코가 인권 운동가라는 사실 자체가 모순이고 어색하다. 포스트모더니즘을 탄생시킨 니체를 계승하는 하이데거도 항상 현 존재(Dasein)에 대해서 말하지 인간이나 주체에 대해서 말하지 않기에 그의 철학은 게르만적인 전체, 민족과 혈통에 대한 나치적, 전체주의적 그리고 민족사회주의적 '피와 땅의 이데올로기'(Blut-und-Boden-Ideologie)를 대변하고 있다.

하이데거는 데카르트적인 근대 주체를 비판했고, 이러한 철학적 전통에서 포스트모던 철학자들은 니체가 주장한 유대-기독교적 신의 죽음 이후 주체의 죽음을 극단적으로 주장했기에, 포스트모더니즘과 니체주의 이후의 지젝과 바디우 같은 철학자들은 다시금 그 주체를 회복시키고자 하고 있다. 기독교를 반인권적 혐오단체라고 비난하는 것은 서구 전통의 정치철학, 사회철학 그리고 법철학에서 쉽게 확인할 수 있는 인권 개념의 기독교적-신학적 기원에 대한 무지로부터 나온 것이다.

앞에서 하버마스가 최근 인권 개념의 유대-기독교적 기원에 대해서 바르게 분석한 것을 소개했는데, 인권 개념이 불교적 기원이나 그리스적 기원이 아니라, 유대-기독교적 기원으로부터 점차 확립되어 나갔다는 사실을 기억해야 한다.

서구 전통에서 보편적 인권 개념은 인간의 존엄성 사상으로부터 파생되는데, 인간의 존엄성 사상의 궁극적 기원은 유대-기독교에서 주장한 '신의 형상으로서의 인간'(Imago Dei)에 대한 독특한 이해이다. 인간의 존엄성과 인권 개념은 불교적 무아론이나 그리스 철학으로부터 파생한 것이 아니라, 유대-기독교적 텍스트의 독특한 문명사적 영향사로부터 점차 세속화되어서 탄생한 것이다.

푸코의 철학도 반도덕주의적 반휴머니즘일 뿐 아니라, 푸코와 관련이 깊은 하이데거와 사르트르의 무신론적 실존주의도 반휴머니즘 철학이다. 실존주의 철학 운동은 20세기 후반부터 점차 사라졌지만, 독일과 프랑스 68 학생 문화혁명 세대 등을 통해서 일종의 보헤미안적이고 반도덕적인 '유행철학'(Modephilosophie)으로 잠시 유행했었다. 특히, 사르트르와 시몬 드 보부아르 등의 프랑스 실존주의가 이 중요한 역할을 했다.

사르트르는 독일 하이데거로부터 강한 영향을 받으면서 자신의 실존주의 철학을 전개했으며, 하이데거와의 지적인 대화를 통해서 실존주의를 휴머니즘으로 파악했다.

하지만 하이데거 자신은 실존주의 철학을 휴머니즘으로 이해하지 않았다. 전쟁, 전사, 용기, 결단 등 당시 독일 히틀러의 민족사회주의의 영웅주의와 전사주의를 실존철학적으로 반영한 하이데거의 철학은 반휴머니즘적이다. 하이데거는 초기부터 윤리를 비판하고 부정했다. 하이데거의 휴머니즘에 관한 서간(Brief über den Humanismus)에도 그의 윤리 비판이 나타나며, 이러한 하이데거 사유에서 발견되는 윤리 실종이나 윤리 비판은 후기 구조주의 철학에까지 이른다.[60]

이러한 무신론적 혹은 신이교주의적 실존주의 철학의 반휴머니즘의 문제는 니체와 하이데거 철학을 계승하는 독일의 대중적 철학자 슬로터다이크에게서도 발견된다. 슬로터다이크는 독일 바이에른의 엘마우성에서 열린 국제 학술심포지엄에서 "인간농장을 위한 규칙들"(Regeln für den Menschenpark)이라는 제목의 논문을 발표했다.

그러나 이 논문은 새로운 인간형을 창조하는 데 유전공학을 적극 활용할 것을 고려해야 한다는 주장을 담고 있어서 참석자들의 반발을 불러 일으켰으며, 특히 유태인 학자들은 경악을 금치 못했다고 한다.

---

60 정일권, "'군중은 비진리다': 르네 지라르와 키에르케고어 그리고 무신론적 실존주의 철학에 대한 비판적 성찰," 「기독교철학」 30권 0호 (한국기독교철학회 발행). 2020년 12월, 127-159을 보라.

이 논문은 『인간농장을 위한 규칙들. 하이데거의 휴머니즘 서간에 대한 하나의 답변』으로 출판되었다. 이 책에서 그는 "모든 휴머니즘적인 문화에 대한 니체의 혐의"를 반영하고 있다.[61] 그에 의하면, 휴머니즘은 폐기처분 되어야 한다는 것이다.[62]

하지만 정치신학자인 마네만(Jürgen Manemann)은 "정치적 반현대주의"라는 논문에서 슬로터다이크의 '무역사성'(無歷史性)이 포스트모던적 해체주의 철학 진영에서 발견할 수 있는 일종의 '미학주의'(Ästhetizismus)로 나아간다고 지적한다.

이러한 입장에서 마네만은 인간농장(Menschenpark)에 대한 슬로터다이크의 제안을 '신이교적'(neuheidnisch)이라고 비판한 하버마스의 입장에 동의한다. 즉, 인간농장에 대한 슬로터다이크의 기획은 성경적 유일신론으로부터 나온 보편적 윤리와 휴머니즘 전통에 대한 공격이라는 것이다.[63]

니체를 계승하는 푸코의 반도덕주의적 반휴머니즘도 성경적 유일신론과 유대-기독교적 유산으로부터 나온 보편적 윤리와 휴머니즘 전통에 대한 공격이다. 앞에서 소개한 것처럼 푸코의 섹슈얼리티 이해는 반기독교적, 반칼빈주의적, 반청교도주의적 그리고 신이교적이다.

프랑스 공산당을 지지하면서 중국의 마오쩌둥, 쿠바의 카스트로, 남미의 체게베라를 지지했던 프랑스의 사르트르와 시몬 드 보부아르는 문화막시즘을 추구한 독일과 프랑스의 68 학생 성혁명의 폴리아모리적이고 반일부일처제적 모델이 되었다. 특히, 실존주의 페미니즘을 주장한 시몬 드 보부아르의

---

61 Peter Sloterdijk, *Regeln für den Menschenpark. Ein Antwortschreiben zu Heideggers Brief über den Humanismus* (Frankfurt am Main: Suhrkamp Verlag, 1999), 40.

62 Sloterdijk, *Regeln für den Menschenpark. Ein Antwortschreiben zu Heideggers Brief über den Humanismus*. 슬로터다이크에 대한 보다 상세한 논의를 위해서는 필자의 저서 『르네 지라르와 현대 사상가들의 대화: 미메시스 이론, 후기 구조주의 그리고 해체주의 철학』(서울: 동연, 2017)을 참고하라.

63 Jürgen Manemann, "Politische Anti-Monotheismus. Zu Peter Sloterdijks Elmauer Vortrag," *Orientierung* 19/1999, 201-203.

페미니즘은 21세기 주디스 버틀러와 같은 이론가들이 주도하는 글로벌 성혁명과 사회주의 성정치와 성혁명 운동의 선구자 역할을 했다.

두 프랑스 실존주의 철학자인 사르트르와 시몬 드 보부아르의 다자성애적(폴리아모리적) 관계는 소아성애까지도 합법화하려고 시도했던 반-일부일처제적인 68 운동과 일부 독일 좌파와 독일 녹색당의 모델이 되었다.

프랑스 공산당원이었고 이후는 마오이스트였던 미셸 푸코는 또한 이란 혁명을 지지했지만, 생애 후반부에는 구소련 공산주의 혁명과 이란 혁명 모두에 실망하면서 (신)자유주의 사상의 대가인 오스트리아 학파의 프리드리히 하이에크에 대해서 관심을 가졌다고 한다. 2016년 푸코가 교수로 활동했던 콜레주 드 프랑스(Collège de France)에서 개최된 학술대회에서는 푸코의 "신자유주의적 모멘트"에 주목하면서 푸코가 정말 신자유주의에 동정적이었는지 아니었는지에 대해서 토론했다.

하이에크에 대한 후기 푸코의 관심은 그동안 반자본주의적 사회주의를 주장했던 프랑스와 독일 68 향락주의적-소아성애적 좌파의 황혼과 퇴조를 보여 주는 한 풍경이다.[64]

앞에서 우리는 포스트모던 좌파 샹탈 무페의 좌파파시즘을 비판한 엘베 교수가 후기 구조주의는 정치적 실존주의라고 바르게 분석한 것을 소개했다. 니체와 하이데거 그리고 독일 헌법학자 칼 슈미트는 모두 결단, 용기, 죽음, 전쟁, 영웅 등을 찬양한 정치적 실존주의자였다. 니체와 하이데거의 나치적 정치적 실존주의를 계승하는 프랑스 포스트모더니즘과 후기 구조주의도 그렇기에 정치적 실존주의의 성격을 지닌다.

---

[64] The eighth installment of a yearlong seminar series data-on Michel Foucault's 13 landmark lectures at the College de France held data-on January 28, 2016. 유럽 '소아성애적 안티파'의 황혼 등에 대한 보다 자세한 내용은 필자의 책 『문화막시즘의 황혼: 21세기 유럽 사회민주주의 시대의 종언』을 보라. 필자의 책은 대체적으로 오스트리아 학파(미제스, 하이에크…)의 관점에 서서 좌우 독일 사회주의 전통과 유럽 68 좌파를 비판하고자 했다.

죽음, 악, 폭력, 광기, 무의식 등에 매혹당하고 천착한 프랑스 미학적 실존주의와 포스트모더니즘 철학도 반도덕적이고 반휴머니즘적인 정치적 실존주의 성격을 지닌다.

포스트막시즘이라 할 수 있는 포스트모더니즘은 대체적으로 실존주의의 성격을 지닌다. 그리고 많은 무신론적이고 허무주의적 실존주의자 또한 사회주의자였다. 르네 지라르는 앞에서 본 것처럼 프랑스 미학적 실존주의가 기독교적 휴머니즘을 익사시켜 버렸다고 비판한 바 있다.

현대 무신론적, 사회주의적 그리고 허무주의적 정치적 실존주의의 새로운 메시아는 폭민을 대변하는 디오니소스였다. 디오니소스의 철학자 니체로부터 니체를 계승하는 하이데거 그리고 니체와 하이데거의 계보학 위에 세워진 프랑스 포스트모더니즘 철학에 이르기까지 디오니소스적 철학 계보가 지속한다.

르네 지라르가 잘 분석하고 있듯이, 폭민의 집단 광기, 집단 도취, 집단 살해 그리고 집단 성교(통음난무, orgia)의 상징이 디오니소스였다. 당시 그리스인들은 디오니소스를 전원적이고 목가적이고 미학적으로 파악하지 않았다. 당시 그리스인들에게 디오니소스는 하데스(지옥)였다.

12. 히틀러는 사회주의자: 집단주의와 국가주의로서의 사회주의 비판

"군중은 비진리다"라고 주장한 실존주의 철학의 아버지 키에르케고어의 기독교 실존주의 철학과 그 이후의 독일 하이데거와 프랑스의 사르트르와 시몬 드 보부아르에게서 발견되는 무신론적이고 신이교주의적인 실존주의 철학 사이에는 명확한 차이가 존재한다. 영지주의의 대가 한스 요나스(Hans Jonas)는 니체와 하이데거의 철학을 허무주의적 실존주의로 파악해서 현대의 새로운 영지주의로 파악한 바 있다.

키에르케고어가 말한 신 앞에서의 단독자와 니체와 하이데거가 자신들의 디오니소스적 메시아주의 속에서 선택한 집단주의적 폭민의 신 디오니소스는 대조된다.

키에르케고어는 "신 앞에서 선 단독자" 개념을 통해서 "군중은 비진리"(The Crowd Is Untruth)라고 주장한다. 키에르케고어에게 있어 기독교는 개인이고, 여기에 있는 단독자이다. 군중을 상징하는 디오니소스는 그렇기에 기독교적 '진리의지'(Wille zur Wahrheit)가 아니라, 집단주의적-사회주의적 '권력의지'(Wille zur Macht)와 탈진리(post-truth)를 상징한다.

키에르케고어가 말한 것처럼 "군중은 비진리"이며, 포스트모던 좌파의 정체성정치와 워키즘(wokeness)에서 볼 수 있는 폭민의 신 디오니소스의 집단 광기는 탈진리를 상징한다. 포스트모던적 디오니소스라 할 수 있는 푸코는 진리가 아니라, 권력에 집착하고 천착한다. 디오니소스는 탈진리다.

키에르케고어 이후의 실존주의 철학은 본질적으로 집단주의인 좌우 사회주의/실존주의로 기울게 된다. 키에르케고어의 경우처럼 하나님 앞에서의 단독자가 실존주의 철학의 중심이 아니라, 니체와 하이데거의 허무주의적 실존주의 철학에서는 폭민의 신인 디오니소스와 그 새로운 메시아를 따르는 폭민이 중심에 자리 잡게 된다.

키에르케고어와 칼 야스퍼스와 같이 실존주의 철학을 기독교적인 사유 틀 안에서 전개한 철학자들과는 달리 독일의 마틴 하이데거와 그 이후의 프랑스의 사르트르와 시몬 드 보부아르와 같은 반항적이고 무신론적인 실존주의 철학자는 좌우 사회주의 사상으로 기울어지게 된다. 키에르케고어의 기독교 실존주의는 이후 독일 마틴 하이데거에 와서는 신이교적(독일 이교적)인 실존주의, "영웅적 실존주의" 그리고 "정치적 실존주의"로 변하게 된다.

하이데거의 제자 칼 뢰비트(Karl Löwith)가 하이데거의 실존주의를 "정치적 실존주의"(politischer Existentialismus)로 분석한 것처럼 최근의 연구도 하이데거가 "영웅적 실존주의"(heroischer Existentialismus)로부터 점차 "정치적

실존주의"(politischer Existentialismus)로 변했다고 분석한다.[65]

마틴 하이데거뿐 아니라, 당시 독일 민족사회주의적(나치적) '보수혁명' 지식인 중 한 명이 헌법학자 칼 슈미트의 결단주의도 이러한 '정치적 실존주의'로 이해되어야 한다. '불안을 향한 용기'(Mut zur Angst)는 하이데거의 정치적 실존주의를 표현하는 개념인데, 칼 슈미트의 정치적 결단주의(Dezisionismus)와도 연결되어 있으며, 이는 일종의 허무주의적 실존주의와 운명주의이다.

독일 히틀러의 민족사회주의(나치즘)를 지지했던 1920년대 하이데거와 칼 슈미트 그리고 에른스트 윙어의 정치적 실존주의는 독일 프로이센 이후의 독일 특유의 길(Deutscher Sonderweg)이라 할 수 있는 독일 사회주의(Deutscher Sozialismus)로부터 이해되어야 한다. 독일 프랑크푸르트 학파의 비판 이론과 프랑스 포스트모더니즘 속에 공통으로 흐르는 문화막시즘의 기초가 되는 독일 사회주의의 문제를 오스트리아 학파(Österreichische Schule)의 관점에서 이 책에서도 비판적으로 분석하고자 한다.

사회주의자 히틀러의 독일 민족사회주의(나치즘), 칼 막스 이후의 구소련의 국제사회주의(공산주의) 그리고 문화막시즘을 추구한 독일 프랑크푸르트 학파의 비판 이론은 모두 사회주의 운동이었다. 히틀러와 스탈린의 투쟁은 독일 민족사회주의와 스탈린 국제사회주의(공산주의) 사이의 '적과 같은 쌍둥이'의 투쟁이었다.

독일 좌파국제사회주의(칼 막스의 공산주의)로 기울어진 푸코와 같은 서유럽 68 소아성애적 안티파는 같은 사회주의 운동인 독일 우파민족사회주의(나치즘)를 스탈린의 지시대로 사회주의라 부르지 않고, 대신 파시즘이라고 명명하면서 안티파시즘(안티파) 운동을 전개했다.

---

65 Daniel Morat, *Von der Tat zur Gelassenheit. Konservatives Denken bei Martin Heidegger, Ernst Jünger und Friedrich Georg Jünger 1920-1960* (Göttingen: Wallstein, 2007)

하지만 이 책의 다른 곳에서 상술한 것처럼 히틀러는 사회주의자였다. 히틀러는 독일 민족사회주의(Nationalsozialismus)를 대변했다. 독일 민족사회주의자들(나치)에 의해서 나치시대 공식적인 철학자로 부상한 니체와 하이데거는 모두 철학적 사회주의자로 볼 수 있다. 폭력적인 군중(폭민)의 신 디오니소스의 철학자가 되고자 했던 니체와 독일 게르만족의 '땅과 피의 이데올로기' 철학을 제시한 하이데거도 사회주의 사상가였다.

하이데거의 좌파 제자인 마르쿠제는 독일 좌파국제사회주의(문화막시즘)의 전통에서 사회주의 철학을 전개했는데, 그는 또한 서유럽과 미국의 68 좌파 학생 운동권의 구루가 되었다. 전체주의 연구의 대가인 정치철학자 한나 아렌트는 사회주의자 히틀러가 집권한 당시의 독일인들을 '폭민'으로 파악했다.

디오니소스는 바로 고대 그리스의 축제 때 폭력적으로 일그러진 군중인 폭민을 대변했다. 이러한 디오니소스적-사회주의적 폭민은 현대 젠더, 인종, 성 소수자 운동 등에서 발견되는 당파적(빨치산적)인 정체성정치 속에서 보이는 '군중의 디오니소스적 광기'와도 연설된다. 사회주의 사상가들이었던 니체와 하이데거 철학에 기초하고 있는 포스트모더니즘도 그렇기에 독일식의 민족사회주의는 아니지만, 문화막시즘이라는 국제사회주의적인 사유로부터 영향을 받았다.

이러한 독일 사회주의 전통은 독일 고전주의와 낭만주의 이후로 내려온 독일만의 "독특한 길"(Sonderweg)인데, 이는 독일 이교(Deutscher-Heidentum) 현상과 연관된다. 그렇기에 사회주의 운동은 이교주의이다.

기독교 사회주의를 주장하는 몇몇 사람도 있지만 대체로 독일 좌파국제사회주의(칼 막스와 문화막시즘)에 전염되거나 기울어진 사유를 의미한다. 장 자크 루소의 낭만주의 인류학과 프랑스 초기 사회주의 그리고 독일 낭만주의 철학과 깊게 얽힌 독일 사회주의 운동이 그 기원과 본질에 있어서 새로운 이교 현상이었다는 사실을 잊어서는 안 된다.

독일 민족사회주의(나치즘)도 잘 알려진 것처럼 독일 이교(Deutscher Heidentum)현상이었고, 무신론적 유물론적 변증법에 기초한 칼 막스의 국제사회주의 운동도 반기독교적 운동이다.

독일 사회주의 사상은 독일 낭만주의로부터 시작해서 프로이센과 그 프로이센의 공식철학자 헤겔 그리고 보다 극단적인 형태인 독일 민족사회주의(나치즘)에까지 지속적으로 흐르고 있다. 그래서 다른 곳에서 소개한 것처럼 주디스 버틀러는 독일 관념론 철학이 독일 민족사회주의(나치즘)의 폭력으로부터 결코 자유롭지 않다고 보았다.

프로이센의 공식철학자로서 헤겔이 독일 사회주의와 프로이센 국가 찬양(Staatsverherrlichung)을 주장했다면, 히틀러의 독일 사회주의(민족사회주의, 나치즘) 운동에는 니체와 하이데거가 공식철학자로서 나치에 의해서 장려되었다.

국가주의, 집단주의 그리고 전체주의 운동인 사회주의는 개인의 자유, 주권 그리고 권리보다 앞서 거대한 집단을 앞세운다. 그렇기에 군중의 신과 폭민의 신인 디오니소스를 새로운 메시아로 선택한 독일 낭만주의와 관념론 철학과 깊이 얽혀 있는 프로이센 이후의 독일 사회주의(Deutscher Sozialismus) 전통은 본질적으로 자유주의적인 개인주의보다는 집단주의와 국가주의로 기울게 된다.

르네 지라르의 사유에 근거해서 말한다면, 세계 신화는 '사회주의의 텍스트' 혹은 사회주의적 마녀 사냥과 박해의 텍스트이다. 세계 신화에는 만장 일치적인 집단, 사회, 도시의 전체성만 존재하고 개인은 존재하지 않는다. 개인을 발견한 것은 유대-기독교다. 하이에크가 주장하는 것처럼 개인주의는 유대-기독교의 문명사적 업적이다.

자유주의적 개인주의가 이기주의와 너무 쉽게 동일시 되어서는 안 된다. 하지만 영미권의 자유주의와 자유민주주의의 업적이라 할 수 있는 이러한 개인의 발견, 개인의 자유와 권리, 개인주의 등이 독일에서는 제대로 발전되지 못했는데, 이는 독일 낭만주의 이후로 등장한 독일 이교(Deutsch-Heidentum) 운동과 니체 이후의 디오니소스적 새로운 신화학(Neue

Mythologie) 운동과 연관되어 있다.

독일 사회주의자들인 니체와 하이데거의 철학은 이후 문화막시즘을 표방한 유럽 68 운동과 프랑스 포스트모더니즘의 사상적 기둥이 되었다. 우리는 또 다른 정치적 실존주의인 포스트모던적-후기 구조주의적 철학을 대변하는 미셸 푸코의 좌파파시즘적-당파적(빨치산적) 인권 개념을 앞에서 살펴보았다.

독일 이교적이고 반항적-무신론적 실존주의 철학과 사회주의 운동은 밀접하게 관련되어 있다. 사회주의 운동은 '오스트리아 학파'의 프리드리히 하이에크가 비판한 것처럼 일종의 개인의 자유와 주권을 침해하는 집단주의(Kollektivismus) 운동이다. 독일 '프로이센 사회주의'(에른스트 용어)는 헤겔과 셸링 그리고 횔들린의 독일 낭만주의와 독일관념론 철학과 얽혀 있다. 이러한 독특한 독일만의 길(Deutscher Sonderweg)은 사회주의, 영지주의, 디오니소스적 새로운 신화학 운동은 모두 얽혀 있다.

니체가 숭배했던 디오니소스는 지라르가 잘 분석하듯이 '군중의 신'이었다. '십자가에 달리신 자'를 점차 멀리하고 새로운 미래의 신으로서 디오니소스를 선택한 니체와 그 이전의 독일 프로이센의 일부 철학자들이 사회주의, 집단주의, 민족주의, 헤겔의 경우처럼 국가 신성화로 기울어진 것은 당연하다.

디오니소스는 미학과 예술과 극장의 신이기도 하지만, 폭력적이고 통음난무적인 디오니소스 축제와 희생 제의에서 볼 수 있듯이, 그것은 무엇보다도 그리스 폭민(mob)을 대변하는 신이다. 그래서 디오니소스를 새로운 메시아로 찬양한 학자들이 사회주의로 기울어진 것이다.

디오니소스는 사회주의의 신이다. 하지만 '십자가에 달리신 자'는 무엇보다도 개인을 일으켜 세우신다. 지라르의 비교 신화학에 근거해서 말하자면, 세계 신화는 '사회주의의 텍스트'이다. 폭민의 메시아 디오니소스는 집단주의인 사회주의자들의 새로운 신이었다.[66]

---

[66] 정일권, "'군중은 비진리다': 르네 지라르와 키에르케고어 그리고 무신론적 실존주의

13. 자크 라캉: 주이상스(잉여 쾌락), 오르가즘, 초현실주의

지금까지 68 소아성애적 안티파의 황혼을 상징적으로 보여 주는 미셸 푸코의 소아성애 범죄와 반휴머니즘에 대한 철학적 비판 등을 살펴보았다. 여기서는 푸코와 함께 포스트모던적-프로이트막시즘적인 정신분석학과 성인지 페미니즘에 큰 영향을 준 자크 라캉을 논하고자 한다.

자크 라캉을 대중화시킨 슬라보예 지젝은 2017년 2월 28일 미국 포모나칼리지(Pomona College)에서 "잉여-가치로부터 잉여-쾌락으로"(From Surplus-Value to Surplus-Enjoyment)라는 제목으로 강의했는데, 여기서 지젝은 칼 막스가 말한 잉여 가치가 아니라, 이제는 라캉의 주이상스(Jouissance, 잉여 쾌락)가 주된 화두라고 말한다. 라캉도 잉여 가치와 잉여 쾌락을 관련시켰다.

주이상스는 프랑스어로 오르가즘을 의미한다. 라캉은 주이상스(Jouissance)라는 개념을 남근 로고스 중심주의를 넘어서는 일종의 오르가즘적 쾌락이라는 의미로 사용한다. 주이상스 개념에는 본질적으로 파계(transgression)와 고통이 얽혀 있다. 파계가 없다면 주이상스도 존재하지 않는다고 라캉은 말한다.

주이상스는 폭력적이고 고통을 수반한다. 성혁명의 창시자 빌헬름 라이히도 오르가즘에 집착하고 천착했다. 성의학의 아버지 알프레드 킨제이는 젖먹이들도 오르가즘을 느낀다고 폭력적 실험을 했다. 이제 더 이상 막시스트는 아니며 자신은 마오이스트이자 "은폐된 공산주의자"라고 주장하는 슬라보예 지젝은 이 강연에서 실패하고 패배한 칼 막스의 정치경제학적 잉여 가치 개념이 아니라, 프로이트막시즘적인 자크 라캉의 주이상스 개념과 연관된 잉여 쾌락에 대한 논의로 후퇴한다.

칼 막스의 정치경제학은 패배해서 유럽의 68 신좌파들은 독일 철학자 페터 슬로터다이크의 분석처럼 프로이트막시즘(Freudomarxismus)으로 기사

철학에 대한 비판적 성찰," 기독교철학 30권 0호 (한국기독교철학회 발행). 2020년 12월, 127-159을 보라.

회생하게 되며, 사회주의 핵심 개념으로 경제학적 잉여 가치가 아니라, 사회주의 성혁명/성정치 개념이자 프로이트의 쾌락 원리(Lustprinzip)를 추월하는 자크 라캉식의 주이상스(잉여 쾌락)을 핵심적인 화두로 삼게 되면서 소위 '향락주의적 좌파'로 불리게 된다.

정치경제학에서 패배한 사회주의자들이 문화막시즘으로 후퇴한 것이며, 문화 중에서 특히 성정치와 성혁명적 쾌락 원리는 그들의 핵심 사상이다. 이런 배경에서 성인지 페미니즘(젠더 퀴어 페미니즘)과 젠더 이데올로기도 등장한다. 정치경제학적 지평에서 논의되는 칼 막스의 잉여 가치가 아니라, 문화막시즘(프로이트막시즘, 라캉막시즘)에서 말하는 성혁명적-향락주의적 주이상스가 주된 화두가 되었다는 것이다.

이 강의는 고전적인 막시즘으로부터 문화막시즘, 프로이트막시즘 그리고 라캉막시즘으로 변화를 보여 준다. 칼 막스 정치경제학의 실패와 패배 이후 등장한 유럽 68 신좌파는 이제 경제학적 잉여 가치가 아니라, 성혁명적 잉여 쾌락에 천착하게 된다. 주이상스는 프로이트막시즘적인 성혁명 운동의 향락주의적 사유를 상징한다.

라캉막시즘도 프로이트막시즘에 속하는 것으로 기본적으로 프로이트의 쾌락 원리(Lustprinzip)를 계승하는 디오니소스적-파계적-향락주의적 주이상스(잉여 쾌락)를 추구한다. 이렇게 칼 막스의 잉여 가치가 아니라, 주이상스를 추구하는 지식인들을 '향락주의적 좌파'(hedonistic left)라 명명한다.

프로이트처럼 라캉도 오이디푸스적인 것에 대해서 말하지만, 소포클레스의 그리스 비극 작품 『오이디푸스왕』에 대한 인지불능에 여전히 빠져 있다. 프로이트도 자크 라캉도 항상 오이디푸스를 말하지만, 일종의 파르마코스이자, 욕받이 그리고 희생염소(scapegoat)인 오이디푸스에 대해서 '무의식적'이며 '인지불능'(méconnaissance)을 벗어나지 못하고 있다.

라캉에 의하면 무의식은 언어처럼 구조화 되어 있다. 프로이트의 낭만주의적 무의식 연구를 언어구조주의적으로 접근하고자 하는 라캉은 1920년대 초현실주의자들과 깊이 교류하면서 영향을 받은 학자이다.

2010년 3월 8일 독일어권에서 가장 유명한 철학 방송 〈별의 순간〉(Sternstunde)에서는 초현실주의가 라캉에게 미친 영향을 잘 소개했다. 1920년대 초현실주의 영향으로 라캉은 무의식, 꿈, 광기, 도취 등에 대한 초현실주의적 관심을 가진다. 그의 상징계, 상상계도 모두 초현실주의적 이론이다.

이 철학 방송에서는 프로이트와 라캉의 차이를 설명했는데, 라캉은 프로이트보다 더 깊이 초현실주의적 인식론을 전개했다는 것이다. 라캉은 특히 초현실주의 작가 살바도르 달리(Salvador Dalí)와 교류했다.

> 초현실주의로부터 깊은 영감을 받아서 자크 라캉은 고전적 프로이트 정신분석을 이탈하게 된다.

이 철학 방송은 "프로이트에게도 약간은 이런 낭만주의적-초현실주의적 요소가 존재하지만, 프로이트는 결국에는 마지막 현실에 되돌아갔지만, 라캉은 완전히 초현실주의로 진입했다"는 사실을 소개했다. "프로이트는 마지막 현실(letzte Realität)과 언어의 관련성을 주장하면서 현실에 머물러 있지만, 라캉은 현실과 언어의 관련성을 완전히 부정하고 이탈했다"는 차이를 이 방송은 잘 설명했다.

라캉에 의하면 언어가 실재를 구성한다. 또한, 이 방송에서는 라캉이 "돈에 대해 탐욕적이고 사치스럽고, 폭주족과 같고 네로와 같다"는 사실과 영화 시청 이후는 캐비어를 즐겼다는 사실도 등장한다.[67]

---

67 *Sternstunde Philosophie*, 2010년 3월 8일 방송. "Lacan verstehen. Andreas Cremonini und Peter Widmer über den französischen Psychoanalytiker Jacques Lacan". https://www.srf.ch/play/tv/sternstunde-philosophie/video/sternstunde-philosophie-lacan-verstehen--andreas-cremonini-und-peter-widmer-ueber-den-franzoesischen-psychoanalytiker-jacques-lacan?urn=urn:srf:video:f16e3120-b276-420b-933f-a14c14f415ec

앞에서 언급한 것처럼 현대 성 연구로 널리 알려진 앨프리드 킨제이(Alfred Kinsey)는 젖먹이들도 오르가즘을 느낀다고 주장하면서 실험을 했다. 그는 본래 곤충학자였지만, 그의 보고서는 서구 성혁명의 기폭제가 되었고, 동성애 운동, 트랜스젠더, 젠더 퀴어 운동의 이론적 기초를 제공하고 있다.

그런데 앨프리드 킨제이를 가장 깊고 일관되게 비판해 온 주디스 리스만(Judith Reisman) 교수는 국제적으로 저명한 킨제이 전문가이자 비판가로서 킨제이 보고서의 학문적 "사기"를 오래 전부터 비판해 왔다. 킨제이의 "가피학증적 소아성애"와 "소아성애적 성범죄" 등을 폭로해 온 그녀의 연구는 국제적으로 잘 알려져 있으며, 그녀의 저술들은 여러 나라 언어로 번역되었다.

주디스 리스만 교수가 비판하는 것처럼 유대-기독교적 성도덕을 전복하려고 하는 앨프리드 킨제이의 연구는 거의 대부분 성범죄자와 남성 매춘자, 동성애자들의 자료를 부당하게 일반화시킨 것이라는 것이 리스만 박사의 주장이다.[68]

동성애, 소아성애, 근친상간의 관계는 생각보다 깊게 얽혀 있는데 주디스 리스만 교수의 연구는 이를 잘 보여 준다. 성혁닝 운동은 결코 동성애 운동에만 제한되지 않는다. 킨제이의 주장처럼 모든 성 관계가 허용되는 무지개 색의 성유토피아를 그들은 지향한다.

---

[68] Judith Reisman et al, *Kinsey, Sex and Fraud: The Indoctrination of a People* (Lafayette, LA: Huntington House, 1990); Judith Reisman, *Kinsey: Crimes & Consequences: The Red Queen and the Grand Scheme* (Crestwood, KY: The Institute for Media Education, 1998).

제3장

프랑스와 독일 68 좌파의 동성애/소아성애/근친상간

1. 프랑스와 유럽의 대표 헌법학자 뒤아멜의 근친상간

이 책은 유럽 68 '향락주의적 좌파'(Hedonistic Left)에 의해서 사회주의 성혁명과 성정치 운동의 맥락에서 전개된 동성애/소아성애/근친상간의 깊은 관계를 중심으로 비판하고자 한다.

프로이트의 쾌락 원리(Lustprinzip)로부터 시작해서 성혁명/성정치의 창시자 오스트리아 학자 빌헬름 라이히의 오르가즘 연구, '욕망하는 기계'(인간)의 성욕망의 디오니소스적 분출을 주장하는 들뢰즈와 가타리 그리고 오르가즘을 의미하는 주이상스(잉여 쾌락, jouissance, surplus enjoyment)를 주장하는 자크 라캉과 슬라보예 지젝, 동성애/소아성애를 주장하는 미셸 푸코, 근친상간 금기 파괴를 주장하는 주디스 버틀러 그리고 성적 금기(Sexualtabus)의 해체를 주장하는 아도르노의 사상 등을 비판적으로 점검할 것이다.

이 책은 동성애자들뿐 아니라, 소아성애자들, 다자성애자들(폴리아모리) 그리고 근친상간자들도 성 소수자(퀴어)에 해당하는지를 질문하고자 한다. 젠더 퀴어를 주장하는 많은 주요 이론가의 경우 동성애뿐 아니라, 퀴어한 소아성애, 폴리아모리 그리고 근친상간이 성혁명적-성유토피아적 사유 속에서 주장되었다는 사실을 이 책은 소개하고자 한다.

기 소르망 교수의 푸코의 소아성애 폭로와 함께 2021년 1월 프랑스에서는 68 좌파 지성계를 대표하는 인물들의 동성애/소아성애/근친상간 파문이 폭로되어서 큰 충격을 주고 있는데, 이 최근 소식은 필자가 독일어 방송을 듣다가 알게 되어서 곧바로 국내에 블로그와 페이스북을 통해 소개했고, 이후 「동아일보」를 통해서 2021년 3월 31일 소개되었다.

「동아일보」는 "기소르망의 폭로, '철학의 왕' 푸코, 9~10살 어린이 성폭행했다"는 제목으로 "동성애와 마조히즘에 탐닉한" 미셸 푸코의 소아성애 범죄를 소개하면서 다음과 같이 2021년 1월 폭로된 프랑스를 대표하는 헌법학자 등의 성범죄에 대해서 보도했다.

> 올해 1월에는 프랑스의 유명 정치학자 올리비에 뒤아멜(70)이 30여 년 전 10대 의붓아들을 수시로 성폭행했다는 폭로가 나와 프랑스 사회가 충격에 빠졌다. 폭로 후 뒤아멜은 프랑스 명문 파리정치대학을 감독하는 국립정치학연구재단(FNSP) 이사장직을 비롯해 각종 TV프로그램에서 즉각 하차했다.
> 르몽드 등에 따르면 프랑스인의 14퍼센트가 미성년 시절 성적 학대를 경험한 것으로 조사됐다. 특히, 프랑스인의 3퍼센트가 가족으로부터 성폭행 등 근친상간 피해를 본 것으로 분석됐다. 논란이 커지자 에마뉘엘 마크롱 프랑스 대통령은 1월 '근친상간이나 성폭행을 당한 아이들을 보호할 수 있도록 법을 개정하겠다'고 선언했다.
> 프랑스 정부는 초, 중학생을 대상으로 가족, 친족간 성적 학대 피해 여부를 조사하고 예방 교육을 진행 중이다. 의회 역시 13세 미만 미성년자와 성 관계를 맺는 행위 자체를 동의 여부와 관계없이 형사 처벌하는 법안을 만장일치로 통과시켰다.[1]

---

[1] "기소르망의 폭로, '철학의 왕' 푸코, 9~10살 어린이 성폭행했다" 「동아일보」 2021년 3월 31일 기사.
(https://www.donga.com/news/Inter/article/all/20210331/106166106/1?fbclid=IwAR3TpDgKc_iWg2HTWZWxx_EBrrmXnUnxUFtiUwi7Dg_LbYd3SWN4KpnD_6Q)

2021년 2월 15일 「조선일보」는 "의붓아들 성폭행, 처제와 불륜 … 대표 지식인 만행에 프랑스 경악. 저명한 헌법학자의 의붓아들 성폭행 이어 국경없는의사회 창립자의 처제와 불륜 사건도 터져"라는 제목으로 프랑스를 대표하는 헌법학자의 동성애/소아성애/근친상간 스캔들을 다음과 같이 상세하게 보도했다.

> 올해 71세로 명문 시앙스포(파리정치대학) 명예교수인 헌법학자 올리비에 뒤아멜. 그는 오랫동안 방송 진행자, 변호사, EU의회 의원, 신문 칼럼니스트로도 활동해왔다. 프랑스의 대표적인 지식인으로 대우받았다. 프랑스어권의 모든 법학도가 그가 쓴 책으로 헌법을 공부한다고 해도 과언이 아니다. 뒤아멜은 프랑스를 움직인다는 말을 듣는 엘리트들의 사교모임 '르 시에클'(Le Siècle)의 회장이기도 했다.[2]

헌법개정자문위원, 사회민주주의 사회주의당의 회원으로 유럽의회 의원(1997-2004) 등을 지낸 뒤아멜은 프랑스 정계에서 그를 모르는 사람을 찾기 어려울 정도로 유명한 인사라는 평가를 받고 있다.

2021년 2월 5일 「국민일보」도 프랑스를 대표하는 헌법학자와 '국경없는의사회' 공동설립자가 포함된 68 좌파-사회주의 거물급 지식인들의 동성애/소아성애/근친상간 및 남편 공유 스캔들에 대해서 보도했다.

> 프랑스 저명 정치학자인 올리비에 뒤아멜(70)이 의붓아들을 상습 성폭행했다는 충격적인 폭로가 나온 가운데 지식인의 추악한 민낯에 전 국민적 분노가 쏟아지고 있다. 프랑스에서는 트위터 등 SNS에는 '#미투엥세스트'(MetooInceste) 해시태그를 단 글이 끊임없이 게시되고 있다. 프랑스어 '엥세스트'는 친자식, 피가 섞이지 않은 의붓자식 등 가족과 친족 사이에서 벌어지는 모든 성적 학

---

2 "의붓아들 성폭행, 처제와 불륜…. 대표 지식인 만행에 프랑스 경악. 저명한 헌법학자의 의붓아들 성폭행 이어. 국경없는의사회 창립자의 처제와 불륜 사건도 터져." 2021년 2월 15일 「조선일보」 기사.

대를 지칭하는 단어다. 공개적으로 입에 올리는 것조차 금기시해 온 근친상간에 대한 분노에 불을 지핀 건 뒤아멜의 의붓딸이자 파리5대학 법학과 교수인 카미유 쿠슈네르(45)였다. 그는 뒤아멜의 둘째 부인 에블린 피지에(1941~2017)가 전 남편과 낳은 이란성 쌍둥이 딸이다. 쿠슈네르는 지난 달 초『대가족』(La Familia grande)이라는 제목의 책을 출간해 뒤아멜이 자신의 쌍둥이 형제 빅터를 여러 차례 강간했으며, 가족뿐만 아니라 뒤아멜과 어울린 많은 정계 인사가 이를 알고도 묵인했다고 주장했다.

쿠슈네르의 폭로를 자세히 보면 뒤아멜은 빅터가 13세이던 1988년부터 2년 넘게 성폭행을 저질렀다. 당시 빅터는 쌍둥이 누이에게 이런 사실을 털어놓으면서 비밀을 유지해 달라고 당부했다. 쿠슈네르는 성인이 된 뒤 어머니 에블린에게 뒤아멜이 저지른 성 학대를 알렸지만, 피지에는 남편을 보호하기 위해 이를 문제 삼지 않기로 한 것으로 알려졌다.

에블린은 소르본대학교 정치학 교수, 변호사 등으로 활동한 대표적인 여성 좌파 지식인이자 페미니스트였다는 점에서도 충격은 컸다. 에블린은 젊은 시절 페미니즘 운동을 가열차게 전개했다. 에블린은 젊은 시절 인권을 강조했지만, 막상 아들이 성폭행당한 사건에 대해서는 입을 다물었다. 20대 시절 에블린은 쿠바에 가서 4년간 공산주의 혁명가 피델 카스트로의 연인으로 지낸 것으로도 유명하다.

뒤아멜의 근친상간 의혹을 알고도 모른 척했다는 비판을 받아온 프레데리크 미옹 시앙스포 학장도 불명예 퇴진했다. 여기에 책에 추가로 공개된 쿠슈네르 친부의 성추문까지 보태져 프랑스 사회는 충격에 휩싸였다. 쿠슈네르의 친부는 국경없는의사회(MSF)를 공동 설립하고 보건부, 외교부 장관 등을 지낸 프랑스 정가의 거물 베르나르 쿠슈네르(81)다.

책에 따르면 그는 아내 피지에의 여동생이자 영화배우인 마리-프랑스 피지에(1944~2011)와 내연 관계였다. 이같은 사실은 쿠슈네르의 어머니도 알고 있었다. 좌파 엘리트 지식인인 어머니는 남편과 여동생이 내연 관계라는 사실을

알고도 묵인했다는 게 쿠슈네르의 설명이다.[3]

즉, 두 자매가 남편을 공유한 사건이다. 에블린은 여동생과 첫 번째 남편을 공유한 삼각 관계였다는 추문이 드러나고 두 번째 남편이 아들을 성폭행한 근친상간에 대해 고의로 침묵했다는 사실이 공개되었다.

프랑스 68 좌파 지식인과 예술인 그리고 특권층을 중심으로 성혁명적 소아성애와 근친상간 사상이 퍼졌고, 아무런 죄의식 없이 소아성애와 근친상간 등을 수행하다가 폭로된 것이다.[4] 이 사태는 영국 「가디언」(*Guardian*)과 미국 「뉴욕타임스」(*The New York Times*)에도 크게 보도되었다.[5]

2. 유럽인권법원의 사회주의 성정치와 국제인권법연구회

프랑스와 유럽연합을 대표하는 헌법학자 올리비에 뒤아멜은 유럽연합 의원으로 활동하면서 유럽연합의 헌법학에도 지대한 영향을 준 학자인데, 그런 학자가 동성애/소아성애/근친상간을 했다는 것이 충격적이고 또한 유럽인권법원이 지향하는 사회주의적 성정치도 어느 정도 이해가 된다. 올리비에 뒤아멜은 「유럽 헌법학 리뷰」(*The European Constitutional Law Review*)의 편집자로 활동했으며 또한 프랑스 법조계의 싱크 탱크인 '르 클럽 데 쥬리스'(Le Club des Juristes)의 정회원이기도 하다.

21세기 에드먼드 버크(보수주의 정치철학의 창시자)로 평가되는 영국의 대표적인 정치철학자 로저 스크루턴(Roger Scruton) 경은 유럽인권법원(The European

---

[3] "의붓아들 성폭행…30년 묻힌 엘리트가문 성범죄에 佛 발칵", 「국민일보」 2021년 2월 5일 기사.

[4] Camille Kouchner, *La familia grande* (Paris: Editions du Seuil, 2021).

[5] "Shedding Shame and Silence in France. Camille Kouchner is pushing the country to a painful reckoning with incest, and with the elites who excuse one another's sins". https://www.nytimes.com/2021/01/29/world/europe/kouchner-duhamel-incest.html

Court of Human Rights)이 탑다운방식으로 강제하는 차별금지법과 젠더 이데올로기 등은 "새로운 사회주의적 질서수립을 위해서 이루어진 개인의 주권에 대한 중대한 침해"라고 2017년 중앙유럽대학(Central European University)에서 개최된 학술대회에서 주장했다.

스크러턴 경은 유럽인권법원에서 말하는 차별금지 개념은 다분히 사회주의적 개념으로서 1948년 유엔총회가 제정한 세계인권선언, 1689년 제정된 영국의 권리장전(Bill of Rights), 영국의 보통법(common law) 그리고 미국의 독립선언문에는 등장하지 않는 새로운 법이라고 비판한다. 그는 영국의 법 전통은 갈등 해결을 위해서 바텀업(Bottom Up)방식으로 탄생한 법이지만, 프랑스 혁명에서 말하는 것은 탑다운방식으로 법이 먼저 존재하고 그것을 강제하는 방식이라고 비판한다.[6]

2014년 하버드 로스쿨에서의 차별금지법에 대한 학술대회에서는 성적 지향에 근거한 차별금지법은 "미국 국부들이나 1960년대 마틴 루터 킹이 주장했던 평등이 아니라, 새로운 평등주의"로서 그것은 "성혁명" 운동으로부터 파생되며 기독교적-청교도적 성도덕 등에 대한 "문화전쟁"의 의미를 지닌다는 사실이 바르게 지적되었다.[7]

그는 2016년 헝가리과학원(Hungarian Academy of Sciences)이 함께 주최한 학술대회에서 유럽인권법원의 인권에 관한 결정들은 "갈등의 원인이 되어서 영국인들은 유럽인권법원의 결정들에 저항하면서 브렉시트를 결단했다"라고 주장했다. 민족주의의 폐해를 극복하기 위해 탄생한 유럽연합은 민족국가(nation state)와 민족주의의 극복을 위해서 초민족국가적이고 사회주의적 지향을 가지게 되었다고 그는 비판한다.

---

6   유럽인권법원의 사회주의적 지향과 그 성정치에 대한 로저 스크러턴의 비판에 대해서는 다음을 참고하라: 정일권, 『문화막시즘의 황혼: 21세기 유럽 사회민주주의 시대의 종언』(서울: CLC, 2020).

7   "Religious Accommodation Conference: Complexifying Accommodation in Anti-Discrimination Law," at Harvard Law School.

그는 유럽연합은 민족국가나 민족주의 자체를 극복하기 위해서가 아니라, 특정한 민족국가와 민족주의, 곧 제2차 세계대전을 발생시킨 특정한 독일 민족주의, 곧 사회주의와 결합한 특정한 독일 민족주의(민족사회주의로서의 나치즘)의 폭력, 야만 그리고 폐해의 재발 방지를 위해 수립되었다는 사실을 상기시킨다.

제2차 세계대전을 일으킨 독일 특유의 민족주의(민족사회주의, 나치)의 극복을 위해서 탄생한 유럽연합이 민족국가 자체를 무시하면서 민족국가 위에서 탑다운방식으로 강제하는 것을 오래된 자유민주주의 전통을 가진 영국인들은 인정할 수 없기에 최근 브렉시트를 했다고 주장한다.

2015년 독일 메르켈 총리의 수백만 명의 시리아 난민 수용, 유엔과 유럽연합이라는 민족국가 상위기관에서 탑다운방식으로 강제되는 젠더 이데올로기와 차별금지법 등이 영국의 브렉시트에 주요 요인으로 작용했다고 그는 분석한다. 독일 국제사회주의(칼 막스의 공산주의) 운동도 가정뿐 아니라, 민족국가의 해체를 통해서 국제적 사회주의를 건설하고자 한다. 그렇기에 민족국가는 21세기 글로벌 사회주의 운동의 주요 해체대상이다. 21세기에는 글로벌리스트와 사회주의자들이 함께 연대하고 있다.

로저 스크러턴은 2016년 영국 런던에서 "서구에서의 자유의 위기"라는 주제로 개최된 학술대회에서 유럽연합(EU)에서 수용하는 민족국가 위에서 탑다운방식으로 강제되는 젠더 이데올로기, 차별금지법, 정체성정치(identity politics), 정치적 올바름(PC) 그리고 새롭게 사회병리학적으로 고안된 호모포비아와 이슬람포비아 개념에 대한 "미신적인 공포" 등을 비판적으로 분석했다.

스크러턴은 이러한 민족국가의 주권과 개인의 자유와 표현의 자유를 침해하는 차별금지법과 젠더 이데올로기와 같은 새로운 이데올로기에 대해서 비판하면서 영국 브렉시트의 정당성을 정치 철학적으로 변호한다.

20년 동안 영국의 대표 언론인 「가디언」 편집부 요직과 BBC의 정기적인 패널로 활동하면서 국제적으로도 저명한 여성 언론인 멜라니 필립스(Melanie Phillips)도 미국 '로페어'(Lawfare) 재단에서 "인권법을 납치하기"(Hijacking Human Rights Law)라는 제목의 강연에서 "인권법 조작" 문제를 비판적으로 분석하면서 유럽연합의 유럽인권법원에서 주장하는 인권법과 인권문화는 일종의 "문화전쟁을 위한 무기"로 전락했다고 주장했다.

유럽인권법원에서 말하는 인권 개념, 인권법, 인권문화, 차별금지법은 사회주의적 "문화전쟁의 무기"로 '무기화'(weaponization)되었다고 그녀는 바르게 비판한 것이다. 사회주의적 지향이 강한 유럽인권법원의 차별금지법에서 주장하는 새로운 인권 개념이 한 집단이 다른 집단을 인권법을 "문화전쟁적 무기"로 '무기화'해서 정치적이고 사법적으로 탄압하고 박해하는 수단으로 쉽게 전락될 수 있는 위험이 있다고 그녀는 바르게 비판했다.

그녀는 이 새로운 인권 개념이 서구 가치들을 결정하는 데 있어서 이제는 성경처럼 되어 버렸다고 비판한다. 그녀는 차별금지법과 인권법에 대한 유럽인권법원의 "적극적인 판사들의 결정"과 그 "사법부 행동주의"(judicial activism)의 위험을 지적하면서 이 새로운 인권 개념을 통해서 문화전쟁이 수행되고 있다고 비판한다.[8] "재판은 곧 정치"[9]라고 주장하는 것이 바로 사법부 행동주의의 위험이다.

대한민국 국제인권법연구회는 대체로 유럽인권법원을 모델로 한다고 이야기 들었는데, 올리비에 뒤아멜 같은 사회주의적 성혁명/성정치 사상에 경도된 학자들이 강한 영향력을 행사하는 유럽연합 법조계와 유럽인권법원의 풍경이 어느 정도 상상이 된다.

대한민국 국제인권법연구회도 사회주의 성정치 아젠다인 성 소수자 인권과 난민 정책을 주요한 아젠다로 삼고 있는 것을 보았다. 프랑스와 유럽연합 헌법학과 법조계의 대표적 지성인 올리비에 뒤아멜 교수의 동성애/

---

8   정일권, 『문화막시즘의 황혼: 21세기 유럽 사회민주주의 시대의 종언』 (서울: CLC, 2020).
9   "'재판은 정치' 외친 인권법, 김명수 大法 요직 34퍼센트 장악," 「조선일보」, 2021년 4월 27일 기사. https://www.chosun.com/national/court_law/2021/04/27/FT5TCE-CJ4JHLRMFLNTZ6ZZUYQY/

소아성애/근친상간 사태를 보면서 유럽인권법원이 말하는 새로운 인권 개념이 보편적-비당파적 인권 개념이 아니라, 사회주의적 성혁명/성정치를 구현하기 위한 문화전쟁적인 도구로서 무기화된 인권 개념이라는 사실이 더 선명하게 다가왔다.

유럽연합과 유럽인권법원의 사회주의적 지향에 큰 영향을 준 올리비에 뒤아멜 교수는 미셸 푸코와 함께 프랑스 68 소아성애적 안티파 혹은 향락주의적 좌파의 대표적 인물이라 할 수 있다. 르네 지라르와의 지적인 만남을 통해서 점차 생애 중후기에 다시금 유대-기독교적 전통으로 철학적으로 회귀하는 이탈리아 포스트모던 철학자이자 유럽연합 의원으로 활동했던 잔니 바티모(Gianni Vattimo)도 소위 68 향락주의적 좌파/사회주의자에 속한다고 할 수 있다. 지라르는 동성애자 바티모와 학문적 교류를 했지만, 어느 정도의 거리를 두었다.[10] 지라르는 바티모가 '향락주의적 기독교'(hedonistic Christianity)를 주장한다고 비판한다.[11]

오르가즘(주이상스)에 집착하고 천착했던 유럽 68 좌파/사회주의자들에게 있어서 철학적 향락주의는 깊이 각인되어 있다. 바티모도 1999년부터 2004년까지 유럽연합 국회의원으로 활동하면서 주로 인권과 문화, 교육, 매체와 같은 분야에서 활동했다. 바티모의 유럽의회 활동은 다원주의의 확립으로 두드러진다.

유럽연합 헌법에 '기독교적 가치'라는 용어를 삽입하는 문제를 두고 논쟁이 일어났을 때, 바티모는 유럽은 다원주의적이어야 하며, 기독교를 언급하는 것은 부적절하다고 주장했다. 좌파 지식인인 바티모는 사회주의가 인류의 운명이라고 생각했던 사회주의자다. 하지만 지금까지 서유럽 68

10　René Girard, "Tatsachen, nicht nur Interpretationen," in *Das Opfer – aktuelle Kontroversen: Religionspolitischer Diskurs im Kontext der mimetischen Theorie (Beiträge zur mimetischen Theorie 12)*, ed. Bernhard Dieckmann (Münster: LIT, 2001), 261-79.

11　Gianni Vattimo and René Girard, *Christianity, Truth, and Weakening Faith: Dialogue*, ed. Pierpaolo Antonello, tr. William McCuaig (New York: Columbia University Press, 2010).

사회주의자들은 철학자 푸코와 헌법학자 뒤아멜의 경우에서 볼 수 있는 것처럼 동성애/소아성애/근친상간을 시도했던 '향락주의적 좌파'였다.

3. 서유럽 68 향락주의 좌파 vs 동유럽 89 기독교 민주주의

동유럽 연구로 국제적 명성을 자랑하는 티머시 스나이더(Timothy Snyder)는 2021년 3월 10일 오스트리아의 언론 「데어스탠다드」(Der Standard)에 기고한 글에서 "유럽연합의 참된 목적: 제국주의적 구조들에 대한 대체물(Ersatz für imperiale Strukturen)을 구성하는 것"이라고 주장했다. 한나 아렌트 상을 받기도 한 티머시 스나이더는 제1회 르네 지라르 기념강좌에 초대된 학자로서, 국내에도 최근 그의 책들이 많이 번역되었다. 이 기사에서 티모스 스나이더가 분석하듯이 유럽평화를 위해서 결성되었다는 유럽연합의 '제국주의적' 성격에 대해서도 비판적 성찰이 필요하다.

그는 "근대 유럽 역사에서 민족국가(Nationalstaaten)는 거의 억할을 하지 못했다"라고 분석하면서 유럽 역사는 결국 제국의 역사이며, 유럽연합도 새로운 제국의 역사로 분석하는 것 같다. 스나이더 교수는 비판적으로 분석한다.

> 제2차 세계대전도 동유럽으로 향한 독일의 제곡주의적 과정으로 간주되어야 한다. … 이런 독일의 제국주의적 전쟁에 대한 관점은 다음의 두 번째 신화도 제거되어야 함을 보여 준다. 유럽연합은 전쟁은 나쁜 것이며 인류는 평화를 증진해야 한다는 제2차 세계대전 당시의 인식에서 탄생했다고 사람들은 말한다. 하지만 이것은 사실이 아니다.[12]

---

12 Timothy Snyder, "Historiker Snyder: 'Der eigentliche Zweck der EU: Einen Ersatz für imperiale Strukturen stellen'", *Der Standard*, 2021년 3월 10일 기사. https://www.der-standard.at/story/2000124788868/historiker-der-eigentliche-zweck-der-eu-einen-ersatz-fuer-imperiale

이런 서술방식은 유럽의 평화에 포커스를 집중시킴으로 세계의 다른 영역에서의 제국주의적 전쟁에 대한 논의를 배제하기에 매력적인 것처럼 보인다고 스나이더 교수는 분석한다.

이 책은 대체로 프랑스 철학자 미셸 푸코와 헌법학자 올리비에 뒤아멜과 같은 독일과 프랑스 중심의 서유럽 68 향락주의적 좌파(소아성애적 안티파)의 황혼과 함께 그동안 구소련 공산주의의 독재 아래서 신음하다가 89년 자유주의 체제로 해방된 헝가리, 폴란드, 체코 등과 같은 동유럽 국가들이 유럽인권법원이 탑다운방식으로 강제하는 사회주의적 젠더 이데올로기 등에 저항하면서 독자 노선(Sonderweg)을 걷고 있다는 것을 소개하고자 한다.

서유럽에서는 그동안 지배적 영향력을 행사했던 68 향락주의적 좌파/사회주의 운동이 21세기 점차 퇴조하고 있으며 반대로 동유럽의 89 자유주의 세대의 약진으로 서유럽에서도 점차 68은 지고 89세대가 점차 주도권을 확보해 가고 있다. 프랑스의 마크롱 대통령도 68 운동에 비판적인 지식인이며 대체로 유럽 89세대의 새로운 정치인으로 평가할 수 있다.

최근 작고한 로저 스크러턴 경도 서유럽 68 좌파 지식인들의 관점을 비판하면서 헝가리, 폴란드, 체코 등과 같은 동유럽이 자유민주주의 체제로 해방될 수 있도록 그동안 헌신해 왔고, 오스트리아-헝가리 제국과 동유럽에 대한 깊은 애정과 관심이 있는 학자이다.

스크러턴은 매우 특정한 독일 민족국가의 폭력과 야만을 극복하기 위해서 탄생한 유럽연합이 민족국가 자체를 억압하는 초민족국가적인 상위기관이 되어 버려서 민족국가의 주권을 새로운 방식으로 억압하고 있다고 비판하면서 영국 브렉시트의 정당성을 주장한 바 있다.

독일의 교육학자 요제프 크라우스(Josef Kraus)도 독일의 경우 적절한 민족주의가 자리 잡지 못하고 극우적인 독일 민족주의와 민족주의혐오라는 두 극단 사이를 왔다 갔다 했다고 바르게 분석한 바 있다. 좌파 독일 국제사회주의(칼 막스의 공산주의)는 국제적 사회주의 운동으로서 민족국가 해체를 주요한 목적으로 삼는다. 그렇기에 유럽연합과 유럽인권법원에 강한 영향력을 행사하는 서유럽의 좌파/사회주의자들은 민족국가 자체를 악마시하면서 유토피아주의적 다문화 정책을 펼쳐 왔다.

독일의 경우 좌우 독일 사회주의, 곧 좌파 독일 국제사회주의(막시즘)과 우파 독일 민족사회주의(히틀러의 나치즘) 사이의 '적과 같은 쌍둥이' 투쟁으로 인해서 극우적이고 극좌적인 불안정 사이에서 오고 갔다.

최근에는 동부-중유럽 민족국가들(헝가리, 폴란드, 체코)과 이에 동조하는 오스트리아와 이탈리아 등을 중심으로 민족국가의 주권을 침해하는 유럽연합과 유럽인권법원의 사회주의적 성정치와 젠더 이데올로기 등에 대해서 강하게 저항하고 있다.

유럽연합은 특정한 민족주의와 민족국가인 독일 민족주의(민족사회주의)의 야만을 극복하기 위해서 탄생한 것이지, 일반 민족국가 자체를 극복하기 위한 것이 아니다. 민족국가 자체를 억압하고 그 위에서 군림할 수 있는 "제국주의적"(티머시 스나이드) 체제가 되어서는 안 된다. 독일 68 운동권 중심으로 구축된 사회주의적-유토피아주의적-다문화주의적 유럽연합과 그 유럽인권법원에 대해서 비판적 성찰은 최근 증가하고 있다.

4. 히틀러와 스탈린, 두 사회주의자의 '핏빛 경쟁'(티모시 스나이더)

티모시 스나이더의 국제적 베스트셀러인 『피에 젖은 땅: 스탈린과 히틀러 사이의 유럽』[13]이 2021년 3월 국내 번역되었다. 「경향신문」은 이 책에 대한 언론 보도에서 히틀러와 스탈린 사이의 "악마의 경쟁"을 지적하면서 "스탈린·히틀러 합작 '1400만 명 살육극'의 생생한 참상"이라는 제목으로 '피에 젖은 땅'인 동유럽에 대한 스나이더 교수의 연구를 다음과 같이 소개했다.

---

13   티머스 스나이더, 『피에 젖은 땅: 스탈린과 히틀러 사이의 유럽』, 함규진 역 (서울: 글항아리, 2021).

폴란드 남부의 아우슈비츠는 홀로코스트(나치 독일이 자행한 유대인 대학살)를 상징하는 곳이다. 이른바 "유럽의 '68세대'에 의해 이곳에서의 참상이 조명받기 시작한 것은 1970년대부터였다." "아우슈비츠는 홀로코스트의 대명사, 또 홀로코스트는 20세기 악의 대명사"로 자리매김했다. 그러나 이 책은 아우슈비츠가 "(나치가 자행한 학살의) 극히 일부일 뿐"이라고 강조한다. "독일과 서유럽 유대인들의 경험"에만 촛점이 맞춰져 있다는 점도 아울러 지적한다. 저자가 바라보는 '피에 젖은 땅'(블러드랜드)은 훨씬 방대하다.

저자는 스탈린이 '집단화'라는 미명으로 저질렀던 범죄는 "히틀러의 역량을 훨씬 넘어서는 것이었다"면서 "히틀러는 스탈린으로부터 힌트를 얻고 스탈린과 각축을 벌이면서 살인 기계가 됐다"라고 말한다. "저자에게 스탈린과 히틀러는 한 덩어리다. 그들은 모두 대량 학살의 공범자였다."[14]

「조선일보」는 '적과 같은 쌍둥이'라 할 수 있는 좌우 독일 사회주의(히틀러의 독일 민족사회주의와 칼 막스의 독일 국제사회주의)의 두 사회주의자인 히틀러와 스탈린 사이의 모방적 경쟁에 주목하면서 "히틀러·스탈린의 핏빛 경쟁 … 1400만 명이 죽었다"라는 제목으로 이 책을 다음과 같이 소개했다.

대량 학살이라고 하면 우리는 반사적으로 나치의 홀로코스트와 악명 높은 가스실을 떠올린다. 하지만 학살은 이미 1930년대 소련에서 시작됐다. "집단 학살은 소련의 강압적 기관들이 체포와 처형 및 강제 이주를 집행했던 지역에서 벌어졌다. 그런 점에서 그것은 소비에트와 나치의 공동 작품이었다."
가스실이나 총살보다 더 많은 사람을 죽음으로 몰아넣은 건 굶주림이었다. 저자는 "20세기 중반, 유럽인들은 같은 유럽인을 무지무지하게 많이 굶겨 죽였다"고 말한다. 학살을 먼저 시작한 쪽은 히틀러가 아니라 스탈린이었다. 1928

---

[14] "스탈린·히틀러 합작 '1400만 명 살육극'의 생생한 참상", 「경향신문」, 2021년 3월 5일 기사. http://news.khan.co.kr/kh_news/khan_art_view.html?art_id=202103051041001

년 경제 5개년 계획에 돌입한 스탈린은 농민들에게 토지를 몰수해서 집단 농장을 만드는 집단화 정책을 밀어붙였다. 하지만 소련의 계획은 우크라이나 곡창 지대에서 300만 명의 아사(餓死)라는 참혹한 결과를 낳았다.[15]

티머시 스나이더의 '피에 젖은 땅'(동유럽)은 두 사회주의자(히틀러와 스탈린) 사이의 '적과 같은 쌍둥이'의 모방적 경쟁(르네 지라르)으로 격화된 두 제국주의적 침략의 대상이었다. 두 사회주의(히틀러의 민족사회주의와 스탈린의 국제사회주의)라는 '적과 같은 쌍둥이'의 모방적 경쟁으로 인해서 "히틀러는 스탈린으로부터 힌트를 얻고 스탈린과 모방적으로 경쟁하면서(각축하면서) 살인 기계가 되었다."

히틀러는 사회주의자였다. 히틀러는 독일 민족사회주의자였다. 스탈린과 히틀러는 모두 사회주의적 제국주의자들로서 '한 덩어리'였고 '적과 같은 쌍둥이'였다.

한나 아렌트는 전체주의 연구에 있어서 나치즘과 소련 공산주의 모두를 연구했지만, 그녀의 연구는 더욱 추상적인 연구로 남아 있다고 보면서 티모시 스나이더는 동유럽, 특히 곡창 지대로 평가되는 우크라이나와 그곳의 유대인들을 두고서 어떻게 두 전체주의와 파시즘이 상호작용했는지를 보다 구체적이고 역사적으로 연구할 것을 제안한다.

티모시 스나이더를 제1회 르네 지라르 기념강좌에서 소개한 장 피에르 뒤피(Jean-Pierre Dupuy)가 주장한 것처럼 히틀러와 스탈린 사이의 미메시스적인 상호작용과 '전염'으로부터 폭력이 격화되기 시작한 것이다.

2013년 3월 13일 미국 스탠포드대학교에서 개최된 제1회 르네 지라르 기념강좌(René Girard Lecture)에 초대된 티모시 스나이더는 히틀러와 스탈린 사이의 모방적 경쟁과 전염의 관점에서 두 전체주의와 제국주의의 상호관

---

15   "히틀러·스탈린의 핏빛 경쟁…1400만 명이 죽었다", 「조선일보」, 2021년 3월 6일 기사. https://www.chosun.com/culture-life/book/2021/03/06/HQD7KMZSDFBVXCDGKD2MWZYFWQ/

계와 상호작용에 관해서 설명했다.[16]

국제사회주의자들(공산주의자들, 막시스트들)이었던 독일 68 운동권은 독일 히틀러의 민족사회주의(나치즘)만 절대악처럼 '적폐로' 몰아붙였지만, 스탈린의 공산주의 폭력과 야만에 대해서는 침묵했다.

푸코와 데리다와 같은 프랑스 포스트모던 철학자들은 스탈린주의자였고 이후는 마오이스트였기에 독일 좌파사회주의(칼 막스의 국제사회주의인 공산주의)의 폭력과 야만에 대해서는 당파적으로 침묵했었다.

하지만 티머시 스나이더는 독일에서 하버마스와 역사가논쟁을 전개했던 에른스트 놀테(Ernst Nolte)의 입장을 대체로 계승하면서 한나 아렌트처럼 20세기 사회주의 사상이 낳은 두 전체주의의 관계를 르네 지라르가 분석하는 모방적 경쟁 관계의 관점에서 해석했다.

필자의 책 『문화막시즘의 황혼: 21세기 유럽 사회민주주의 시대의 종언』에서는 독일 68 좌파 운동권은 스탈린을 추종하면서 독일 히틀러의 민족사회주의(나치즘)를 사회주의로 명명하지 않고 파시즘으로 대체해서 불렀다는 사실을 소개했다.

티모시 스나이더는 독일 역사가 논쟁을 촉발한 에른스트 놀테(Ernst Nolte)의 연구를 접하고 놀테를 읽기 위해서 독일어를 배웠다고 고백할 정도로 놀테의 연구와 깊은 관련성을 가진다. 하지만 그의 입장은 놀테와는 약간의 차이가 있어서 두 전체주의, 곧 독일 나치즘과 소련 공산주의가 서로 (미메시스적인) 상호작용(interaction)을 하면서 점차 폭력과 야만으로 치닫게 되었다고 주장한다.

콘래드 아데나워 상 등 다수의 상을 받은 독일 자유 베를린대학교 역사학 교수 놀테의 주요관심 분야는 나치즘과 스탈린주의의 대비와 같은 파시즘과 공산주의에 관한 비교연구였다. 그는 독일 나치즘과 소련 공산주

---

16 Timothy Snyder - René Girard Lecture - March 13th, 2013. "Why Did the Holocaust Happen? A History Lesson for the Future."

의 사이의 인과관계(Kausalnexus)를 주장했다. 나치즘은 러시아의 위협에 대한 독일의 대응이었다고 주장했다.

하지만 네오막시즘 혹은 문화막시즘을 표방했던 독일 프랑크푸르트 학파와 68세대와 같은 독일 좌파들은 나치와 공산주의를 비교함으로써 나치 범죄의 중대성을 축소하려고 한다고 반박해 왔다.

하지만 칼 막스를 박사 학위에서 연구한 놀테가 독일과 프랑스의 68 좌파들이 스탈린주의와 마오이즘에 경도되어서 독일 국제사회주의(공산주의)의 제국주의적 폭력과 야만에 침묵하는 것을 비판하면서 히틀러와 스탈린 사이의 상호관련성에 관해서 연구한 것은 정당하고 필요한 것이었다.

독일과 프랑스의 68 좌파는 독일 히틀러와 나치즘의 폭력과 야만, 아우슈비츠와 홀로코스트를 집중적으로 공격함으로써 권력과 헤게모니를 장악했지만, 정작 소련 공산주의의 야만과 폭력에 대해서는 침묵했다. 아우슈비츠는 특히 68세대의 지배적인 영향으로 인해서 독일 사회를 비롯한 유럽의 부정적이고 초석적인 건국 신화(negative Gründungsmythos)가 되어 버렸고, 소련 공산주의의 야만은 침묵 되고 논의에서 배제되었다.

놀테는 히틀러의 이데올로기에는 러시아 혁명의 확산에 대한 두려움이 그 핵심에 자리하고 있다는 것이다. 티모시 스나이더가 분석한 것처럼 히틀러는 볼세비키 혁명과 유대인의 관련성을 믿었다고 한다. 놀테는 68 운동 이후 독일 사회를 지배하던 좌파적 담론에서 벗어나고자 하였다.

"68 운동 이후 나치 범죄에 대한 고백은 독일 국민의 자기 정체성을 구성하는 중요한 기둥이 된다. 이 가운데 아우슈비츠는 독일국민에게 여전히 어떤 역사화나 상대화도 허용할 수 없는 유일무이한 범죄의 표상이었다."[17]

티모시 스나이더 교수는 1989년 동유럽 공산주의가 붕괴하면서 접근할 수 있게 된 역사적 자료에 근거해서 놀테가 시도했던 비교 연구를 계승하

---

17 "보수화 물결 타고 춤추는 '역사 구부리기'", 「한겨레」, 2006년 8월 10일 기사. https://www.hani.co.kr/arti/PRINT/148221.html

고 있다. 그렇기에 스나이더의 입장은 소련 공산주의에 대해서 침묵하는 서유럽 68의 문화막시즘적인 좌파담론과는 달리 유럽 89세대에 속한다고 할 수 있다.

대체로 독일과 프랑스 중심의 서유럽은 68 문화막시즘적인 좌파담론이 한때 지배적이었다가 21세기에는 황혼기에 접어들었고, 티모스 스나이더가 연구한 '피에 젖은 땅'(동유럽)은 동유럽 공산주의 붕괴 이후 등장한 89세대가 주도하고 있다. 그렇기에 유럽연합 안에서 서유럽 68 좌파/사회주의적인 입장과 동유럽 89 자유주의적 입장이 충돌하고 있다.

특히, 유럽연합이 유럽인권법원과 함께 탑다운방식으로 강제하는 사회주의 성정치 아젠다인 차별금지법과 젠더 이데올로기에 대해서는 헝가리, 폴란드, 체코 등과 같은 동유럽 89세대들은 매우 강한 반감을 품고 있다. 그들은 미셀 푸코와 같은 서유럽 68 포스트모던 좌파들의 '향락주의적 담론'에 대해서 강력하게 저항하고 있다.

그래서 미셀 푸코의 소아성애 범죄에 대해서 일부 서유럽 좌파 언론들이 침묵하는 경우가 부분적으로 있지만, 헝가리와 폴란드를 비롯한 동유럽 국가들은 빠르게 이 소식을 비판적으로 언론 보도했다.

네이버 지식백과에서는 "기억 전쟁. 히틀러와 스탈린 사이에서-경쟁하는 희생자들"이라는 제목으로 저명한 역사학자 티모시 스나이더의 연구 등을 포함해서 서유럽 68과 동유럽 89 사이의 기억 전쟁의 문제를 다음과 같이 잘 소개했다.

> 상처뿐인 기억에서 논쟁은 종종 나치즘과 스탈린주의 가운데 어느 쪽의 억압이 더 컸냐는 기억 전쟁으로 비화하기도 한다. 좌파에게는 나치즘의 기억이 더 끔찍했다면, 우파에게는 스탈린주의의 억압이 더 크게 느껴졌다. 동유럽과 서유럽의 기억 전쟁. 소비에트연방의 해체 이후 스탈린주의 범죄를 감싸고 있던 정치적 금기가 무너지자 동유럽의 기억 문화는 스탈린주의와 현실 사회주의의 억압에 대한 기억을 중심으로 급격히 재편되었다. 냉전체제의 이데올로기적

사슬에서 해방된 동유럽의 지식인들이나 주민들은 홀로코스트를 중심으로 구성된 서유럽의 기억 문화를 잘 이해할 수 없었다.[18]

5. 조지 소로스 vs 빅토르 오르반: 헝가리와 '열린 국경' 논쟁

서유럽 68 사회주의(민주적 사회주의) 담론과 동유럽 89 자유주의적 관점이 가장 드라마틱하게 충돌하는 곳은 동유럽 국가 중 헝가리다. 2020년 12월 16일 국내 주요 언론에도 소개된 것처럼 동유럽의 헝가리가 성 소수자(LGBTQ) 권리 제한을 헌법으로 못 박았다. 헝가리 의회는 15일(현지 시간) 동성 커플의 양육권을 불허하는 등의 내용을 담은 헌법 개정안을 의결했다.

개정된 헌법에는 가족의 정의를 "모친은 여성, 부친은 남성"이라고 명시해 동성 커플의 양육권을 사실상 박탈했다. 헌법에는 "출생 당시의 성적 정체성에 대한 아이들의 권리를 보호하고 헌법적 가치와 헝가리의 기독교 문화에 부합하는 양육을 보장한다"는 조항도 삽입됐다.

헝가리는 동성 결혼 대신 '동성 결합'을 허용함으로써 이성 부부와 동등한 권리를 인정해 왔다. 하지만 이번 헌법 개정으로 동성 커플의 아이 입양은 더는 불가능해질 전망이다. 지난 10월 게이 캐릭터가 있는 아동 서적을 두고 논란이 일었을 때 오르반 총리는 "동성애자들은 아이들에게 손대지 말라"며 비판하기도 했다.

오르반 총리가 이끄는 헝가리 정부는 유럽의 세속화가 거세지는 가운데, 법과 문화에 미치는 기독교적 영향력을 지지하기 위해 노력해 왔다. 그는 앞서 기독교를 "유럽의 마지막 희망"이라고 묘사하기도 했다. 헝가리는 감소하는 출산율에 대처하기 위해 이민에 의존하는 대신, 사람들이 아이를 갖도록

---

18 https://terms.naver.com/entry.naver?docId=5661660&cid=59994&categoryId=59994

장려하는 친가족 정책을 시행했다.[19]

헝가리와 폴란드와 같은 동유럽에서는 서유럽 68의 제3세대 유산인 젠더-주류화 운동에 강력하게 저항하면서 대안으로 가족-주류화를 추진하고 있다. 또한, 서유럽의 세속화에 저항하면서 유럽의 기독교적 뿌리와 유산을 상기시키면서 빅토르 오르반 총리는 '기독교 민주주의'(Christian Democracy)를 주장하고 있다. 반기독교적이고 신이교적인 니체와 푸코를 철학의 왕으로 모셔 왔던 독일과 프랑스로 대표되는 서유럽 68 좌파들의 영향으로 서유럽이 전통적인 기독교적 유럽의 모습이 많이 상실되고 세속화된 것이 사실이다.

20세기 후반 서유럽에서 볼 수 있었던 68 소아성애적 안티파의 지배적 헤게모니는 서유럽의 자살, 데카당스 그리고 신이교주의의 등장과 맞물려 있다. 이러한 서유럽 68세대가 주도한 정치에 대해서 동유럽 89세대들은 결코 동의하지 않으며, 저항하면서 독자 노선을 걷고 있다.

철학 전공자로서 구소련 공산주의의 독재 가운데서 89년 자유민주주의를 위한 시민 운동을 했던 빅토르 오르반 총리는 서유럽 68과 대조되는 동유럽 89를 대표하는 인물이다. 유럽연합에서 성 소수자 운동을 글로벌 자본권력을 동원해서 지원하는 헝가리 출신의 조지 소로스와 대결하는 상징적인 인물이다.

조지 소로스와 빅토르 오르반 총리의 대결은 헝가리, 동유럽뿐 아니라, 유럽연합 내에서도 전개된다. 과거 '오스트리아-헝가리 제국'이었던 오스트리아에서 유학했던 필자는 서유럽 68과 동유럽 98의 대결과 경쟁에 관해서 관심을 가지고 지켜보고 있다.

1000년의 기독교 문화전통을 보존한 헝가리는 최근 '기독교적 헌법'으로 수정하고 이후 기독교 민주주의를 지향하고 있는데, 이를 주도한 빅토르 오르반 총리를 서유럽 일부 좌파자유주의적 언론이 극우성향이라고 보

---

[19] "헝가리, '엄마는 여성, 아빠는 남성' 법으로 명시", 「크리스천투데이」, 2020년 12월 23일 기사. https://www.christiantoday.co.kr/news/336965

도한 것은 정당하지 않다. 좌파가 우파를 상투적으로 극우라고 비난하는 경우가 많으며 또한 극우라고 비판하면서도 자신들은 진보라고 불러달라고 하는 경우도 많다.

현 유럽연합(EU) 집행위원장인 폰 데어 라이엔(Ursula von der Leyen)은 기독교 보수주의의 르네상스가 발생하고 있는 동유럽 혹은 중유럽(헝가리, 폴란드, 오스트리아, 체코 등) 회원국의 지지를 받고 선출된 독일 기독교민주연합(CDU) 출신의 정치인으로서 7남매를 둔 기독교 보수주의자다. 헝가리, 폴란드, 체코 그리고 이 동유럽은 급격한 인구감소와 이슬람 인구의 폭발적인 증가의 문제를 안고 있는 독일을 중심으로 하는 서유럽과는 달리 유럽연합에서 가장 역동적이고 생산적인 국가들로서 경제적으로 번영을 누리고 있을 뿐 아니라, 인구증가율도 서유럽의 2배라고 한다.

독일은 사라지고 있지만, 동유럽 국가들은 가장 역동적인 국가들로 성장하고 있다. 제2차 세계대전 이후로 독일에서 가장 많이 팔린 책 『독일은 사라지고 있다. 어떻게 우리는 우리 조국을 위험에 빠뜨렸는가?』 (*Deutschland schafft sich ab: Wie wir unser Land aufs Spiel setzen*)를[20] 출산함으로 독일을 양분시킬 정도로 엄청난 뜨거운 관심과 논쟁을 불러일으킨 자라친(Thilo Sarrazin) 박사는 오랫동안 유럽 68 문화혁명 노선과 사회민주주의 노선의 독일 사민당(사회민주당, SPD)에서 활동하다가 독일의 처한 새로운 팩트들을 직시하고 독일의 미래를 위해서 자신의 과거로부터 전향해서 보다 보수적 관점을 대변하고 있다. 그의 책은 130만 부가 판매되었다고 한다.

위 책은 부제 "어떻게 우리는 우리의 조국을 위험에 빠뜨렸는가"라는 제목처럼 틸로 자라친 박사는 독일 사민당에 속한 학자로서 자신과 같은 독일 사회주의자들이(민주적 사회주의자들이) 비현실적이고 급진적인 유토피아주의적인 다문화 정책과 친이슬람 정책을 추진함으로 독일 자국민의 급

---

20 Thilo Sarrazin, *Deutschland schafft sich ab: Wie wir unser Land aufs Spiel setzen*. Deutsche Verlags-Anstalt, 2010.

격한 인구통계학적인 감소와 이슬람 인구의 폭발적인 증가와 같은 위험에 독일을 빠뜨렸다고 반성하고 있다.

독일 68 좌파가 조국 독일을 위험에 빠뜨리게 한 정책 중 사회주의 성혁명과 성정치 운동도 포함된다. 이 향락주의적 담론과 그 정책으로 인해서 '독일의 자살'과 독일의 인구절벽이 심화하였다. 헝가리와 폴란드 같은 국가들에서는 서유럽 68의 이러한 향락주의적 담론과 문화를 "죽음의 문화"(culture of death)라고 비판하면서 거부한다.

구소련 공산주의의 억압을 경험하고 89년 공산주의의 붕괴 이후 자유를 회복한 동유럽과 중유럽 국가들은 독일 프랑크푸르트 학파의 비판 이론이 말하는 문화막시즘과 프로이트막시즘 그리고 (민주적) 사회주의 담론에 대해서 회의적이며, 구소련식 사회주의와 별다르지 않다고 본다.

동유럽 국가들이 유럽인권법원이나 유럽연합에서 주장하는 사회주의 성정치 아젠다인 젠더 교육(성인지 교육) 등에 대해서 지극히 회의적이고 비판적인 것은 자신들이 구소련 공산주의 치하에서 '새 인간'을 향한 사회주의적 재교육(Umerziehung)을 고통스럽게 받아 보았기 때문이다.

2020년 주디스 버틀러는 헝가리, 폴란드, 체코 등 동유럽에서 강하게 젠더 교육에 대한 저항 운동이 일어나면서 젠더 교육이 폐지되고 있다고 도움을 호소했는데, 이 사실을 필자는 2020년 12월 10일 서울대학교 자유와 인권 포럼이 개최한 공개 강연회에서 "프로이트막시즘(Freudomarxismus)의 사상누각과 그 황혼: 차별금지법, 인권헌장 그리고 사회주의 성정치 논쟁을 중심으로"라는 제목으로 소개했다.

서울대의 학문적 위상을 이용해서 대학판 차별금지법을 의무교육으로 탑다운방식으로 강제하려는 서울대학교 인권헌장에 대해서 비판하는 강의였다. 주디스 버틀러도 인정하는 21세기 글로벌 반-젠더 이데올로기 저항 운동과 젠더 교육 폐지 운동을 소개했는데, 이러한 내용은 서울대 인권헌장의 실체를 알리는 소책자에 포함되었다.

그렇기에 최근의 서울대 인권헌장 제정 시도는 뒷북이라는 주장을 했다. 젠더 이데올로기를 법제화하는 차별금지법이 마치 21세기 글로벌 트랜드인 것처럼 생각하지만, 2020년 이런 담론의 가장 중요한 이론가인 주디스 버틀러 스스로 글로벌한 젠더 이데올로기 저항 운동과 젠더 교육 폐지 운동이 일어나고 있다는 사실을 인정했다.

이 특강에는 서울대 기독교수협의회 회장 홍종인 교수, 총무 남승호 교수 그리고 서울대기독인연합 학생 대표와 중앙위원들도 함께 참석했다. 특히, 특강 이후 서울대 언어학과 남승호 교수님과의 토론 속에서 젠더 개념이 오웰적 뉴스피크(Newspeak)라는 사실에 대해서 의견을 같이했다.

주디스 버틀러가 도움을 호소하고 있듯이, 헝가리의 절대 다수 기독교 민주주의를 표방하는 집권 여당의 노력으로 헝가리 출신의 조지 소로스가 설립해서 주디스 버틀러 등이 주장하는 문화막시즘적이고 프로이트막시즘적인 젠더 페미니즘과 퀴어 이론의 연구중심지 역할을 했던 중유럽대학(Central European University)은 폐교되고 다른 나라로 이전하게 되었다.

BBC에서 최근 방송한 것처럼 조지 소로스는 유럽연합에 거대한 자본을 통해서 강력한 영향력을 행사하면서 유럽연합이 헝가리와 폴란드 같은 동유럽에 압력을 행사할 것을 요구하기도 했다. 영국을 대표하는 정치철학자 로저 스크러턴 경은 헝가리에서 개최된 몇몇 강연에서 글로벌리스트 조지 소로스가 말하는 '열린 국경'(Open Border) 개념을 비판하면서 민족 국가의 주권 회복을 주장했다.

로저 스크러턴은 2017년 11월 16일 "열린 사회를 재고하기"(Rethinking Open Society) 프로젝트 속에서 중유럽대학에서 진행된 세미나에서 칼 포퍼가 말한 열린 사회(Open Society)는 "인식론적 개념"이지 조지 소로스의 열린사회재단(Open Society Foundations)에서 말하는 "열린 국경"(Open Border)과 같은 "정치적 개념"이 아니라는 점을 분명히 했다.

즉, 칼 포퍼가 말한 열린 사회는 자유로운 토론과 논쟁이 개방된 인식론적인 차원에서의 열린 사회를 말하는 것이지, 정치적인 의미에서 모든 것을 개방하여 국경까지도 개방하는 열린 국경(Open Border) 개념을 주장하는 것과는 다른 것이라고 스크러턴은 주장했다.

기독교 보수주의 노선을 지향했던 독일 기독교민주연합을 사회민주주의화시켰다는 비난을 받는 메르켈 총리는 "독일만의 독특한 길"(Deutscher Sonderw-erg)을 주장하면서 열린 국경 개념을 받아들여 수백만 명의 시리아 난민을 수용해 독일 철학자 슬로터다이크와 앞에서 언급한 사민당 출신의 틸로 자라친 박사 등과 같은 다수 지식인에게 강한 비판을 받았다. 메르켈 총리의 이러한 열린 국경 개념에 대해서 슬로터다이크는 "경솔한 보편주의"라고 비판했는데, 이는 이후 등장할 것이다.

6. 21세기 좌파 유럽은 없다. 좌파 조국이 없는 것처럼

21세기 유럽은 이제 더 이상 좌파 유럽이 아니다. "좌파 유럽은 없다. 좌파 조국이 없는 것처럼"이라는 흥미로운 제목으로 독일 녹색당 창립구성원이었던 라이너 트람페어트(Rainer Trampert)는 2008년 금융위기 이후로 유럽연합이 어떤 성격과 어떤 의미를 지니는지에 대한 논쟁이 날카로워지게 되었다고 주장했다.

유럽 방향으로 발생하는 이민 운동의 증가와 적어도 영국의 브렉시트 이후로 유럽연합에 대한 질문은 이제 "정치적 폭약"이 되어 버렸다고 그는 분석한다.

그는 중유럽 국가들(폴란드, 헝가리, 체코 등)이 89년 동유럽 공산주의 붕괴 이후도 러시아에 대한 항구적인 두려움을 가지고 있기에, 국가 안전을 위해서 실제적인 도움을 주지 못하는 독일과 독일이 주도하는 유럽연합(EU)보다는 미국과 브렉시트를 강행한 영국에 국가 안전을 기대하고 있다

고 소개한다.²¹

그리고 이러한 중유럽 국가들의 입장은 오스트리아와 이탈리아 등의 지지를 받고 있다는 내용도 등장한다. 21세기 유럽은 20세기 후반 민주적 사회주의 노선이 지배적이었던 유럽이 더 이상 아니다. 이 좌파 독일 지식인의 인터뷰 주장처럼 21세기 유럽은 더 이상 '좌파 유럽'이 아니다. 독일 국제사회주의자들(공산주의자들과 막시스트들)은 조국인 독일이라는 민족국가의 해체를 주장하면서 국제적이고 유토피아주의적인 사회주의와 다문화주의를 주장하기에 '좌파 조국'은 존재하지 않는다.

아직도 20세기 후반 풍미했던 독일 프랑크푸르트 학파의 비판 이론이 말하는 문화막시즘(프로이트막시즘)과 좌파 담론이 유럽의 대세라고 생각하는 것은 착각이다. 21세기 68세대는 점차 황혼기에 접어들었고 89세대가 주도하기 시작했다.

헝가리의 총리 빅토르 오르반은 2020년 이탈리아 로마에서 "신, 명예, 조국: 로널드 레이건 대통령, 요한 바오로 2세 그리고 민족국가의 자유"라는 주제 아래 에드먼드버크재단이 주최한 민족보수주의(National Conservatism) 학술대회에서 이루어진 인터뷰에서²² 자신이 헌신했던 헝가리의 1989년 자유 혁명 시민 운동과 구소련 공산주의에 대해서 상세하게 설명했다. 인구의 70퍼센트가 로마가톨릭 신자이고 20퍼센트 정도 칼빈주의 신자들인 헝가리의 총리인 자신은 칼빈주의자라고 소개했다.

사회민주주의적인 서유럽 국가들의 막시즘 주장은 자신들이 경험했던 동유럽 공산주의/사회주의 사상과 별다르지 않기에 설득력이 없다고 오르반 총리는 주장했다. 그리고 자신과 현재의 기독교 민주주의를 표방하

---

21 "Das linke Europa gibt es genauso wenig wie das linke Vaterland" - Gespräch mit Rainer Trampert. https://www.freie-radios.net/78136

22 Prime Minister Viktor Orbán of Hungary sits down with Chris DeMuth of the Edmund Burke Foundation at God, Honor, Country: President Ronald Reagan, Pope John Paul II, and the Freedom of Nations - A National Conservatism Conference in Rome, Italy - February 4, 2020.

는 집권 여당은 경제적으로 성공적이기에 장기집권하게 되었다고 주장한다. 유럽연합 중에서 헝가리와 폴란드 같은 중유럽이 경제적으로 가장 성공했고, 역동적인 나라들이라고 오르반 총리는 주장했다.

이들 중부 유럽 혹은 동유럽 국가들은 모두 민족적 보수주의(National Conservatism)를 표방하는 국가들이라고 그는 말한다. 그는 폴란드와 헝가리 모두는 1000년의 기독교 역사를 가진 나라들이라고 소개하면서, 이 책 다른 곳에서 소개한 더글라스 머레이의 국제적인 베스트셀러로서 2017년 출간된 『유럽의 이상한 죽음. 이민, 정체성, 이슬람』[23]이라는 책이 헝가리에서 베스트셀러가 되었다는 사실도 소개했다.

7. '열린 국경 자유주의'는 '경솔한 보편주의'(페터 슬로터다이크)

헝가리, 폴란드, 체코 등을 비롯한 이러한 동유럽의 독자 노선은 유럽연합에서뿐 아니라, 국제정치학계에서도 큰 이슈로 부상했다. 서유럽 68 좌파적 시각으로 기울어진 학자들은 동유럽 국가들의 독자 노선을 반자유주의로 매도하지만, 이미 구소련 사회주의를 경험한 동유럽 국가들은 서유럽 68세대가 말하는 민주적 사회주의(사회민주주의)에 대해서 회의적이다. 헝가리를 비롯한 동유럽 국가들은 서유럽 68 사회민주주의가 주장하는 '좌파자유주의'(Left Liberalism)에 대해서 비판적인 것이다.

국내에도 최근 동유럽의 독자 노선을 비판적으로 평가하는 책이 번역, 출간되었다. 『모방 시대의 종말: 자유민주주의라는 꿈은 어떻게 악몽이 되었는가』[24]라는 책의 원제를 직역하면 "실패한 빛: 왜 서구는 민주주

---

[23] Douglas Murray. *The Strange Death of Europe: Immigration, Identity, Islam* (London: Bloomsbury Continuum, 2017).

[24] 이반 크라스테프, 스티븐 홈스, 『모방 시대의 종말: 자유민주주의라는 꿈은 어떻게 악몽이 되었는가』, 이재황 역 (서울: 책과함께, 2020).

를 위한 투쟁에서 지고 있는가"이다.[25]

이 책은 매우 빠르게 한국어로도 번역되었는데, 한국어 책 제목은 영어판 원제와는 달리 저자들이 주요 이론으로 수용하는 르네 지라르의 모방욕망 이론과 대한민국의 자유민주주의 체제를 염두에 두고 정한 것 같다.

이 책은 중심 주제로 르네 지라르의 욕망 이론, 특히 르상티망과 정치심리학을 비중 있게 논하며, 89년 이후 체제경쟁에서 승리한 자유민주주의의 새로운 위기 등을 비판적으로 분석한다.

이 책의 저자들은 동유럽 국가들이 서유럽 국가들에 가지는 질투와 르상티망의 문제를 국제정치학적으로 분석한다. 하지만 먼저 우선적으로 논해야 하는 것은 필자가 『질투사회: 르네 지라르와 정치경제학』[26]에서 논한 것처럼 사회주의 사상의 질투적 기원에 대한 것이다. 질투와 르상티망이 정치제도화 되어서 발생한 것이 사회주의 사유이다. 그렇기에 서유럽 68 사회주의(민주적 사회주의)와 좌파자유주의가 가지는 영미 자유주의, 개인주의 그리고 자본주의에 대한 질투적 르상티망에 대한 국제정치학적 분석이 먼저 선행되어야 한다.

질투적 이데올로기는 동유럽이 추구하는 자유민주주의, 자본주의 그리고 개인주의가 아니라, 서유럽 68 좌파자유주의가 아직도 미련을 두고 집착하고 있는 사회주의 사상이다. 국제 정치경제학에서 르네 지라르의 이론은 광범위하게 적용되고 있는데, 이 책은 그 한 예라 할 수 있다.

필자는 『질투사회: 르네 지라르와 정치경제학』[27]의 3장 "자유민주주의, 시장경제 그리고 최선의 카테콘"("10. 폭력적 질투심 르상티망의 글로벌화", "12. 모방적 욕망과 르상티망의 심리정치학")에서 동유럽 정치학을 비판적으로 분석한 위 책이 주로 화두로 삼는 르상티망의 문제와 새로운 '불만'의 문제 등

---

25 Ivan Krastev and Stephen Holmes, *The Light that Failed: Why the West is Losing the Fight for Democracy* (New York: Pegasus Books, 2020).
26 정일권, 『질투사회: 르네 지라르와 정치경제학』 (서울: CLC, 2019).
27 정일권, 『질투사회: 르네 지라르와 정치경제학』 (서울: CLC, 2019).

을 논한 바 있다.

특히, 위 책의 저자들은 "비관용적 공동체주의"로 자신들이 분류한 헝가리와 폴란드의 정치가들이 "반-서구적 반대-엘리트들"(anti-Western counter-elites)로 등장해 "유럽연합(EU)의 인권 보편주의와 열린 국경 자유주의(EU's universalism of human rights and open-border liberalism)를 민족적 전통들과 유산들에 대한 무관심"으로 평가하면서 반대하고 있다고 비판한다. 그렇기에 이 책 저자들은 "자유주의적 모방의 시대는 끝났다. 그러나 비자유주의적 모방은 이제 시작되었다"라고 동유럽 국가들의 비자유주의를 비판한다.[28]

하지만 서유럽 68세대는 문화막시즘에 근거해서 유토피아주의적 다문화주의 정책을 추진해 왔고 그 맥락에서 열린 국경 자유주의(open-border liberalism)를 주장해 왔는데, 89년 이후로 구소련 공산주의의 압제로부터 벗어나 자유세계가 된 동유럽 국가들은 서유럽 68세대가 헤게모니를 장악한 유럽연합과 유럽인권법원이 민족국가를 가정과 함께 해체대상으로 삼는 것을 거부하고 저항하는 것이다. 특히, 동유럽 국가들은 서유럽 68의 열린 국경 자유주의(open-border liberalism)에 대해서 강하게 거부한다.

동유럽 국가들뿐 아니라, 열린 국경 자유주의 근거해서 수백만 명의 시리아 난민을 수용한 독일의 메르켈 총리의 유토피아주의적 정책은 독일에서 하버마스 이후로 가장 대중적으로 유명한 철학자 페터 슬로터다이크(Peter Sloterdijk)와 같은 보수적 전환을 한 많은 독일 지성인으로부터 강력한 비판을 받고 있다.

민족국가를 해체하려는 국제사회주의 운동인 문화막시즘의 열린 국경 자유주의(유토피아주의적 다문화주의)뿐 아니라, 유럽연합과 유럽인권법원이 탑다운방식으로 강제하는 사회주의 성정치의 아젠다인 젠더 이데올로기

---

[28] "The Light that Failed" 2021년 3월 10일. https://www.schumancentre.eu/2020/03/the-light-that-failed/

와 성 소수자 운동에 대해서도 동유럽은 매우 강하게 저항하고 있다. 동유럽 국가들의 89 엘리트들이 저항하는 것은 자유주의가 아니라, 특정한 자유주의, 곧 서유럽 68 사회민주주의(민주적 사회주의) 노선이 추구하는 좌파자유주의(Linksliberalismus)다.

89년 사회주의 붕괴 이후 체제경쟁에서 패배한 이데올로기인 사회주의가 소멸한 것이 아니라, 정치경제학 영역에서 주로 문화영역으로 후퇴해 문화막시즘의 이름으로 사회주의 성정치와 생태사회주의로 변신해서 여전히 영향력을 확대하고 있다는 점을 위 책은 간과하고 있다.

21세기 열린 국경 자유주의에 동의하지 않으면 극우적 반자유주의자로 몰리는가?

'열린 국경'을 주장하는 좌파자유주의자들은 과연 국경이 열린 것처럼 자신들의 집에도 문을 열어 놓고 사는가?

다른 곳에서 논한 것처럼 유럽연합, 특히 유럽인권법원이 추진하는 인권보편주의, 특히 사회주의적 질서수립을 위한 차별금지법, 젠더 이데올로기 그리고 사회주의 성정치 운동(성 소수자 운동, 동성애 운동, 퀴어와 젠더 이론)에 저항하면서 서구 자유민주주의의 모태였던 영국은 브렉시트를 감행했다.

21세기 국제정치학을 르네 지라르가 인류문명의 오래된 역사 속에서 읽어 내는 모방적 욕망과 르상티망의 심리정치학과 정치심리학으로 분석하는 것에 관해서는 위 책의 관점에 동의한다. 하지만 위 책은 21세기 체제경쟁에서 패배한 사회주의가 새로운 영역으로 후퇴해서 여전히 작동하고 있다는 점을 무시하고, 그 문화막시즘을 비판하면, 반자유주의로 몰아가는 전형적인 좌파자유주의의 관점을 대변하고 있다.

21세기 유럽 전체에 걸쳐서 사회주의 노선이 퇴조하고 있기에 그리고 주디스 버틀러가 주장한 사회주의 성정치 이론인 젠더 이론들이 사회주의를 경험한 동유럽을 중심으로 프랑스와 독일에 이르기까지 강력한 저항 운동에 직면하고 있는데, 위 책은 서유럽 68 좌파자유주의적 관점에서 이러한 사회주의에 대한 저항 운동을 반자유주의로 너무 쉽게 매도하고 있다. 국경폐지나 열린 국경과 같은 다문화주의적-유토피아주의적 개념들은 '낭만적 거짓'이다.

8. 크루아상, 카푸치노, 유럽의 자살: 성정치에 저항하는 동유럽

최근 국내 TV에서 영화 〈비엔나 전투 1683〉이 방송되었다. 프랑스인들이 즐겨 먹는 아침식사에 등장하는 카푸치노 커피와 크루아상의 기원은 바로 이 1683년 오스트리아 비엔나 전투다. 크루아상은 이슬람의 초승달을 상징하며, 이슬람 침공을 성공적으로 방어한 것을 기념하는 의미이다. 카푸치노 커피는 이 전쟁에서 결정적으로 기여한 갈색 옷의 카푸치노 수도승(Kapuziner)을 기념하는 것과 관련된다.

크루아상과 카푸치노는 모두 유럽의 이슬람화에 저항했던 오스트리아-헝가리 제국의 역사로부터 기원한다. 그래서 지금도 이슬람 근본주의자들은 크루아상을 먹지 않는다고 한다. 오스트리아-헝가리는 역사적으로 몽골계 훈족과 이슬람의 공격으로부터 기독교적 유럽을 방어하는 최전선의 의미를 지녀 왔다.

그렇기에 1000년의 역사를 가진 헝가리는 그동안 기독교 유럽을 방어해 왔던 최전선의 국가로서 서유럽에서 발생하는 기독교적 유럽의 '자살'과 세속화에 대한 강한 우려와 반감을 품고 있는 나라이다. 그리고 89 자유주의 시민 운동가 출신인 헝가리의 오르반 총리는 유럽, 특히 서유럽 기독교의 세속화에 반대하면서 기독교 민주주의를 표방한다.

현재 독일 집권당인 기독민주연합(CDU)도 신이교적인 독일 민족사회주의(나치즘)의 폭력과 야만을 철저하게 반성하고 기독교 민주주의와 기독교 보수주의를 지향하면서 제2차 세계대전 후 출범해서 독일 '라인강의 기적'을 이루어냈다.

필자의 책 『문화막시즘의 황혼: 21세기 유럽 사회민주주의 시대의 종언』에서 소개한 것처럼 독일 (민족)사회주의(나치즘)의 폭력과 야만 이후 독일은 1949년부터 1966년까지 헌법 전문에 기독교적 하나님에 대한 공식적인 언급이 포함된 헌법 위에 세워지게 되고 독일은 기독민주연합이 주도하는 '기독민주연합국가'(CDU-Staat)가 되었다.[29]

하지만 사회주의 혹은 문화막시즘의 노선을 가진 68 학생 문화혁명 운동권은 제2차 세계대전 이후의 "기독민주연합국가"로서의 독일에 대한 "급진적인 반대"를 주도했다.[30]

이후 기독민주연합은 독일 프랑크푸르트 학파의 비판 이론 등의 영향으로 점차 사회민주주의화되어 갔고, 21세기 들어와 이 현상에 반대하면서 교수들 중심으로 '독일을 위한 대안'(AFD) 정당이 창당되어 현재 가장 역동적이고 강력한 야당 세력으로 부상했다. 21세기 독자 노선을 걷는 헝가리 등의 동유럽은 바로 이러한 전통적인 의미에서의 기독교적 유럽의 르네상스를 외치면서 서유럽 68 좌파자유주의와 논쟁하며 기독교 민주주의를 외치고 있다.

헝가리는 최근 헌법을 '기독교적 헌법'으로 수정해서 2020년 동성혼 커플의 양육권을 박탈하는 등 서유럽 68 담론이 주도하는 젠더(성인지) 교육과 그 이데올로기에 대해서 가장 강력하게 저항한다.

프랑스와 독일 68 운동권이 주도했던 사회주의 성혁명/성정치 담론이 지배하는 서유럽의 '좌파자유주의'(혹은 민주적 사회주의) 전통에 대해서 헝가리와 폴란드 등은 구소련 공산주의를 경험한 나라로서 매우 강한 저항의식을 가지고 있다. 동유럽 국가들은 '유럽의 자살', 특히 서유럽의 자살에 대해서 우려한다.

---

29   Gerd Schäfer/Carl Nedelmann (hrsg.), *Der CDU-Staat I. Analysen zur Verfassungswirklichkeit der Bundesrepublik* (Frankfurt/M, Verlag: edition Suhrkamp, 1969).
30   Hubert Kleinert, "Voraussetzungen und Grenzen schwarz-grüner Optionen," in: Volker Kronenberg/Christoph Weckenbrock, *Schwarz-grün – Die Debatte, Wiesbaden 2011, 177.*

헝가리, 폴란드, 체코 등 동유럽 국가들 그리고 이들 국가를 대체로 지지하는 오스트리아, 이탈리아, 스페인 등의 국가들은 서유럽 68 좌파자유주의 운동권 지식인들이 비이성적-반이성적 광기철학자 미셸 푸코와 같은 철학자들을 왕으로 혹은 신으로 모시는 현상에 대해서 쉽게 말해서 '웃프다'고 생각한다.

89년 동유럽 공산주의 붕괴 이후의 세대가 주도하는 헝가리와 동유럽 지식인들은 서유럽 68 '포스트모던 좌파'가 주도하는 서유럽 담론에 전염되지 않고 전통적 기독교적 유럽을 생각하면서 독자 노선(Sonderweg)을 가고 있다. 조지 소로스 등이 자본 권력으로 영향력을 행사하는 서유럽, 유럽연합 그리고 유럽인권법원에서 말하는 새로운 성정치적 인권 개념에 동유럽 지식인들은 비판적이다.

이러한 당파적, 빨치산적, 계급투쟁적 새로운 인권 개념의 아버지인 미셸 푸코의 백인 제국주의적 소아성애 범죄에 대해서는 당파적으로 침묵하면서 이러한 새로운 인권 개념에 대해서 강력하게 저항하는 동유럽 지식인들을 비자유주의로 매도하는 것은 적절하지 않다. 68 좌파자유주의적 전통에 서서 성 소수자들의 인권을 사회주의 성정치의 맥락에서 주장하는 지식인들과 정치인들은 미셸 푸코의 소아성애 범죄 속에 내포된 아동 인권 유린에 대해 침묵해서는 안 된다.

젠더 이데올로기의 여제사장 혹은 여왕으로 평가되는 주디스 버틀러는 이스라엘에 대한 무장투쟁으로 잘 알려진 이슬람 저항 운동 단체인 하마스(Hamas)를 글로벌 좌파의 관점에서 연대하고 지지하는데, 하마스는 미국, 캐나다, 유럽연합, 대한민국 등 국가에 의해 테러단체로 규정되었다. 푸코도 이란 혁명을 지지했었다.

이러한 서유럽 68 좌파자유주의/사회민주주의 지식인들의 친이슬람적 관점은 오래전부터 유럽의 최전선에서 유럽의 이슬람화를 방어해 왔던 오스트리아-헝가리인들이 볼 때 이해되거나 수용될 수 없는 입장이다.

이처럼 21세기 유럽은 이제 더 이상 '좌파 유럽'이 아니다. 21세기 유럽은 1917년 볼세비키 혁명과 그 이후 약해져 가는 여진으로 등장한 서유럽 68 신좌파의 헤게모니가 89년 동유럽 공산주의의 붕괴 이후 결정적으로 약해져서 21세기에서 유럽에서는 중도 우파 노선이 대세를 형성했는데, 최근 미국 대학가의 급진좌파주의가 유럽으로 역상륙 해서 프랑스의 국가 정체성까지 흔들고 있다고 마크롱 대통령이 우려하는 소식이 2021년 2월 국내 주요 언론에 의해서도 보도되었다.

미국의 일간 「뉴욕타임스」(*NYT*)가 "미국 대학들에서 시작된 페미니즘·젠더·인종 담론이 프랑스 전통적 가치들 흔들어, 미국 사상이 사회 해체한다고 생각하는 리더들 많아"라는 제목으로 다음과 같이 보도했다.

> 미국에서 유입된 사회 담론들이 프랑스의 국가 정체성과 정신적 유산을 심각하게 위협한다는 우려가 프랑스 지성계와 정계에서 확산하고 있다
> 미국 대학가에서 생산된 진보적 페미니즘이나 젠더 연구, 흑인·무슬림 등 소수자 사회의 타자성에 천착하는 이론들이 프랑스의 전통적 평등·자유의 가치나, 정교분리(라이시테)를 흔들어 사회를 분열시킨다는 시각이 프랑스 지성계와 우파 정치권에 팽배하다는 것이다.

장 미셸 블랑케 교육장관은 지난해 10월 언론 인터뷰에서 미국의 영향으로 대학들이 테러리스트들에게 지적인 정당성을 제공하고 있다면서 "겉으로 진보를 가장하면서 실제로는 극단주의를 용인하는 온상이 되는 사상들에 단호히 대처할 것"이라고 말했다.[31]

21세기 유럽은 이처럼 프랑스와 독일의 경우처럼 지성계와 정치계가 대체로 중도 우파로 전환해서 주도하고 있지만, 아이러니하게도 미국의 영

---

31 "프랑스서 '미국 사상 때문에 국가정체성 붕괴' 위기감", 「연합뉴스」, 2021년 2월 10일 기사. https://www.yna.co.kr/view/AKR20210210070400009

향이 다시금 유럽대륙으로 불고 있다. 독일 철학의 경우 하버마스도 자유주의적 전환을 했고, 하버마스 이후로 가장 대중적으로 잘 알려진 철학자 페터 슬로터다이크도 21세기는 보수주의의 시대가 될 것이라고 주장했다.

마크롱 대통령도 중도 우파를 대체로 대변한다. 이민 국가인 미국은 전형적 다민족 다인종 사회이기에 사회갈등이 더 심화되는 것 같다. 미국 대학가 급진좌파주의 담론인 페미니즘, 젠더 연구, 흑인, 무슬림 등 소수자 사회의 타자성에 천착하는 이론의 철학적 대부는 미셸 푸코인데 그의 소아성애 범죄에 대해서는 미국 대학가는 지금도 침묵을 지키고 있다.

9. 독일 '다양성 성교육' 아버지 켄틀러 교수의 소아성애 게이트

지금까지 현대 성 소수자 운동의 대부이자 '푸코적 페미니즘'(성인지 페미니즘)의 대부인 미셸 푸코의 소아성애 범죄에 대한 글로벌 언론들의 반응과 평가 그리고 푸코의 반도덕주의적 반휴머니즘에 대한 위르겐 하버마스, 로저 스크러턴, 찰스 테일러, 촘스키 그리고 르네 지라르와 같은 주류 학자들의 비판 그리고 푸코를 철학의 왕으로 모셨던 서유럽 68 좌파자유주의/사회민주주의(민주적 사회주의)가 국제기구를 통해서 탑다운방식으로 강제하는 사회주의 성혁명과 성정치를 거부하면서 독자 노선을 걸어가고 있는 동유럽 국가들의 저항 등을 살펴보았다.

그리고 푸코의 소아성애 범죄 폭로와 연관된 2021년 프랑스 대표 헌법학자를 비롯한 프랑스 68 소아성애적 안티파와 향락주의적 좌파 지식인들의 동성애/소아성애/근친상간 스캔들을 논했다.

이제는 프랑스를 떠나 독일 68 소아성애적 안티파의 상징과 같은 독일 성교육과 젠더 교육(성인지 교육)의 아버지로 평가되는 헬무트 켄틀러(Helmut Kentler) 교수의 소아성애 실험 폭로를 국내에 소개하고자 한다.

미셸 푸코의 소아성애 그리고 2021년 프랑스 파리 지성계를 강타한 헌법학자 올리비에 뒤아멜 교수의 동성애/근친상간/소아성애 폭로와 함께 이 독일 성교육의 아버지 헬무트 켄틀러 교수의 소아성애 실험에 대한 폭로도 필자가 국내 주요 언론보다 앞서서 소개한 것이다.

2021년을 전후로 독일과 프랑스에서 68 "향락주의적 좌파"("캐비어 좌파")의 동성애/소아성애/근친상간 사태가 폭로되면서 큰 충격과 파문을 주고 있다. 독일 젠더 교육의 아버지 헬무트 켄틀러 교수는 동성애자이기도 한데, 그의 과거 "소아성애 실험" 폭로가 이루어져서 지금 현재 독일 정치권에서 '켄틀러 게이트'(#KentlerGate)가 되었다.

독일 성교육을 대표하는 헬무트 켄틀러 교수는 소아성애의 합법화를 주장했을 뿐 아니라, 실제로 베를린 시와 긴밀히 협력해서 집 없는 아이들을 소아성애자들에게 의도적으로 넘겨서 15년 이상 외부와 단절된 채 소아성애적 폭력과 강간을 당하게 했다는 사실이 2016년부터 폭로되고 공론화되기 시작했다.

21세기 젠더 교육인 '다양성 성교육'(Sexualpädagogik der Vielfalt)의 아버지이기도 한 헬무트 켄틀러는 독일 각종 방송과 라디오에서 성교육과 성의학을 강의했던 학자이기에 이 폭로는 독일에서도 엄청난 충격을 주고 있다.

켄틀러 게이트는 현재 독일 주요 방송에서도 충격적으로 보도되었다. 켄틀러 전문가로서 켄틀러의 소아성애 실험에 대해서 전문적으로 연구한 테레사 넨트비히(Teresa Nentwig) 박사는 "베를린 시의회 행정에 의한 소아성애적 내지는 남색적 관심들에 대한 지원. 헬무트 켄틀러의 '실험'과 게이, 레즈비언 그리고 소아성애적 해방 주창자들의 주소록을 중심으로"라는 연구보고서를 2016년 11월 '민주주의연구를 위한 괴팅엔 연구소'(Göttinger Institut für Demokratieforschung)에 제출했고, 이후로 독일 주요 언론들과 정치권에서 비판적으로 크게 공론화되고 있다.[32]

---

32 Teresa Nentwig, "Die Unterstützung pädosexueller bzw. päderastischer Interessen durch

헬무트 켄틀러 교수는 독일 성인지 교육인 '다양성 성교육'의 아버지와 같은 학자로서 성혁명 운동의 창시자인 오스트리아 빌헬름 라이히의 소아들과 청소년들의 성혁명과 성해방 이론과 조기 성애화 전략을 충실하게 계승하는 독일 68 소아성애적 안티파의 상징과도 같은 학자이다.

독일어권에서 젠더 이데올로기와 빌헬름 라이히 이후의 68 성혁명적 소아성애적 안티파가 추진한 조기 성애화와 조기 성교육을 반대하는 대표적 시민 운동인 '모든 사람을 위한 데모'(Demo für Alle)는 "젠더-이데올로기, 소아성애 그리고 유치원과 초등학교에서의 우리 아이들의 조기 성애화(Frühsexualisierung)를 반대하며"라는 공식 구호가 있다.

그리고 "결혼과 가정을 우선시해야 한다! 젠더-이데올로기와 우리 아이들의 성애화를 멈춰라"라는 운동 구호를 내세운 이 독일 시민 운동은 2021년 5월 7일 독일 안의 모든 소아성애 네트워크가 조사되어야만 한다고 주장한 자신들의 '켄틀러게이트-청원'(KentlerGate-Petition)이 수용되었다고 홈페이지를 통해서 알렸다. 켄틀러 게이트 이후 이 시민 운동이 지속적인 계몽 운동을 통해서 요구한 청원이 최근 독일 청소년-가족부장관회의(DieJugend- und Familienministerkonferenz der Länder, JFMK)에 의해서 수용되었다는 것이다.

"독일 청소년-가족부장관회의는 그리하여 헬무트 켄틀러 교수의 활동과 그 배후에 있는 소아성애적 네트워크에 대한 독일 전체에 걸친 독립적인 조사를 지원하기로 했다." 그리고 이 시민 운동은 소아성애적 네트워크에 대한 조사와 함께 "헬무트 켄틀러 교수의 파멸적인 유산"도 청산되어야 한다고 주장한다.

켄틀러 교수의 가르침과 오늘날 독일 학교와 유치원에서의 성교육에 대한 그의 영향은 결코 그의 소아성애적 실험으로부터 분리되어서 논의될

die Berliner Senatsverwaltung. Am Beispiel eines 'Experiments' von Helmut Kentler und der 'Adressenliste zur schwulen, lesbischen und pädophilen Emanzipation" Göttinger Institut für Demokratieforschung. 11/2016 Abschlussbericht zu dem Forschungsprojekt.

수 없다고 이 운동은 주장한다. 그리하여 이 젠더 이데올로기에 대해서 저항하는 독일 시민 운동은 "켄틀러 교수와 불가분으로 얽혀 있는 성교육을 학교와 유치원을 위한 모든 교육계획, 학습재료들, 학업과정 그리고 교육과정으로부터 철저하게 배제할 것을 함께 요구한다"라고 주장한다.**33**

헬무트 켄틀러 교수에 관한 연구로 박사 학위를 받은 테레사 넨트비히(Teresa Nentwig) 박사는 2017년 5월 6일 '모든 사람을 위한 데모'(Demo für Alle)가 주관한 "다양성 성교육: 지배적 가르침에 대한 비판"이라는 주제 아래 개최된 학술대회에서 "역사적 시각에서 본 켄틀러와 그의 해방적 성교육"이라는 제목으로 강의했다.

이 강의를 통해 그녀는 개신교 목사가 되기를 원하기도 했던 켄틀러는 독일 낭만주의적 개신교 신학자 프리드리히 슐라이어마허로부터 강한 영향을 받았고, 프로이트와 "68 운동의 아이콘"이자 성혁명 운동의 대부인 빌헬름 라이히의 이론을 강하게 영향받았다는 사실을 잘 분석했다.

켄틀러 교수가 빌헬름 라이히의 책을 제작해서 유통하는 데 직접 관여하기도 한 인물이라는 사실도 이 강의를 통해서 소개되었다. 또한, 켄틀러 교수는 빌헬름 라이히뿐 아니라, 성유토피아론을 전개했던 마르쿠제에게도 영향을 받았다고 소개했다. 그리고 이후 소개할 버틀러식의 성인지 페미니즘(젠더 페미니즘)을 비판하는 독일 원조 페미니스트인 알리체 슈바르처(Alice Schwarzer)가 켄틀러 교수의 소아성애 실험에 대해서 초기에 알고서 비판했다는 내용도 이 강의에서 소개되었다.**34**

---

33 https://demofueralle.de/2021/05/07/voller-erfolg-unserer-kentlergate-petition-paedosexuelle-netzwerke-werden-bundesweit-untersucht/

34 Symposium »Sexualpädagogik der Vielfalt - Kritik einer herrschenden Lehre« am 6. Mai 2017 im Kurhaus in Wiesbaden.

10. 빌헬름 라이히와 헬무트 켄틀러: 조기 성애화와 성인지 교육

독일 '다양성 성교육' 아버지 헬무트 켄틀러 교수의 소아성애 실험은 바로 독일 68 소아성애적 안티파의 소아성애를 상징적으로 보여 준다. 프랑스 68 소아성애적 안티파의 전형적 상징이 미셸 푸코라면 켄틀러 교수는 빌헬름 라이히-마르쿠제를 계승하는 전형적인 독일의 소아성애적 안티파였다.

다른 곳에서 소개한 것처럼 푸코는 빌헬름 라이히-마르쿠제의 사회주의 성혁명과 성유토피아론을 계승하는 들뢰즈와 가타리의 『안티 오이디푸스』의 서문을 쓴 동성애 철학자이다. 기 소르망 교수의 푸코의 소아성애적 강간 범죄 폭로와 최근 독일 헬무트 켄틀러 교수의 소아성애 실험 폭로와 그 청산 작업은 21세기 독일과 프랑스의 68 소아성애적 안티파의 몰락을 잘 보여 준다.

2020년 7월 30일 독일 공영 라디오방송 도이치란트풍크(Deutschlandfunk)는 "독일개신교회와 헬무트 켄틀러: 성해방으로부터 성폭력으로"라는 제목으로 독일 개신교와 개신교협의회(EKD)에서 깊게 활동했던 헬무트 켄틀러 교수와 독일 개신교와의 연관성을 비판적으로 조명했다. 이는 대한민국 일부 복음주의 좌파 혹은 개신교 좌파에서 퀴어 신학이나 성 소수자 운동, 동성애 운동과 퀴어 젠더 페미니즘을 수용하는 것에 대해서 비판적 함의를 지닐 것이다.

켄틀러 교수는 "독일 개신교 모임들에 초대되어서" "아이들도 성적 존재(sexuelle Wesen)"라고 주장했다. 사회주의 성혁명 운동의 창시자 빌헬름 라이히 이후 조기 성애화/조기 성교육 전략을 주장하는 프로이트막시스트들은 언제나 인간은 태어나면서부터 '성적 존재'로 태어나며 소아들도 성적 존재라는 논리 그리고 소아들도 오르가즘 쾌락을 느낄 권리가 있다는 논리로 소아성애를 정당화하고 정상화하고자 했다.

"켄틀러 교수는 60년대 말부터 고아가 된 13세부터 15세 젊은 소년들을 베를린 시의 그와 친분이 있는 남색자들(Päderasten)의 보호 아래에 있도록 넘겨 주는 소위 실험을 했다."

"2008년에 작고한 헬무트 켄틀러 교수는 사실상 성폭력(sexualisierter Gewalt)의 한 형태인 이 '실험들'에 대한 그 자신의 긍정적인 평가를 결코 수정하지 않았다"라고 정치학자 테레사 네트비히(Teresa Nentwig) 박사는 이 독일 언론을 통해서 주장했다.

그리고 네트비히 박사는 "실제로는 이 소아성애 실험은 성공적으로 진행되지 못했다. 나는 이 실험의 두 희생자와 이야기를 나누었다. 그들은 희생자로 묘사될 수 있으며, 그 피해는 지저분한 것이었다(dreckig). 그들은 오늘날까지도 당시에 가해진 성적 학대로 인해서 고통받고 있다"라고 주장했다.

이 독일 라디오 방송은 또한 "켄틀러 교수의 남색자들(Päderasten)과의 이러한 처벌 가능한 작업에 대한 첫 암시는 이미 1990년대 중반부터 어느 정도 알려졌다. 하지만 2008년 켄틀러 교수의 죽음 이후도 무엇보다도 독일 '개신교청소년사역원'(Evangelische Zentrum für Jugendarbeit)은 켄틀러 교수의 업적을 높게 평가했다."

또한, 이 독일 언론을 통해서 독일개신교협의회의 성폭력예방위원회의 대변인이자 독일 함부르크 주교인 키르스텐 페어스(Kirsten Fehrs)는 이렇게 주장했다.

> 나는 이러한 개혁교육적인 주장들을 높게 평가한 세대에 속한 사람이지만, 돌이켜 생각해 보면 일종의 한계 무시의 문화(Kultur der Grenzverachtung)가 존재했다는 것을 인정하게 된다. 당시에는 자유가 한계 없음(Grenzenlosigkeit)과 동일시되었고 그것으로 인해서 교회는 맹점(blinde Fleck)을 가지게 되었는데, 우리는 그 책임을 져야 한다.

그래서 이 독일 언론은 켄틀러 교수의 소아성애 실험과 관련된 "독일 개신교 안에서의 조사 필요성"을 주장한다.

또한, 켄틀러 교수의 소아성애 실험에는 소아들과 성인 소아성애자들 사이에는 "권력관계"가 존재했다는 사실을 지적하는 우베 질러트(Uwe Sielert) 교수의 입장도 이 언론은 소개했다.[35]

권력관계를 화두로 그렇게 권력 구조를 비판한 권력 이론가 미셸 푸코의 백인 제국주의적 소아성애에서도 소아들과 성인 소아성애자인 미셸 푸코 사이에는 비대칭적인 '권력관계'가 존재한다. 그리고 권력관계뿐 아니라, 프랑스와 튀니지 사이의 신식민주의적이고 백인 제국주의적 권력관계도 존재한다.

켄틀러 교수와 함께 또 다른 성교육자 우베 질러트(Uwe Sielert) 교수도 빌헬름 라이히의 성혁명 사상을 충실하게 계승하면서 조기 성애화와 조기 성교육을 주요 목표로 하는 '다양성 성교육'을 독일에 정착시켰다가 거센 비판을 받고 있다.

이 책에서 강조하는 것은 독일과 프랑스의 68 소아성애적 안티파들의 소아성애 수행은 우연적이고 주변적인 문제가 아니라, 소아성애를 공식적으로 이론화한 성혁명 주창자 빌헬름 라이히로부터 시스템 내부적으로 지속되어 온 문제라는 것이다. 문제는 '다양성 성교육'을 주창한 켄틀러와 질러트 교수가 모두 독일개신교협의회에서 광범위하게 활동했다는 사실이다.

우베 질러트 교수도 독일개신교협의회의 성윤리 위원회 위원으로 활동했다. 대한민국에서도 성인지 교육이 전 국민을 대상으로 그리고 심지어 유치원 성인지 교육도 등장하고 있는데, 사회주의적 젠더 교육(성인지 교육)은 근본적으로 조기 성애화/조기 성교육 전략으로부터 결코 분리될 수 없다는 사실을 우리는 인식해야 한다. 젠더 교육과 사회주의적 조기 성애화(Frühsexualisierung) 전략은 깊게 얽혀 있다. 또한, 서유럽 68 좌파자유주의자들의 소아성애

---

35 Michael Hollenbach, "Die Evangelische Kirche und Helmut Kentler. Von sexueller Befreiung zu sexuellem Missbrauch." *Deutschlandfunk* 2020년 7월 30일 기사. https://www.deutschlandfunk.de/die-evangelische-kirche-und-helmut-kentler-von-sexueller.886.de.html?dram:article_id=481491

스캔들은 성혁명적 조기 성애화 전략으로부터 파생된다.

2021년 대한민국에서도 '유치원 성인지 교육' 법안이 나왔다. 성폭력 예방교육과 성폭력 감수성이라고 하면 되지, 왜 21세기 유럽과 서구에서 강력한 저항에 직면해서 점차 폐지되고 있는 성인지 교육(젠더 교육)을 전 국민을 대상으로 교육하고자 하는지 질문해야 한다.

남녀의 성적 차이 자체를 해체하고 전복하고자 하는 반실재주의적, 반생물학적, 해체주의적, 사회주의적 그리고 초현실주의적 성인지(젠더) 개념 자체가 문제이다. 사회주의적 조기 성애화/조기 성교육 전략으로 도입되었던 독일 유치원에서의 조기 성교육('유치원 성인지 교육')은 많은 문제점이 있어서 독일에서도 거센 비판을 받고 있다.

독일에서 유치원 성인지 교육의 이름으로 유치원 아이들에게 남성 성기와 여성 성기를 형상화한 것을 가지고 놀게 하고, 자위와 동성애에 대해서 가르쳤다가 거센 저항을 받고 있다. 성인지 교육의 이름으로 강요되는 유치원 아이들의 조기 성애화에 대해서 독일 교회 오빠들과 언니들 그리고 엄마들이 뿔이 난 것이다.

앞에서 언급한 헬무트 켄틀러 교수가 바로 이러한 유치원 성인지 교육(젠더 교육) 운동의 아버지다. 성인지 교육(젠더 교육)은 근본적으로 프로이트막시즘를 추구하는 사회주의자들의 조기 성애화/조기 성교육 전략과 깊이 연관되어 있다.

젠더 개념과 성인지 교육 자체가 성혁명/성정치 운동의 아버지인 빌헬름 라이히를 추종하는 서유럽 68 소아성애적 안티파의 유산인데, 그러한 성혁명적이고 성정치적 개념과 정책이 21세기 대한민국 교육계와 심지어 유치원에서도 도입되려고 하는 것이다.

권인숙 의원이 발의한 내용도 성인지 교육(gender-sensitive education)이라는 공식 개념을 사용하는 한 조기 성애화/조기 성교육 전략을 내포하는 서구 사회주의적 젠더 교육과 젠더 이데올로기와 결코 다르지 않다.

유네스코 국제 성교육 가이드가 제시하는 "포괄적 성교육"(CSE)도 이러한 글로벌 사회주의자들의 조기 성교육/조기 성애화 전략과 관련되어 있기에 독일에서도 거센 비판을 받고 있다.

미셸 푸코도 소아들도 오르가즘에 대한 권리가 있다고 주장함으로 최근 폭로된 것처럼 자신의 소아성애적 매춘과 강간을 정당화했다. 유엔(UN), 유럽연합, 유네스코와 같은 국제기구로부터 탑다운방식으로 강제되는 국가주의 페미니즘인 성인지 페미니즘(젠더 페미니즘)의 성인지 교육(젠더 교육)과 유네스코 "포괄적 성교육"은 깊게 연관되어 있다. 21세기는 조지 소로스와 같은 거대한 금융권력을 가진 글로벌리스트와 사회주의자들이 연대하고 있다.

11. '다양한 가족'은 퀴어 가족: '다양성 성교육' 비판

2021년 최근 KBS에서 방송한 "다양한 가족"은 "퀴어 가족(친족)"(Queer Kinship)을 목표로 한다. 유럽연합에 의해서 광고된 2015년 '퀴어 가족 학술대회'(Queer Kinship Conference 2015)에서 발표된 "퀴어 가족(친족)과 관계들"에 대한 강의를 들어 보니 다양하고 퀴어한 새로운 가족과 친족에는 "폴리아모리적인 LGBT"와 매춘하는 "성노동자"도 '다양한 가족'과 '퀴어 친족'에 포함되어야 한다고 주장되었다.[36]

최근 국내에서 동성혼을 합법화하는 건강가정기본법 개정안에 대한 저항이 거세다. 『젠더 트러블』의 저자이자 동성애/동성혼을 주장하는 가장 중요한 이론가인 레즈비언 페미니스트 주디스 버틀러는 소포클레스의 비극 작품 『오이디푸스왕』과 '에우리피데스' 고대 그리스 비극 작품 '바카

---

36 Queer Kinship& Relationships Conference, Poland 2015 - Ana Cristina Santos & Ulrika Dahl. http://www.familylives.eu/en/queer-kinship-conference-2015/

스의 여신도들'(Bacchae)에 대한 성혁명적 오독을 통해서 이제는 "친족 트러블"(Kinship Trouble)을 주장한다. 젠더에 트러블을 일으킨 다음에 이제는 그 다음으로 친족 개념도 트러블을 일으키고 불안정화하고 혼동화시키고자 하는 것이다.

쉽게 말해 그녀는 전통적 이성애적 친족과 가족을 해체하고 동성애적 퀴어 가족(친족)을 주장한다. 2017년 2월 8일 유니버시티칼리지런던(UCL)에서 "'바카스의 여신도들'에 나타난 친족 트러블"(Kinship Trouble in The Bacchae)이라는 제목으로 버틀러는 다양한 가족과 친족 개념을 위해 '친족 트러블' 혹은 '가족 트러블'을 '젠더 트러블'에 이어 주장했다.

하지만 프로이트막시즘을 주장하는 주디스 버틀러는 프로이트가 '오이디푸스왕'을 범성욕주의적으로 오독하고 있는 것처럼 그리스 비극 작품을 제대로 이해하지 못하고 있다. 버틀러는 이 오독에 기초해서 근친상간 금기의 해체를 주장한다.

필자가 『문화막시즘의 황혼』에서 주장한 것처럼 그리스 비극 작품은 버틀러와 같은 성혁명가들이 생각하는 혁명 문학이 아니라, 당시 그리스 폴리스의 정치적 호국 문학이었다. 르네 지라르가 프로이트를 비판하면서 잘 지적하고 있듯이 오이디푸스, 안티고네 그리고 다른 그리스 비극 작품의 비극적 주인공들도 퀴어 가족(친족)을 위한 모델이 아니라, 그리스 폴리스의 안티 모델, 곧 파르마코스(희생염소)였다.

그리스 폴리스의 카타르시스적인 욕받이 역할을 했던 오이디푸스, 안티고네 그리고 바카스의 여사제들을 퀴어스러운 가족을 위한 이론적 모델로 삼고자 한다. 버틀러가 그리스 비극에서 발견하는 '젠더 트러블'과 퀴어한 '친족 트러블'은 르네 지라르가 그리스 비극을 해석함에 있어서 핵심적 개념으로 주장한 '폭력적 차이소멸'로 읽어야 한다.

필자가 『문화막시즘의 황혼』에서 이미 상세하게 비판한 것처럼 다양한 가족과 퀴어 친족(가족)을 주장하는 버틀러는 빌헬름 라이히-마르쿠제식의 성유토피아론뿐 아니라, 일종의 젠더유토피아(성인지 유토피아)를 주장하면서 성적 금기인 동성애, 소아성애 그리고 근친상간 금기를 해체하려고 한다.

젠더 이데올로기의 가장 중요한 이론서라 할 수 있는 『젠더 트러블: 페미니즘과 정체성의 전복』에서 버틀러는 프로이트의 정신분석학과 레비-스트로스의 구조주의 인류학 등에 기초해서 사실상 오이디푸스 콤플렉스 이론에 등장하는 어머니를 향한 아이의 근친상간 성욕망을 긍정하며, 나아가 근친상간 금기에 대한 폐지를 주장한다.[37]

"주디스 버틀러, 근친상간 그리고 아이의 사랑에 대한 질문"이라는 2010년 논문도 주디스 버틀러의 프로이트의 오이디푸스 콤플렉스 이론에 등장하는 근친상간 성욕망을 긍정하며 그렇기에 근친상간 금기를 폐기해야 한다는 그녀의 주장을 다루고 있다.[38]

버틀러는 프로이트의 정신분석학과 레비-스트로스의 구조주의 인류학에 등장하는 근친상간 금기와 그녀가 새롭게 주목하는 동성애 금기 등을 성혁명적 관점에서 해체하고자 한다. 필자는 이미 버틀러의 이러한 주장을 르네 지라르의 미메시스적 인류학, 지라르의 그리스 비극 이해와 지라르의 오이디푸스 콤플렉스 이론에 대한 해명에 근거해서 비판했다. 버틀러는 이성애, 친족 구조, 재생산, 근친상간 금기, 동성애 금기 등 인류 사회의 근간을 이루고 있는 '금기'를 프로이트막시즘에서 파생된 젠더 이데올로기의 이름으로 해체하고 전복하려고 한다.

버틀러는 오이디푸스가 아니라, 안티고네를 정신분석학의 새로운 출발점으로 제안하면서 대안적 친족 형태를 제시하고자 한다. 아버지 오이디푸스 근친상간의 자식으로 태어난 안티고네는 국가와 법의 대변자인 왕 크레온에 대항하다 결국 죽음에 이른다고 전해지는 소포클레스 비극 속의 인물이다. 동성애 금기를 파계한 안티고네는 버틀러에 의해 이러한 젠더

---

[37] Judith, Butler, *Gender Trouble: Feminism and the Subversion of Identity* (Routledge. 2007).
[38] JE, Kilby, 'Judith Butler, incest, and the question of the child's love', Feminist Theory, 11 (3), 2010 , pp. 255-265.

유토피아주의적인 새로운 대안적 친족 관계를 대표하는 것으로 이해되었다. 버틀러는 이렇게 오이디푸스보다는 안티고네가 상징적 질서의 재편과 재구성을 요구하는 유토피아적 관점을 대변하는 것으로 제시한다.[39]

하지만 버틀러는 그 금기들의 파계를 보여 주는 오이디푸스와 안티고네를 비극적인 주인공으로 보여 주는 그리스 비극 자체가 당시의 그리스 폴리스의 정치적 호국 문학이었다는 사실을 보지 못하고 있다.

그리스 비극 작품은 버틀러나 성혁명 이론가들이 기대하는 것과 같은 전복적 혁명 문학이 아니라, 그리스 폴리스 체제 옹호적이고, 체제 유지적이며, 체제 갱신적인 카타르시스적 호국 문학이었다.

버틀러는 자신의 성혁명적이고 성정치적인 프로이트막시즘에 기초해서 문화인류학적 근거가 희박한 젠더유토피아주의를 주장하고 있다. 그리스 비극은 성혁명 문학이 아니다. 오이디푸스와 안티고네도 성혁명 전사와 모델이 아니며, 당시 그리스 비극의 존재 이유인 카타르시스를 위해 존재했던 폴리스의 '욕받이'들이었다.

진평연과 복음법률가회 등은 2021년 KBS가 건강가정기본법 개정안을 옹호하며 가족 해체 정책을 지지하는 보도를 한 것에 대해 규탄하는 성명서를 다음과 같이 발표했다.

> 국가인권위원회가 가족 형태에 대한 차별을 없애기 위해 건강가정기본법을 개정하라고 한 것의 궁극적 목적은 동성결혼의 합법화다. 소위 '다양한 가족'에 동성간 결합과 동성결혼이 포함된다는 것은 유엔 인권고등판무관실의 2014년 보고서와 욕야카르타 지침의 제24원칙을 통해 명확히 입증되고 있다. 남인순, 정춘숙 의원의 건강가정기본법 개정안도 가족 해체와 동성혼 합법화의 목적을 이루기 위해 '가족 형태에 관한 차별금지' 조항을 담고 있다.

---

39   Judith Butler,. *Antigone's Claim: Kinship between Life & Death* (New York: Columbia University Press, 2000).

앞에서 본 대한민국 전 국민을 대상으로 하고 유치원까지 확대되는 성인지 교육(젠더 교육)의 진원지인 독일의 성인지 교육('다양성 성교육', Sexualpädagogik der Vielfalt)의 아버지인 헬무트 켄틀러 교수의 소아성애 게이트를 보면서 다양한 성교육, 다양한 가족, 퀴어 가족(친족) 개념을 주장하는 학자들은 이 성적 다양성에 소아성애, 폴리아모리, 매춘 성노동자도 포함되는지 입장을 명확히 밝혀야 한다.

'일탈'을 주장하는 레즈비언/소아성애자/사도마조히스트 급진 페미니스트인 게일 루빈의 주장처럼 젠더 퀴어 페미니즘은 '변태적이지 않은 것'의 대척점에 있는 소위 '변태적인 것'을 퀴어라는 포스트모던적 신어를 통해서 정상화하고 정당화하려고 노력한다. 그렇기에 '여성'(페미)은 사라지고 '젠더'로 대체된 21세기 젠더 페미니즘(성인지 페미니즘) 담론은 매우 괴이하게(퀴어스럽게) 전개되고 있다.

2021년 4월 21일 천주교 서울대교구장 염수정 추기경은 젠더 이데올로기(성인지 교육), 차별금지법 그리고 가족 범위 확대를 비판했다. '다양한 가족'('퀴어 가족') 개념을 가르치는 성인지 교육(젠더 교육), 차별금지법 등은 모두 2000년 유대-기독교적 성도덕에 대한 문화전쟁(Kulturkampf)으로 등장한 사회주의 성혁명/성정치 사상에서 파생된 것이기에 2000년 '순전한 기독교'(C.S. 루이스)의 관점에서 더욱 비판적으로 성찰하고 저항해야 한다.

염수정 추기경은 "차별금지법안의 일부 조항에 드러나는 '젠더 이데올로기'와 여성가족부가 추진하는 '비혼 동거'와 '사실혼'의 법적 가족 범위 확대 정책은 오랫동안 우리 사회에서 보편적 가치로 여겨졌던 것과는 매우 다르다"라고 비판했다.

서울대교구 생명위원회 위원장인 염 추기경은 '제11회 생명 주일'(5월 2일)을 맞아 '가정과 혼인에 관한 가톨릭교회의 가르침'을 주제로 낸 담화문에서 이렇게 주장했다.

이런 이념들은 가정과 혼인에 관한 가톨릭교회의 신앙과 윤리관과도 어긋난다. [염 추기경은 동성혼 등에 대한 반대 의견도 밝혔다.]

성적 지향이나 성별정체성 등을 이유로 부당한 차별, 폭력적인 언사나 행동을 당해서는 안 된다. … 인간의 존엄성에 근거한 부당한 차별 반대를 동성혼 등을 용인하는 것으로 오해해서도 안 된다. …

'젠더 이데올로기'는 남녀의 생물학적 성의 구별을 거부하고 자신의 성별과 성적 지향을 선택할 수 있다고 여기는 이념이며, 이는 인간을 남자와 여자로 다르게 창조하시고 서로 협력하며 조화를 이루게 하신 창조주의 섭리를 거스른다.

동성애 행위에는 참된 일치와 생명 출산, 남녀 간의 상호보완성이라는 의미와 가치가 빠져 있다. … 동성 간의 성적 관계는 혼인과 가정이 토대로 하는 몸의 결합과 출산이라는 객관적 의미가 구조적으로 빠져 있으므로 혼인이라고 불릴 수 없으며, 이는 부당한 차별과는 다른 문제다.[40]

앞에서 본 것처럼 켄틀러는 독일 개신교와 개신교협의회에도 깊은 영향을 주었는데, 이는 한국에서 퀴어 신학을 주장하는 일부 개신교계에 큰 교훈을 준다. 조기 성교육/조기 성애화를 필연적으로 내포하는 사회주의적 젠더 교육은 필연적으로 소아성애의 문제를 내포한다.

'다양성 성교육'에는 소아성애(푸코), 근친상간(버틀러), 폴리아모리, 매춘, 동성애도 포용되는지를 질문해야 한다. 소아성애자도 성 소수자이며 하나의 다양한 성적 취향으로 포용해야 하는지 질문해야 한다. 사회주의 성혁명과 성정치를 지지하는 자들은 궁극적으로 모든 종류의 성 관계를 포용하는 성유토피아(빌헬름 라이히와 마르쿠제)를 꿈꾼다.

---

[40] "염수정 "비혼·사실혼, 보편가치 아냐" 가족 범위 확대 반대 뜻", 「한겨레」, 2021년 4월 22일 기사. https://www.hani.co.kr/arti/society/religious/992100.html?fbclid=I-wAR1oAPe_cTLOoCM2p09OqRBUkyK1_r3KcWE8pYTMWo7sLl87oWh33sBx1vQ

필자는 이미 『문화막시즘의 황혼』에서 독일 저명 철학자 페터 슬로터다이크의 주장처럼 프로이트막시즘(Freudomarxismus)의 이름으로 유럽 68 신좌파는 기사회생했지만, 프로이트막시즘 자체가 소포클레스의 그리스 비극 작품 『오이디푸스왕』에 대한 오독에 기초한 이론적 사상누각이라는 사실을 주장했다.

버틀러 등에 의해서 소아성애와 근친상간의 이론적 근거로 제시된 프로이트의 오이디푸스 콤플렉스 이론은 소포클레스의 그리스 비극 작품 『오이디푸스왕』에 대한 명백한 오독이다.

그리스 비극 작품들(『오이디푸스왕』과 '바카이〔Bacchae〕등)에 대한 프로이트, 푸코, 들뢰즈-가타리, 라캉, 버틀러 등의 정신분석학적-성혁명적 오독을 비판하면서 르네 지라르의 그리스 비극에 기초해서 오이디푸스는 소아성애와 근친상간을 지지하는 모델이 아니라, 일종의 안티모델, 곧 당시 그리스 폴리스의 파르마코스(희생염소)였음을 이미 주장했다.

헤겔막시즘, 프로이트막시즘 그리고 문화막시즘의 황혼

1. 헤겔막시즘/프로이트막시즘으로 기사회생한 68 신좌파

위르겐 하버마스 이후 독일 철학계에서 가장 유명한 철학자 페터 슬로터다이크(Peter Sloterdijk)는 2005년 독일어권에서 가장 유명한 철학 방송 〈별의 순간〉(Sternstunden)에 출연해서 프로이트막시즘(Freudomarxismus)이 아니었다면 68 신좌파 운동은 성공할 수 없었다는 사실을 바르게 지적한 바 있다. 유럽 68 좌파는 프로이트막시즘을 통해서 기사회생했다고 그는 분석했다.

슬로터다이크는 독일 프랑크푸르트 학파의 비판 이론에 존재하는 과장된 부정주의(Negativismus)와 과장된 자기비판을 비판한다. 그리고 그는 헤겔막시즘(Hegelmarxismus)과 프로이트막시즘에 대해서 언급하면서, 서유럽 68 신좌파가 프로이트막시즘으로 변신해서 겨우 살아남게 되었다고 주장했다.

그는 현대 독일의 국가철학자로 평가받는 위르겐 하버마스의 대척점에 서서 독일 프랑크푸르트 학파의 비판 이론의 '종언'을 주장하고 이 비판 이론의 뿌리 깊은 부정주의를 비판했다. 슬로터다이크는 독일 68 신좌파 운동이 만약 프로이트막시즘이라는 새로운 전략을 채택하지 않았다면 구소련 공산주의의 야만과 폭력에 대한 충격과 실망으로 인해서 결코 다시 소생할 수 없었을 것이라고 바르게 분석했다.

그는 프로이트 정신분석의 '심리치료적' 요소를 칼 막스의 혁명사상에 통합시킴으로써 보다 문화막시즘적이고 사회심리학적으로 진화했기에 신좌파가 생존할 수 있었다고 분석했다.[1]

슬로터다이크는 독일 68 신좌파가 택한 독일 프랑크푸르트 학파의 비판 이론을 프로이트막시즘과 헤겔막시즘으로 평가했는데, 68 좌파와 비판 이론이 선택한 문화막시즘(Kulturmarxismus)은 대체적으로 헤겔막시즘이며 또한 프로이트막시즘이다. 헤겔과 칼 막스는 '적과 같은 쌍둥이'라고 보면 된다. 그래서 헤겔의 관념론적 변증법을 비판한 칼 막스의 유물론적 변증법이 구소련에서 폭력과 야만으로 실패하자 서유럽 68 신좌파는 우선 다시금 상부 구조에 관심을 가지는 헤겔막시즘과 문화막시즘으로 둔갑해서 기사회생하게 된다.

문화막시즘의 창시자에 해당하는 그람시도 헤겔과 헤겔막시즘에 깊은 영향을 받았다. 푸코도 헤겔막시즘의 철학자이고 버틀러도 박사 과정에서 헤겔철학을 전공했다. 스스로 은폐된 공산주의자이자 마오이스트라 주장하는 슬라보예 지젝도 자크 라캉을 대중화시키기도 했지만, 헤겔을 재발견하는 헤겔막시즘 철학자이다.

헤겔막시즘은 헤겔과 칼 막스 모두가 '독일 사회주의'(Deutscher Sozialismus) 전통이 낳은 '적과 같은 쌍둥이'라는 사실을 잘 보여 준다. 헤겔막시즘을 따르는 주디스 버틀러는 독일 관념론 철학이 독일 민족사회주의(나치즘)의 야만을 일으켰다고 보았다. 사회주의는 독일 철학의 산물이다. 좌우 독일 사회주의(칼 막스 전통의 독일 국제사회주의 / 헤겔 전통의 독일 민족사회주의) 모두 '독일 이데올로기'(Deutscher Ideologie)와 낭만주의적 독일 관념론 철학의 산물이다. 칼 막스와 엥겔스의 『독일 이데올로기』가 2015년 한국어로 번역 출간되었다.

---

1 Sternstunde Philosophie – Der Philosoph im Gespräch mit Marco Meier. Die Welt im Grossen und Ganzen – Peter Sloterdijk (2005).

칼 마르크스는 이 책에서 독일 이데올로기(헤겔의 독일 관념론)와 독일 사회주의를 자신의 유물론적 변증법의 관점에서 비판하고 있지만, 칼 마르크스와 엥겔스가 말하는 독일 국제사회주의(공산주의, 독일 좌파사회주의) 또한 프로이센 이후의 독일 사회주의의 좌파적 후손이다.

히틀러도 사회주의자였고 스탈린도 사회주의자였다. 좌우 사회주의(나치즘과 공산주의) 모두 칼 마르크스와 엥겔스의 책 제목처럼 특유의 '독일 이데올로기', 곧 독특하고 특정한 독일 철학의 산물이다.

사회주의와 공산주의는 독일 이데올로기이다. 칼 마르크스와 엥겔스는 이 책에서 독일 이데올로기를 헤겔적 독일 관념론 철학을 의미하는 것으로 이해하지만, 헤겔 좌파 제자인 칼 마르크스의 유물론적 변증법과 국제사회주의도 독일 이데올로기이다.[2]

독일 프랑크푸르트 학파의 문화막시즘은 헤겔막시즘이다. 헤겔과 헤겔의 좌파 제자 칼 마르크스 모두 사회주의자였다. 다시금 상부 구조에 주목하는 문화막시즘도 헤겔막시즘이며, 슬라보예 지젝, 루카치, 발터 벤야민 등도 헤겔막시스트로 분류된다. 헤겔막시즘(문화막시즘)은 헤겔과 칼 마르크스가 좌우 '적과 같은 쌍둥이'처럼 서로 얽혀 있다는 사실을 잘 보여 준다.

---

2 카를 마르크스, 프리드리히 엥겔스, 『독일 이데올로기』. 김대웅 역 (서울: 두레, 2015); Karl Marx, Friedrich Engels: Die deutsche Ideologie. Kritik der neuesten deutschen Philosophie in ihren Repräsentanten Feuerbach, B. Bauer und Stirner, und des deutschen Sozialismus in seinen verschiedenen Propheten (geschrieben 1845–1846, nach den Handschriften). (=Marx-Engels-Werke(MEW)), Band 3, Dietz, Berlin (DDR) 1958, DEA Archiv online; auch Berlin 1973.

2. 21세기는 보수주의의 세기가 될 것이다 (페터 슬로터다이크)

페터 슬로터다이크는 "21세기는 보수주의의 세기가 될 것이다"라고 자신의 저서 『근대의 끔직한 자손들』[3]에 대한 로날드 글라스베르겐(Ronald Glasbergen)과의 인터뷰에서 주장했다. 슬로터다이크는 19세기와 20세기는 좌파의 세기였지만, 21세기는 보수주의의 시대가 될 것이라고 주장했다.

20세기 초 발생한 구소련의 공산주의 혁명과 그 이후 점차 약해지는 여진으로 특징 지워진 20세기가 저물고 21세기에는 칼 막스의 고향 독일에서 주류 철학자가 보수주의를 주장하고 있다. 슬로터다이크는 68세대의 대표적 학자이지만, 독일 신좌파처럼 프랑크푸르트 학파의 비판 이론이나 사회민주주의 노선과 점차 비판적 거리를 두면서 독일 보수주의를 대표하는 철학자로 전환했다.

페터 슬로터다이크는 필자의 책 제목처럼 『문화막시즘의 황혼: 21세기 유럽 사회민주주의 시대의 종언』을 잘 보여 주는 독일 주류 철학자이다. 그는 독일 프랑크푸르트 학파의 비판 이론의 '종언' 등을 21세기 접어들면서 주장한 학자이다. 그는 독일에서 메르켈 총리의 유토피아주의적 다문화주의에 근거한 수백만 명의 시리아 난민 정책 등을 비판하는 등 21세기 독일 철학계와 정치계의 보수주의적 전환을 대표하는 학자이다.

문재인 정부에 와서 각종 방송에서 주요 논객으로 등장한 김누리 교수는 독일 68과 한국 86 운동권 정권을 비교하면서, 68 운동과 독일 사회주의 전통을 낭만적으로 찬양한 바 있지만, 21세기 독일 정치는 보수주의적 전환을 했다고 볼 수 있다. 이 인터뷰에서 슬로터다이크는 레닌을 비판하고, 특히 프로이트막시즘의 근거가 된 프로이트 정신분석학의 "이상한" 성억압 이론을 비판했다.

---

[3] P. Sloterdijk, *Die schrecklichen Kinder der Neuzeit* (Berlin: Suhrkamp 2014).

3. '더러운 신들'과 프로이트: 프로이트막시즘의 사상누각

이렇게 21세기 독일에서 가장 유명한 철학자 페터 슬로터다이크는 프로이트 정신분석학의 "이상한"(seltsam) 성억압 이론을 비판하는데, 프로이트의 정신분석이 과잉되게 유행하게 된 이유에는 서유럽 68 신좌파가 프로이트막시즘의 이름으로 프로이트를 정치적으로 유행시킨 사실도 포함된다.

2021년 1월 17일 정신분석학자 페터 슈나이더(Peter Schneider)는 독일어권에서 가장 유명한 철학 방송, 〈별의 순간〉(Sternstunde)에 출연해 "프로이트의 정신분석은 아직도 시의적절한가"라는 제목으로 프로이트 정신분석의 "학문성"에 의문을 제기하면서 프로이트 정신분석의 초석인 오이디푸스 콤플렉스 이론은 "잘못된 가설"(Fehlkonstruktion)이라고 주장했다.[4]

21세기 정신분석과 심리학의 주류는 프로이트식의 범성욕주의적 이론이 아니라, 뇌과학에 기초한 신경정신의학과 인지심리학이다. 하지만 여전히 서유럽 68 좌파 운동권이 유행시킨 프로이트막시즘, 프로이트막시즘적인 포스트모던적 정신분석(라캉, 들뢰즈-가타리 등) 그리고 최근의 프로이트막시즘적인 페미니즘이라 할 수 있는 젠더 페미니즘(성인지 페미니즘)과 퀴어 페미니즘에 이르기까지 프로이트의 정신분석은 그 학문성을 엄밀하게 검토되지 못한 채 과잉되게 정치화되어서 유행됐다.

필자는 르네 지라르의 문화 이론에 기초해서 이미 소포클레스의 그리스 비극 작품인 『오이디푸스왕』에 대한 오독 위에 세워진 프로이트 정신분석과 프로이트막시즘의 사상누각에 대해서 비판한 바 있다.

독일 공영방송 바이에른방송(Bayerischer Rundfunk)에서 방송되는 유명한 철학 방송인 〈서양의 사상가〉(Denker des Abendlandes) 시리즈 중 "다윈, 프로이트, 막스 베버"(Darwin, Freud, Max Weber. 37/43)에서는 프로이트의 정신분석은 여전

---

4 Peter Schneider, ist Freuds Psychoanalyse noch zeitgemäss? | Sternstunde Philosophie | SRF Kultur.

히 정립된 학문으로 인정받지 못하고 있다는 사실이 바르게 지적되었다.

또한, 독일 연방공화국 연방공로십자훈장(Bundesverdienstkreuzes)의 수여자이기도 한 신경과학자/정신의학자/심리치료사인 의학박사 바인베르거(Dr. med. Friedrich Weinberger, Facharzt für Neurologie und Psychiatrie, Psychotherapie)는 "지그문트 프로이트-현혹학문의 결과들"(Sigmund Freud - Konsequenzen einer Schwindelwissenschaft)라는 제목의 인터뷰에서 이렇게 주장했다.

프로이트의 정신분석학은 당시 독일어권 학계에서는 "비학문적인" 이론이라며 거부되었지만, 프로이트의 미국 강연 등 이후 주로 막시스트들이 열광적으로 수용했고, 특히 독일 68 학생 운동권에 의해서 '프로이트막시즘'의 형태로 유행하게 되었지만, 프로이트 이론의 기초인 '오이디푸스 콤플렉스'는 이제 폐기되어야 할 이론이라고 주장했다.

이 신경과학자는 독일 정신의학 윤리 분야 책임자로 알려져 있다. 서유럽 68 좌파 운동권에 의해서 지배적인 담론으로 유행하게 된 프로이트의 정신분석은 20세기 중후반 동안 제대로 학문적인 검토와 논쟁을 거치지 않은 채 유행하게 되었다고 바르게 지적한다.

또한, 그는 이 프로이트막시즘으로부터 이후의 젠더 이론과 젠더 페미니즘 등이 파생되었다고 비판한다.

> 이 인터뷰는 (프로이트) 정신분석의 내용과 실천 그리고 100년 전부터 지속해 온 프로이트 정신분석에 대한 저항들 그리고 오직 정치적 준비와 선동을 통한 1945년 이후 하나의 의학(Heilkunde)으로서의 점진적 관철에 대해서 조명했다. 하지만 프로이트라는 임금님은 벌거벗었다(Der Freudsche Kaiser ist nackt). [5]

2003년 12월 4일 프랑스-독일 합작 공영방송 〈아르떼〉(Arte) 방송은

---

5 2016년 10월 31일 MV TV와의 인터뷰. Sigmund Freud - Konsequenzen einer Schwindelwissenschaft (https://www.youtube.com/watch?v=Vd2bVPIRLd8)

"더러운 신들(Schmutzige Götter): 베를린에서의 정신분석 역사"라는 다큐멘터리를 방송했는데, "더러운 신들"이라는 방송제목이 의미심장하다. 즉, 그리스 신들(Götter)들을 다시금 동경했던 독일 낭만주의 운동에서의 무의식과 꿈 그리고 광기에 관한 관심이 프로이트의 정신분석에까지 이어지게 되었다는 사실과 연관되기 때문이다.

독일 낭만주의 운동은 점차 독일 이교(Deutsches Heidentum)로까지 이어지게 된다. 쇼펜하우어의 무의식과 꿈에 관한 연구 그리고 니체의 디오니소스적인 것이 프로이트의 정신분석에까지 이어지게 된다. "더러운 신들"은 프로이트 책상에 놓인 각종 신의 조각상을 의미한다. 이 다큐멘터리의 처음에 프로이트의 정신분석은 "독일 학문(Deutsche Wissenschaft)이기에 결코 번역될 수 없다"는 주장이 소개되었는데, 프로이트 이론은 독일 특유의 사유, 특히 독일 낭만주의 전통의 산물이라는 점에서 바른 분석이다.

또한, "프로이트의 이론이 동성애 운동의 길을 준비했다"는 사실도 바르게 소개되었다. 이 독일 방송은 오스트리아 비엔나에서 시작된 프로이트의 정신분석이 독일 베를린에서 점차 확립되어 가는 과정을 소개했다. 이 방송은 또한 학문성을 의심받은 프로이트 정신분석을 사회주의자들이 그리고 특히 68 운동이 열렬하게 수용해서 유행시켰다는 내용도 등장한다. "프로이트 정신분석 수립 이후 100년 동안 정신분석은 항상 약간 비정상적이고 병적인 것으로 (als leicht abseitig) 간주됐다"라고 이 방송은 요약해서 설명했다.[6]

독일 낭만주의는 그리스의 더러운 신들 중에서 특히 디오니소스를 도래하는 새로운 메시아로 동경했다. 집단 광기와 집단 성교(통음난무)의 신 디오니소스는 더러운 신들의 상징이자 전형이다. 니체도 하이데거도 그리고 포스트모던 좌파의 젠더 퀴어 페미니즘에서도 이 디오니소스적-신이교적 르네상스가 발견된다.

---

6   "Schmutzige Götter – Geschichte der Psychoanalyse in Berlin", ARTE 방송 2003년 12월 4일 방송.

독일 낭만주의의 영향으로 프로이트는 그리스 문명과 그리스 비극에 대한 과도한 평가를 하면서 소포클레스 그리스 비극 작품『오이디푸스왕』에 대한 오독 위에 자신의 정신분석을 구축했고, 이후 프로이트막시즘의 이름으로 사회주의적 성혁명 운동이 일어났고, 이 성혁명/성정치 운동의 유산으로서의 오늘날 젠더 퀴어 페미니즘(성인지 페미니즘)도 등장하게 되었다. 성욕망에 집착하는 프로이트의 범성욕주의적 담론이나 프로이트막시즘적인 주장들이 아니라, 21세기에는 보다 뇌과학적 인지심리학이 대세이다.

21세기에는 20세기 중후반 프로이트막시즘이라는 정치이데올로기에 의해서 과잉되게 유행했던 프로이트의 정신분석보다는 프로이트의 오이디푸스 콤플렉스를 비판한 르네 지라르가 말하는 '거울신경세포'(세 번째 뇌)에 기초한 뇌과학적 관계심리학이 주류가 되고 있다.

4. '세 번째 뇌': 모방욕망에 의한 성욕망의 휘어짐(성도착)

2020년 11월 국내에 르네 지라르의 오랜 학문적 동반자였던 프랑스 신경정신의학자이자 심리학 교수인 장 미셸 우구를리앙의 또 다른 책『세 번째 뇌』가 번역되어 출간되었다.[7] 우구를리앙은 프로이트의 범성욕주의적 정신분석으로 설명되지 않는 것들을 르네 지라르의 미메시스 이론(Mimetic Theory)에서 말하는 모방적 욕망 이론을 통해서 명쾌하게 이해할 수 있게 되었다고 고백한다.

우구를리앙은 르네 지라르의 모방 이론 혹은 미메시스 이론이라는 안경을 쓰기 전까지, 환자가 뿌옇게 보였다고 고백한다. 환자가 고통받는 이유도, 치료법도 프로이트의 정신분석 이론으로는 명쾌하게 설명되지 않는다고 느꼈다. 그러던 중에 우연히 접한 르네 지라르의 모방 이론은 자신에게 한층 또렷한 세계를 선사했다고 고백한다.

---

[7] 장 미셸 우구를리앙,『세 번째 뇌』, 임명주 역 (서울: 나무의마음, 2020).

우구를리앙은 사고를 관장하는 대뇌피질, 감정을 관장하는 대뇌변연계에 이어 거울신경세포가 세 번째로 밝혀졌다는 이유에서 이 거울신경세포(mirror neurons)를 "세 번째 뇌"로 명명하고 이를 모티브로 삼아 인간의 심리 현상을 르네 지라르가 말하는 모방적 욕망의 프레임으로 해석한다.

모방욕망에는 반드시 그 대상이 존재해야 하는 법이다. 그 때문에 모방욕망은 필연적으로 '자아 간 심리학'으로 귀결될 수밖에 없다. 개인의 심리만 파고들 게 아니라, 인간 관계 속에서 보이는 상호성을 봐야 한다는 이론이다.

> 누구를 만나거나 관계를 맺을 때마다 우리에게는 새로운 자아가 만들어진다. … 심리 현상은 각자의 육체가 가진 고요한 불투명함이 아닌, 자아와 자아의 관계 안에 존재하는 신비한 투명함에서 생겨난다. 나는 오랜 성찰과 치료 경험을 통해 정신병이 발생하고 진전하는 과정에서 모방 관계가 중요한 역할을 한다는 것을 조금씩 이해하게 되었다.

우구를리앙은 말한다. 그에 의하면 신경증 상태인 환자의 모방욕망은 '허언증'이나 '가장성장애'(주위의 관심을 환기할 목적으로 자신을 병자로 만드는 행위. 자해가 동반된다)로 나타난다고 한다.[8]

신경정신병학자이자 심리학자인 우구를리앙은 『모방의 뇌』(*The Mimetic Brain*)라는 제목의 연구서를 2016년 지라르의 미메시스 이론 연구시리즈 중 하나로 출판했다. DNA의 발견과 비견되는 것으로 평가받는 거울신경세포의 발견 이후 '모방의 뇌'는 국제 지라르학파뿐 아니라, 최근 정신분석학과 인지심리학 등에서 주요한 연구의 화두가 되었다.

---

8   "내 욕망의 내용은 '네 것' 뿐이구나", 「한겨레」, 2020년 11월 27일 기사. https://www.hani.co.kr/arti/culture/book/971770.html?fbclid=IwAR0zZvddtAIiO41D-gA0csxQjLrCPJTaDch2akH4TNRQkEoqf78uHKoVil6U#csidx9d157714c-743b1ea913616713cedab7

그는 모방에 대한 현대 뇌과학적 이해들에 있어서 맹점 혹은 사각지대라 할 수 있는 (모방적) 경쟁이야말로 정신질환들 뒤에 오해된 채 숨어 있는 원인이라고 주장한다.[9] 21세기 정신분석에서는 프로이트의 정신분석을 넘어서 최근 거울신경세포의 발견으로 더 이론적 설득력과 설명력을 얻고 있는 르네 지라르의 모방적 욕망 이론이 더 주목을 받고 있다.

2016년 영국 케임브리지대학에서는 모방의 뇌를 화두로 "상호주체성, 욕망 그리고 모방의 뇌: 르네 지라르와 정신분석"(Intersubjectivity, Desire, and the Mimetic Brain: René Girard and Psychoanalysis)이라는 주제 아래 국제학술대회가 개최되기도 했다.[10] 이렇게 최근 심리학의 경향도 프로이트의 범성욕주의적 정신분석학이나, 칼 융의 (영지주의적) 분석심리학이나 자크 라캉의 무의식에 대한 언어구조주의적 정신분석을 넘어서 보다 자연과학적이고 뇌과학적인 인지심리학이 대세를 이루고 있다.

거울신경세포의 발견은 최근 심리학과 정신분석학, 뇌과학, 신경과학 등에 지대한 영향을 주고 있다. 거울신경세포의 발견으로 뇌과학적으로 확증된 르네 지라르의 미메시스 이론이 프로이트, 칼 융, 자크 라캉의 정신분석보다 더 큰 주목을 받고 있는데, 위에 소개한 2016년 영국 케임브리지대학의 학제적 학술대회는 이를 잘 보여 준다.[11]

모방욕망에 숨겨진 관계 심리학을 주장하는 우구를리앙의 『세 번째 뇌』는 심리학계와 신경과학계의 흐름을 완전히 바꾸어 놓은 책으로 소개된다. 그에 의하면 "세 번째 뇌를 알면 인간 행동의 비밀 풀린다." 우구를리앙은 모방 이론 혹은 미메시스 이론의 창시자인 르네 지라르 연구에 관한 학제적 연구에 앞장서고 있다. 그동안 인간의 심리는 대뇌피질과 대뇌변

---

9   Jean-Michel Oughourlian, *The Mimetic Brain* (Studies in Violence, Mimesis, & Culture) (East Lansing, MI: Michigan State University Press, 2016).
10 "Intersubjectivity, Desire, and the Mimetic Brain: René Girard and Psychoanalysis" (11-12 November 2016, St John's College, Cambridge, UK).
11 정일권, 『질투사회: 르네 지라르와 정치경제학』 (서울: CLC, 2019)를 보라.

연계의 상호작용으로 설명됐다. 인간 뇌의 대뇌피질은 인지와 사고를 관장하고, 대뇌변연계는 감정과 감성을 관장한다.

하지만 우구를리앙은 인간의 심리 현상에서 "모방에 바탕을 둔 타인과의 관계"가 인지와 감정에 영향을 준다는 점에 주목하면서 "인지의 뇌"와 "감정의 뇌" 말고도 "모방의 뇌"(Mimetic Brain)가 있으며 모방의 뇌가 인지와 감정을 관장하는 뇌 기능들에 영향을 미치는 "세 번째 뇌"라고 강조한다.

타인과의 관계를 구축하는 데 있어 매우 중요한 역할을 수행하는 것이 바로 거울신경세포이다. 거울신경세포는 이성적으로 사고하기 전에 인간과 인간을 서로 비추며 이를 통해 타인의 몸짓을 인식하고, 행동과 의도를 해석하고, 이해하고 모방한다.

우구를리앙은 지라르와 함께 학제적 대화와 연구를 진행하면서 "자아 간 심리학"(interdividual psychology)이라는 개념을 만들었다. '개인'이나 '주체'의 개념만을 사용했던 기존의 심리학을, '모방 관계'와 '자아 사이의 관계'를 중심에 둔 새로운 심리학으로 대체해야 한다고 그는 주장한다.[12]

인간 행동과 욕망의 강한 모방성은 거울신경세포에 의해 시작된다. 거울신경세포의 발견으로 지라르의 미메시스 이론은 뇌과학적으로 확증되었다. 뇌과학과 인지과학 분야를 연구하는 학자들은 DNA 발견이 생물학에서 이룬 변화처럼, 거울신경세포의 발견이 심리학 분야에서 큰 지각변동을 일으킬 것으로 예상한다.[13]

우구를리앙은 임상연구와 함께 지라르의 이론을 정신의학, 심리학 그리고 정신병리학 분야에서 적용하고 발전시키는 연구를 지속해 왔다. 그는 모방적 욕망 이론에 관하여 임상적 관점을 전개했던 몇 권을 책을 쓰기도 했다. 그는 『욕망의 꼭두각시: 히스테리, 빙의, 최면의 심리학』에서 지라

---

12 [주태산 서평] "세 번째 뇌 알면 '인간 행동의 비밀' 풀린다", 「이코노믹리뷰」, 2020년 11월 29일 기사. http://www.econovill.com/news/articleView.html?idxno=507163

13 Jean-Michel Oughourlian, *The Genesis of Desire,* trans. Eugene Webb (East Lansing, MI: Michigan State University Press, 2010), 2.

르의 미메시스 이론과 연결시켜 "모방적 욕망의 현상학"을 제안했다.[14]

그는 임상연구를 병행하는 신경 정신병학자로서 지라르의 분석처럼 욕망의 근본적 "타자성"을 발견했고, 모방적 욕망이 만들어 내는 각종 정신병리학적 현상에 대해서 미메시스 이론이 지니는 "치유적 가치"를 발견했다. 욕망의 모방성, 경쟁성, 타자성 그리고 관계성이 수많은 형이상학적 질병을 만들어 낸다는 것이다.

그가 임상에서 발견한 대부분의 병리학들(히스테리, 공포증, 불안, 파괴적 걱정, 강박적 질투심, 신경성 무식욕증 등)은 "욕망의 질병들"이라고 분석한다. 모방적 욕망에 의해 촉발된 경쟁이 우리를 너무 강하게 모델에 사로잡아서 증오의 관계성 속에 사로잡는다는 것이다.

인간의 상호관계에 존재하는 미메시스적인 것(mimetism)을 이해하지 못하기에 그렇다는 것이다. 그래서 자신의 "미메시스적 심리치료"(mimetic psychotherapy)는 끝없는 경쟁에 사로 잡혀 있는 사람들을 풀어서 그 허구적 집착을 깨닫게 하는 것이다. 우리가 강한 모방성에 대한 깨달음을 얻게 되면, 그 깨달음이 우리를 점차 해방시켜 모방적 욕망이 우리를 '욕망의 꼭두각시'처럼 조종하지 못하게 한다는 것이다.[15]

우구를리앙은 인간만이 가지는 다양한 형태의 성적 도착현상(페티시즘, 관음증, 가피학증, 등)은 모방적 욕망이 기저에 존재하는 성적 본능을 변경시켜서 발생하는 것으로 분석한다. 동물들도 성적 본능을 가지고 있지만, 그들에게는 성적 도착은 존재하지 않는다. 왜냐하면, 그들에게는 모방적 욕망이 없기 때문이다.[16] 모방적 욕망이 성욕망을 왜곡하고 변경시켜서 현대에 범람하는 각종 도착적이고 변태적인 성욕망의 일그러진 모습들이 등장한다는 것이다.

---

[14] Jean-Michel Oughourlian, The *Puppet of Desire: The Psychology of Hysteria, Possession, and Hypnosis*, trans. Eugene Webb (Stanford:Stanford University Press, 1991).

[15] Oughourlian, *The Genesis of Desire*, 11-3.

[16] Ibid., 29.

프로이트가 범성욕주의적 관점에서 오이디푸스 신화마저도 지나치게 개인의 성욕망의 관점에서 잘못 해석했지만, 지라르는 오이디푸스 신화를 사회적으로 해석해서, 은폐된 희생양 메커니즘을 분석해 냈다. 성욕망보다 더 근본적이고 급진적인 것은 모방적 욕망이다. 성욕망도 모방적이다. 성욕망이 모방적 욕망으로 인해 증폭되고 가열되어서 범람하는 사회가 현대 사회이다.

우구를리앙은 고전 심리학을 넘어 "새로운 상호개인성(interdividuality)의 심리학"을 제안한다.[17] 상호개인성이라는 개념은 앞에서 보았듯이 지라르가 제안한 개념이다. 상호개인적 관계의 장 속에 우리는 존재하기에 우리의 "모든 욕망은 경쟁적이고, 모든 경쟁은 또한 욕망적이다." 욕망과 경쟁은 얽혀 있다. 모방적 욕망은 경쟁을 생산하고, 경쟁은 욕망을 가속화시킨다.[18]

5. 프로이트의 꿈/무의식 연구에 대한 독일 낭만주의의 영향

2021년 연세의대 정신건강의학교실 민성길 명예교수가 『기독교와 정신의학』이라는 책에 기고한 두 편의 글을 보내 줘서 학제적 대화를 나누었다. 한국성과학연구협회 회장이기도 한 민성길 교수가 정신의학자들과 신학자들의 학제적 대화와 공동연구의 필요성을 주장한 것에 대해 전적으로 공감한다.

민성길 교수가 문명화를 위한 성욕망의 '승화'를 주장한 프로이트와 빌헬름 라이히의 차이에 대해서 그리고 프로이트의 정신분석과 이후의 프로이트막시스트들(빌헬름 라이히, 마르쿠제, 푸코 등)의 차이에 대해서 지적한 것은 옳다.

---

17 Ibid., 34.
18 Ibid., 66.

하지만 프로이트 자신이 정신분석의 초석이라고 말한 오이디푸스 콤플렉스 이론은 소포클레스의 『오이디푸스왕』에 대한 명백한 오독의 결과이기에 전면적으로 수정되거나가 폐기되어야 한다고 필자는 한국 그리스 고전학자들의 연구를 인용하면서 주장했다.

프로이트의 정신의학적 기여를 전부 무시할 필요는 없지만, 그의 범성욕주의적 입장은 그다지 설득력이 없다고 본다. 프로이트의 무의식과 꿈에 관한 관심은 이전의 독일 낭만주의, 니체 그리고 쇼펜하우어의 영향이 크다.

민성길 교수가 지적한 것처럼 프로이트의 정신분석은 단순히 의학과 정신의학으로부터만 발생한 것이 아니라, 당시 인문학과 철학과 깊은 관계가 있다. 필자는 프로이트 자신이 인정하는 이러한 독일 특유의 낭만주의의 영향을 강조했다. 그리고 민성길 교수는 프로이트 정신분석의 쇠퇴와 변신에 대해 다음과 같이 잘 지적했다.

> **첫째**, 정신분석의 쇠퇴와 변신이다. 현재 정신분석은, 과학적 내지 임상적(empirical) 증거 부족으로 신경과학과 인지과학 등에 의해 의학의 주변으로 밀려나고 있다. 즉, 정신분석이 과학이라고 주장되었지만, 과학 같지는 않다는 비판도 많이 받는다. 그리하여 의학에서 치료기술로서 정신분석이 차지하는 비중은 점차 낮아져 왔다.
>
> **둘째**, 발달하는 최첨단 신경과학(neuroscience)과 통합하는 신경정신분석(neuro-psychoanalysis)으로의 발달이 있다. 신경정신분석가는 신경과학의 발견이 정신분석 이론을 '과학적으로' 입증해 줄 것으로 기대한다. 그러나 이 이론은 이제 초기 단계이다. 한편 전통주의자들은 프로이트의 포도주가 신경과학의 물로 희석되는 것을 달가워하지 않는다. 한편 신경과학자들은 정신분석을 심리학으로 보고 인지과학으로 접근하기를 선호한다.

저명한 하버드대 심리학 교수 스티븐 핑커는 국내에도 잘 알려진 학자인데, 그는 프로이트의 온건한 입장들은 과학적으로도 수용될 수 있지만, 더욱 선정적인(lurid) 주장들, 곧 남근에 대한 질투(penis envy), 오이디푸스적 갈등(Oedipal conflict) 등은 과학적으로 수용될 수 없는 것으로 평가한다. 또한, 프로이트의 오이디푸스 콤플렉스에 등장하는 어머니에 대한 근친상간적 (은폐된) 성 욕망은 과학적으로 검증될 수 없는 것이라고 평가한다. 그는 프로이트 "정신분석학적 심리치료의 비효율성"에 대해서도 지적한다.[19]

이렇게 그리스 고전학의 관점에서 보더라도 명백한 오독에 기초한 것이고 스티븐 핑커의 주장처럼 과학적으로도 검증될 수 없는 오이디푸스 콤플렉스에 등장하는 소아 오이디푸스의 근친상간적 성욕망으로부터 푸코와 버틀러와 같은 성혁명가들은 소아성애와 근친상간의 정상화를 위한 근거를 도출하려고 했다. 프로이트, 빌헬름 라이히, 마르쿠제, 푸코, 라캉, 들뢰즈-가타리, 버틀러 모두 지속적으로 오이디푸스와 오이디푸스적인 것을 코드와 상징처럼 반복하지만, 여전히 그들은 오이디푸스에 대한 '인지불능'으로부터 벗어나지 못하고 있다.

민성길 교수는 필자와의 학제적 대화에서 의대생 때 정신분석에 매혹되어 정신의학을 전공하기로 했지만, 프로이트의 오이디프스 콤플렉스와 범성욕론을 실제 임상에서 대단한 것으로 취급하지 않는다고 주장한다. 인간에게는 살부혼모라는 욕망이 있고, 어린애가 성욕이 있다고 말하는 것은 사회사상가들의 과잉반응으로 민성길 교수는 보았다.

민 교수는 정신의학자들은 오이디푸스 콤플렉스를 아버지, 어머니, 아들(딸) 사이의 인간 관계 정도로 파악한다고 말하면서 이것을 과도히 성애

---

[19] 이 주장은 하버드대학교에서의 스티븐 핑커 교수의 강의 중에 등장한다. 이 자료에 대한 소개는 미국에서 활동하는 Jihan Kim의 제보로 이루어진 것이다. https://harvard.hosted.panopto.com/Panopto/Pages/Viewer.aspx?id=b-c3f3706-b0a3-4657-99f5-acbd0026b6ef&fbclid=IwAR2rFXc_vPTQOYmpHbQm-llDpDc_aGbxWg9sGwqF9d_U8dtsVFOlp6kQNd3k

화한 것은 소아성애자들과, 성도착자와 성혁명가들이라고 주장했다.

실제 정신분석을 하는 또는 정신분석적 정신치료를 하는 의사들은 이런 프로이트의 섹슈얼리티 이론보다, 의식과 무의식의 관계, 방어기제, 리비도와 같은 비중의 타나토스(aggression), 인격발달(퇴행 이론) 등을 중요시한다고 민 교수는 답했다.

민 교수가 한때 동성애자를 전환치료 했을 때, 섹스를 직접 다루기보다, 어린 시절 트라우마와 분노, 대인관계를 주로 다루었다고 소개했다. 프로이트가 오이디푸스 신화를 잘못 읽었을지 모르나, 지금 성혁명가들도 프로이트를 남용하고 있다고 민 교수는 보았다.

그러면서 프로이트가 독일 낭만주의의 강한 영향을 받았다는 필자의 관점을 흥미롭게 보았다고 했는데, 자신은 프로이트를 이성적 계몽주의자라고 그동안 파악했기 때문이라고 답했다.

계몽주의는 빛을 추구했지만, 반계몽주의인 독일 낭만주의는 세계의 밤(Weltnacht), 어두움, 무의식 그리고 광기와 모순을 의도적으로 추구했다. 프로이트의 정신분석은 독일 낭만주의와 니체 그리고 쇼펜하우어의 영향을 받았으며 또한 오스트리아의 메스머(Franz Anton Mesmer)의 무의식 연구와 최면 연구와도 관련성이 깊은데, 이는 이후 논할 것이다.

민성길 교수가 섹슈얼리티를 직접 다루기보다는 어린 시절의 트라우마와 분노 그리고 대인관계를 주로 정신분석과 치료에서 다루었다는 것은 앞에서 르네 지라르와 장 미셸 우구를리앙이 말하는 새로운 '자아 간 심리학'인 상호개인성(interdividuality)의 심리학이 더 효율적인 정신분석이라는 사실과 맥을 같이 한다.

앞에서 소개한 것처럼 모방적 욕망이 인간의 성욕망을 변경시키고 왜곡하고 굴절시킨다고 볼 수 있다. 왜냐하면, 인류의 성욕망도 모방적이고 경쟁적이기 때문이다.

6. 모방적 욕망이 없는 동물에게는 성도착이 없다

앞에서 우구를리앙은 인간만이 가지는 다양한 형태의 성적 도착현상(페티시즘, 관음증, 가피학증 등)은 모방적 욕망이 기저에 존재하는 성적 본능을 변경시켜서 발생하는 것으로 분석한다고 소개했다. 즉, 만유인력과 중력이 우주의 시공간과 빛을 휘어지게 하는 것처럼 만유모방(universal mimesis)이 인간의 성욕망까지도 휘어지게 만든다.

인간 관계 속에 중력처럼 존재하는 모방적이고 경쟁적인 욕망이 성욕망까지도 변경시키고, 굴절시키고 휘어지게 만들어서 동물 세계에서 찾아볼 수 있는 각종 종류의 성도착과 변태적 성욕을 발생시켰다고 볼 수 있다.

우구를리앙은 자신의 책에서 오스트리아 비엔나 출신의 의사 메스머의 "동물자기"(animalischer Magnetismus) 이론을 언급한다. 현대에 와서 최면의 역사가 그로부터 시작된다. 그의 가설에 의하면, 우주 전체에는 자성 유체(magnetic fluid)가 활동하면서 그가 동물자기라고 불렀던 최면 효과를 일으킨다.

물론 그의 가설은 과학적 한계를 지니고 있긴 하지만, 그의 대담하고 상상력이 풍부한 시도는 사람들을 끌어당기는 내적 힘에 대한 진지한 질문에 답변하고자 했다.

그는 뉴턴의 만유인력 이론에서 묘사된 그러한 물리적 효과들과 유사한 이 힘이 가지는 "심리학적 효과들의 보편성"에 대해서도 확신하게 되었다. 그는 바로 뉴턴의 만유인력에 대한 물리학적 법칙과 유사한 심리학적 법칙이 존재한다고 보았다. 그래서 그는 인간이 서로에 대해서 끌어당기는 매력(attractions)에 대해서 심리학적 관찰을 진행했다.

그는 물리학과 심리학을 혼합시키고 또 혼동하고 있긴 하지만, 이 물리적 자연법칙과 인간사회의 문화적이고 심리적인 법칙 사이에 존재하는 '유비들'을 처음으로 생각한 학자이다.

우구를리앙에 의하면 메스머는 심리학에서 근본적 문제는 바로 '심리학적 운동'을 설명하는 것이라는 것을 바로 보았다. 최근의 거울신경세포의 발견은 메스머가 직관적으로 보았던 "보편적 힘"이 하나의 실재라는 것을 이론적으로 또한 경험적으로 기초한 방식으로 보여 주었다. 물론 그것은 비록 "행성적인 것이 아니라, 신경학적인 실재"이긴 하지만, 그럼에도 불구하고 실재한다.[20]

우구를리앙은 만유모방이 큰 인간 집단의 심리학에 미치는 영향력을 뉴턴의 만유인력과 유비적인 방식으로 적용가능하다고 본다. 그래서 그는 군중심리학(Collective Psychology)과 뉴턴의 만유인력을 유비적인 방식으로 비교한다. 두 물리적 대상 사이에 존재하는 인력(force of attraction)은 그 질량과 정비례하고, 그 물체 사이의 거리에 반비례한다. 이것은 "심리학적 주체들" 사이에 존재하는 인력에도 그대로 적용된다.[21]

독일 저명 철학자 페터 슬로터다이크는 프로이트의 무의식 연구는 프로이트 자신의 것이 아니라, "독일 관념론 철학의 산물"이라고 2016년 4월 3일 독일 공영방송 남서독일방송(Südwestrundfunk)에 출연해서 주장했다.

그는 독일 특유의 "낭만주의적 정치경제학"인 독일 역사적 학파(historische Schule)가 존재한 것과 유사하게 "낭만주의적 의학"(romantische Medizin)도 존재했다면서 이 낭만주의 의학에 대해서 강의하면서 무의식에 대한 관심은 독일 낭만주의와 독일 관념론 철학에 이미 존재했었다는 사실을 상기시켰다. 무의식은 "프로이트의 발견이 아니라, 18세기의 독일 관념론적인 자연철학의 사유필연성에서 나온 개념"이라고 주장했다.

프로이트의 정신분석에서의 무의식 연구를 강의하면서 슬로터다이크는 낭만주의적 의학과 관련이 있는, 앞에서 언급한 오스트리아 출신의 메스머가 주장한 "동물자기" 이론이 프로이트에게도 영향을 주었다고 주장한다.

20　Jean-Michel Oughourlian, *The Genesis of Desire*, trans. Eugene Webb (East Lansing, MI: Michigan State University Press, 2010), 84-5; 정일권, 『우주와 문화의 기원. 르네 지라르와 자연과학』 (서울: CLC, 2019)를 보라.

21　Ibid., 85.

또한, 프로이트의 꿈과 무의식에 대한 관심과 이론에는 쇼펜하우어의 의지론(Willenstheorie) 영향도 존재한다는 사실을 강조하면서, 프로이트는 무의식에 대한 낭만주의적 관심을 새롭게 했을 뿐이라고 바르게 주장했다.[22]

독일 사회주의(Deutscher Sozialismus)는 이러한 독특한 독일 낭만주의와 독일 관념론 철학과 깊게 연동된 독일 특유의 역사적 학파의 "낭만주의적 정치경제학"과 밀접히 연관된다. 미제스와 하이에크 등으로 대표되는 오스트리아 학파(Österreichische Schule)는 바로 이 독일 프로이센 전통의 역사적 학파의 "낭만주의적 정치경제학"을 비판하는 대척점에 서 있는 학파로서, 영국의 자유주의와 자본주의 그리고 스코틀랜드의 계몽주의 전통을 계승하는 학파다.

7. 젠더 퀴어와 자폐증 그리고 인위적 젠더 개념

한국성과학연구협회(회장 민성길) 주최로 제2회 성과학 콜로키움이 2021년 2월 20일 개최되었다. 전체 주제는 사회주의적-프로이트막시즘적인 성혁명 사상으로부터 파생된 젠더 퀴어를 위한 정치적 올바름(Political Correctness)을 넘어서 의학적 올바름(Medical Correctness)의 입장에서 이 운동을 학문적으로 비판하는 것이었다.

젠더 교육과 퀴어 이론 등은 근본적으로 반생물학적, 반자연과학적 그리고 반실재주의적 정서 속에서 탄생한 일종의 21세기 낭만주의/사회주의 운동이자 영지주의 운동이라고 필자는 주장해 왔다.

---

[22] "Die Trennung der Seele vom Körper und ihre Rückkehr zu ihm - Peter Sloterdijk" SWR 방송 2016년 4월 3일 방송.

그래서 필자는 생물학과 의학을 의도적으로 거부하고 그리고 탑다운 방식의 국가페미니즘의 형식으로 강제되는 이러한 성혁명 사상의 학문성(Wissenschaftlichkeit)을 강하게 의심하고 비판해 왔다.

민성길 교수의 논문에서 "최근 성 소수자 전체를 퀴어라고 부른다. LGBT 정상화는 최근 세계의 인권 운동에 따른 것인데, 이는 성혁명과 연관된다. 점차 소아성애, 가학피학증, 수간, 근친상간 등 과거 성도착으로 생각되던 모든 퀴어한 성애 방식이 정상화 운동의 대상이 되고 있다"는 사실이 바르게 지적되었다.

소아성애와 근친상간 등도 정상화되는 반면, 이를 학문적으로 비판하면 차별과 혐오범죄의 이름으로 '비정상화'시키는 것이 21세기 글로벌 사회주의 성혁명 운동이다.

민성길 교수는 이 강의에서 또한 젠더 퀴어와 자폐증과 깊은 관련성과 생물학과 무관한 인위적 개념 젠더에 대한 비판을 시도했다. 민 교수는 강의에서 르네 지라르에 대한 언급도 했고, 젠더 퀴어 운동이 결국 현대의 영지주의 운동과 사교 혹은 신이교적 운동이라는 사실도 잘 지적했다.

필자는 새로운 포스트모던적 그노시스(영지)로서의 젠더 퀴어에 대해 『문화막시즘의 황혼』에서 주장했었다. 민 교수는 다음과 같이 바르게 주장했다.

> 젠더 디스포리아(젠더 불쾌증)는 미국 정신의학회에서는 WHO와는 달리 여전히 병적인 것으로 본다. 간성은 미국 정신의학회나 WHO 모두 병으로 본다. 젠더 퀴어와 자폐증은 깊은 관련성을 가진다.
>
> 왜 섹스(sex)만으로 충분한데 젠더 개념을 계속해서 사용하는가?
>
> 그것은 생물학적 성을 무시하고 해체하기 위해서다. 트랜스젠더를 정상화/정당화하기 위한 전략으로 생물학적 성(sex)을 부정하고 매우 인위적 개념인 젠더 개념을 사용한다. 생물학적으로는 트랜스섹스라는 언어가 옳지만 트랜스젠더를 정당화하기 위해서 섹스 대신에 젠더 개념을 사용해서 트랜스젠더라고 부른다.

민성길 교수는 "성과학연구협회는 그동안 공부를 통해, LGBTQ+의 원인과 증상 그리고 치유에 대한 '의학적 올바름'(Medical Correctness)을 보다 자세히 알게 되었다고 말한다. 특히, 그들의 정신건강 문제에 대해 LGBTQ+에 대한 사회의 편견과 스티그마와 차별 받음에 의한 '소수자 스트레스'(minority stress) 때문이라고 말한다는 것을 잘 알게 되었다"라고 말했다.

민 교수는 "우리는 성 소수자들을 차별하지 않으며, 그들의 인권을 존중한다. 그러나 의학적 올바름은 스트레스가 반드시 병만을 야기하지 않는다는 사실을 지적한다"며 "스트레스로 인해 인격이 성숙해 질 수 있기 때문"이라고 했다.

그는 "현대 사회의 프리섹스(free sex) 풍조, 가족체제 붕괴현상, LGBTQ+ 운동, 낙태 찬성 운동 그리고 광범위한 성애화(sexualization) 문화는 "정치적 올바름(Political Correctness) 운동과 관련된 것"이라며 "그 사상적 배경은 1920년대 이후의 성혁명, 프로이트막시즘, 해체주의 철학, 젠더 이데올로기 등이라 생각한다. 민 교수는 성혁명의 미래는 "불임의 파라다이스"(Sterile Paradise)일 것이라고 보았다.[23]

8. 독일 철학자 슬로터다이크의 경솔한 다문화주의 비판

앞에서 소개한 것처럼 "21세기는 보수주의의 세기가 될 것이다"라고 주장한 독일 저명 철학자 페터 슬로터다이크는 르네 지라르의 저서 독일어 번역본 후기를 쓰기도 한 학자이기에 그동안 필자의 책들에서 자주 논했는데 슬로터다이크의 저서 『너는 너의 삶을 바꾸어야 한다: 인간공학에 대하여』가 2020년 12월 한국어로 번역되었다.[24]

---

23 "제2회 성과학콜로키움, 에이즈·성전환 문제 파헤친다", 「크리스천투데이」, 2021년 2월 20일 기사. https://www.christiantoday.co.kr/news/338297
24 슬로터다이크, 『너는 너의 삶을 바꾸어야 한다: 인간공학에 대하여』, 문순표 역 (서울:

이 책의 출판사는 슬로터다이크를 다음과 같이 잘 소개했다

> 1999년과 2009년 두 차례 프랑크푸르트 학파와 논쟁을 벌이면서 "비판 이론은 죽었다"(1999)라고 선언하며 비판 이론의 제도화와 기득권화를 지적하거나 독일을 "세금 국가"(2009)로 비판하고 부르주아의 자발적 자선 행위를 대안으로 제시했으며, 시리아 난민이 대거 유입하여 유럽이 혼란에 빠지던 2016년 메르켈 총리의 적극적인 난민수용 정책에 거부감을 표하며 이른바 '난민 논쟁'의 한복판에 있었다. 그래서 그를 두고 "아방가르드 보수", "좌파 보수"라고 규정하곤 한다.

슬로터다이크는 자신의 새로운 정치적 입장을 "좌파보수적"(linkskonservativ)이라고 표현하는데, 이러한 그의 입장도 독특하지만, 21세기 독일 철학과 정치의 보수주의적 전환을 대표하는 슬로터다이크의 책이 5월 민주화 운동과 관련된 것으로 보이는 '오월의봄'이라는 출판사에서 출판된 것도 흥미롭다.

슬로터다이크는 2017년 독일 주류 언론 『슈피겔』과의 인터뷰에서 "자신의 점차 증가하는 보수주의"에 대해서 설명했다. "나에게 있어서 보수주의적 요소의 증가가 점차 전개되었다"라고 그는 고백한다. 그리고 『슈피겔』은 다음과 같이 그의 인터뷰를 전체적으로 요약했다.

> 철학자 페터 슬로터다이크는 민족, 정체성 그리고 전통에 대한 모든 암시를 인류에 대한 범죄로 규정하는 좌파들을 비판한다. 그들 좌파의 '경솔한 보편주의'(frivoler Universalismus)가 민주주의의 업적들을 위험에 빠뜨린다.
> 슬로터다이크의 문화비판적-에세이적 저술들은 독일 프랑크푸르트 학파에 기원을 두고 있지만, 이후로 점차 헤겔, 니체 그리고 하이데거의 전통들을 현

오월의봄, 2020).

대화하고 있다. 프랑스 전문가로서 슬로터다이크는 또한 정기적으로 유럽연합에 대한 논의에서 있어서도 발언을 하면서 유럽연합의 몰락(Zerfall)에 대해서 경고하면서 유럽연합의 '새로운 구성'(Neuformatierung)을 요구했다. 난민 논쟁에서는 독일로 향하는 통제되지 않은 난민들의 물결의 '범람'(Flutung)에 대한 슬로터다이크의 강한 비판 이후 그는 우파적이고 반현대적인 담론을 주장한다고 비난받기도 했다.

그리고 슬로터다이크는 "민족이나 민족적 이익, 정체성 그리고 전통에 대한 어떤 암시도 인류에 대한 범죄로 규정하는 좌파 혹은 좌파무정부주의자들 혹은 정치적 마오이스트들의 분파가 지금도 존재한다"라고 비판한다. 슬로터다이크는 독일 메르켈 총리의 '열린 국경' 정책을 비판하면서 독일의 자기파괴(Selbstzerstörung)를 경고하고, 이러한 자신의 입장을 "좌파 보수주의적"(linkskonservativ)이라고 표현했다.

슬로터다이크는 "인류학적 비관주의"에 기초한 보수주의 전통과는 결이 좀 다른 "과정적이고 역사적인 보수주의"(Der prozessuale oder historische Konservatismus)를 주장하는데, 이러한 보수주의는 "문명사적 업적들이 상실될 수도 있다는 통찰에 근거한다"라고 그는 말한다.

> 동일한 세계가 다음 세대에게 지속된다는 보장이 항상 존재하는 것은 아니다. 이것은 평화, 번영 그리고 사회국가(Sozialstaats)에 대한 보호에도 해당하는 것이다.

슬로터다이크는 "법치국가, 사회국가 그리고 주거문화가 위험에 빠질 수도 있다"라고 경고한다. 그는 "경솔한 보편주의(der frivole Universalismus)가 조그마한 개선을 성취하기 위해서 주요한 업적들을 위험에 빠뜨리고 있다"고 비판한다. 그리고 "민주주의적 업적들이 뒤집힐 수 있다는 사실

은 오늘 모든 세계에서 배울 수 있다"라고 설명한다.[25]

우리는 앞에서 동유럽 89세대 지식인들이 서유럽 68세대 담론에 깊이 영향을 받은 유럽연합과 유럽인권법원이 추진한 '열린 국경 자유주의'와 민족국가와 민족전통에 대한 해체시도에 대해서 강하게 거부하고 저항한다고 소개했는데, 독일 68세대 출신의 페터 슬로터다이크도 독일 좌파 진영, 좌파무정부주의자 그리고 마오이시트들의 '경솔한 보편주의'와 경솔한 열린 국경 자유주의가 가져오는 자기파괴와 유럽의 자살 위험에 대해서 경고한다.

페터 슬로터다이크의 좌파보수주의 입장을 보더라도 동유럽 국가들의 유럽연합이 추진하는 유토피아주의적-다문화주의적 보편주의에 대한 비판의식은 극우적 비자유주의가 아니라, 서유럽 68 좌파자유주의(경솔한 보편주의)에 대한 정당한 비판과 저항으로 평가해야 한다.

서유럽 68 '향락주의적 좌파' 혹은 '소아성애적 안티파'가 추진해 온 사회주의 성혁명/성정치도 성유토피아와 젠더유토피아(성인지 유토피아)를 추구하는데, 이런 초현실주의적 담론도 슬로터다이크가 거부하는 경솔한 보편주의로 비판받을 수 있다.

이러한 젠더 퀴어 페미니즘과 성 소수자 운동 등은 모두 포스트모던 좌파 운동으로 분류될 수 있는데, 포스트모더니즘 자체가 하드사이언스가 아니라, 너무나 가벼운 담론들이다. 그래서 샹탈 무페와 주디스 버틀러와 같은 21세기 포스트모던 좌파가 추진하는 성유토피아주의적-젠더유토피아주의적 성정치는 가정, 민족국가 그리고 문명을 위험에 빠뜨릴 수 있는 '경솔한 보편주의'요 '경솔한 유토피아주의/다문화주의'다.

21세기 독일과 유럽의 주류 철학자들과 지식인들이 실제로 슬로터다이크의 경우처럼 '유럽의 이상한 자살'에 대해서 문명비판적으로 우려하고 있다.

---

25 https://www.spiegel.de/spiegel/peter-sloterdijk-ueber-seinen-zunehmenden-konservatismus-a-1153758.html

문재인 정부는 사회민주주의와 사회국가(Sozialstaat)라는 20세기 중후반의 독일적 모델을 어느 정도 지향하고 있는 것 같지만, 21세기 독일은 사회민주주의적 사회국가 체제의 심각한 후유증에 대해서 비판적으로 반성하고 있다.

슬로터다이크는 20세기 중후반 동안 지속된 독일 사회민주주의와 사회국가의 심각한 부작용에 대해서 비판적인 학자이며, 오스트리아 학파의 하이에크의 주장, 곧 "유럽 사회민주주의는 노예의 길"이라는 주장을 지지한다.

또한, 슬로터다이크는 독일 나치가 "노동당 정당이라는 좌파적 관점과 사회주의가 결합한 형태"라는 사실을 잘 지적했다. 히틀러는 사회주의자였는데, 그는 독일 민족사회주의자였다. 히틀러도 사회주의자였고, 독일 나치즘도 사회주의 운동(민족사회주의)이었는데, 이 사실은 교묘한 방식으로 은폐됐다.

국제사회주의자(공산주의자) 스탈린은 독일 민족사회주의(나치즘)를 반드시 사회주의가 아니라, 파시즘으로 명명하도록 명령했나고 한다. 그래서 서유럽 68 '소아성애적 안티파'라는 국제사회주의자들(공산주의자들), 스탈린주의자들 그리고 마오이스트들은 독일의 민족사회주의(나치즘)를 사회주의가 아니라, 파시즘으로 명명하면서 절대 악으로 규정하면서 적폐로 몰았다.

독일 민족사회주의(나치즘)를 파시즘으로 열렬하게 공격한 독일 국제사회주의자들은 레닌과 스탈린 그리고 마오쩌둥의 폭력과 야만에 대해서는 당파적으로 침묵했었다.

제5장

젠더라는 뉴스피크(Newspeak)와 성인지 헛소리 비판

1. 21세기 유럽 젠더 교육의 황혼과 성인지 언어정치 비판

이 장에서는 21세기 유럽 젠더주의와 성인지 교육(젠더 교육)에 대한 저항 운동과 폐지 운동을 국내에 소개함으로써 젠더(성인지)와 퀴어를 주장하는 것이 마치 진보적인 것처럼 생각하면서 성인지 교육을 점차 도입하려고 하는 국내 학계와 교육계에 경종을 울리고자 한다.

최근에는 국내에서 유치원 성인지 교육(젠더 교육)을 도입하고자 하는 움직임이 있는데, 이러한 유치원에서의 조기 성인지 교육은 사회주의적 조기 성애화(Frühsexualisierung) 전략과 향락주의적 섹슈얼리티 이해로부터 파생된 것이기에 독일에서도 거센 저항을 받고 있다. 이후 소개하겠지만, 사회주의 성정치 운동의 진원지인 독일에서부터 존 머니가 최초로 사용한 젠더 개념이 뇌과학적으로 근거가 없기에 폐기되고 있다.

독일어권에서는 젠더(성인지) 개념이 오웰적 뉴스피크(Gender-Neusprach)로 비판받고 있다. (민주적) 사회주의자 조지 오웰은 1949년 발표한 소설 『1984년』을 통해서 '빅 브라더'라는 이름을 가진 존재에 의해서 지배되는 통제사회와 전체주의사회의 악몽을 고발하고 경고했다. 이 사회는 사람들의 머릿속을 통제하고 모든 행동을 감시하면서 당을 거부하는 행위를 철저히 차단한다.

이 전체주의적 통제 과정의 핵심에 놓인 것은 바로 '뉴스피크'(Newspeak) 라는 언어다. "전쟁은 평화다. 자유는 속박이다. 무지는 힘이다"(War is Peace. Freedom is slavery. Ignorance is strength)와 같은 뉴스피크를 사용하면서 사람들은 전쟁이 평화이고 자유가 속박이라고 점차 진짜로 믿게 된다.

남녀의 생물학적 차이를 부정하고 급진사회구성주의적-반실재주의적 관점에서 사회적 성인 '젠더'(Gender)를 주장하는 것은 "전쟁은 평화다"라는 오웰적 뉴스피크와 같은 것으로 한마디로 광기적 헛소리다. 그래서 언어 속에 남녀성별을 보유하고 있는 독일어권에서는 성인지(젠더) 개념을 '젠더 광기'(Genderwahn)과 '젠더-헛소리'(Gender-Unfug)로 비판하는 것이 보편화되어 있다.

사회주의자들은 언어를 변화시키면 세계를 변화시킬 수 있다고 믿어 왔다. 그래서 포스트막시즘이라 할 수 있는 포스트모더니즘 철학은 '언어와 텍스트의 지시성'을 부정하면서 '언어기호의 자의성'을 주장하고 기호학적 놀이와 헛소리(Nonsense)에 집착해 왔다. 젠더 개념은 사회주의 성혁명가들의 새로운 전체주의적 뉴스피크이다.

성인지(젠더) 개념은 그 반생물학적-해체주의적-성혁명적 성격으로 인해서 독일어권에서는 주로 젠더 광기, 젠더-헛소리 그리고 '젠더 망령'(Gendergaga)으로 비판받고 있다.

2. 젠더는 성정체성의 불안정화와 혼란화를 위한 뉴스피크

대한민국에서는 이 해체주의적이고 반실재주의적 문제 개념인 젠더 개념이 성인지라는 개념으로 둔갑해서 탑다운 국가페미니즘(Staatsfeminismus) 의 이름으로 강제되고 있고, 또 현장에서는 젠더 개념(성인지 개념)에 대한 온갖 혼란이 존재한다.

주디스 버틀러의 『젠더 트러블』[1]에서 볼 수 있는 것처럼 젠더 개념 자체가 성정체성의 혼란화를 목적하고 있다. 이 책에서 버틀러는 "성정체성의 유동성"(fluidity)을 주장하면서 성정체성을 "불완정화시키고자 한다"(to destablize).

그렇기에 젠더 이론의 초석적 텍스트인 이 책에서 이미 젠더 개념의 목적이 성정체성의 불안정화와 혼동화라는 사실이 잘 드러난다. 버틀러는 또한 정체성을 "불안정화"할 뿐 아니라, 그것을 "탈자연화"하고자 한다(to denaturalize). 버틀러는 "생물학은 운명이 아니다"라고 주장한다.

버틀러가 말하는 젠더 개념의 목적은 정체성의 "전복적 혼동"(subversive confusion)이다. 버틀러는 "강제적 이성애를 넘어서는 유토피아적 섹슈얼리티 이해"를 전개한다고 주장한다. 버틀러의 "사회주의적 페미니즘"은 "유토피아주의적 비전"을 가지고 있으며 프랑스 포스트모더니즘과 후기 구조주의 그리고 반기초주의에 기초하고 있다고 주장한다.

버틀러는 "실체의 형이상학"(metaphysik of substance)을 비판하고 "실체의 허상"(illusion of substance)을 주장한다. 즉, 남녀라는 생물학적 성정체성도 실체가 아니라, 허상이라는 것이다. 그래서 버틀러의 이 책 마지막 문장은 "젠더 자체의 탈자연화"(denaturalization of gender as such)로 끝난다. 버틀러는 지라르의 비판처럼 후기 구조주의와 구조주의가 형식주의(formalism)라는 사실을 인정한다.

버틀러는 라캉의 주이상스(오르가즘)를 자주 언급하면서 이와 관련된 "파계적 쾌락"(transgressive pleasure)을 주장한다. 그리고 강제적 이성애를 해체하고 전 세계를 레즈비언화시키겠다고 주장한다. 그리고 헤게모니에 대한 주장도 등장하고 근친상간 금기 해체에 관한 주장도 주변적으로가 아니라 중심적으로 등장한다. 또한, 반휴머니즘적 푸코와 마찬가지로 버틀러는 이 책에서 "문제 많은 휴머니즘"(problematic humanism)을 비판한다.

---

[1] Judith, Butler, *Gender Trouble: Feminism and the Subversion of Identity* (Routledge. 2007).

본래부터 혼동화 개념인 젠더 개념이 한국에서는 성인지로 번역되면서 그 혼란은 더 심해지고 있다. 젠더 개념 자체가 정체성의 전복을 의도하며 유동성과 애매매호성을 전제하고, 사회주의 성혁명가/성정치가들의 언어적 혼란화와 불안정화의 전략에서 파생된 것이기에 혼돈 개념이다.

물론 현재 국가페미니즘의 강제로 상당 부분 보편화되었기에 성인지 개념을 남녀의 성별 차이로 해석해서 성교육하는 것도 부분적으로 불가피한 타협으로 생각될 수도 있지만, 기초이론적 학문성에 충실한 이 글에서는 젠더 개념의 기원적 의미에 내재하는 성혁명적 전복성과 그 반생물학적이고 반학문적인 광기와 비학문성을 비판적으로 분석하고자 한다.

국내에서도 성인지 교육이라는 미명 아래 탑다운 국가페미니즘의 이름으로 강제되는 젠더 교육을 비판하기 위해서 21세기 글로벌 반-젠더 이데올로기 운동의 최신 동향을 국내에 소개하고자 한다.

3. 주디스 버틀러가 말하는 21세기 글로벌 반-젠더주의 운동

21세기 대한민국에서도 동성애자들, 트랜스젠더, 퀴어들(LGBTQ)을 법적으로 보호하기 위해 발의된 차별금지법, 동성애 운동, 퀴어 이론, 퀴어 신학, 퀴어 문화축제, 젠더 교육 등이 글로벌 성혁명 운동과 사회주의 성정치 운동의 맥락에서 점차 영향력을 확대하기 시작했지만, 이미 이러한 운동은 서구에서는 거대한 저항에 직면하면서 이제 저물고 있다.

동성애 운동, 퀴어 이론, 젠더주의 그리고 차별금지법의 가장 중요한 이론가로 평가되는 주디스 버틀러는 2020년 4월 "누가 젠더를 두려워하는가"(Who is Afraid of Gender)라는 제목의 강연을 통해서 『젠더 트러블』의 저자로서 남녀의 생물학적 성차이를 교란시키고 해체시키는 트러블메이커로 그동안 활동한 자신이 젠더 이론에 대한 강력한 글로벌 저항 운동에 직면해 "트러블"(곤경)에 처하게 되었다고 말하면서 도움을 요청했다.

주디스 버틀러는 21세기 글로벌 반-젠더 이데올로기(anti gender ideology movement)가 프랑스, 독일, 스위스, 헝가리 등 유럽 전역과 브라질을 비롯한 남미 전역 등에서 강력하게 등장하고 있다고 증언하고 있다. 프랑스뿐 아니라, 독일에서도 국가페미니즘 형식으로 탑다운방식으로(사회주의적 방식으로) 강제되는 젠더 교육과 젠더 연구가 "자주 전체주의적인 것으로" 이해되고 있다고 불평한다.

그녀는 21세기 유럽 전역에 걸쳐서 젠더 교육에 대한 반대하는 운동이 커져서 점차 젠더 교육이 폐지되고 있다고 증언한다. 2013년 이후로 프랑스에서도 젠더 교육 폐지 운동이 거세지고, 최근 헝가리에서도 젠더 교육이 폐지되었고 젠더 연구 중심지로 유명했던 중유럽대학교(Central European University)가 이 강력한 젠더 이데올로기 비판 운동과 저항 운동에 직면해서 다른 곳으로 이전할 수밖에 없었다고 말한다.

1989년 구소련 사회주의로부터 해방된 헝가리, 폴란드, 체코 등은 독일로 대표되는 서유럽의 사회민주주의(민주적 사회주의)에 대해서 매우 회의적이며 그렇기에 서유럽 사회민주주의 혹은 좌파자유주의가 추구하는 젠더주의에 대해서 가장 강하게 저항하는 국가들이면서도 유럽연합에서 가장 역동적인 국가로 성장한 국가들인데, 여기서는 최근 이러한 중부/동유럽 국가들의 반젠더주의 정책과 이를 지지하는 오스트리아, 이탈리아 등 최근 동향을 소개할 것이다. 특히, 유럽연합과 유럽연합의 젠더주의 정책에 지대한 영향을 행사하는 조지 소로스에 대한 비판도 포함할 것이다.

2019년 브라질 대통령도 취임사에서 젠더 교육을 학교 공교육에서 폐지하기로 선언했고, 이러한 흐름은 콜롬비아 등 남미 전역으로 확산하고 있다고 주디스 버틀러는 2020년 강의에서 말한다.

차별금지법을 주장하는 주디스 버틀러는 이 강연을 통해서 그동안 레즈비언 페미니즘, 퀴어 이론, 젠더 이데올로기의 주요 이론가로서 지난 20년간 법률적 승리가 이루어졌지만, 1999년 바티칸의 가정에 관한 공식 기구와 공식 문서 등을 통해서 가톨릭교회와 두 교황으로부터 젠더 이데올로기가 남녀의 생물학적 차이라는 창조 질서라는 기독교 가르침에 대한 공격으로 이해되어 "악마적 이데올로기"로 평가되었다고 말했다.

주디스 버틀러가 증언하고 있는 것처럼 젠더 이데올로기에 대해서 로마가톨릭교회는 두 교황을 중심으로 글로벌한 저항 운동을 벌이며, 글로벌한 정치 지형에도 큰 영향을 주어서 곳곳에서 젠더 교육이 폐지되기 시작했다.

젠더 교육의 선봉에 섰던 북유럽 노르웨이에서도 최근 젠더 교육 예산이 대폭 삭감되었다. 주디스 버틀러의 증언처럼 가톨릭뿐 아니라, 복음주의 교회와 오순절 교회도 이 젠더주의에 대한 강력한 저항 운동에 연대하고 있다.[2]

4. 젠더의 종말: 젠더 개념은 뇌과학적으로 폐기되었다

2012년 오스트리아 자유당(FPÖ, Die Freiheitlichen)의 문화영역 대변인인 하이데마리 운트라이너(Heidemarie Unterreiner) 국회의원은 "젠더 이데올로기는 실패했으며" "생물학과 인류학은 학문이지만, 젠더 연구는 학문이 아니기에" 오스트리아 여성가족부는 젠더 연구에 국가 재정을 낭비해서는 안 된다고 국회에서 2012년 11월 14일 주장했다.

이 국회의원은 "젠더 이데올로기는 터무니 없는 이론"이며 "학문적으로는 수용하기 힘든 이론"이고, 성인지 교육으로 가장 앞섰던 노르웨이에서도 점차 젠더 교육이 폐지되었는데, 이것이 젠더 교육을 주장하는 엘리트들에게 금기 테마였다고 비판했다.

글로벌하게 거세지는 젠더 이데올로기에 대한 저항 운동과 폐지 운동은 21세기 유럽 전체에 걸친 사회주의(민주적 사회주의) 노선의 퇴조와 포스트모더니즘의 황혼과 연동되어 있다. 성적 지향과 젠더 정체성에 대한 차별금지법

---

2 Who is Afraid of Gender? Prof. Judith Butler (https://www.youtube.com/watch?v=cq-c3uCold08&fbclid=IwAR3N5_mCGe_r51M7MCmGYAy4G46u9ctuERBK9HjlzYNjN-Rz13zmkXpmoCJA)

은 범기독교적(혹은 범그리스도교적인) 차원에서 21세기 글로벌하게 거세지는 반젠더 이데올로기 운동과 연대하면서 저항해야 한다.

서구에서도 젠더 이데올로기 20년 역사 동안 처음 10년 정도는 그 심각성을 제대로 파악하지 못하다가 이후 10년부터는 글로벌한 차원에서 젠더 교육을 폐지하는 방향이 대세로 자리 잡아 가고 있다. 젠더 주류화(Gender-mainstreaming)가 대세가 아니라, 젠더 교육 폐지 운동이 21세기에 접어들어서 주류화되어 가고 있다.

주디스 버틀러는 "퀴어 무정부주의"(Queer anarchism)를 주장하는데, 무정부주의가 결코 인류 문명의 주류가 될 수 없는 것처럼 그녀가 주장하는 무정부주의적-사회주의적 동성애 운동, 퀴어 이론 그리고 젠더 교육은 결코 주류화될 수 없으며 극소수 운동으로 '톨레랑스'의 영역에 제한될 수밖에 없다.

젠더 주류화는 결코 주류가 될 수 없으며 21세기 인류문명의 지속 가능한 대안이 될 수 없다. 21세기 동유럽에서는 젠더 주류화가 아니라, 가정 주류화가 대안으로 등장하고 있다.

주디스 버틀러는 2020년 4월 이 강연에서 독일에서도 젠더 이데올로기에 대한 반대 운동이 거세지면서 학계에서도 이 젠더 이론 자체가 "전체주의적인" 것으로 이해되고 있다고 불평했는데, 독일 학계에서의 젠더 교육 비판 운동에 대해서 잠시 알아보자.

동성애, 퀴어, 젠더, 차별금지법은 모두 기본적으로 사회주의 성혁명 운동과 성정치 운동에 속하는데, 사회주의는 초기 프랑스 사회주의 운동에서 시작되었지만, 독일에 와서 완성된다.

동성애 운동, 퀴어, 젠더 등은 모두 기본적으로 독일 68 학생 문화혁명 운동, 독일 프랑크푸르트 학파의 비판 이론(Kritische Theorie)에 기초하는 프로이트막시즘(Freudomarxismus)에서 파생한 것이다. 주디스 버틀러도 독일 프랑크푸르트 학파의 비판 이론을 가르치는 교수직에 있으며, 최근 아도르노 상을 수여 받기도 했다.

사회주의 성정치의 진원지라 할 수 있는 독일에서도 21세기에 접어들면서 젠더 연구와 퀴어 연구 폐지 운동이 등장하게 되었다. 1990년대 주디스 버틀러의 퀴어 이론과 젠더 연구 등을 가장 선구자적으로 독일 대학에 정착시켰던 독일 함부르크대학 페미니즘 교수였던 마리안네 피퍼(Marianne Pieper)는 2018년 "퀴어 연구는 어디로 가는가?-퀴어 이론과 실천의 현상황과 미래에 대하여"(quo vadis queer studies? – Zur Situation und Zukunft queerer Theorie und Praxis)라는 강의에서 최근의 독일 대학에서의 퀴어 연구와 젠더 연구의 극복과 폐지 등에 대해 증언한다.

그녀는 자신이 가르쳤던 독일 함부르크대학교에서의 젠더 연구 분야도 최근 폐지되었다고 말한다. 그녀는 독일 대학에서 젠더라는 이름을 단 학문 분야가 우후죽순처럼 폭발적으로 증가했지만, 최근 점차 폐지되고 있다고 인정한다.

그리고 이러한 퀴어 연구와 젠더 페미니즘 분야를 폐지하는 데 독일 중도 우파 정당인 기독교민주연합(CDU) 정치인들이 적극적인 역할을 했다고 소개한다. 또한, 그녀는 "뇌과학적으로 이미 반박되고 폐기된 존 머니(John Money)의 젠더 개념"을 급진 페미니즘 학자들이 수용해서 젠더 연구 분야를 만들었다고 비판적으로 분석한다.[3]

2020년 성뇌과학(sexual neuroscience) 분야에서 박사 학위를 받은 성 연구가 드보라 소(Debora W. Soh)는 『젠더의 종말: 우리 사회의 성과 정체성에 대한 신화들을 폭로하기』라는 책을 통해서 젠더 개념의 종말을 뇌과학적으로 주장했다.[4]

---

[3] Prof. Dr. Marianne Pieper: quo vadis queer studies? – Zur Situation und Zukunft queerer Theorie und Praxishttps://www.freie-radios.net/101400?fbclid=IwAR0iN-Crzo7KuDZ2IG0P4FGQKZJ9_9SwabS60yW7r4ByK-EGIaOd140G4GQU

[4] Debra W. Soh, *The End of Gender: Debunking the Myths about Sex and Identity in Our Society* (New York : Threshold Editions, 2020).

미국 여성 신경정신병 학자의 2006년 출간된 『여성의 뇌』(*The Female Brain*)는 성인지 교육이 주장하는 유니섹스(Unisex)의 오류를 지적하고, 남성의 두뇌와 여성의 두뇌가 뇌과학적으로 얼마나 다른지를 잘 보여 주고 있다.[5] 오웰적 뉴스피크인 젠더(성인지) 개념도 68 성혁명의 산물이기에, 점차 폐지되어야 할 언어다.

동성애 운동, 젠더 교육 그리고 소아성애 운동 사이의 깊은 연관성이 존재한다. 젠더 교육의 조기 성애화와 조기 성교육은 필연적으로 소아성애 문제와 관련되며, 실제로 젠더 개념의 창시자인 소아성애자 존 머니로부터 독일 성교육의 아버지 헬무트 켄틀러, 독일 녹색당과 좌파 정당 그리고 미셸 푸코 등도 소아성애의 정당화, 정상화 그리고 합법화를 주장했다.

소아성애자도 동성애자와 마찬가지로 '성 소수자'라는 개념으로 정상화되어야 하는지 질문해야 한다. 유럽 68 성혁명 세대는 '소아성애적 안티파'로 요약될 수 있다. 독일과 프랑스 68 소아성애적 안티파의 유산이 아직도 강한 유럽연합과 유럽인권법원의 사회주의적 성정치와 그 젠더 이데올로기에 대해서 헝가리, 폴란드, 체코 등과 같은 중유럽(동유럽)은 매우 강한 저항의식을 가지고 있다.

사회주의 성혁명과 성정치 사상의 진원지인 독일에서도 21세기에 접어들면서 젠더 연구와 퀴어 연구 폐지 운동이 등장하게 되었다. 2020년 초 버틀러의 호소와 연대하는 것처럼 2020년 7월 독일의 대표 방송 ZDF도 버틀러의 강의 제목과 동일하게 "누가 젠더 광기(Genderwahn)를 두려워하는가"라는 제목으로 독일 기독교 우파(Christliche Rechte)와 독일 AFD 정당 중심의 젠더 교육 비판과 폐지 운동을 다큐로 방송할 만큼 독일을 비롯한 유럽 젠더 교육계는 강한 위기의식을 느끼고 있다.

젠더(성인지) 개념은 독일에서는 젠더-헛소리 혹은 젠더 광기라는 표현으로 자주 비판받는데, 이것이 워낙 보편화되었기에, ZDF도 젠더 광기를

---

5   Louann Brizendine, *The Female Brain* (Morgan Road Books, New York, 2006).

제목으로 수용했다.

유럽, 특히 사회주의 사유의 진원지인 독일어권에서도 최근 성인지 교육과 반젠더주의 운동이 점차 주류화되고 있기에 독일어 위키피디아에서도 "반-젠더주의 운동"(Anti-Gender-Bewegung)에 대해서 다음과 같이 소개하고 있다.

> 유럽연합(EU), 유엔(UN) 혹은 세계보건기구(WHO)와 같은 '외부세력들이' 자국의 영토들과 전통들을 약화시키려고 하고 있기에 조기 성애화(Frühsexualisierung, 유치원과 학교에서의 성교육)를 통해서 아이들을 위험에 노출시키고 있다는 견해가 등장한다.[6]

5. 독일 원조 페미니스트 알리체 슈바르처의 성인지 교육 비판

주디스 버틀러식의 젠더 퀴어 페미니즘(성인지 페미니즘)에 대해서 독일에서 가장 대표적으로 비판하는 여성학자는 독일 원조 페미니스트인 알리체 슈바르처(Alice Schwarzer)이다.

그녀는 사르트르와 시몬 드 보부아르와 깊은 친분을 가졌던 사람으로 독일에서 가장 유명하고 대표적인 페미니스트다. 그녀는 양성평등에 대한 기여로 높게 평가되고 있으며, 그 공로로 독일 정부로부터 무공훈장을 받았다. 그녀는 30여 권의 저서를 집필한 페미니스트로서 독일을 대표하는 페미니스트라 할 수 있다.

그녀는 2011년 스위스 언론 NZZ(Neue Zürcher Zeitung)의 방송 인터뷰에서 여성 연구(페미니즘)를 대체하기 시작한 버틀러식의 젠더 페미니즘(성인지 페미니즘)과 독일 녹색당과 사민당이 추진한 좌파페미니즘에 대해서 비판적 입

---

[6] https://de.wikipedia.org/wiki/Anti-Gender-Bewegung

장을 표명했다. 독일 원조 페미니스트인 그녀는 독일에서 젠더 교육을 주도하는 좌파페미니즘에 대해서 비판적인 지식인이다.

알리체 슈바르처는 독일 68 학생 문화혁명 운동으로부터 탄생한 페미니즘의 원조이지만, 초기의 급진좌파주의와 생태근본주의로부터 점차 거리를 두면서 독일 녹색당과 사민당이 주로 주도하는 "좌파페미니즘"과 "자유로운 매춘"이 가능한 매춘 합법화 등을 비판하는 인물로서 국내에도 잘 알려져 있다. 여성 연구로부터 젠더 연구로 패러다임 전환한 21세기 젠더 페미니즘(성인지 페미니즘)에 대해서 그녀는 비판적이다.[7]

독일 페미니즘계를 대표하는 알리체 슈바르처의 보수적 전환은 필자가 최근 저서 『질투사회: 르네 지라르와 정치경제학』에서 소개한 독일에서 가장 유명한 철학자 페터 슬러터다이크, 노베르트 볼츠, 독일 사민당 출신의 틸로 자라친의 보수적 전환과 맥을 같이한다. 이 지식인들은 모두 68 세대이지만 점차 좌파-사회주의적(민주적 사회주의) 노선으로부터 점차 거리를 두며 독일 지성계의 보수주의적 전환을 주도하고 있다.

현 정권 각종 방송에서 대한민국에도 독일 68 문화혁명이 필요하다고 주장하면서 사회주의를 낭만적으로 지지한 김누리 교수의 주장처럼 독일 68을 모델로 삼는 대한민국 86 운동권 정권은 뒷북치고 있다.

알리체 슈바르처는 2019년 독일 스투트가르트에서 진행된 "독일-유럽의 창녀촌"(Deutschland – das Bordell Europas)이라는 제목의 강의에서 2013년의 그녀의 저서 『매춘-독일적 스캔들』(Prostitution - Ein deutscher Skandal)을 소개하면서 독일 녹색당과 사민당 중심의 '자유로운 매춘'을 비판했다.

이 책의 부제는 "독일은 어떻게 여성 인신매매의 파라이스가 되었는가"이다.[8] 그녀는 독일 녹색당과 사민당의 매춘 합법화('자유로운 매춘')를 비판한다. 알리체 슈바르처는 독일 녹색-적색 정부(독일 녹색당과 사민당)에 의해서

---

7   Alice Schwarzer | Der Blick zurück (NZZ Standpunkte 2011).
8   Alice Schwarzer, *Prostitution, Ein deutscher Skandal: Wie konnten wir zum Paradies der Frauenhändler werden?* (Köln: Kiepenheuer und Witsch Verlag, 2013).

추진된 "자유로운 매춘"(매춘 합법화)을 비판하면서 "매춘의 비범죄화와 정상화"에 대해서 반대한다.

이러한 좌파페미니즘이 추진한 정책의 결과로 독일이 "유럽의 창녀촌"이 되어 버렸으며, 태국보다 더 유명한 섹스여행(Sextourismus)의 성지로 변해 버렸고, 매춘 합법화로 인해서 인신매매가 성행한다는 점을 2019년 강의에서 주장했다.

베스트셀러 작가이기도 한 그녀는 자신의 책을 통해서 유럽에서 가장 자유방임주의적인 독일의 매춘 합법화를 비판적으로 공론화시켰다. 독일 녹색당과 좌파 정당이 마르쿠제적 성유토피아와 성혁명 정신으로 동성애뿐 아니라 소아성애도 주장하고 수행했는데, 알리체 슈바르처는 많은 경우 "매춘부들은 어린 시절의 성폭력을 경험한 사람들"이라는 사실을 이 강의에서 바로 지적했다.

사회주의 성혁명과 성해방을 주장하는 프로이트막시스트들은 히스테리 연구에 있어서 프로이트가 어린 시절 성과 관계된 충격적 경험이 트라우마로 잠재되었다가 표출된다는 것을 알아냈다는 사실을 기억해야 힌디. 소아성애적 강간 등은 소아들에게 평생 지속되는 트라우마를 남긴다는 사실을 푸코를 비롯한 소위 '소아성애적 안티파'들은 알아야 한다.

젠더 퀴어, 성 소수자 운동 그리고 동성애 운동의 궁극적 목적은 성혁명의 창시자 빌헬름 라이히, 마르쿠제, 푸코 등의 주장처럼 모든 성범죄의 비범죄화, 곧 모든 다양한 형태의 성애(소아성애, 근친상간, 수간, 폴리아모리 등)가 정상화, 정당화 그리고 합법화가 되는 성유토피아(Sexualutopie)이다.

하지만 알리체 슈바르처의 비판처럼 독일 녹색당과 사민당이 꿈꾸었던 '자유로운 매춘'이 가능한 성유토피아 독일이 아니라, "태국 보다 더 좋은 유럽의 창녀촌으로서의 독일"이 되어 버렸다고 그녀는 비판한다.

그녀는 독일에서 가장 유명한 철학자 페터 슬로터다이크처럼 메르켈 총리의 친이슬람 정책을 비판하면서 2016년 이슬람 남성들에 의해서 자행된 쾰른 집단성폭행 사건 이후 정치화된 이슬람에 대한 "잘못된 톨레랑스"는 이제

끝났다고 선언하면서 이슬람에 대한 비판적 논의를 "이슬람포비아"로 몰아가는 "좌파"와 "좌파페미니즘"을 이 강의에서 비판했다.[9]

6. 디오니소스적 성인지 페미니즘 비판(카밀 팔리아)

버틀러식의 젠더 퀴어 페미니즘을 가장 강하게 비판하는 미국의 대표적 여성학자로서는 미국 원조 페미니스트 카밀 팔리아(Camil Paglia) 교수가 있다. 그녀는 주디스 버틀러가 주장하는 퀴어 무정부주의와 디오니소스적 좌파페미니즘(젠더 퀴어 페미니즘)을 대표적으로 비판한다.

팔리아 교수는 자신의 저서 머리말에서 "유대-기독교는 결코 이교주의를 물리치지 못했으며, 그 이교주의는 아직도 예술, 에로티시즘, 점성술 그리고 대중문화 속에서 여전히 번성하고 있다"라고 적고 있다.

그녀는 유대-기독교가 완전히 물리치지 못한 이교주의는 이탈리아 르네상스와 낭만주의 운동 그리고 헐리우드를 통해서 재등장했다고 본다. 유대-기독교 전통이 디오니소스적 이교 전통을 완전히 물리치지 못했다는 점과 포스트모던적 젠더 퀴어 운동이 디오니소스적 새로운 이교 현상이라는 그녀의 통찰은 옳다.

앞에서 본 것처럼 독일 낭만주의의 영향으로 니체도 기독교적 성자가 아니라, 디오니소스의 철학자가 되기를 원했고, 니체와 매우 닮은 성 소수자 푸코도 니체주의적-디오니소스적 광기철학을 사회주의 성혁명 운동 속에서 전개했다. 푸코는 포스트모던적-후기 구조주의적 디오니소스이다.

---

[9] „Deutschland – das Bordell Europas". Moderiertes Gespräch mit Alice Schwarzer und Sabine Constabel. https://www.youtube.com/watch?v=Thf-ime0uis

팔리아 교수는 이 책에서 안드로진과 성정체성의 모호성(sexual ambiguity)을 문화인류학적이고 예술사적으로 연구했다. 그녀는 68 운동과 퀴어 페미니즘 등을 통해서 고대 그리스의 디오니소스적인 것과 이교적인 것이 부활했다고 본다. 독일 낭만주의와 루소주의가 흐르는 퀴어 페미니즘을 통해서 디오니소스적이고 퀴어한 유체성, 애매모호성, 안드로진, 트랜스젠더, 트랜스섹스가 부활했다고 그녀는 본다. 즉, 그녀에게 있어서 디오니소스는 현대 젠더 퀴어 페미니즘을 상징한다.

그녀는 홉스적인 관점에서 퀴어 페미니즘의 낭만주의와 루소주의에 맞서서 디오니소스를 미학주의적으로 파악하지 않고, 디오니소스 축제의 통음난무와 잔인한 폭력(sparagmos)을 지적한다.

젠더 퀴어 페미니즘이 미학주의적으로 찬양하는 성정체성의 유체성, 모호성, 붕괴성 등은 르네 지라르의 문화 이론으로 본다면 축제적인 차이소멸이다. 그녀는 이 책을 통해서 현대 루소주의가 60년대를 거쳐서 페미니즘으로 이어진다고 분석한다.

또한, 그녀는 "낭만주의가 데카당스로 이어진다"라고 바르게 분석했다. 그리고 그녀는 디오니소스는 안드로진, 유체성 그리고 의상도착증(transvestism)을 상징한다고 보았다. 60년대의 페미니즘이 디오니소스적인 것을 도입했지만, "디오니소스적 통음난무"에서는 폭력과 파괴가 동반된다는 사실도 그녀는 간과하지 않고 논했다.

그녀는 디오니소스적 축제와 춤에는 "폭력과 사지절단(sparagmos)이 등장한다"는 사실을 소개한다. 그녀에 의하면 "디오니소스는 자유로운 섹스의 상징이자 폭력의 상징"이다.

또한, 그녀는 "디오니소스적 유체성과 디오니소스적 사지절단(sparagmos)은 유비적이다"라고 주장한다. 즉, 디오니소스는 "섹스와 폭력"을 상징한다.[10]

10　Camille Paglia, *Sexual Personae: Art and Decadence from Nefertiti to Emily Dickinson*. (New Haven: Yale University Press. 1990).

디오니소스적 집단 폭력과 집단 광기 그리고 성적 집단 성교(통음난무) 등에 대해서는 필자의 책 『우상의 황혼과 그리스도』를 보라.[11] 그렇기에 동성애 운동, 성 소수자 운동 그리고 퀴어 젠더 운동에는 새로운 디오니소스적 이교주의와 새로운 영지주의의 차원이 존재한다.

"젠더도 결국은 언어다"라고 주장하는 버틀러 등과 같은 포스트모던적-해체주의적-언어구조주의적 입장을 비판하면서 그녀는 섹슈얼리티 연구를 위해서는 서구 계몽주의에서 시작할 것이 아니라, 고대 문명과 세계 문화에 대한 보다 인류학적인 연구가 대학 수업에 반영되어야 한다고 바르게 주장했다.

필자는 그동안 르네 지라르의 문화인류학적 이론에 기초해서 문화막시즘과 젠더 페미니즘 비판을 시도해 왔다. 레비-스트로스와 프로이트를 논하는 버틀러의 입장도 인류문명, 종교 그리고 신화에 대한 보편적이고 학문적인 이해에 기초한 탄탄한 이론이 아니라, 모든 것을 언어로 해체해 버리는 급진사회구성주의적이고 급진관념론적인 허무주의 담론에 불과하다.

팔리아 교수는 동성애, 트랜스젠더 등은 새로운 이교 현상의 재출현으로 평가한다. 그녀는 "유대-기독교가 이교를 완전히 정복하지는 못했다"고 하면서 그동안 유대-기독교에 의해 억압되었던 이교 속의 동성애, 사도마조히즘 등이 이탈리아 르네상스, 독일 낭만주의 그리고 현대 헐리우드 등을 통해 재출현했다고 바르게 분석했다.

버틀러를 가장 강력하게 비판하는 팔리아 교수는 그리스-로마 문화의 "소아성애"와 "동성애"를 비판적으로 분석하며, 현대 페미니즘이 주장하는 모계사회론이 학문적 근거가 없다고 비판한다.

"역사로부터의 교훈: 트랜스젠더 광기는 문화붕괴의 징조다"라고 카밀 팔리아 교수는 자신의 연구를 토대로 주장하기도 했다. 그녀는 많은 다양한 문화를 분석해 본 결과 트랜스젠더 광기와 같은 현상은 문명의 데카당

---

11 정일권, 『우상의 황혼과 그리스도: 르네 지라르와 현대사상』(서울: 새물결플러스, 2014).

스 단계에서 등장하는 현상이라고 주장한다.

그녀에 의하면, "젠더 정체성의 폭발은 인류문명 역사 전체를 통해서 살펴볼 때 되풀이하여 발생하는 문명 붕괴의 징조"이다.[12] 이 페미니즘 학자는 원조 페미니즘 학자로서 포스트모던적 주디스 버틀러의 퀴어 이론이 내포하는 급진적 사회구성주의, 진보 페미니즘을 비판하면서 21세기는 섹스, 역사, 남성을 위한 페미니즘이 되어야 한다고 주장한다.

또한, 그녀는 유대-기독교적 전통이 동성애와 낙태를 반대하는 것은 단순한 호모포비아 등을 넘어서는 보다 다양하고 깊은 이유에서라고 변호한다. 이 여성학자는 최근 조던 피터슨과 지적 대담을 하기도 했다. 팔리아 교수의 주장에는 동의하기 힘든 부분들도 있지만, 버틀러식의 포스트모던적-디오니소스적 젠더 퀴어 페미니즘에 대한 그녀의 비판은 설득력이 있다.

젠더 퀴어 운동과 성인지 페미니즘(젠더 페미니즘)은 근본적으로 디오니소스적 신이교주의 현상이며, 또한 영지주의의 새로운 출현이다. 제3의 물결이라 할 수 있는 버틀러식의 젠더 퀴어 페미니즘에 대한 비판은 페미니즘 운동 내부에서도 거세다.

2020년 2월 "새로운 여성혐오증(misogyny)과 맞서기: 젠더 정체성에 대한 페미니스트 비판"이라는 제목으로 미국 '여성해방전선'(Women's Liberation Front)이 주최하는 학술대회가 시애틀 중앙도서관에서 개최되었다.

이 학술대회는 "젠더 정체성에 대한 비판적 분석을 시도하며 (생물학적) 성에 기초한 여성 인권(sex-based women's rights)을 주장했다." 이 학술대회는 페미니즘을 장악해 버린 제3의 물결 젠더 페미니즘과 트랜스젠더 운동을 보다 전통적인 페미니즘의 관점에서 비판했다. 트랜스젠더 운동가 등에 의해서 폭탄과 강간의 위협을 받으면서도 용감하게 진행된 이 학술대회에서는 "포스트모

---

[12] Lesson from History: Transgender Mania is Sign of Cultural Collapse - Camille Paglia
https://www.youtube.com/watch?v=I8BRdwgPChQ

던적 새로운 여성혐오증"인 젠더주의와 트랜스젠더 운동을 비판하면서 "생물학적 성은 여전히 중요하다", "여성은 여성이다" 그리고 "생물학과 현실"을 강조했다.

또한, "우리는 생물학적 성을 바꿀 수 없다", "젠더는 과학이 아니다", "(생물학적) 여성이 존재하지 않는다면 페미니즘도 존재할 수 없다" 등이 이 모임을 통해서 바르게 강조되었다.[13]

21세기 유럽에서는 성인지 교육(젠더 교육)은 실패했기에 점차 젠더 교육이 폐지되고 있고, 페미니즘 내부에서도 급진적으로 해체주의적인 젠더 페미니즘에 대한 저항 운동이 거세지고 있다. 반생물학적, 포스트모던적-해체주의적 그리고 반실재주의적 젠더 페미니즘은 21세기 새로운 영지주의 운동이다.

7. 성인지라는 오웰적 뉴스피크 비판

젠더(성인지) 개념은 성정체성을 "불안정화"시키기 위해서 고안된 개념이기에, 이 전복적 개념 자체를 거부해야 한다. 주디서 버틀러의 젠더 트러블은 "본질적인 정체성을 불안정화시키는 것"(destabilizing substantive identity)을 목표로 한다.[14]

주디스 버틀러에 대한 『브리태니커』 백과사전은 "그녀가 '여성'과 다른 범주들에 대한 전복적 불안정화(subversive destabilization)를 강조한다"는 사실을 잘 보여 주었다.[15]

---

[13] "Fighting the New Misogyny: A Feminist Critique of Gender Identity," seminar at the beautiful Seattle Central Library in downtown Seattle, Washington, on February 1, 2020.

[14] Judith, Butler, *Gender Trouble: Feminism and the Subversion of Identity*. Ed. Linda Nicholson. (New York: Routledge, 1999). 146-7.

[15] https://www.britannica.com/biography/Judith-Butler

레즈비언이자 소아성애자 그리고 사도마조히스트로 커밍아웃한 급진 페미니즘 학자 게일 루빈(Gayle Rubin)에 대한 독서를 통해서 성행위가 "젠더를 불안정화(to destabilize gender)하는 능력이 있다"는 점을 알게 되었다고 주디스 버틀러는 『젠더 트러블』 서문에서 적고 있다.[16]

주디스 버틀러와 같은 퀴어 이론가들의 주된 목적은 바로 젠더와 성적 바이너리에 대한 불안정화이다. 문학저널 『캐나다 문학』(Canadian Literature)은 퀴어 이론에 대한 장에서 "성정체성을 불안정화시키기"(Destabilizing Sexual Identities)라는 제목 아래 젠더 개념의 목적이 성정체성의 전복적 불안정화라는 사실을 다음과 같이 명쾌히 보여 준다.

> 퀴어 이론은 젠더에 대한 후기 구조주의적 이론이다. 그것의 근본적 목적은 젠더 규범들을 불안정화시키는 것(to destabilize gender norms)이다.[17]

독일어권에서는 젠더(성인지) 개념이 오웰적 뉴스피크로 자주 비판받고 있다. 독일 유명 언론 「벨트」(Welt)는 2015년 7월 19일 "젠더-뉴스피크(Gender-Neusprech). 성별정의적 언어의 한계들"이라는 제목으로 "젠더-뉴스피크로 향하는 사회적 강제"(gesellschaftliche Zwang zum Gender-Neusprech)에 대해 비판했다. 그리고 이 젠더-뉴스피크(성인지-뉴스피크)를 독일 교회에도 강요하지만, 독일 교회는 오래전부터 양성평등을 위한 선구자 역할을 해 왔기에 해당하지 않는다고 언론 보도하고 있다.[18]

독일에서 기독교민주연합의 사회민주주의화에 저항하면서 교수들 중심으로 한 교수 정당으로 출발한 이후 젠더 이데올로기를 가장 명료하게 비

---

16 Judith, Butler, *Gender Trouble: Feminism and the Subversion of Identity*, 5.
17 https://canlitguides.ca/canlit-guides-editorial-team/queer-theory-and-canada/destabilizing-sexual-identities/
18 "GENDER-NEUSPRECH. Die Grenzen der geschlechtergerechten Sprache", *Welt* 2015년 7월 19일 기사 (https://www.welt.de/regionales/nrw/article144149558/Die-Grenzen-der-geschlechtergerechten-Sprache.html)

판하면서 가장 강하고 역동적인 정당으로 부상한 '독일을 위한 대안'(AFD)에서는 2020년 5월 "젠더-뉴스피크(Gender-Neusprech): 얼굴 없는 군중의 길로 향하는 녹색당과 좌파"라는 제목으로 젠더-뉴스피크의 새로운 전체주의를 비판했다.

이 젠더-뉴스피크로 인해서 독일에서의 전통적 인사, 곧 "존경하는 숙녀 그리고 신사 여러분"이라는 표현 대신에 "얼굴 없는 '사랑하는 인류 여러분'"(ein gesichtsloses Liebe Menschen)이라는 인사가 등장하게 되었다고 비판한다. 또한, "젠더 정의적 언어는 언어조작에 불과하다"라고 주장한다.[19]

독일어권 복음주의 기독교 저널인 「이데아」(Idea)도 2019년 1월 23일 "성경과 생물학에 반하는 젠더-뉴스피크"(Gender-Neusprech gegen Bibel und Biologie)라는 제목 아래 젠더-뉴스피크를 비판했다.[20] 자유주의를 지향하는 독일 저널은 "뉴스프리크. 오웰과 젠더 주류화"(Neusprech. Orwell und das Gender Mainstreaming)라는 제목으로 새로운 오웰적 뉴스피크인 젠더 개념(성인지 개념)을 비판했다.[21]

독일 언론 「벨트」는 2020년 8월 16일 "언어논쟁의 투쟁 개념(Kampfbegriff der Sprachedebatte): 조지 오웰은 어떻게 뉴스피크를 고안했는가"라는 제목 아래 젠더 개념도 이러한 오웰적 뉴스피크에 해당한다고 보도했다.

"오웰의 디스토피아적 저서 『1984년』에서는 뉴스피크로 명명되고, 정화된 개념이 인류로 하여금 비판적 사유 자체를 생각하거나 표현하는 것을 억압하도록 하고 있다"라고 소개한다.[22]

---

19 "Gender-Neusprech: Grüne und Linke auf dem Weg in die gesichtslose Masse" (http://www.afd-nordhausen.de/2020/08/05/gender-neusprech-gruene-und-linke-auf-dem-weg-in-die-gesichtslose-masse/)
20 https://www.idea.de/Kommentar/detail/gender-neusprech-gegen-bibel-und-biologie-107356
21 Sarah Klostermair, "Neusprech. Orwell und das Gender Mainstreaming. Frauen brauchen keine Feministen-AGs," in: eigentümlich frei. 16.06.2014. (https://ef-magazin.de/2014/06/16/5433-neusprech-orwell-und-das-gender-mainstreaming)
22 Matthias Heine, "Wie George Orwell das Neusprech erfand," Welt 2020년 8월 16일 기

비판적 사고 자체를 억압하는 새로운 디스토피아적 뉴스피크가 바로 젠더 개념이다. 이 젠더 개념은 68 사회주의 성혁명가들의 투쟁 개념(Kampfbegriff)이었다는 사실을 망각해서는 안 된다. 젠더(성인지)라는 언어학적 투쟁 개념은 유대-기독교 성도덕에 대한 문화전쟁(Kulturkampf)을 선포한 빌헬름 라이히 이후의 성혁명적 문화전쟁 개념이다. 오웰적 뉴스피크는 언어혁명을 통한 전체주의사회 건설을 의미한다. 젠더(성인지) 개념도 본래 성혁명적/성정치적 문화전쟁의 투쟁 개념이었다는 사실을 기억해야 한다.

독일어권에서는 젠더 개념(성인지 개념)을 새로운 오웰적 뉴스피크로 보는 입장이 상당히 보편화되어 있기에, 반페미니즘적인 담론들에 대한 비판적 묘사를 위한 독일어권 온라인 전문용어 사전(Lexikon)인 '반페미니즘 담론 아틀라스'(Diskursatlas Antifeminismus)에서도 '뉴스피크' 개념에 대해서 상세하게 다음과 같이 논하고 있다.

1990년대 미국에서는 뉴스피크 개념이 '정치적 올바름'과 유사한 개념으로 사용되었다. 하지만 이 페미니즘 전문용어 사전은 오웰의 『1984년』은 언어변화가 은밀하고 고문을 사용하면서 진행되지만, "성치적 올바름과 함께 비난받는 그 언어정치(Sprachpolitik)는 투명하며 민주적 사회에서 실행된다"는 차이를 지적한다. 물론 이러한 차이에 대한 지적은 정당한 것이지만, 오웰적 뉴스피크와 정치적 올바름 모두 언어정치라는 본질적인 공통점이 존재한다.

페미니즘 진영에서 운영하는 이 전문용어 사전은 "독일에서는 뉴스피크 서사가 무엇보다도 성별감수성적(geschlechtersensible) 언어를 폄하하기 위해서 사용된다"라고 지적한다. 즉, 젠더 개념(성인지 개념)과 젠더 감수성(성인지 감수성)이 독일에서는 "뉴스피크라는 표현을 통해서 간접적 방식으로 전체주의적인 것으로 묘사되며 젠더파시즘(Genderfaschismus)과 페미나치

사. https://www.welt.de/kultur/article213259696/1984-Wie-Orwell-den-Kampfbegriff-Neusprech-erfand.html

(Feminazis)라는 서사와 연결된다"고 이 전문용어 사전은 소개한다.

"언어의 허위적인 아름다움(Der vermeintliche Wohlklang der Sprache)이 그 언어가 지니는 의미의 정확성보다 더 높게 놓이게 되는데, 바로 이것이야말로 오웰에 의하면 뉴스피크의 전형적 특징이다"라고 이 전문용어 사전은 적고 있다.[23] 젠더와 성인지라는 신어(뉴스피크)가 가지는 신선하고 좋은 느낌이 젠더라는 언어의 정확한 의미보다도 더 높게 평가되어서 거품처럼 유행하게 된 것이다.

젠더 개념 자체가 다분히 포스트모던적-기호학적 언어유희이다. 포스트모던적 젠더 개념 자체가 '유행하는 헛소리'이다. 미국의 이론물리학자 앨런 소칼은 『유행하는 헛소리: 과학에 대한 포스트모던 지식인들의 오용』이라는 책을 출판해서 유행철학으로 풍미했던 포스트모던 철학의 넌센스(헛소리)를 지적한 바 있다.[24] 이 책은 한국에서는 『지적 사기』로 번역되었다.[25]

젠더 개념도 푸코와 버틀러와 같은 '포스트모던 좌파'의 언어정치적 산물이다. 소칼은 『지적 사기』에서 소위 다음과 같은 프랑스 이론(French theory)의 지식인들이 범한 과학적 남용을 비판적으로 분석한다. 자크 라캉(Jacques Lacan), 크리스테바(Julia Kristeva), 뤼스 이리가레이(Luce Irigaray), 브루노 라투르(Bruno Latour), 장 보드리야르((Jean Baudrillard), 질 들뢰즈(Gilles Deleuze), 펠릭스 가타리((Félix Guattari), 폴 비릴리오 등을 비판한다. 과학의 객관성을 과도하게 부정하는 상대주의를 비판한 것이다.

이 책은 포스트모던적 "인식론적 상대주의"를 비판한다. 이것은 프랑스보다 미국에서 유행했었는데, 근대과학은 "'신화', '내레이션', 혹은 '사회적 구성물'"에 지나지 않는다고 간주하는 입장이다. 소위 "포스트모던 과

---

23 http://www.diskursatlas.de/index.php?title=Neusprech
24 Alan Sokal and Jean Bricmont, *Fashionable Nonsense: Postmodern Intellectuals' Abuse of Science* (New York: Picador, 1998).
25 앨런 소칼·장 브리크몽, 『지적 사기』, 이희재 역 (서울: 민음사, 2000).

학"에서의 "신비화, 의도적인 모호한 언어, 혼돈된 사고 그리고 과학적 개념들에 대한 오용"의 문제를 다룬다.[26] 버틀러의 젠더 개념도 기본적으로 급진적인 사회구성주의(Sozialkonstruktivismus)에서 나온 것이다.

8. 두 언어정치: 오웰적 뉴스피크와 정치적 올바름(PC)

젠더 개념(성인지 개념)이나 성인지 감수성은 오웰적 뉴스피크와 정치적 올바름(Political Correctness)이라는 사회주의적 성정치의 언어정치(Sprachpolitik)의 관점으로 비판적으로 성찰되어야 한다. 독일 프랑크푸르트 학파의 비판 이론, 특히 아도르노 전문가인 독일 철학자 노베르트 볼츠는 이후 보수주의적 전환을 해서 21세기 독일 철학과 정치의 보수적 전환을 대표하는 학자이다.

볼츠는 19세기 중반에는 남녀 모두에게 동일한 가치를 부여하고 도덕과 정치와 학문에서의 여성해방이 하나의 한계, 곧 여성성을 해지는 것을 하지는 말아야 한다는 한계를 가지는 그러한 "계몽된 페미니즘"이 존재했다고 말한다. 즉, 여성은 열등한 것이 아니라, 다를 뿐이다. 그렇기에 성평등은 여성을 남성처럼 대우하는 것을 의미하지는 않는다.

볼츠에 의하면 계몽된 페미니즘과 달리 "광적인 페미니즘"(der fanatische Feminismus)은 오늘날 자유나 기회평등을 목적하지 않고, 성과평등 혹은 결과평등(Ergebnisgleichheit)을 목적으로 하고 있다.

모든 사람이 사회 지도층의 고위직을 차지하는 여성 비율만 바라보고 있다. 독일 대학에서의 여성 교수들의 숫자가 얼마나 높은지만 바라보고 있다고 볼츠 교수는 비판적으로 분석한다.

---

26   Sokal and Bricmont, *Fashionable Nonsense: Postmodern Intellectuals' Abuse of Science*, x-xi.

즉, 볼츠에 의하면 오늘날 "광적인 페미니즘"은 자유 대신에 평등을 그리고 기회평등 대신에 결과평등(Ergebnisgleichheit)을 쟁취하려고 한다. 더 나아가 광적인 페미니즘은 그 결과평등마저도 여성 개개인을 위한 결과평등이 아니라, 전체로서의 여성 집단을 위한 결과평등을 원하고 있다고 볼츠는 비판한다.

볼츠는 광적인 페미니스트들이 "실제로는 평등보다는 권력을" 쟁취하려 한다고 분석한다.[27] 젠더 페미니즘(성인지 페미니즘)은 기회평등/기회정의를 의미하는 동권(Gleichberechtigung)이 아니라, 결과평등/결과정의를 의미하는 동등(Gleichstellung)을 요구하고 있기에 문제가 된다.

볼츠는 광적인 페미니즘이 남녀의 사회적 역할들을 성역할들로 바꾸고 있다고 비판한다. 남성과 여성이라는 것은 결코 사회적 구성물(soziales Konstrukt)이 아니라고 그는 주장한다. 볼츠는 광적인 페미니즘이 무엇보다도 생물학적 성(Sex)을 젠더(Gender)라는 개념으로 몰아내는 언어정치를 시도하고 있다고 분석한다. 그래서 젠더 연구가 활발하게 이루어지는 곳에서는 무엇보다도 남녀의 생물학적 차이를 말하는 "진화생물학에 반대하는 선전포고"가 이루어지고 있다고 분석한다.[28]

볼츠는 토크빌의 오래된 주제인 "평등을 통한 자유의 위험화"가 루소주의에 반대하는 자신의 책의 주제라고 말한다. 볼츠는 이 토크빌의 문제의식이 지금 현재 더 중요해졌다고 본다. 볼츠는 "사회주의는 평등의 물신숭배"(Sozialismus ist der Fetischismus der Gleichheit)라고 분석한다.[29]

볼츠는 "토크빌의 섬뜩한 적시성(Aktualität)"이 우리 시대에 가장 적용될 수 있는 현상은 바로 "정치적 올바름이라는 언어정치"(Sprachpolitik der Politischen Korrektheit)라고 주장한다. 정치적 올바름(PC)라는 새로운 언어정

---

27 Norbert W. Bolz, *Diskurs über die Ungleichheit: ein Anti-Rousseau* (Wilhelm Fink, 2009), 48-49; 정일권, 『질투사회: 르네 지라르와 정치경제학』(서울: CLC, 2019)를 보라.
28 Bolz, *Diskurs über die Ungleichheit: ein Anti-Rousseau*, 52-53.
29 Bolz, *Diskurs über die Ungleichheit: ein Anti-Rousseau*, 27.

치는 "표현의 자유를 사보타주하고 있다"라고 볼츠는 분석한다. 그리고 이렇게 주장한다.

> 정치적 올바름이라는 언어정치는 언어통제로서의 검열에 대한 루소의 긍정적 개념과 직접 연결된다. …
> 정치적 올바름의 가장 중요한 과제 중 하나는 문명들의 충돌과 문화들의 전쟁들에 대한 분석을 차별과 위험한 여론조작으로 폄하하는 것이다.[30]

볼츠는 유럽 68 문화혁명의 "결정적 신앙조항"은 다음 4가지로 정의된다고 분석한다.

> 1. 모든 라이프스타일은 동등하다.
> 2. 어떤 대안적 라이프 스타일을 차별하는 것은 하나의 범죄이다. 평등정치(Gleichstellungspolitik)에 반대하는 자는 인종주의자요, 외국인 혐오자요 성차별주의자이다.
> 3. 동성애자들이 병든 것이 아니라, 동성애를 비난하는 자들이 병든 자들이다.

어떤 종교와 문화는 다른 종교와 문화보다 우월하지 않다. 볼츠에 의하면 "이렇게 정치적 올바름은 방해받지 않고서 환상적 웰니스(wellness) 이야기들을 말하며 역사를 소수자들을 위한 테라피(Therapie für Minderheiten)로 변모시켜 버렸다."[31]

볼츠는 서구 민주주의 생존이 흔들리게 되었다고 분석하는데, "민주주의는 특히 고된 노동, 용기, 정직성, 책임의식, 냉철함 그리고 친절과 같은 시민적인 미덕들을 전제하기 때문이다."

---

30 Bolz, *Diskurs über die Ungleichheit: ein Anti-Rousseau*, 28-29.
31 Bolz, *Diskurs über die Ungleichheit: ein Anti-Rousseau*, 34.

하지만 볼츠에 의하면 이러한 성숙한 민주주의의 시민의식과 시민적 미덕들과 도덕들은 "그 반대의 경우를 처벌할 준비가 되어 있을 때만 함양될 수 있다. 낙인 없이는 가치도 없다(kein Wert ohne Stigma)."

"하지만 현대 서구 사회는 변칙들과 이상(異常)들(Abweichungen)을 더 이상 낙인찍지 않으며, 대신에 그것을 관용하고 그것을 다른 표현으로 개칭하고 있다"라고 볼츠는 비판적으로 분석한다.

그래서 그에 의하면 "전통적 비정상은 이렇게 정상화된다. 이혼한 가정, 미혼모들 그리고 혼외 자녀들은 이제 더 이상 가정의 붕괴에 책임 있는 것이 아니라, 단지 대안적인 라이프스타일에 불과하다고 인식된다."**32**

전통적, 정상적, 일상적 시각에서 이상하고 괴기하고 비정상적인 것을 지칭하는 퀴어를 이론화한 퀴어 이론도 위의 볼츠의 지적처럼 괴기하고 비정상적이고 이상한 것을 전면에 내세움으로써 그것을 정상화하려고 한다.

낙인 없이는 가치도 없다는 볼츠의 주장은 급진적이기도 하면서 또한 인상적이기도 하다. 볼츠는 유럽 68 문화혁명 세대들이 전통적 의미에서 비정상적인 것들을 정상화시킬 뿐 아니라, 지금까지 자명하게 정상적인 것으로 간주되어 온 것들을 비정상적인 것으로 정의하고 있다고 비판하면서, 그 예로 전통적 의미에서의 가정을 지키며 자녀들을 따뜻하게 돌보는 전업주부가 폄하되는 사회적 분위기를 비판한다. 직장 생활하는 아버지와 가정주부(Hausfrau)로서의 어머니라는 전통적 고전적 가정이 "반동적이며, 여성 적대적이며, 심지어 병리적인 것으로" 치부되는 현상을 볼츠는 비판한다.

그에 의하면 "그래서 서구 문화 곳곳에 변칙적이고 이상한 것들이 정상화되고 보상받으며, 반대로 시민적으로 존경받을 만한 것들은 낙인찍히며 처벌되고 있다. 볼츠에 의하면, 부르주아의 경쟁 정신과 개인적 야망은 처벌된다. 반대로 쿨함(Coolneß)과 보헤미안들의 반시민적 정서는 보상받고 있다."**33**

---

32 Bolz, *Diskurs über die Ungleichheit: ein Anti-Rousseau*, 34.
33 Bolz, *Diskurs über die Ungleichheit: ein Anti-Rousseau*, 34-35.

9. 새로운 젠더 인간과 오웰적-헉슬리적 디스토피아

주디스 버틀러의 『젠더 트러블』은 젠더유토피아적 혹은 성인지 유토피아적 기획이다. 독일 볼프캉 라이젠베르크(Wolfgang Leisenberg) 교수는 "젠더 멋진 신세계"(Gender schöne neue Welt) 혹은 "성인지 멋진 신세계"라는 제목으로 올더스 헉슬리가 1931년 쓰고 1932년 출판된 디스토피아 SF 소설 『멋진 신세계』(Brave New World)와 젠더 이데올로기를 연관시키면서 비판적으로 분석했다.

라이젠베르크 교수는 젠더주의의 "은폐된 아젠다"(Hidden Agenda)를 분석하면서 그것은 사회주의적 새로운 인간형인 젠더-인간형이 지배하는 유토피아적/디스토피아적 "젠더 멋진 신세계"에 대한 성혁명적 아젠다라고 분석한다. 젠더 개념의 목적이 빌헬름 라이히의 책 부제에 등장하는 "사회주의적 재구조화"와 『젠더 트러블』의 부제에 등장하는 것처럼 "정체성의 전복"이며 "불안화"라고 비판적으로 라이젠베르크 교수는 분석했다.

라이젠베르크 교수에 의하면 플라톤의 『국가론』에서부터 "가정 해체"와 "집단주의적 어린이 교육"에 대한 사상이 존재했다. 마크루제도 가정은 "잔인성의 장소"(Ort der Grausamkeit)라고 비판했다.

라이젠베르크 교수에 의하면 젠더 운동은 "유사종교적 운동"이며 "객관성"에는 전혀 관심이 없다. 그리고 성인지 교육에 있어서 가장 앞서 집행되었던 노르웨이에서 젠더 교육(성인지 교육)이 실패했다는 사실도 소개한다.

성인지 교육의 목표는 궁극적으로 "새로운 인간형", 곧 사회주의적 새로운 인간을 만드는 것이다.[34] "학교 교실 안에서의 프로이트 쾌락 원리(Lustprinzip)"에 대해 말하면서 사회주의적 새로운 인간은 이 쾌락 원리를 따르는 사람들이라고 라이젠베르크 교수는 분석한다.

---

[34] Volker Zastrow, *Gender – Politische Geschlechtsumwandlung*, 2007, 19.

사회주의적 인간론에 의하면 욕망하는 "기계인간"은 쾌락 원리를 따라서 성욕망을 충족하는 "욕망하는 기계"이다. 그리고 빌 게이츠와 같은 "거대한 자본가이면서 동시에 사회주의자들"에 의해 젠더주의가 장려되고 가정해체와 집단주의적 어린이 교육이 강제되고 있다고 비판적으로 그는 분석했다. 사회주의적 재구조화를 위해서 부모에 대한 사랑과 순종을 해체해야 하며 이를 위해서 '조기 성애화'가 필요하다고 지속해서 주장한다.

라이젠베르크 교수는 1995년 중국 베이징 세계여성회의에서 채택된 정책문서인 베이징 선언과 행동강령이 1995년 12월 8일 유엔총회에서 "강제력이 없는 권고"(unverbindliche Empfehlung)로 수용되었음에도, 지금까지 각 국가의 법체계와 교육체계에 대한 지속적 개입의 근거로 작용하고 있다고 비판한다.[35]

가브리엘 쿠비(Gabriele Kuby)는 『교육의 국가주의화: 새로운 젠더-인간(Gender-Menschen)으로 가는 길 위에서』라는 책에서 젠더 교육(성인지 교육)이 탑다운방식의 국가페미니즘 혹은 국가주의적 페미니즘으로서 궁극적으로 스스로 자신의 성별을 선택하는 새로운 젠더 인간 혹은 성인지 인간을 생산하는 것이라고 분석했다.[36]

2007년 독일 저명 언론 「슈피겔」(*Der Spiegel*)에도 "새로운 인간"(Der neue Mensch)라는 제목으로 젠더-주류화(Gender-mainstreaming)는 "새로운 인간"의 탄생을 목적으로 한다는 점을 잘 보여 주었다.[37] 쿠비의 주장처럼 젠더-주류화 정책은 사회주의적 '새로운 인간', 곧 젠더-인간의 탄생을 목적으로 한다.

2010년 독일 언론 「융에 프라이하이트」(*Junge Freiheit*)에 실린 기사도 "젠더-주류화: 목표는 '새로운 인간'"("Gender Mainstreaming. Das Ziel ist der 'neue Mensch'")이라는 제목으로 젠더-주류화의 궁극적 목적이 사회주의적 새로운 인간인

---

35 Wolfgang Leisenberg, Gender Mainstreaming – auf dem Weg zum neuen Menschen, https://www.gemeindenetzwerk.de/?p=11191
36 Gabriele Kuby, Verstaatlichung der Erziehung. Auf dem Weg zum neuen Gender-Menschen(Fe-Medienverlags GmbH, 2015).
37 René Pfister, "Der neue Mensch." In: *Der Spiegel* 1/2007.

성인지 인간(Gender-Menschen)을 생산하는 것이라는 점을 명확히 했다.[38]

사회주의는 오래전부터 '새로운 인간'을 양성하기 위한 재교육(Umerziehung)을 주요한 사회주의 정치의 아젠다로 삼아 왔다. 구소련 공산주의의 레닌과 스탈린도 사회주의적 '새로운 인간'을 향한 재교육을 중요한 정치적 기획으로 삼았다.[39] 구소련 공산주의의 소련의 강제노동수용소(Gulag, 굴락)도 이러한 '새로운 인간'을 교육을 통해서 양성하겠다는 사회주의적 교육정치가 제작한 재교육 시설이다.

젠더 개념(성인지 개념)도 '새로운 인간'인 '젠더 인간'(성인지 인간)을 교육을 통해서 양성하겠다는 거대한 사회주의적 재교육 프로그램과 기획이다. 북한 정치범 수용소도 사회주의적 '새로운 인간' 생산을 위한 재교육 시설이다.

사회복지 교수였던 폴 아담스(Paul Adams)는 "평등법과 젠더 이데올로기의 오웰적 세계"(The Equality Act and the Orwellian World of Gender Ideology)라는 제목으로 젠더 개념이 "오웰적 뉴스피크"라고 주장했다.[40]

젠더 개념(성인지 개념) 자체가 사회주의적 재교육 프로그램의 오웰적 뉴스피크로 기획된 것이기에, 짐차 폐기되어야 힌다. 젠더 이데올로기는 68 문화혁명/성혁명 운동의 "손자-이데올로기들"(Enkel-Ideologien) 중 하나라고 주장하면서 현 독일 교육정책을 가장 강하게 비판하고 있는 요제프 크라우스(Josef Kraus)는 2018년 저서『50년 동안의 재교육): 68세대와 그들의 유산들』에서 젠더 이데올로기(성인지 이데올로기)가 68 성혁명의 3세대 산물이자 유산이며, 그것은 독일 68세대가 그동안 추진한 50년 동안의 사회

---

38 Moritz Schwarz, "Gender Mainstreaming. „Das Ziel ist der 'neue Mensch'", 2010. 2. 28. *Junge Freiheit* 기사. https://jungefreiheit.de/debatte/interview/2010/das-ziel-ist-der-neue-mensch/

39 "Der sowjetische 'Neue Mensch'". https://www.deutschlandfunk.de/der-sowjetische-neue-mensch.1184.de.html?dram:article_id=185408

40 Paul Adams, "The Equality Act and the Orwellian World of Gender Ideology", *The Epoch Times* 2019년 5월 6일 기사. https://www.theepochtimes.com/the-equality-act-and-the-orwellian-world-of-gender-ideology_2950918.html

주의적 재교육 프로그램의 산물이라고 주장했다.[41]

이 책의 저자 크라우스는 1987년부터 2017년까지 독일교사협회(Deutschen Lehrerverband)의 회장을 역임했고, 2018년 독일 언어상(Deutschen Sprachpreises) 수상자이기도 하다. 그는 68세대가 '제도권으로의 긴 행진'을 통해서 독일의 좌파 정당들뿐 아니라, 언론, 교회 그리고 특히 무엇보다도 교육계에 강하게 진출했다는 사실을 지적한다.

특히, 교육자 크라우스는 68세대의 "정치적 올바름과 젠더 광기라는 신념독재(Gesinnungsdiktatur)"는 "68세대의 '손자-이데올로기'(Enkel-Ideologie)"라고 주장한다. 이렇게 독일어권에서는 "젠더-주류화가 인류에 대한 거대한 재교육프로그램"(Gender Mainstreaming - Umerziehungsprogramm der Menschheit)이라는 비판이 존재한다.

10. 성인지 개념: 사회주의 재구조화와 재교육(Umerziehung) 전략

젠더(성인지) 개념은 '사회주의적 재구조화'를 통해서 '젠더-인간'(Gender-Menschen)을 양성하기 위한 성혁명적/성정치적 개념이다. 젠더(성인지) 개념은 사회주의적 새로운 인간을 창조하기 위한 거대한 언어적 재교육(Umerziehung) 전략이다.

'성정치출판사'(Sexpol-Verlag)에서 출간된 성혁명 개념의 창시자 빌헬름 라이히의 책의 원제는 "문화전쟁 속의 성: 인류의 사회주의적 재구조화를 위하여"(Die Sexualität im Kulturkampf. Zur sozialistischen Umstrukturierung des Menschen)이다.[42]

---

41 Josef Kraus, *50 Jahre Umerziehung: Die 68er und ihre Hinterlassenschaften* (Lüdinghausen/Berlin: Verlag Manuscriptum, 2018).

42 Wilhelm Reich, *Die Sexualität im Kulturkampf. Zur sozialistischen Umstrukturierung des Menschen* (Kopenhagen, Sexpol-Verlag, 1936).

이 책은 성혁명 운동이 유대-기독교적 성도덕에 대한 문화전쟁임을 명확하게 보여 주며, 그들의 궁극적인 목적은 "인류의 사회주의적 재구조화"이다. 젠더 퀴어 페미니즘과 성인지 페미니즘(젠더 페미니즘)도 68 성혁명/성정치의 산물인데, 이들은 '포스트모던 좌파'로 분류되며 또한 후기 구조주의자들(언어구조주의자들)이다. 젠더(성인지)라는 개념 자체가 언어적 재구조화를 통해서 "인류의 사회주의적 재구조화"를 목표로 한다.

가브리엘 쿠비도 자신의 베스트셀러인 『글로벌 성혁명-자유의 이름으로 이루어진 자유의 파괴』라는 책에서 유엔과 유럽연합을 글로벌 성혁명의 주동자로 비판하면서 젠더 이데올로기가 "성애화된 젠더-인간을 지향하는 거대한 재교육"(die große Umerziehung zum sexualisierten Gender-Menschen)을 추진하고 있다고 비판한다.

쿠비는 "새로운 옷을 입은 새로운 전체주의"가 추진하는 "언어의 정치적 유린", 독일어권 유치원과 학교에서 이루어지고 있는 조기 성애화(Fhühesexualisierung)와 과잉 성애화(Hypersexualiserung) 성교육의 실태를 고발한다.[43]

그녀는 일부 독일 유치원에서 젠더 교육의 차원에서 이루어지는 남성 성기와 여성 성기 모양의 장난감 등을 통한 조기 성애화 성교육 실태도 고발한다. 한국에서도 유치원 성인지 교육이 등장하기 시작했다.

성인지(젠더)는 사회주의 언어혁명과 개념혁명의 산물이다. 성인지(젠더)는 젠더 인간을 향한 사회주의적 재구조화를 위한 언어전략이다. 젠더 개념 자체가 혁명 개념과 투쟁 개념으로서 궁극적으로는 인간의 사회주의적 재구조화를 위한 것이다. 젠더 개념은 68 사회주의 성혁명 운동의 문화전쟁적 개념으로부터 탄생했다는 점을 기억해야 한다.

---

[43] Gabriele Kuby, *Die globale sexuelle Revolution. Zerstörung der Freiheit im Namen der Freiheit. Vorwort von Prof. Dr. Robert Spaemann* (Fe-Medienverlags GmbH, 2012).

동독 사회주의를 경험한 독일의 저명한 여성정치인 베아트릭스 폰 스토히(Beatrix von Storch)는 다음과 같이 사회주의적 뉴스피크인 성인지 개념(젠더 개념)을 비판한다.

> 공직에 있는 베를린 공무원들은 정치적으로 올바르고(politisch korrekten), 이데올로기적으로 편협하고 광적 언어로 강제되고 있는데, 이런 (젠더 개념은) 시민들과는 동떨어져 있고, 삶에는 낯설고, 불관용적이며 또한 전체주의적인 것이다.
> 이러한 말할 수 없는 뉴스피크를 통해 의식은 변화하게 된다. 왜냐하면, 우리는 언어가 의식을 규정한다는(Sprache bestimmt das Bewusstsein) 사실을 잘 안다. 레닌 이후로 좌파들과 독일 녹색당은 조작하는 데 능하며 인간 사유의 자유를 억압한다.

이 독일 국회의원은 젠더 개념이 교육독재를 통해서 작동되는 "교육국가"(Erziehungsstaat)로 향하고 있다고 비판한다.[44] 젠더 개념(성인지 개념)의 기원적 의미는 바로 사회주의적 재교육 프로그램으로 고안된 언어정치이다.

한나 아렌트는 루소주의적 '교육의 정치화'를 비판한 바 있는데, 이는 성인지 페미니즘이 주도하는 젠더 개념을 통한 사회주의적 언어재교육 프로그램에 대한 비판적 성찰에 큰 의미를 지닌다.

아렌트는 "교육의 위기"(Die Krise der Erziehung)란 제목으로 강연하면서 교육의 정치화와 정치적 도구화의 문제를 지적했다. 이 강연에서 루소를 추종하는 현대 교육계의 루소주의가 주장하는 것처럼 교육을 정치 수단으

---

[44] https://www.freiewelt.net/blog/berlins-gruener-justizsenator-will-sprachdiktat-in-der-verwaltung-durchsetzen-10082473. Beatrix von Storch: Berlins grüner Justizsenator will Sprachdiktat in der Verwaltung durchsetzen, in: Freie Welt vom 23.09.2020.

로 생각해서는 안 된다고 주장한다.

아렌트는 루소주의로부터 영향을 받은 교육이상은 정치 수단으로 도구화되고, 정치도 교육의 일종으로 파악된다고 바르게 비판한다. 한나 아렌트는 이 강연에서 유토피아주의적-루소주의적 교육이 말하는 소위 '진보교육'(progressive Erziehung) 속에 포함된 아동들에 대한 세뇌 교육의 위험성을 지적한다.

한나 아렌트는 68 학생 문화혁명 운동권과 독일 프랑크푸르트 학파의 비판 이론이 추구한 반권위주의적 교육을 비판적으로 성찰하면서 교육에서의 권위의 의미를 재발견한다.[45] 탑다운 국가페미니즘의 형식으로 강제되는 성인지 페미니즘의 성인지 감수성 교육과 조기 성교육 등은 사회주의/국가주의 재교육으로부터 탄생했다.

11. 젠더 광기(Genderwahn)와 성인지-헛소리(Gender-Unfug)

독일의 대표 방송 ZDF는 2020년 7월 "누가 젠더 광기를 두려워하는가"라는 제목의 프로그램에서 독일 '기독교 우파'(Christliche Rechte)와 교수정당으로 출범한 '독일을 위한 대안'(AFD) 정당 중심으로 점차 주류화되고 있는 젠더 교육 비판과 폐지 운동을 다큐로 방송했다.

독일에서는 젠더-헛소리(Gender-Unfug) 혹은 젠더 광기(Genderwahn)라는 표현이 워낙 보편화되었기에, ZDF도 '젠더 광기'를 제목으로 수용했다.

2020년 초반 젠더 교육의 주요 이론가인 주디스 버틀러도 "누가 젠더를 두려워하는가"라는 제목의 강연을 한 바 있는데, 흥미롭게도 서로 연대하는 것처럼 ZDF도 동일한 제목의 다큐를 방송했고 위기에 처한 독일 젠더

---

[45] 이 강연은 독일방송 WDR를 통해서 1958년 7월 10일 방송되었고, 다음 책에 실렸다. Hannah Arendt, *Zwischen Vergangenheit und Zukunft: Übungen im politischen Denken* (Munchen: Piper, 1994), S. 255-276.

교육계에서도 자주 이와 동일한 제목으로 독일에서 점차 주류화되고 있는 반-젠더 이데올로기 운동을 비판하고 있다.

헝가리, 폴란드 그리고 중유럽/동유럽에서는 성주류화가 아니라, 가족 주류화가 진행 중이다. 독일 ZDF에서는 독일 기독교 우파와 연대하는 프란치스코 교황이 젠더 교육이 "결혼에 대항하는 세계전쟁"(Weltkrieg gegen die Ehe)을 벌이고 있다고 비판한 내용도 등장한다.

그리고 ZDF는 성인지 교육(젠더 교육)에 대한 거센 저항 운동이 우파로부터 시작해서 지금은 중도까지 포용하면서 점차 주류화되고 있다고 보도한다. 그리고 ZDF는 독일어협회(Verein Deutsche Sprache)가 젠더 개념(성인지 개념)은 독일어에 대한 파괴적 공격을 의미하기에 "젠더-헛소리"라고 비판하고 있다는 내용도 보도했다.

왜 군이 젠더를 성인지로 바꾸어서 국가주의적 페미니즘의 이름으로 '강제적'으로 재교육하는 것인가?

2014년 독일 슈투트가르트에서 개최된 '가족 포럼'(Forum Familie)에서 볼프캉 라이젠베르크 교수는 "젠더 이데올로기와 성적 다양성"이라는 제목으로 강연하면서 젠더 교육의 "은폐된 아젠다"(Hidden Agenda)에 대해서 주목해야 한다고 강조하는데, 그 은폐된 기획과 아젠다는 바로 사회주의적 "새로운 인간"을 창조하는 것이라고 바로 분석했다. 젠더(성인지) 개념은 사회주의적 '새로운 인간'인 '젠더-인간'의 창조를 목적으로 하고 있다.

라이젠베르크 교수는 또한 젠더 교육과 젠더 이데올로기는 결국 실패했다고 주장하면서, 그 대표적인 사례가 젠더 교육의 선구자였던 노르웨이라고 소개했다. 노르웨이에서 10년 정도 젠더 교육을 시켰지만, 여전히 남녀는 전통적으로 직업을 선택했다는 것이다.

라이젠베르크 교수는 성인지 교육(젠더 교육)을 통한 "점차적 교육의 국가주의화와 집단주의화"의 위험을 바르게 비판했다.

주디스 버틀러와 같은 젠더 이론가들은 "강제적 이성애"를 비판한다. 하지만 성인지 페미니즘 재교육가들은 탑다운방식의 국가페미니즘의 국가주의적 강제력으로 성혁명 담론과 조기 성애화/조기 성교육을 더 강하게 자유민주주의 체제의 자유 시민들에게 사회주의 재교육의 차원에서 새롭게 강제하고 있다.

가브리엘 쿠비와 함께 독일어권에서 성인지 교육(젠더 교육)을 대표적으로 비판하는 여성학자 중 한 사람은 언론인 출신의 비르기트 켈레(Birgit Kelle)가 있는데, 그녀는 독일의 각종 주류 방송에 등장해서 점차 기울어지고 있는 68 성혁명 운동의 산물인 젠더 이데올로기와 그 성인지 교육 등을 비판하는 학자이다. 그녀는 2015년 『젠더 망령: 어떻게 터무니없는 이데올로기가 우리의 일상을 정복하려고 하는가』라는 책을 출간했다.[46]

12. 성인지 교육과 사회주의적 조기 성애화 전략

『성인지 감수성 트러블』의 공저자 오세라비 작가에 의하면 젠더를 성인지라는 용어로 바꾼 시점은 좌파 여성계가 국회에 여성 예산을 확보하기 위한 작업을 하기 위해서이다. 젠더 예산이라고 하면 어감이 이상하니까, 성인지 예산으로 바꾼 것이다.

그때가 2002년이다. 2010년 성인지 예산이 시행되자 국가정책 등에 성인지 관점이 반영돼, 성인지 교육, 성인지 감수성, 성인지 정책 등 젠더 이데올로기 시대가 한국에 열리기 시작했다.

2015년 여성발전기본법을 '양성평등기본법'으로 개정하면서 국가 공무원, 지자체 공무원부터 성인지 교육 의무화가 실시되기 시작했다. 이후 성

---

[46] Birgit Kelle, *GenderGaga: Wie eine absurde Ideologie unseren Alltag erobern will* (Adeo Verlag 2015).

인지 예산, 성인지 교육 등의 전제로 감수성을 키워야 한다는, 즉 성인지 감수성이 강조되기에 이르렀고, 처음에는 젠더 감수성, 성인지 감수성이 혼용되기 시작하다 근래 성인지 감수성으로 통일해 불리고 있다.

젠더를 성인지로 바꾸어 부른 것이 처음에는 매우 불분명하고 모호한 개념으로 받아들여졌지만 2018년 대법원 판결에 성인지 감수성을 잃지 말아야 한다는 식의 여론이 형성되자 성인지 감수성은 일반화되었다고 한다.[47]

결론적으로 젠더 개념(성인지 개념)은 성정체성의 혼동(Verwirrung)을 위해 기획된 언어정치이다. 젠더 개념이 성정체성의 전복과 혼동을 위해서 기획되었다는 사실은 앞에서 언급한 젠더 망령이라는 개념으로 젠더 이데올로기를 비판하는 독일 언론인 브리기트 켈레(Birgit Kelle) 등이 잘 지적한다.

젠더 개념(성인지 개념)은 성정체성의 혼란을 목적으로 기획된 오웰적-사회주의적 뉴스피크라는 언어정치의 산물이기에, 점차 폐기되어야 할 개념이다.

앞에서 소개한 것처럼 존 머니의 젠더 개념은 이미 뇌과학적으로 폐기되었다. 최종적으로 폐기될 때까지 타협으로서 젠더 개념(성인지 개념)을 남녀성별 차이로 해석해서 교육할 수 있긴 하지만, 궁극적으로는 폐기되어야 할 개념이라는 사실을 망각해서는 안된다.

그리고 젠더 교육(성인지 교육)과 사회주의적 조기 성애화/조기 성교육 전략이 밀접하게 연관되어 있다는 사실을 기억해야 한다. 또한, 사회주의적-평등주의적 '새로운 인간'인 젠더 인간(혹은 성인지 인간)의 성인지 유토피아는 실제로는 오웰적-헉슬리적 디스토피아이다.

"성인지 멋진 신세계"와 오웰적 뉴스피크는 모두 사회주의적-유토피아주의적 젠더-인간(성인지 인간)을 생산하는 버틀러의 경우처럼 성인지 유토피아(젠더유토피아)를 초현실주의적으로 꿈꾸지만, 그것은 평등주의적

---

[47] 오세라비, 김요한, 전혜성, 『성인지 감수성 트러블』 (서울: 가을밤, 2020), 37.

유토피아가 아니라, 오웰적이고 헉슬리적인 전체주의의 디스토피아이다.

왜 젠더 개념을 성인지 개념으로 이름만 바꾸어 탑다운 국가페미니즘의 권력과 헤게모니로 강제하는지 답해야 한다. 대한민국에서는 젠더 감수성을 성인지 감수성으로 젠더 교육을 성인지 교육으로 이름만 바꾸어서 국가페미니즘의 이름으로 탑다운방식으로 강제되는데 보다 깊은 이해와 비판이 필요하다.

버틀러의 주장처럼 강제적 이성애가 문제가 아니라, 국제기구를 통해서 탑다운방식으로 강제되는 강제적 젠더 교육(성인지 교육)이 문제다. 독일에서도 젠더 개념(성인지 개념)을 오웰적 뉴스피크로 파악해서 거세게 저항하고 있다. 1995년 베이징 유엔세계여성회의에서는 젠더 주류화 전략이 이에 반대하는 국가들 대표가 이미 귀국한 이후 편법적으로 결정되었다고 한다.

이 회의에서 지금까지 남성과 여성을 구별하는 용어로 사용됐던 '섹스'(sex) 대신 '젠더'(gender)란 용어로 바꿔 쓰기로 결정한 것도 미국 페미니스트들과 같은 NGO들의 강한 입김이 작용한 것으로 알려져 있다.

젠더란 용어는 남녀 간 성차나 성차별이 생물학적으로 결정된 것이 아니라 사회적으로 만들어지는 것이란 의미이다. 만약 21세기 유럽 등에서 강한 저항 운동에 직면해서 점차 폐지되고 있는 젠더 교육의 내용을 성인지 교육이라고 이름만 바꾸어서 은폐된 방식으로 전 국민들에게까지 강제한다면 자유 시민들의 아래로부터의 저항 운동이 필요하다.

필자는 (좌우 독일) 사회주의 운동의 유토피아주의적 폭력을 비판했는데, 미셀 푸코와 같은 성혁명가/성정치가들은 소아성애와 같은 성유토피아적 폭력을 범했다.

그리고 이후 논하겠지만 푸코를 대부로 모시는 성인지 페미니즘(젠더 페미니즘 혹은 젠더 퀴어 페미니즘)은 유엔, 유럽연합 그리고 유네스코와 같은 국제기구로의 '제도권으로의 긴 행진'을 통해서 헤게모니를 확보한 다음 탑다운방식의 국가페미니즘 혹은 국제기구페미니즘의 이름으로 사회주의적 새로운 인간인 젠더-인간으로의 거대한 성인지 재교육 프로그램을 강제하고 있다.

성인지 페미니즘은 성인지(젠더)라는 오웰적 뉴스피크를 통해서 헉슬리적인 "성인지 멋진 신세계"(Gender neue schöne Welt)라는 유토피아를 꿈꾸지만 사실 그것은 오웰적-헉슬리적 디스토피아이다.

제6장

코로나19는 자본주의의 내적 모순의 결과인가?[1]

1. 전염병사회주의: 코로나19 팬데믹의 희생양인 자본주의

지금까지 21세기 문화막시즘의 주요한 두 아젠다인 젠더주의와 다문화주의를 비판적으로 조명해 보았다. 이제 마지막으로 여기서부터 문화막시즘의 세 번째 주요한 아젠다인 생태사회주의(Ökosozialismus)를 다루고자 한다.

생태사회주의는 특히 코로나19 팬데믹 상황에서 전염병사회주의 혹은 코로나사회수의 형태로 갑자기 강하게 등장했다. 국내외적으로 코로나19 팬데믹을 자본주의의 모순이 낳은 재난으로 주장하는 사회주의자들의 주장이 넘쳐나고 있다. 『코로나19, 자본주의의 모순이 낳은 재난』도 그 한 예다.[2]

글로벌 사회주의자들과 좌파 사상가들 그리고 막시스트들은 이 팬데믹이 마치 자본주의의 종말을 예고하고 21세기 사회주의의 르네상스를 위한 카이로스가 되는 것처럼 외치고 있다. 21세기 새로운 공산주의를 주장하는 슬라보예 지젝도 코로나19는 우리가 알고 있는 자본주의의 종말을 의미한다고 주장한다.

---

1   6장은 2020년 11월 27일 양재 온누리교회에서 "코로나 이후 우리 사회와 한국 교회"라는 주제로 개최된 샬롬나비 학술대회에서 발표한 논문이다.

2   마이크 데이비스, 알렉스 캘리니코스, 마이클 로버츠, 우석균, 장호종, 『코로나19, 자본주의의 모순이 낳은 재난』(서울: 책갈피, 2020).

"자본주의, 사회주의 그리고 코로나"라는 주제로 개최된 2020년 독일어권 하이에크학회(Friedrich A. von Hayek-Gesellschaft) 주관 학술대회 '2020년 자유포럼'(Forum Freiheit 2020)에서는 "전염병사회주의(Seuchensozialismus): 코로나위기의 정치적 관리"라는 소주제 아래 발제가 이루어졌다.

"시장경제와 기업가 정신: 자유롭고 인간적인 사회를 위한 기여"라는 제목으로 개최된 2020년 '오스트리아 아카데미'(AUSTRIAN ACADEMY 2020)에서 쉘호른 박사(Franz Schelhorn)가 "시장회의론과 자본주의 적대성: 코로나는 어떻게 우리를 환상세계로 굴복시켜 버렸는가"라는 강연을 통해 시장회의주의와 반자본주의적 정서가 코로나19 팬데믹으로 인해 증가했다고 분석했다. 그는 코로나19는 엄밀히 말해서 중국 사회주의 의료시스템의 위기가 원인이지, 코로나 위기가 자본주의의 위기는 아니라고 반론을 제기했다.

토마스 마이어(Thomas Mayer) 교수는 "희생양 신자유주의"(Sündenbock Neoliberalismus)라는 제목으로 2019년 '오스트리아경제학·사회철학연구소'(Austrian Institute of Economics and Social Philosophy) 주관 학술모임에서 신자유주의와 자본주의가 쉽게 희생양으로 몰리고 있다는 사실에 주목했다. 그는 동유럽 공산주의 붕괴가 이루어진 1989년 이후 이루어진 자본주의와 사회주의 사이의 타협안인 제3의 길은 실패했다고 분석했다.

2020년의 코로나19 팬데믹으로 인해서 모든 사회적 위기의 책임을 희생양 자본주의와 신자유주의에 폭력적으로 전가하는 상투적 경향성이 더욱더 강화되었다고 볼 수 있다.

코로나19 팬데믹의 종식을 가져오는 것은 사회주의가 아니라, 21세기 제4차 산업혁명 시대의 자본주의, 자유주의 그리고 시장경제일 것이다. '오스트리아경제학·사회철학연구소' 회장인 마틴 론하이머(Martin Rhonheimer)는 신학적 사유를 함께 하면서 "자본주의와 기업가 정신이 코로나로부터 우리를 이끌어 낼 것이다"라고 바르게 주장한 바 있다.

인류에게 풍요를 선물하고 수백만 명의 인류를 가난으로부터 구한 자유, 기업가 정신, 시장경제, 자본주의 그리고 세계화의 힘들이 또한 이 코로나 위기를 극복하게 할 것이며 인류의 창조성 덕분에 새로운 것을 창조할 것이다.

하지만 국내에서도 자본주의를 희생양 삼아 코로나19 팬데믹의 책임을 신자유주의와 자본주의에 전가하는 입장이 공공연하게 등장하고 있다. 2020년 SBS CNBC "포스트 코로나 뉴노멀을 말하다"에서 중앙대 김누리 교수는 코로나19로 인한 "재난 유토피아"를 체제경쟁에서 패배한 사회주의 이데올로기의 부활을 위한 카이로스로 인식하면서 주로 미국식 자본주의를 악마화하고 독일식 사회주의 전통을 낭만화하면서, 최근 독일에서 사회주의 몰락 이후 새롭게 등장하는 생태사회주의나 기후사회주의 운동을 대안으로 제시했다.

김누리 교수는 1917년 볼세비키 혁명 이후 1918년 독일에서의 공산주의 혁명을 시도하다가 이후 처형된 여성 직업혁명가 로자 룩셈부르크의 말 "사회주의냐 야만이냐"를 인용하면서 "야수자본주의"의 이름으로 자본주의를 지속적이고도 상투적으로 악마화하면서 사회주의, 특히 독일식 사회주의를 이 강의에서 과잉되게 낭만화했다.

로자 룩셈부르크는 최근 「한겨레」 등 한국 좌파에서 재조명되고 있는 것으로 알고 있는데, 그녀는 독일 사민당(SPD) 내에서 사회주의혁명을 추구한 직업혁명가로서 1917년 구소련 볼세비키 혁명을 모델로 하는 독일 공산당(KPD) 설립을 주도한 여성이다. 최근 독일 로자룩셈부르크재단이 추진하는 것이 바로 반자본주의적 생태사회주의 혹은 기후사회주의 운동이며 이는 독일 좌파 정당이 추진하는 그린 뉴딜 정책과 맞물려 있다.

2019년 사회주의도 필요하다고 주장한 조국 전 법무부 장관으로 인해 대한민국 전체가 큰 분열을 경험하다가, 2020년 6·25를 기념해서 문재인 대통령은 "체제경쟁에서 승리한 자유민주주의"를 뒤늦고 새삼스럽게 고백한 바 있지만, 여전히 일부 무늬만 사회주의자들 혹은 자본주의 체제를 향유하고 또 그 체제에 '기생'하면서도 계속 자본주의를 의심하는 자본주의 체제 속 영지주의자들은 철 지나고 이미 패배한 사회주의적 유토피아를 초현실적으로 상상하고 있다.

그들은 코로나19 팬데믹을 김누리 교수의 표현처럼 일종의 사회주의적 "재난 유토피아"로 반기고 있다. 물론 코로나19로 공공의료가 약한 미국식 자본주의와 자유시장 체제의 단점이 드러나기도 했지만, 이는 일종의 예외상태(Ausnahmezustand)로서 코로나19의 극복도 사회주의가 아니라, 결국 자본주의 글로벌 의료기업들을 통해서 이루어질 것이다.

김누리 교수도 이 강의에서 정치경제학 영역에서 패배한 사회주의에 대해서 고뇌하다가, 이 코로나19로 인한 "재난 유토피아"를 통해서 다시금 사회주의 유토피아를 꿈꾸게 되었다고 고백한다.

자본주의가 코로나19의 희생양이 되고 있다. 아주 먼 인과관계 속에서, 즉 생태계 파괴, 야생동물에 대한 식용과 접촉 등으로 인한 코로나19의 등장이라는 측면에 한정해서만 자본주의 체제에 대한 비판적 성찰이 가능하다.

2. 독일식 사회적 시장경제가 대안인가?

코로나19의 직접적 원인은 자본주의 체제 자체가 아니라, 중국 우한 지역의 박쥐나 천산갑 그리고 천산갑 고기를 별미로 식용하고 접촉하는 사람들일 것이다. 물론 파생적 의미에서 자본주의적 인류 도시 문명의 확장으로 인해서 박쥐와 천산갑과 같은 야생동물과의 접촉이 빈번하게 되었다는 사실을 고려한다면 막스 베버적 의미에서의 "자본주의 내적 금욕주의"가 필요하다.

하지만 김누리 교수처럼 코로나19를 재난 유토피아로 환영하면서 자본주의 체제 자체를 희생양 삼아, 그 체제를 악마화하는 것은 대안이 아니다. 김 교수는 "자본주의냐 생명이냐"라는 식으로 자본주의 체제 자체는 반생명적인 것처럼 주장하지만, 20세기 모든 사회주의 운동이야말로 자국민들을 가난, 기근 등으로부터도 구원하지 못한 반생명적 이데올로기였고, 반생명적 야만이었다는 역사적 사실을 망각해서는 안 된다.

자국민의 절대적 가난을 극복하고 해결하지 못한 북한 사회주의, 중국 마오쩌둥 당시 대학살과 기근 그리고 킬링필드 등, 20세기 모든 사회주의 운동이야말로 반생명적 야만이었다. 자본주의가 반생명적이라는 주장은 사회주의자들의 상투적 비난에 불과하다. 자본주의적 시장경제는 절대빈곤을 해결했고, 많은 생명을 구했다. 코로나19 세계적 대유행을 종식할 것도 사회주의가 아니라, 자본주의적 글로벌 제약기업이 생산하는 백신이다.

자유시장경제에 대한 대안으로 말하는 독일식 '사회적 시장경제'도 김누리 교수가 이 강의에서 인정하듯이 사회주의적 시장경제로서 이는 독일 프로이센 이후의 독일 특유의 반자유주의적 '독일 사회주의'(Deutscher Sozialismus) 전통의 산물이다.

문화막시즘 혹은 네오막시즘을 표방했던 독일 68 학생 문화혁명과 대한민국의 86 운동권을 비교하면서 대한민국에도 사회주의 성혁명을 포함한 68 혁명이 필요하다고 지상파 방송에서 주장한 김누리 교수는 독일 사회주의적-국가주의적 교육을 모델로 하는 대한민국 교육혁명이 필요하다고 주장하지만, 21세기 독일과 유럽 전체에서는 사회주의(민주적 사회주의)가 대세적으로 퇴조하고 있다.

그리고 독일에서도 동유럽 사회주의 붕괴 이후의 유럽 정치의 주류세력으로 부상한 89세대 이후 자유민주주의 근본질서(freiheitliche demokratische Grundordnung)에 대한 강한 헌신이 강화되고 있다.

공산주의 여성 직업혁명가 로자 룩셈부르크의 말 "사회주의냐 야만이냐"와 같은 내용을 김누리 교수가 주장하지만, 독일 사회주의의 두 야만을 망각하지 말아야 한다. 히틀러의 독일 민족사회주의(나치즘)와 독일 프로이센의 국가철학자 헤겔의 좌파 제자인 칼 막스의 국제사회주의(공산주의)는 모두 독일 특유의 독일 사회주의가 낳은 '적과 같은 쌍둥이'로서 이

두 사회주의적 전체주의 운동이야말로 야만이었다.

방법론적 개인주의에 기초한 영미권의 자유주의(자유민주주의) 전통은 이 야만이었던 사회주의 운동과 싸웠고, 많은 생명과 인권 그리고 자유를 위해 투쟁함으로 체제경쟁에서 승리한 21세기에도 지속 가능한 대안이다.

21세기는 영국의 제1차 산업혁명의 축적과 계승 속에서 발전된 제4차 산업혁명 시대이지, 영국 자본주의적 산업혁명에 대한 라이벌 의식으로 등장한 독일 낭만주의 운동이 일으킨 '낭만주의혁명'이나 '사회주의혁명'의 시대가 아니다. 21세기는 제4차 산업혁명, 인공지능, 빅데이터 그리고 사물인터넷 등 영국 산업혁명과 자본주의의 축적된 업적 속에서 발전된 세기가 될 것이다. 독일식 사회적 시장경제 개념 등에 대한 보다 상세한 비판은 이후 등장할 것이다.

3. 막시즘의 르네상스 (라인하르트 막스 추기경)

2020년 남미 해방신학 출신 프란치스코 교황은 코로나19로 드러난 신자유주의와 자본주의의 실패를 비판하는 세 번째의 '모든 형제자매'(*Fratelli Tutti*)라는 이름의 회칙에서 "시장경제는 코로나19 등 모든 문제를 해결할 수 없다"며 "신자유주의에 대한 독단적 믿음은 '스필오버'(spillover) 또는 '낙수'(trickle)라는 마술과 같은 이론에 의존한다"라고 비판하기도 했다.

프란치스코 교황이 신종 코로나바이러스 감염증(코로나19) 시대 정치 및 경제 개혁을 요구하며 신자유주의 주요 이론인 낙수 효과와 파급 효과를 공개 비판했다.

독일 주교회의 의장이자 프란치스코 교황이 교회 개혁을 위해 설치한 특별 기구 '6인추기경평의회'의 일원으로 현 교황을 가장 가까이에서 보좌하는 라인하르트 막스(Reinhard Marx) 추기경도 로마가톨릭 사회교리를 전공한 신학자이자 프란치스코 교황의 자문기구인 경제평의회 위원으로서 근대 사회학의 아버지인 종교사회학자 막스 베버보다는 칼 막스에 동정적인 입장을 견지해 왔다.

막스 추기경은 2008년 세계 금융 위기에 즈음해 칼 막스의 『자본론』과 동일한 제목의 책을 출간했고, 이는 2020년 코로나19 팬데믹 상황 속에서 『추기경 마르크스의 자본론』으로 번역되어 출간되었다.[3]

이 책 번역판에서는 막스 추기경이 자본주의와 사회주의를 극복하는 제3의 길, 곧 질서자유주의(Ordoliberalismus)와 유사한 개념인 질서자본주의와 '사회적 시장경제'를 지지하는 것으로 강조해서 소개하고 있지만, 막스 추기경의 2008년 저서에 대한 유럽 가톨릭 언론 보도는 막스 추기경의 책이 칼 막스에 대한 헌사(tribute)라고 소개하고 있다.

어느 프랑스 가톨릭 언론(La Croix International - The world's premier independent Catholic daily)은 "추기경 막스가 칼 막스에게 헌사를 바친다"(Cardinal Marx pays tribute to Karl Marx)라는 제목으로 이 책을 보도하고 있다. 이 기사의 부제는 "막스 추기경, 곧 현 교황의 최고의 조력자는 가톨릭 사회교리는 논란이 있는 19세기 사상가(칼 막스)에게 빚지고 있다고 말한다"였다.

이 프랑스 가톨릭 언론은 "막스 추기경은 가톨릭 사회교리는 칼 막스의 저자들에게 크게 빚지고 있다고 말함으로써 최근 칼 막스 탄생 200주년을 축하하고 있다"라고 소개한다.[4]

칼 막스와 동일한 성을 가진 막스 추기경은 칼 막스의 『자본론』과 동일한 제목을 가진 『자본론』을 출판했을 뿐 아니라, 칼 막스의 출생지인 독일 트리어 주교를 역임하기도 했다. 2017년 중국 공산당은 칼 막스 탄생 200주년을 기념해 칼 막스의 출생지인 독일 트리어에 6미터 높이의 거대

---

[3] Reinhard Marx, *Das Kapital: Ein Plädoyer für den Menschen. Unter Mitarbeit von Arnd Küppers*. (München: Knaur-Taschenbuch-Verlag, 2008); 라인하르트 마르크스, 『추기경 마르크스의 자본론 공존과 상생을 지향하는 질서자본주의』, 주원준 역(서울: 눌민, 2020).

[4] https://international.la-croix.com/news/religion/cardinal-marx-pays-tribute-to-karl-marx/7573

한 칼 맑스 동상을 선물해서 트리어 시민들뿐 아니라, 독일 전체에 걸쳐서 큰 논란을 일으켰다.

중국 공산당은 몇 년 전 프리드리히 엥겔스의 고향 독일 부퍼탈에도 동상을 보낸 적이 있다. 당시 이 독일 트리어 주교였던 막스 추기경은 중국 공산당이 보내온 거대한 칼 맑스 동상과 관련해서 "막시즘의 르네상스"에 대해 주장했다. 이 거대한 칼 맑스 동상으로 인한 독일에서의 논쟁과 관련해서 독일 공영방송 '에르스테'(Erste)는 2018년 5월 6일 막스 추기경도 참여한 토론 프로그램을 방송했는데, 이 방송에서도 막스 추기경이 이 칼 맑스 동상이 독일 트리어에 세워지는 것을 보고 "막시즘의 르네상스"를 경험했다는 내용이 명확하게 소개되었다.

하지만 막스 추기경은 이 토론방송에서는 "막시즘의 르네상스"에 대한 자신의 발언을 약간 흐리면서 자신이 말한 것은 "사회적 시장경제와 사회적 자본주의의 르네상스"라는 의미라고 답변했다.[5]

그러나 중국이 선물한 이 거대한 칼 맑스 동상 논쟁과 관련해서 독일 메르켈 총리와 함께 과거 동독에서 시민 운동가(인권 운동가)로 활동하다가 녹색당 등을 거쳐 이후 기독교민주연합(CDU) 국회의원을 역임한 독일 여성정치인 렝스펠트(Vera Lengsfeld)는 독일 에라스무스재단(Desiderius Erasmus Stiftung)이 주최한 강연에서 "서구의 엘리트들은 새로운 89세대에 대한 두려움을 가지고 있다"라는 제목 아래 6미터 높이의 이 거대한 칼 맑스 동상을 일종의 "트로이 목마"로 비판했다.

유럽의 89세대는 1989년 동유럽 공산주의 붕괴 이후의 새로운 세대를 말한다. 실제로 오스트리아 학파의 하이에크와 미제스 등은 자본주의와 사회주의를 극복하는 소위 제3의 길로 제시된 사회민주주의(민주적 사회주의)와 사회적 시장경제 개념 등은 매우 불안정한 개념으로 지속 가능하지 못하고 더 나

---

5   ANNE WILL am 6. Mai 2018 um 21.45 Uhr im Ersten: 200 Jahre Karl Marx – wie sozial ist der Kapitalismus heute?

아가 사회주의로 가기 위한 일종의 "트로이 목마"로 파악하기도 했다.

독일 68 학생 문화혁명 운동권의 가장 중요한 멘토였던 마르쿠제는 인터뷰에서 이 사회민주주의(민주적 사회주의)가 사회주의혁명이라는 최종목적지로 가기 위한 중간단계로 주장했다. 유럽 68 학생 문화혁명에는 문화 막시즘적인 독일 프랑크푸르트 학파의 비판 이론 등이 큰 영향을 주었지만, 이 흐름은 점점 약해지다가 1989년 동유럽 자유 혁명으로 공산주의와 사회주의가 붕괴해 결정적으로 힘을 잃게 되었다.

4. 막스 베버 vs 칼 막스: 칼 막스로 기운 로마가톨릭 사회교리

위에서 본 것처럼 전통적으로 로마가톨릭 사회교리는 『프로테스탄트 윤리와 자본주의의 정신』이라는 고전을 남긴 현대 사회학의 아버지 막스 베버보다는 칼 막스에게 동정적으로 기운 태도를 보여 왔다. 로마가톨릭 사회교리는 대체로 막스 베버의 입장에 대해서는 이상하게도 회피하거나 동정적이지 않은 입장을 자주 보여 왔다.

독일 민족사회주의(나치즘)를 학문적으로 지지했던 독일 헌법학자 칼 슈미트나 마틴 하이데거 모두 로마가톨릭 영역의 학자들로서 개신교 영향이 강한 영미 문화의 자유주의, 자유민주주의, 자본주의, 상업주의 그리고 산업혁명에 대해서 매우 르상티망-질투적 비판의식을 가진 학자들이었다.

아도르노는 독일 민족사회주의적인 마틴 하이데거의 철학을 상대적으로 뒤처진 독일 남부의 로마가톨릭 영역에서 발견되는 일종의 "지방주의"와 "르상티망 현상"으로 분석한 바 있다. 로마가톨릭 영향이 강한 남미에서도 영미적인 자유주의 사상과 자본주의 시장경제에 대한 국민교육이 거의 이루어지지 못했고, 오랫동안 사회주의와 공산주의 사상교육에 강하게 기울어져 있었다.

산업혁명, 자본주의, 상업주의, 자유주의 전통의 선구자 역할을 하는 개신교 영향권의 영미 세계에 대한 미메시스적(모방적-경쟁적 그리고 매력적-

혐오적) 르상티망의 정서 속에서 많은 로마가톨릭 신학자가 막스 베버보다는 변증법적 유물론, 반기독교 그리고 '프롤레타리아 독재'를 주장한 칼 막스에게 여전히 동정적으로 기울어져 있는 것이 사실이다.

2020년 독일 하이델베르크대학에서는 1920년 스페인 독감으로 안타깝게도 일찍 사망한 막스 베버 100주년 기념 학술대회가 개최되었다. 막스 베버 100주년 기념 해인 2020년 47권의 방대한 막스 베버 전집이 최종적으로 완성되었다. 하이델베르크대학에는 막스베버연구소(Max-Weber-Institut für Soziologie)와 막스베버하우스(Max-Weber-Haus)가 자리 잡고 있을 만큼 막스 베버의 지적 자취가 강한 대학이다. 독일 헌법학자 칼 슈미트와 이후 다른 길을 간 헝가리 출신의 루가치도 막스 베버의 영향을 받고 그와 교류했던 학자들이다.

이 막스 베버 기념 학술대회에서 케슬러 교수(Dirk Kaesler)는 당시 독일에서의 막스 베버와 칼 막스의 진영대결을 소개하며 당시 독일 사회학은 이둘의 진영으로 대결했고, 68 학생 문화혁명 운동권들은 칼·막스의 정치경제학 입장을 지지하면서 막스 베버를 강하게 비판하고 배제하려고 했다는 내용이 소개되었다. 케슬러 교수는 당시 독일 좌파 진영은 근대 사회학의 아버지라 평가되는 막스 베버의 사회학이 중산층적이고 시민적이고 파시즘적이고 자본주의적인 이데올로기라고 비판했다는 점을 상기시켰다.

이 막스 베버 100주년 기념강좌에서 슈빈(Thomas Schwinn) 교수는 "1920년부터 2020년까지의 막스 베버: 그 수용과 주목의 전성기"라는 제목의 강의에서 막스 베버의 "반유토피아주의와 냉정한 현실주의"를 강조하면서 하이델베르크대학의 철학 교수였던 칼 야스퍼스가 만약 막스 베버가 1933년까지 살았다면 나치 독일이 달랐을 수도 있었을 것이지만, 그래도 독일 지식인들은 막스 베버의 말을 듣지 않았을 것이라고 주장한 내용을 소개했다.

이후 소개되겠지만 영미 세계의 자본주의와 자유주의 전통에 대해서 개방적인 독일 하이델베르크대학의 막스 베버, 칼 야스퍼스 그리고 야스퍼스의 제자 한나 아렌트 등의 입장은 독일 지성계에서 소수의견에 불과했다.

독일의 주류 입장은 영미 세계의 자유주의, 산업혁명 그리고 자본주의 전통과의 경쟁자 의식을 가진 독일 프로이센 국가철학자 헤겔과 칸트 그리고 독일 낭만주의와 관념론 철학 이후로 전승된 소위 독일 사회주의 전통이었다.

독일 지성계에서 자유주의 전통은 소수였고, 영미 세계의 자유주의와 자본주의에 적대적인 반자유주의적이고 반자본주의적 사회주의 전통이 주류였던 것이 사실이다. 이 독일 특유의 독일 사회주의 전통은 독일 민족사회주의(나치즘)와 독일 국제사회주의(칼 맑스의 공산주의)로 분열되었는데, 이에 대해서는 이후 소개될 것이다.

이러한 독특한 독일 사회주의 전통은 "독일만의 독특한 길"(Deutscher Sonderweg)로도 불리는데, 최근 독일 메르켈 총리는 바로 이 "독일만의 독특한 길"을 언급하면서 시리아 난민수용 등과 관련해 국경 없는 독일 등을 주장하기도 했다.

슈빈 교수는 막스 베버 기념강좌에서 프랑스 공산당원이었고 6·25를 남한의 북침으로 주장한 실존주의 철학자 장 폴 샤르트르의 내적짐에 서서 자신의 책 『지식인의 아편』에서 "사회주의는 지식인을 위한 아편"이라고 주장한[6] 레이몽 아롱이 막스 베버를 열렬히 환영했다는 내용도 소개했다.

슈빈 교수는 막스 베버의 "자유주의"가 독일 민족사회주의(나치즘)에 대한 "면역"으로 작용할 수 있다고 주장한다. 그리고 막스 베버가 남긴 고전 『프로테스탄트 윤리와 자본주의 정신』이 1980년대 중국 개혁개방 시기 베스트셀러가 된 사실도 소개한다.

중국 천안문 사태 이후 잠시 소강기를 가지다가 2006년 이후로 유명해진 막스 베버의 이 책은 몇 시간 만에 완판되어 순식간에 베스트셀러가 되었다는 내용도 등장한다.

---

[6] Raymond Aron, *Opium für Intellektuelle oder Die Sucht nach Weltanschauung (L'Opium des Intellectuels)* trans. by Klaus-Peter Schulz (Köln : Kiepenheuer und Witsch, 1957).

독일 사회학계에서도 저명한 사회학자 울리히 벡(Ulrich Beck) 등에 의해서 "막스 베버 르네상스"가 일어났다는 사실도 소개되었다.

5. 좌우 '독일 사회주의'의 영미 자본주의에 대한 르상티망

이후 소개되겠지만 오스트리아 학파의 하이에크는 독일 민족사회주의(나치즘)를 우파사회주의로 칼 막스의 독일 국제사회주의를 좌파사회주의로 명칭했는데, 이는 모두 프로이센 이후 영미 자본주의에 대한 경쟁의식으로부터 태동한 독일 특유의 사회주의 전통의 두 '적과 같은 쌍둥이'이다.

독일 사회주의 전통은 뉴턴의 고전물리학 이후의 영국 산업혁명, 자본주의 그리고 자유주의 전통에 대한 '르상티망 현상'이다. 영미 세계에 대한 독일 특유의 오래된 르상티망과 질투에 대해서는 최근 독일 철학계에서도 자기 반성적으로 성찰되고 있다.

독일에서 가장 대중적으로 알려진 페터 슬로터다이크(Peter Sloterdijk)와 독일 낭만주의 전문가인 철학자 사프란스키가 2003년 독일의 대표 방송 ZDF의 철학 프로그램 〈철학 4중주〉(Das Philosophische Quartett)는 "독일인과 질투"(Die Deutschen und der Neid)라는 제목으로 철학 토론을 방송한 바 있다.

이 방송에서는 최근 독일 사회학에서 깊이 논의되고 있는 질투 사회(Neidgesellschaft)에 대한 연구서 등을 소개하고 이 '질투 사회'를 화두로 삼았다. 이 철학대담에서 독일인들은 특별히 질투심이 많다는 내용을 전하고, 그 원인도 분석했다. 그리고 독일의 사회국가(Sozialstaat)를 재조정해서 축소하고 대신 자기 책임을 강화하는 것이 질투사회로서의 독일 사회를 위한 대안으로 제시되었다.

특히, 프로이센 이후의 오랫동안 견고하게 유지된 반자유주의적이고 반영미적인 사회주의 전통을 가진 독일인들이 "자유에 대한 두려움"(Angst vor Freiheit)을 가지고 있다는 사실도 이 방송에서 분석되었다. 68 운동권 출신이지만, 슬로터다이크는 최근 보수적 전환을 한 독일 철학자이다.

이 철학 방송에서도 독일 사회민주주의(민주적 사회주의)가 말하는 사회국가의 부작용 등이 지적되고 자유에 대한 용기와 자기 책임이 대안으로 제시되었다. 그리고 이 방송에서 슬로터다이크는 르네 지라르를 "우리 시대의 위대한 학자"로 소개하면서, 그의 독창적인 모방적 욕망 이론을 통해서 지라르는 나아가 기독교를 새롭게 변호하고 있다고 방송에서 소개하고 있다.[7]

앞에서 해방신학자 출신의 프란치스코 교황과 독일의 막스 추기경의 입장에서 볼 수 있는 칼 막스로 기운 로마가톨릭 사회교리는 막스 베버가 『프로테스탄트 윤리와 자본주의 정신』에서 잘 분석하고 있는 것처럼 개신교 문화의 열매인 자유민주주의와 자본주의 전통에 대한 로마가톨릭의 오래된 경쟁의식과 질투적 르상티망 정서로부터 어느 정도 이해될 수 있다.

막스 베버의 입장은 반막시즘적이고 반사회주의적이었다. 그는 니체와 칼 막스의 반자유주의에 대해서 비판했다. 독일 학자이지만 그는 반자유주의적인 좌우 독일 사회주의 전통, 곧 니체와 하이데거로 대표되는 우파 독일 민족사회주의 전통뿐 아니라, 헤겔 좌파 제자 칼 막스의 좌파 독일 국제사회주의(공산주의)도 비판한 자유주의 사상가였다.

또한, 막스 베버는 반허무주의적 정신으로 반과학을 주장하는 니체도 비판했다. 그리고 막스 베버는 아카데미아(학계)의 탈정치화를 위해서 노력했다. 아리스토텔레스의 비모순율을 전복하는 반아리스토텔레스적-모순적 변증법을 주장한 독일 프로이센의 국가철학자 헤겔의 국가주의적-사회주의적 역사철학에 대해서도 막스 베버는 비판했다.

---

7 정일권, 『질투 사회: 르네 지라르와 정치경제학』(서울: CLC, 2020)을 참고하라.

막스 베버는 반헤겔적 철학자이다. 헤겔은 관념론적 변증법과 헤겔 좌파 제자인 칼 막스의 유물론적 변증법 모두 모순을 배격하는 것이 아니라 모순을 포용하는 일종의 역사철학적 모순율이다. 그렇기에 헤겔의 변증법은 논리학의 기초를 세운 아리스토텔레스 논리학의 대전제인 비모순율을 전복하는 모순 논리이다.

이 모순적 변증법 사유에 기초해서 칼 막스는 유물론적 방식으로 고도로 발전한 자본주의는 그 내적 '모순'으로 인해서 붕괴할 것이라고 예언했지만, 최초의 공산주의 혁명이 발생한 구소련이나 중국은 고도로 발전한 자본주의 국가가 아니라, 상대적으로 낙후된 농업 국가였다. 헤겔과 칼 막스의 모순적 변증법에 따라서가 아니라, 사실은 영미적인 자본주의와 자유주의에 비해서 상대적으로 낙후된 농업 국가들에서 질투적 르상티망으로 인해서 공산주의 혁명이 일어난 것이다.

헤겔과 칼 막스의 모순적 변증법이 아니라, 소위 가진 자들을 향한 질투적 '혐오와 차별' 그리고 적개심이 공산주의 혁명의 기원이다. 사회주의적 사유의 질투적 기원에 대해서 보다 진솔하게 인류학적으로 성찰해야 한다. 하이에크의 제자인 독일 학자 롤랑 바더(Roland Baader)는 각종 사회주의 사상은 질투심이 정치제도화 되어서 만들어진 것이라 분석한 바 있다.

막스 베버는 좌파 막시즘이나 독일 민족사회주의(나치즘)를 넘어서는 제3의 길, 즉 자유주의적인 의회민주주의를 지지했다. 하지만 독일 지성계 내에서 막스 베버와 같은 자유주의 전통은 소수의견이었다. 이렇게 막스 베버는 당시 독일 지성계를 지배했던 니체와 칼 막스의 반자유주의를 비판했다. 니체와 칼 막스의 좌우 반자유주의를 막스 베버는 거부했다. 그는 또한, 당시 독일 민족주의 진영에서 발견되는 반민주적 자세도 비판했다.

6. 21세기 독일 질서자본주의와 사회적 시장경제의 황혼

앞에서 소개한 라인하르트 막스 추기경은 자신의 2008년의 저서 『자본론』에서 한국어 번역본 언론 보도에도 잘 소개된 것처럼 칼 막스가 간파한 소위 "자본주의 체제의 내적 모순"을 인정한다는[8] 점에서 여전히 헤겔의 변증법과 칼 막스의 유물론적 변증법의 사유를 계승하고 있다.

각종 사회주의자는 상투적으로 "자본주의의 내적 모순"에 대해서 주장해 왔고, 코로나19 팬데믹에도 어김없이 "자본주의의 내적 모순"으로 인해 코로나19가 발생했다고 주장한다. 소위 "자본주의의 내적 모순"과 코로나19 사이에는 아무런 과학적 의학적 인과관계가 성립하지 않는다.

코로나19라는 바이러스의 더욱 합리적이고 과학적이고 의학적인 인과관계와 기원은 박쥐와 천산갑과 같은 야생동물일 것이다. 매우 상투적으로 자본주의적 내적 모순이 코로나19의 기원이 되는 것처럼 몰아가는 것은 르네 지라르가 세계 신화 속에서 은폐된 채 작동하는 희생양 메커니즘에서 발견할 수 있는 '마술적 인과관계'와 유사하다. 21세기 글로벌 사회주의자들은 이런 의미에서 코로나19 팬데믹을 "재난 유토피아"로 파악하면서 자본주의를 희생양으로 몰아가는 것이다.

막스 추기경은 "자본주의 체제의 내적 모순"을 인정한다는 점에서 칼 막스를 계승하지만, "역사의 진전이 종말에 이르러 … 자본주의가 스스로 멸망"하는 것을 바라지 않는다고 단언한다.

"오늘날 인류가 필수적으로 요구하는 엄청난 양의 재화와 서비스의 제공"은 시장경제 체제에서만 가능하다고 보기 때문에 그렇다고 막스 추기경은 말한다. '세계화'도 "인류를 한 가정으로 보는 사상과도 들어맞으며, 그런 사상은 교회도 강력하게 지지한다"라고 그는 말한다. 계급적 연대를

---

[8] 마르크스 vs 마르크스 〈추기경 마르크스의 자본론〉: 유물론에 대한 유신론자의 해석 〈추기경 마르크스의 자본론〉, 「한겨레」, 2021년 10월 26일 기사. http://h21.hani.co.kr/arti/culture/culture_general/49405.html

뛰어넘는 보편적 인간의 "만인의 공동선을 위한 연대성"이 가톨릭 사회교리의 핵심이라고 이 추기경은 말하면서 이것의 실현을 위한 글로벌 거버넌스가 "질서자본주의"라고 주장한다. 이때 '질서'는 가톨릭 신학의 '자연법' 사상이 말하는 "신이 만물에 부여한 내재적 본성"이다.[9]

막스 추기경의 한국어 번역본에 대한 언론 소개에서는 주로 "질서자본주의라는 제3의 길을 제시한 제3의 신학"으로 소개되었다. 이 책에서 그는 칼 막스의 "날카로운 관찰과 사상을 존경하지만, (인간을 망각했고, 인간의 자유를 망각했다는 의미로) 결국 귀하의 이론에 반대합니다"라고 말한다.

막스 추기경은 이렇게 말한다.

> 자본주의를 길들이고, 정치적 규범을 통해 틀을 만든 다음, 사회적 시장경제로 발전시키는 것이야말로 유일하게 바른 길입니다. 이런 근거로 저는 사회적 시장경제와 멈출 줄 모르는 자본주의 간의 차이를 분명히 보려고 합니다.

가톨릭 사회윤리는 "자유주의적 개인주의와 사회주의적 집단주의 사이에 연대주의라는 '제3의 길'을 선택한다"고 이 책과 관련해 주장되었다.

1989년 동유럽 공산주의 붕괴 이후 폴란드 출신 교황 요한 바오로 2세는 1991년 사회교리에 대한 문서를 통해 유물론적 무신론적 막시즘을 명료하게 비판하고 자유시장경제야말로 최선의 대안이라고 주장했다.

또한, 이전 교황 베네딕토 16세도 남미 해방신학에 대해서 비판적인 신학자였다. 현 교황에서의 로마가톨릭 사회교리는 연대성(solidarity)을 강조하면서 어느 정도 가톨릭 사회교리의 또 하나의 축인 보조성(Subsidiarity) 원리를[10] 희생시키고 있다.

---

9 마르크스 vs 마르크스 〈추기경 마르크스의 자본론〉: 유물론에 대한 유신론자의 해석 〈추기경 마르크스의 자본론〉, 「한겨레」, 2021년 10월 26일 기사. http://h21.hani.co.kr/arti/culture/culture_general/49405.html
10 한국 천주교 주교회의 정의평화위원회의 사회교리주간 교육자료는 다음과 같이 보조

보조성 원리는 사회주의적 전체주의와의 비판적 거리를 의미한다. 사실상 프란치스코 교황과 막스 추기경이 말하는 칼 막스의 입장으로 기울어진 제3의 길은 오스트리아 학파의 하이에크와 미제스의 비판처럼 여전히 불안정하고 불명확하고 모호한 개념이다.

7. 독일 사회적 시장경제의 신자유주의적 전환

막스 추기경은 사회적 시장경제를 대안으로 제시하지만, 이는 유토피아적 대안일 뿐이다. 2018년 9월 15일 오스트리아 학파의 미제스를 기념하는 독일 미제스연구소(Ludwig von Mises Institut Deutschland) 회장인 폴라이트(Thorsten Polleit) 교수는 "현실과 유토피아 사이의 정치"라는 제목으로 개최된 제6차 학술

성 원리를 설명한다.
"보조성(Subsidiarity, 도움의 원리)의 원리란 무엇입니까? 보조성의 원리는, 국가와 같은 상위 단체는 공동체와 그 구성원들을 보호하기 위해 노력하되, 개인과 작은 단체의 자율성과 주체성을 침해해서는 안 된다는 원리입니다. 국가가 막대한 권한을 행사하게 되면 개인이나 민간단체의 자율성을 해치게 되고, 극단적인 경우에는 국민을 힘으로 통제하고 억압하는 전체주의 체제가 될 수도 있습니다. 상위 단체는 하위 단체나 개인을 도와주되, 자체적으로 수행할 수 있는 일에 대해서는 간섭하지 말라는 것이 보조성의 원리의 핵심입니다.
보조성의 원리는 1891년에 반포된 회칙 〈새로운 사태〉 26항에 처음 등장하였습니다. 교황 레오 13세는, 당시 비참한 노동자들의 현실에 국가가 개입하여 노동자들을 포함하여 약자들과 빈자들을 보호하고, 분배 정의를 엄격하고 공정하게 지킬 것을 촉구하였습니다. 하지만 국가는 '개인이나 가정을 장악'해서는 안 되며, '개인이나 가정이 가능한 한 자유로이 활동할 수 있도록 배려해 주어야 한다'라고 강조했습니다. 교황 비오 12세는, 1931년에 반포된 회칙 〈사십주년〉 35항에서 보조성의 원리를 더욱 분명하게 지적하였습니다.
사회가 변하면서 국가의 역할이 커졌지만 '개인의 창의와 노력으로 완수될 수 있는 것을 개인에게서 빼앗아 사회에 맡길 수 없다는 것은 확고부동한 사회철학의 근본 원리'라는 것입니다. 독재 체제의 국가에서는 공공 생활 참여에 대한 기본권이 부정되지만, 민주주의 사회에서 국민들의 능동적인 참여는 권리이자 의무입니다. 그리스도인으로서, 또 민주 시민으로서 우리는 문화, 경제, 정치, 사회 활동에 자발적으로 참여하면서 공동선을 위해 자신의 신앙을 행동으로 실천하도록 노력해야 합니다."

대회에서 "사회적 시장경제라는 유토피아"라는 제목의 강연으로 '사회적 시장경제' 개념의 아버지인 뮐러-아막(Alfred Müller-Armack)이 자본주의와 사회주의를 모두 극복하는 제3의 길로서 '사회적 시장경제'을 주장했지만, 오스트리아 학파의 하이에크는 사회적 시장경제 등에서 사용되는 '사회적'이라는 언어는 "족제비 같은 언어"(Wiesel-Wort)라고 비판했다.

족제비 언어라는 의미는 모호하고 불명확한 개념이란 뜻이다. '사회적 시장경제'라는 개념도 가장 혼란스럽고 가장 큰 정치적·경제적 위험을 부르는 용어라고 하이에크가 비판한 내용이 이 강연에서도 소개되었다.

'사회적'이란 말이 법치국가, 시장경제와 같은 자유주의 개념과 결합하여 사용되면 법치국가, 시장경제가 갖는 본연의 내용을 흐리거나 원래 가지고 있던 내용 자체를 사라지게 만든다.

'사회적 시장경제'라는 모호하고 불명확한 개념은 일종의 족제비 같은 언어로서 '사회적'이라는 형용사가 수식하는 명사인 '시장경제' 본연의 의미 내용을 갉아 먹고 흐리게 한다. 폴라이트 교수는 사회적 시장경제는 자유경제를 억압하는 표현이며, "언어적 기만전술"이라고 분석한다.

또한, 그는 질서자유주의(Ordoliberalismus)는 국가가 카르텔과 독점을 금지해서 자유로운 경쟁이 가능하도록 하는 조건(Rahmenbedingung)을 질서(Ordo)로서 구축해야 한다고 주장함으로써 자유시장경제를 강조하는 입장이고 말한다.

막스 추기경은 질서자유주의와 같은 의미로 사용되는 질서자본주의와 그 사회적 시장경제를 막시즘과 사회주의로 기울어지는 방향으로 해석하는데, 이 제3의 길로서 등장한 이 개념들은 초기에는 사회주의적으로 기울어졌다가 이후는 점차 신자유주의적 의미로 정착하게 되었는데, 막스 추기경은 이 제3의 길로서 제시된 개념의 초기 이해를 대변하고 있다.

오스트리아 학파의 미제스는 제3의 길은 존재하지 않는다고 오래전에 주장했다는 내용도 폴라이트 교수의 강연에서 강조되었다. 미제스는 개입주의와 간섭주의로서의 이러한 제3의 질서자유주의에 대해서 회의적이고 비판적이었는데, 왜냐하면, 정부의 개입은 또 다른 개입을 낳는 소위 개입의 눈덩이(Interventionspirale)를 야기할 것이라고 보았기 때문이다. 이 질서자유주의적 간섭주의와 개입주의는 문재인 정부의 부동산 정책에서 그 부작용을 잘 드러내고 있다.

21세기에는 질서자유주의 혹은 질서자본주의의 핵심은 사회주의적이거나 막시즘적으로 기울어진 것이 아니라, 자유로운 경쟁을 위한 질서를 수립하는 것이라는 것이 중론이다. 하지만 모호하고 불명확하고 불안정한 제3의 길로서 제시된 질서자유주의, 질서자본주의 그리고 사회적 시장 개념이 종종 사회주의적으로 기울어진 것으로 이해되는 예도 있다는 것이 사실이다.

이 제3의 길의 초기 주창자들은 자유주의와 민주주의에 대한 적대성을 보인 것이 사실이다. 제2차 세계대전 이후 독일 사회의 근본 정서는 반자본주의적이었다. 전후 독일 정치를 주도한 기독교민주연합은 자본주의와 사회주의 모두를 극복하려고 했다. "반자본주의적 독일 국민의 근본 정서"에 대한 일종의 타협으로서의 사회적 시장경제와 질서자본주의가 등장한 것이 사실이다. 그만큼 독일인들의 반영미적이고 반사본주의직 사회주의 정서는 뿌리 깊은 근본 정서로 자리 잡고 있었다.

2014년 12월 13일 오스트리아 린츠대학에서 개최된 "질서자유주의의 역사"에 대한 강좌에서 독일 쾰른의 프탁(Ralf Ptak) 교수는 "시장경제! 어떤 시장경제? 시장경제에 대한 학제적 담론: 사회적 시장경제라는 경제정치적 개념의 기원과 오늘날의 의미"라는 제목의 강의에서 사회적 시장경제 개념의 창시자인 아막이 독일 나치 "파시스트에서 기독교인으로 개종"했고, 이후 급진적 영미적 자유주의자로 변했다는 사실을 소개했다.

즉, 막스 추기경이 말하는 질서자본주의의 사회적 시장경제 개념과는 다르게 사회적 시장경제 개념의 창시자인 아막은 이후로 점차 자유주의적이고 신자유주의적으로 변해 갔다는 것이다.

그리고 이 강의에서는 제3의 길로 제시된 이 질서자유주의는 현재 학계에서는 거의 퇴조기에 접어들었다는 사실도 소개되었다. 그리고 사회적 시장경제 개념의 창시자 아막과 같은 독일 민족사회주의(나치)에 활동했던 학자들이 전후 자신들의 과거사에 대한 세탁(Reinwaschung)을 위해서 질서자유주의 개념을 제시하게 되었다는 깊은 분석도 이 강의에 소개되었다.

이 강의에서 전체적으로 볼 때 질서자유주의는 제3의 길을 처음에는 제시되었지만, 이후는 점차로 영미적 자유주의와 신자유주의로 변해 갔다는 사실이 바르게 지적되었다.

즉, 반자본주의는 아니라 할지라도 자본주의의 극복을 위한 여전히 사회주의적으로 기울어진 제3의 길로 제시된 질서자유주의와 그 사회적 시장 개념은 점차 신자유주의 전통으로 변해 가고 자유주의 전통에 흡수되어 21세기는 신자유주의의 일부로 파악되고 있다. 이 강의에서는 질서자유주의는 영미권의 자유주의 전통과의 경쟁의식을 강하게 가진 독일 특유의 상황에서 탄생한 개념이라는 사실도 잘 지적되었다.

사회적 시장 개념의 아버지인 아막은 나치 시대의 교수였고, 1940년대에는 다른 독일인들의 반자본주의적 근본 정서와 유사하게 반자본주의적 입장을 강하게 보이면서 일종의 간섭주의를 주장한 케인즈주의를 대변했다. 하지만 이후 사회적 시장경제 개념을 주장한 아막은 1970년대부터 "신자유주의적 전환"을 했다는 사실이 잘 지적되었다.

앞에서 논한 질서자본주의와 사회적 시장 개념을 대안으로 제시하는 막스 추기경은 이러한 독일 특유의 사회민주주의적(민주적 사회주의적) 제3의 대안으로 제시된 이 모호하고 불안정하고 불명확한 개념들이 1970년 이후부터 점차 "신자유주의적 전환"을 해서 현재 학계에서는 큰 영향력을 행사하지 못하고 자유주의의 한 부분으로 파악되고 있다는 사실을 제대로 파악하지 못했거나 아니면 어느 의미에서 개신교 문화 산물인 자유주의와 자본주의에 대한 로마가톨릭 특유의 르상티망과 라이벌 정서 속에서 거부하고 있는 것 같다.

8. 경제민주화는 한국형 사회적 시장경제인가?

독일 특유의 질서자유주의, 질서자본주의 그리고 사회적 시장경제 개념이 현재에는 신자유주의적 개념으로 변했다는 사실은 김종인 위원장의 경제민주화 개념을 2020년 10월 정면비판한 독일 유학파 중심의 한국질서경제학회의 성명서에서도 잘 보인다.

독일의 자유와 경제적 번영을 가져온 질서자유주의와 사회적 시장경제를 연구하는 학자들의 모임인 한국질서경제학회 다수의 학자가 경제민주화는 '한국형' 사회적 시장경제라고 주장하는 김종인 위원장의 입장을 비판하고, 독일에서 제2차 세계대전 직후 경제민주주의(경제민주화)와 사회적 시장경제는 명백하게 대립하는 개념으로 등장했다고 비판하면서, 김종인 위원장의 '경제민주화' 개념은 사회주의적 기원을 가진다고 지적했다.

이 학회 학자들은 기독교민주연합은 질서자유주의에 기초한 사회적 시장경제를 채택했고, 이와 달리 당시 프롤레타리아 계급 정당이던 사민당은 주요 산업의 국유화와 전 경제조직의 공동결정제 및 계획경제를 핵심 내용으로 하는 경제민주주의를 주장했다는 사실을 지적했다.

독일에서 기독교민주연합이 총선거에서 사민당에 승리하면서 경제민주주의가 아니라 사회적 시장경제가 독일의 경제질서로 관철되었다. 한국질서경제학회는 "한국에서 경제민주화의 대부라 자처하는 김 위원장은 이러한 경제민주주의의 역사적 근원을 한 번도 밝히지 않았다"며 "그는 독일의 경제민주주의가 독일의 사회적 시장경제와 원천적으로 같은 맥락인 것처럼 주장한다"라고 지적했다.

질서경제학회는 "미래 번영을 위해서 자유와 자율이 보장되고 경제자유화가 확대돼야 한다"며 "제4차 산업혁명 시대를 주도하는 선진 복지국가인 독일이 통일의 후유증을 극복하고 경제회복과 재도약에 성공한 것은 기업의 부담을 줄이고 자유시장경제를 강화한 덕분임은 잘 알려진 사실"

이라고 주장했다.[11]

　영미 자유주의와 자본주의 그리고 네델란드와 스코틀랜드 등의 계몽주의를 계승하는 오스트리아 학파(미제스와 하이에크)와는 달리 독일은 영미 자유주의에 대한 경쟁적 의식 속에서 '프로이센 사회주의' 이후로 독일 특유의 '독일 사회주의'라는 오랜 전통을 가지게 되고, 그 사회주의 전통 속에서 독일 민족사회주의(나치즘)와 독일 좌파국제사회주의(칼 맑스의 공산주의)도 나오게 된다.

　질서자유주의와 사회적 시장경제라는 개념도 이러한 독일 특유의 사회주의적이고 반자본주의적 근본 정서에서 탄생한 개념이다. '질서자유주의'와 '사회적 시장경제'는 제3의 길로 이해되어 시작되었지만, 이후는 점차 '신자유주의의 한 부분'으로 이해되게 된다.

　독일의 호프로그게(Ralf Hoffrogge) 교수는 "사회주의로부터 경제민주주의로?"라는 제목의 강의에서 2017년 경제민주화(Demokratisierung der Wirtschaft)와 동일한 의미로 사용되는 경제민주주의(Wirtschaftsdemokratie)는 독일 사민당과 같은 민주적 사회주의(사회민주주의)가 "사회주의적 소유 관계를 한 걸음씩 도입하기 위한" "변혁 개념"으로 주장하기 시작했다는 사실을 잘 소개한 바 있다.

　경제민주화(경제민주주의) 개념은 이 독일 학자의 주장처럼 사회주의적 기원이 있으며, 그렇기에 구소련 공산주의 혁명을 독일에서 일으키고자 했던 로자 룩셈부르크를 기념하는 독일 로자룩셈부르크재단에서 자주 논의되는 개념이다.

11　"김종인은 가짜 복음 전파하는 거짓 선지자"⋯ 독일파 경제학자 300명 정면 비판. '기업장악 3법' 동의, 재벌개혁 타령으로 경제활력 훼손 ⋯ 시대착오적 경제민주화로 환상 부추겨.「뉴데일리」, 2020년 10월 6일. http://www.newdaily.co.kr/site/data/html/2020/10/06/2020100600168.html?fbclid=IwAR0U3ODlic8wX9mRuHK0M-Rn88NltCICrijvpbT5sRPe0Ctc-HbBPlKGSR2o

독일에서 말하는 민주적 사회주의(사회민주주의)의 경제민주화는 사회주의로 가기 위한 중간단계적 변혁 개념이다. 김종인 위원장의 입장은 21세기 독일에서의 사회주의(사회민주주의) 노선의 몰락과 자유주의 노선의 르네상스라는 최근의 상황이 반영되지 않은 채, 과거 한때 독일에서 지배적이었던 사회주의적(사회민주주의적) 개념을 무리하게 한국상황에 적용하려는 시도가 아닌가 생각된다.

9. 자본주의 내적 금욕주의: 모방욕망의 '사회적 거리 두기'

이 장에서는 프로테스탄트 '윤리'와 자본주의 '정신'을 강조한 막스 베버가 주장한 '세계 내적 금욕주의'를 계승하는 자본주의 내적 금욕주의를 21세기 코로나 사회주의나 전염병 사회주의에 대한 면역적 대안으로 제시하고자 한다. 르네 지라르는 오래전부터 모방적 욕망의 '사회적 거리 두기'를 대안으로 제시해 왔다. 국제지라르학회 공식 저널의 이름은 '전염'이라는 의미를 지닌 *Contagion: Journal of Violence, Mimesis, and Culture*이다.

코로나19 바이러스로 인한 의학적 전염을 '자본주의의 내적 모순'의 결과로 주장하는 코로나 사회주의에 대한 대안으로 모방적 욕망의 '사회적 전염'에 대한 백신으로서 욕망의 '사회적 거리 두기'에 대해서 논하고자 한다.

지라르는 욕망의 주체와 중개자와의 거리를 논하면서 외적 중개와 내적 중개에 대해서 말한다. 주체와 욕망 중개자의 거리가 가까울 경우 주체와 중개자 사이에는 욕망의 경쟁이 가능해진다. 즉, 내적 중개의 경우 모방은 감추어지고 중개자와의 경쟁이 심화한다. 내적 중개의 주체는 자신의 모방을 감춘다. 주체는 욕망의 중개자를 모방하지만, 그 모방은 중개자에 의해서 제지된다. 중개자는 모델인 동시에 장애물이(model-obstacle) 된다. 라이벌은 점차 서로 닮아 간다. 경쟁은 쌍둥이를 만들어 낸다.

이 매력-혐오(attraction-repulsion)가 르상티망이라는 모든 형이상학적 병리학의 기저에 존재한다고 지라르는 분석한다. 모델인 동시에 장애물에 대한 나의 숭배 그리고 그의 존재 자체에 대한 나의 형이상학적 욕망이 내가 그를 살해하게까지 한다.[12]

현대는 욕망의 자발성을 옹호하고 욕망의 중개자와 모방을 감춘다. 현대로 들어오면서 독창성과 자발성이 강조되고 모방은 경시되고 있지만, 그 안에는 모방의 새로운 형태가 숨겨져 있다. 질투, 증오, 혐오감과 같은 현대적 감정이 확산되는 것은 오히려 타인에 대한 병적 관심과 모방이 감추어지지만 만연하고 있음을 보여 준다.

지라르는 르상티망이야말로 전형적 현대인의 감정이자 질병이라고 진단한다. 이미 스탕달과 토크빌이 이 전형적 현대인의 질병을 분석했고, 니체도 이것에 대해서 지적했지만, 지라르에 의하면 니체는 이 르상티망에 대한 비판의 대상을 잘못 정했다.[13]

지라르는 내적 중개 시대로의 진입 이후 전 지구적 차원에서 진행되는 무차별화의 증가 문제와 "타자와의 폭력적 근접성" 문제에 대해서 논한다.[14] 지라르는 전 지구적 차원에서의 부정적 무차별화라는 묵시록적 상황에서 '올바른 거리'의 필요성을 강조한다. 지라르에 의하면 횔더린은 헤겔과 클라우제비츠와 동시대인으로서 유일하게 "인간들 사이의 근접성이 가지는 위험"에 대해서 이해했다고 본다.

실제로 그리스인들은 인류와 뒤섞이는 신, 상호성의 신, 모방적 짝패와 전염되는 광기의 신을 디오니소스라 불렀다. 디오니소스는 신들이 "너무

---

12 René Girard and Benoît Chantre, *Battling to the End: Conversations with Benoît Chantre* (East Lansing: Michigan State University Press, 2010), 31.
13 Ibid., 12.
14 Ibid., 98-100.

가까이"(too close)왔을 때 느끼는 공포를 의미한다.[15]

지라르는 타자와의 폭력적 근접성과 무차별화라는 "큰 비극"의 시대 속에서 "올바른 거리"와 은거의 지혜를 권하고 있다. 지라르는 이 묵시록적 상황, 곧 가속화되는 부정적 무차별화의 시대 속에서 미메시스적 소용돌이에 저항할 수 있는 "올바른 거리"를 대안으로 제시한다.[16] 지라르에 의하면 현대 질투 사회에는 "타자에 대한 병적 관심"이 지배한다.

---

15 Ibid., 101-2.
16 Ibid., 134.

나오는 말

혁명은 안단테로:
헤겔막시즘, 프로이트막시즘, 문화막시즘 비판

지금까지 중장기적 관점에서 안단테의 속도로 사회주의혁명을 진행시키는 21세기 문화막시즘의 세 가지 아젠다인 사회주의 성정치(젠더 이데올로기), 다문화주의 그리고 생태사회주의를 논했다.

지금 국내에서 가장 뜨거운 논쟁을 일으키고 있는 분야는 사회주의 성정치와 관련된 성인지 페미니즘(젠더 페미니즘), 차별금지법 그리고 성 소수자 운동 등이기에 이 분야를 좀 더 상세하게 다루었다.

여기서는 이 책을 마무리하면서 문화막시즘에 대한 일반적 소개로 책 내용을 요약하고 정리하고자 한다. 문화막시즘의 세 가지 아젠다에 대한 보다 구체적인 논의를 시도한 이 책에서 문화막시즘을 헤겔막시즘(Hegel-marxismus, Hegelian Marxism)과 프로이트막시즘(Freudomarxismus)으로 이해하고 소개했다.

문화막시즘의 초기 이론가인 안토니오 그람시(Antonio Gramsci)의 중요한 이론적 관심사는 "자본주의 국가의 내구성과 안정성의 원인"과 그것을 어떻게 설명할 것인가의 문제였다. 당대 막시즘 이론가들과 마찬가지로 혁명의 전망이 불투명해지면서 자본주의 사회가 안정화되는 것에 관해 연구했다는 점에서 고전적 막시즘과 차이를 보인다.

문화막시즘의 초기 이론가들인 그람시나 루카치에게는 물적 토대에 대한 분석보다는 자본주의 사회의 문화, 의식, 국가와 같은 상부 구조가 더 관심사였다. 그래서 그들은 상부 구조의 이론가라고 불린다. 그람시는 상부 구조의 중요성, 특히나 이데올로기와 국가의 중요성에 주목하였다.

헤겔의 좌파 제자 칼 막스는 유물론적 변증법에 기초해서 하부 구조에 집중했지만, 그것이 구소련 공산주의 혁명의 야만으로 실패하자 다시금 서구 막시즘 이론가들은 상부 구조를 연구하게 되었다. 그래서 그람시와 루카치 등의 서구 막시즘 이론가들은 상부 구조를 다시 연구하는 헤겔막시즘으로 변신하면서 살아남았다.

문화막시즘과 프로이트막시즘을 추구한 독일 프랑크푸르트 학파의 비판 이론(Kritische Theorie)도 대체로 헤겔막시즘으로 분류된다. 그람시, 루카치, 독일 프랑크푸르트 학파, 발터 벤야민, 슬라보예 지젝, 주디스 버틀러 등은 모두 헤겔막시즘 이론가들로서 독일 프로이센 사회주의와 국가주의 철학자 헤겔의 관념론적 변증법을 헤겔막시즘의 이름으로 계승하고 있다.

앞에서 주장한 것처럼 헤겔과 칼 막스는 '적과 같은 쌍둥이'라는 것이 이 책의 중요한 테제다. '쌍둥이'라는 말은 헤겔과 칼 막스 모두 아리스토텔레스적인 논리학을 반대하는 반아리스토텔레스적 모순 논리인 변증법을 역사철학적으로 주장하기 때문이다.

'적'이라는 말은 헤겔은 관념론적 변증법을 주장하고 헤겔 좌파 제자 칼 막스는 유물론적 변증법을 주장했기에 관념론과 유물론 사이의 적과 같은 투쟁이 존재했기 때문이다. 이렇게 서구 기독교 문화에서 사회주의 혁명을 추구한 서구 막시즘은 문화막시즘, 헤겔막시즘 그리고 프로이트막시즘으로 변신했기에 서유럽 68 좌파는 슬로터다이크의 분석처럼 기사회생할 수 있었다.

문화막시즘의 근본 테제 중 하나는 기독교 문화를 해체해야 사회주의혁명이 일어난다는 것이다. 문화막시즘은 21세기 사회주의 운동의 새로운 중장기적 전략이다. 한국 좌파에서도 "혁명은 안단테로"라고 외치는데, 이는 문화막시즘의 중장기적 전략을 잘 보여 주는 구호다.

문화막시즘은 문화혁명을 통해서 기독교 문화를 해체하고자 한다. 중국 마오쩌둥의 문화대혁명 운동은 유럽 68 학생 문화혁명 운동에 모델로 작용했다. 문화혁명은 무엇보다도 성혁명을 통해서 이루어진다.

1918년 독일의 로자 룩셈부르크 등의 공산주의 혁명 운동 실패 이후 서구 막시즘을 추구한 학자들은 왜 러시아와 중국과는 달리 서구에서도 공산주의 혁명이 발생하지 않는가에 대해서 질문을 했고 그 원인을 기독교 문화에서 발견했다. 기독교 문화를 해체해야 사회주의혁명은 일어날 수 있다고 그들은 보았다. 사회주의 성혁명과 성정치를 통한 기독교 문화의 해체와 전복이라는 중장기적 전략을 문화막시즘은 선택한 것이다.

문화막시즘의 초기 이론가인 안토니오 그람시는 문화 및 정치적 리더십을 분석하였고 자본주의 사회의 국가를 비판하는 문화적 헤게모니 개념으로 널리 알려져 있다. 그람시는 부르주아가 거머쥔 헤게모니를 빼앗기 위해 정치, 사회, 학계, 문화계 등 각 사회 영역에 침투해 사회주의 사상으로 대중을 계몽해야 한다고 주장했다.

그람시는 지배적 이데올로기가 어떻게 대중적 지지를 얻으며 안정화되어 가는가에 관심을 가졌다. 자본주의 붕괴가 임박했음을 믿어 의심치 않은 고전적 막시스트들은 자본주의가 여러 형태로 변화되긴 하나 필연적으로는 유물론적 변증법 법칙대로 '내적 모순'에 의해서 붕괴할 것이라고 여긴다.

이에 비해 루카치, 그람시, 독일 프랑크푸르트 학파는 고전적 막시즘 학자가 생각한 것보다 훨씬 장기간 자본주의는 안정화되고 내구성을 지니게 될 것이라 여겼다. 그리고 그러한 맥락에서 왜 자본주의는 안정화되고 내구성을 지니느냐에 대해 관심을 가지고 설명하려 했다.

칼 막스는 정치경제학 위주의 혁명 이론을 내놓았다. 그는 경제결정론으로 노동계급을 의식화하면 그들이 자본가계급을 타도하리라고 보았다. 그런데 러시아, 중국 등에서도 이 이론은 작동되었지만, 기독교 문명, 근대적 의미의 자유사상 등이 강한 서유럽 선진국에는 작동하지 않았다.

그래서 등장한 것이 그람시와 루카치의 문화막시즘이다. 정치경제학보다 문화 예술, 미디어, 강단(講壇), 교회, 가족사회학 등에 파고들어서 변혁을 추구했다.

문화막시즘의 후속 세대라 할 수 있는 독일 프랑크푸르트 학파는 개인주의, 사유재산, 이윤 동기뿐 아니라, 가족제도, 결혼제도, 일부일처제, 성적 금기(禁忌)에 반항했다. 이 책에서 본 것처럼 칼 막스의 정치경제학에서 말하는 잉여 가치가 아니라, 이제 폭력적이고 파계적인 오르가즘적 쾌락을 의미하는 주이상스(잉여 쾌락)가 프로이트막시즘의 주요한 화두가 되었다. 그래서 이 책에서는 서유럽 68 좌파를 주이상스에 집착하고 천착하는 '향락주의적 좌파'와 '소아성애적 안티파'를 비판적으로 분석했다.

21세기 자유민주주의 헌법체제의 대한민국에서 공론화되고 있는 사회주의 성혁명 운동과 성정치 운동 그리고 그것을 법적으로 보호하기 위한 차별금지법, 동성애 운동, 퀴어 이론과 퀴어 신학 그리고 젠더 이데올로기 등의 사상적 뿌리는 문화막시즘(Kulturmarxismus)이다.

문화막시즘은 자본주의가 붕괴하여서 사회주의혁명이 일어나지 않는 원인을 기독교 문화라고 분석했다. 그래서 문화막시즘은 기독교 문화에 대한 문화전쟁(Kulturkampf)을 선포하면서 문화혁명을 통해 사회주의혁명을 성취하고자 한다.

사회주의 성혁명 개념의 창시자인 오스트리아 출신의 빌헬름 라이히(Wilhelm Reich)의 『성혁명』이라는 책의 원제는 Die Sexualität im Kulturkampf(문화전쟁 속의 성)인데, 이는 라이히가 지향한 성혁명이 기독교 성도덕에 대한 문화전쟁임을 명백하게 잘 보여 준다. 기독교 문화에 대한 문화혁명은 무엇보다 사회주의적 성혁명 운동을 통해서 이루어진다.

하지만 독일 프랑크푸르트 학파의 비판 이론과 유럽 68 학생 문화혁명 운동 등으로 대표되는 문화막시즘은 유럽에서 1989년 동유럽 공산주의의 붕괴 이후 21세기에 접어들면서 퇴조기에 접어들었다. 21세기 유럽은 68세대가 아니라, 구소련과 동유럽 공산주의 붕괴 이후 세대인 89세대가 주도하고 있다. 프랑스 마크롱 대통령도 68 학생 문화혁명 운동에 비판적인 89세대에 속한다.

21세기 대한민국에서 '제도권으로의 긴 행진'을 통해서 권력과 헤게모니를 장악한 86 운동권 세대는 중앙대 김누리 교수의 주장처럼 대한민국에서 독일적 68 문화혁명, 성혁명 그리고 교육혁명이 필요하다고 각종 방송에서 주장했고, 현 정부도 유럽 68 문화혁명 세대가 추구했던 문화막시즘에 속하는 여러 정책을 시도하지만, 이는 철 지난 뒷북이다.

사회주의 성혁명과 성정치 운동으로부터 파생된 동성애 운동, 퀴어 이론과 퀴어 문화축제, 젠더주의 그리고 이를 법제화하기 위한 차별금지법 등은 모두 문화막시즘으로부터 파생되었는데, 이 문화막시즘은 21세기 유럽에서 저물고 있다는 사실을 기억해야 한다.

프로이트막시즘으로 이해되는 문화막시즘의 퇴조를 소개하는 이 책은 또한 21세기 탑다운방식의 국가페미니즘(Staatsfeminismus)의 이름으로 국가재정을 통해서 유포되고 강제되는 젠더 페미니즘과 퀴어 페미니즘의 보편타당한 학문성(Wissenschaftlichkeit)을 강하게 의심했다. 또한, 이러한 프로이트막시즘이 이론적 학문성이 결여되어 있다는 지적과 함께 이런 사회주의 성정치를 주도한 서유럽 68 소아성애적 안티파 지식인들의 실추된 도덕성을 비판적으로 이 책에서 공론화했다.

21세기 글로벌 성혁명과 사회주의 성혁명/성정치 맥락 속에서 국가페미니즘의 이름으로, 나아가 국제기구페미니즘의 강제력으로 유엔(UN)과 유럽연합(EU)으로부터 탑다운방식으로 강제되는 젠더주의와 퀴어 이론 등은 주디스 버틀러 자신도 최근 인정하듯이 거센 글로벌 저항 운동에 직면해서 21세기 유럽에서부터 점차 점차 폐지되고 있다.

프로이트막시즘의 이론적 사상누각에 대해서 학문적으로 주장해 왔는데, 2021년 독일과 프랑스를 중심으로 서유럽 68 소아성애적 안티파의 상징과도 같은 지성인들의 추한 그림자들이 폭로되었다.

앞에서 본 것처럼 2021년 젠더 퀴어 페미니즘과 성 소수자들의 성정치 운동의 대부인 미셸 푸코(Michel Foucault)의 소아성애 범죄가 해외 석학 기 소르망(Guy Sorman) 교수에 의해서 폭로되었다.

또한, 2021년 프랑스에서는 사회주의적 성정치인 젠더 이데올로기와 차별 금지법을 강제하는 유럽연합과 유럽인권법원에 강한 영향력을 행사한 것으로 생각되는 프랑스의 대표 헌법학자 올리비에 뒤아멜(Olivier Duhamel) 교수의 동성애/소아성애/근친상간 사태가 폭로되어서 프랑스 지성계가 충격에 빠졌다.

독일 성교육을 대표하는 헬무트 켄틀러(Helmut Kentler) 교수는 소아성애의 합법화를 주장했을 뿐 아니라, 실제로 베를린 시와 긴밀히 협력해 집 없는 아이들을 소아성애자들에게 의도적으로 넘겨서 15년 이상 외부와 단절된 채 소아성애적 폭력과 강간을 당하게 했다는 사실이 2016년부터 폭로되고 공론화되기 시작하면서 2020년에는 '켄틀러 게이트'화 되었고, 독일 정치계에서도 격렬한 논쟁을 불러일으키고 있다.

젠더 이데올로기는 근본적으로 사회주의적 조기 성교육과 조기 성애화 전략을 쓰고 있기에 결코 소아성애와의 불가분 관계를 회피할 수 없다. 푸코, 뒤아멜 그리고 켄틀러 교수는 모두 독일과 프랑스의 68 소아성애적 안티파의 대표 지성인들인데, 21세기에 접어들면서 이 좌파-사회주의적 지식인들('향락주의적 좌파')의 소아성애 수행이 폭로된 것이다.

21세기 서유럽에서조차 퇴조하고 있는 헤겔막시즘, 프로이트막시즘 그리고 문화막시즘에 대한 보다 깊고 진지한 학문적 성찰과 논쟁이 국내에서 진행되기를 기대한다.

부록

주디스 버틀러의 소아성애와 근친상간 변호를 비판한다
-자녀 교육의 트러블 메이커 주디스 버틀러의 EBS '위험한 수업' 비판-

1. 들어가는 말

   2021년 교육방송 EBS의 프로그램 〈위대한 수업, 그레이트 마인즈〉에서 다룬 '주디스 버틀러(더 트러블)' 편은 수많은 학부모 단체와 시민 단체의 항의에도 불구하고 강행되었다. 주디스 버틀러는 소아성애를 지지하며 근친상간 금기를 해체하고자 한다.
   소아성애와 근친상간이 EBS가 대중화시킬 수 있는 보편적 교육가치인가?
   EBS는 버틀러를 "트러블 메이커"로 찬양했는데, 버틀러는 아이들 성정체성 허물기와 흔들기를 시도하는 자녀 교육의 "트러블 메이커"이다.
   2010년부터 독일 교육계를 중심으로 독일 68 성혁명 운동의 소아성애적-남색적 과거사 청산이 대세를 이루고 있다. 소아성애의 비범죄화를 주도하고 근친상간 금기 폐지를 주장했던 독일 녹색당은 2014년 당대회에서 이 소아성애 과거사에 대해 당대표가 공식 사과했다.
   버틀러가 2017년 브라질을 방문해 강의하려 할 때 "소아성애 반대"라는 팻말을 든 시민 단체의 강력한 저항을 받게 되었다. 당시 소아성애 지지자인 그의 강의를 비판하는 데 브라질 시민 36만 명이 서명했다.

2. 시몬 드 보부아르와 주디스 버틀러의 소아성애 변호

1) 시몬 드 보부아르의 소아성애적 기획, 그루밍 그리고 폴리아모리

버틀러가 소아성애와 근친상간 변호를 비판하기 이전, 먼저 현대 페미니즘의 대모인 시몬 드 보부아르의 소아성애적 기획과 장 폴 사르트르와의 폴리아모리에 대해 논한다.

시몬 드 보부아르와 사르트르의 반일부일체적 폴리아모리 관계는 프랑스와 독일 68 성혁명 운동의 폴리아모리 모델로 작용했다. 국내 페미니즘 진영에서 버틀러는 제2의 시몬 드 보부아르로 불리며, EBS 1, 2, 3강에서 상세하게 시몬 드 보부아르에 대해서 논했다.

2021년 4월 여성 매거진 「에비」(*Evie*)는 "미셸 푸코와 다른 진보적 지식인 영웅들은 소아성애자들이었다"라는 제목으로 시몬 드 보부아르의 "소아성애적 기획"을 비판하면서 그녀가 자신의 학생들인 어린 소녀들을 "그루밍하고" "유혹해서" 자신의 폴리아모리적인 파트너 장 폴 사르트르의 섹스 파트너로 넘겨준 사실에 대해 보도했다.

시몬 드 보부아르와 사르트르는 섹스 파트너도 공유했다고 이 매거진은 보도했다. 이 기사는 2021년 폭로된 미셸 푸코의 동성애적 소아성애(남색)를 폭로하면서 푸코뿐 아니라, 시몬 드 보부아르 등 다른 68 진보 지식인들은 "소아성애적 철학"을 전개한 "소아성애자들"이었다고 분석했다.[1]

이 여성 전문지는 주디스 버틀러가 미셸 푸코의 저작들에 깊게 영향을 받아서 "세대 간 섹스"(intergenerational sex)의 정당성과 합법성을 또한 제안

---

1 S. G. Cheah, "Michel Foucault And Other Progressive Intellectual Heroes Were Pedophiles," *Evie Magazine* 2021년 4월 5일 기사(https://www.eviemagazine.com/post/michel-foucault-and-other-progressive-intellectual-heroes-were-pedophiles?fbclid=IwAR0zQATI7JQSfpOy5oo8aK7PUY1F9hVLnImgK-q8aZiWuWPNyQZpjN3GTXU): "Among her pedophilic enterprise was the grooming ofunderage girls for sex and later passing them over to be bedded by her long-time lover Jean-Paul Sartre."

한다고 적고 있다. '세대 간 섹스'는 기본적으로 성인들이 어린이들과 섹스하는 것이 가능하게 만드는 아카데믹한 전문 용어다. 이 제안을 변호하면서 버틀러는 이 주제에 대한 푸코의 책을 인용했다고 잘 분석했다.[2]

태아를 "기생충"으로 묘사하는 "낙태의 어머니" 시몬 드 보부아르는 대부분의 프랑스 포스트모던 철학자와 함께 소아성애의 비범죄화를 주장했다. 슬라보예 지젝에 의하면 푸코처럼 실존주의 철학자이자 프랑스 공산당원이었던 장 폴 사르트르, 해체주의 철학자 자크 데리다, 기호학자 롤랑 바르트, 미셸 푸코, 아라공, 들뢰즈와 가타리, 리오타르 등 프랑스 68 포스트모던 좌파 철학자들 거의 대부분이 소아성애의 비범죄화를 주장했다.[3]

1977년 시몬 드 보부아르는 미셸 푸코, 자크 데리다, 루이 알튀세르, 장 폴 사르트르 등과 함께 프랑스 국회에 제출된 소아성애적 접촉의 비범죄화를 요구하는 청원에 서명했다.

들뢰즈와 가타리의 『안티-오이디푸스』의 서문을 쓰기도 한 프랑스 포스트모던 철학자 미셸 푸코도 독일 녹색당의 주장처럼 합의에 의한 소아성애의 비범죄화를 주장했다. 푸코는 1977년 강간 범죄는 오직 폭력 범죄로만 처벌되어야 하며, 성범죄로 처벌되어서는 안 된다고 주장했다. 1978년에는 성인과 어린아이들의 "비강제적 섹스는 완전히 비범죄화되어야만 한다"라고 주장했다. 당시 페미니스트들은 강간과 소아성애에 대한 푸코

---

[2] S. G. Cheah, "Michel Foucault And Other Progressive Intellectual Heroes Were Pedophiles," *Evie Magazine* 2021년 4월 5일 기사(https://www.eviemagazine.com/post/michel-foucault-and-other-progressive-intellectual-heroes-were-pedophiles?fbclid=IwAR0zQATI7JQSfpOy5oo8aK7PUY1F9hVLnImgK-q8aZiWuWPNyQZpjN3GTXU): "Heavily influenced by the works of Foucault, Judith Butler also proposed the legitimacy and legality of 'intergenerational sex.' The term 'intergenerational sex' is basically academic jargon for adults being able to have sex with children. In defense of this proposal, Butler cited Foucault's work on the subject."

[3] Slavoj Žižek, "SEXUAL LIBERATION, 1968 and 2018" (http://fabella.kr/xe/blog11/83200?fbclid=IwAR3S79iJS-MNZKiiUMkR5OBKWjINIXPf-cinK1gaJikTZBKXFGDX6Hvh7Nwk)

의 이런 입장에 대해서 일관되게 비판적이었다.⁴

2020년 독일 뷔르츠부르크대학의 현대사 교수 페터 호에레스(Peter Hoeres)는 2020년 3월 11일 독일 보수주의도서관(Bibliothek des Konservatismus)에서 "포스트모더니즘 이후 – 미래 보수주의의 개막극"(Nach der Postmoderne – Vorspiel eines Konservatismus der Zukunft)이라는 제목으로 진행한 강의에서 이렇게 주장했다.

> 독일 녹색당과 좌파의 '소아성애적 안티파'(안티파시즘) 운동에서 동성애의 비범죄화 운동과 소아성애 운동이 동일 그룹에 의해 추진되었다. … 소아성애는 1980년대 독일 녹색당의 미래기획이었고 이는 동성애의 비범죄화와 연결되어 있는데, 동성애 운동과 소아성애 운동은 동일한 그룹에 의해 추진되었다.

소아성애와 근친상간 금기 깨기는 버틀러만의 기획이 아니라, 푸코와 독일 68 성혁명 운동의 중요한 기획이었다.

2) '세대 간 섹스'(소아성애)의 정당성과 합법성에 대한 버틀러의 변호

버틀러는 2000년 공저한 책에서 소아성애를 의미하는 "세대 간 섹스"(intergenerational sex)의 "정당성과 합법성"과 같은 이슈에 대한 "논쟁의 정치 문화를 유지하는 것이 결정적이다"라고 주장한다.⁵

4　Chloe Taylor, *Foucault, Feminism, and Sex Crimes*: An Anti-Carceral Analysis (Routledge 2018); Linda Alcoff, "Dangerous Pleasures: Foucault and the Politics of Pedophilia," in Susan Hekman (ed.), *Feminist Interpretations of Foucault*. Pennsylvania State Press (1996).

5　Judith Butler, Ernesto Laclau, and Slavoj Žižek, *Contingency, Hegemony, Universality. Contemporary Dialogues on the Left* (London: Verso, 2000), p. 160: "It will be crucial to maintain a political culture of contestation on these and other parallel issues, such as the the legitimacy and legality of public zones of sexual exchange, intergenerational sex, adoption outside marriage, increased research and testing for AIDS and transgender politics." 이 책은 한국어로 번역되었다. 주디스 버틀러·에르네스토 라클라우·슬라보예 지젝, 『우연성

버틀러는 『젠더 트러블』에서 미셸 푸코가 『성의 역사』에서 "다양한 규제적 전략들의 부과 이전에 존재하는 세대 간 성관계(intergenerational sexual exchange)의 '목가적'이고 '무죄한' 쾌락들에 대해 언급한다"고 적었다.[6]

2021년 프랑스 해외 석학 기 소르망 교수는 푸코가 튀니지에서 어린 소년들과 동성애적 소아성애(남색) 매춘과 강간을 했다고 폭로한 바 있는데, 푸코가 말하는 목가적이고 무죄한 세대 간 성관계는 소아성애를 의미한다. 미셸 푸코는 성 소수자 운동, 동성애 운동 그리고 퀴어 이론의 대부이다.

> 지식, 권력 그리고 섹슈얼리티의 상호관계에 대한 푸코의 분석이야말로 퀴어 이론의 가장 중요한 기폭제였다.[7]
>
> 푸코의 저서는 퀴어 이론에 대해서 초석적이었다.[8]

포스트모던적 페미니즘 혹은 버틀러식 젠더 퀴어 페미니즘(성인지 페미니즘)은 "푸코적 페미니즘"(Foucauldian Feminism)이라고 해도 과언이 아니다.[9] 이후 소개할 급진 페미니즘 학자 게일 루빈(Gayle Rubin)은 레즈비언으로서 이후 소아성애자와 사도마조히스트(SM)로 커밍아웃한 학자로 1970년대

헤게모니 보편성: 좌파에 대한 현재적 대화들』, 박대진·박미선 옮김 (서울:도서출판 b, 2009).

[6] Judith Butler, *Gender Trouble: Feminism and the Subversion of Identity* (Taylor & Francis e-Library, 2002), p. 123: "The significant difference between Foucault's position in the first volume of The History of Sexuality and in his introduction to Herculine Barbin is already to be found as an unresolved tension within the History of Sexuality itself (he refers there to 'bucolic' and 'innocent' pleasures of intergenerational sexual exchange that exist prior to the imposition of various regulative strategies."

[7] T. Spargo, *Postmodern Encounters: Foucault and Queer Theory* (Icon Books, Cambridge, 2000), 8.

[8] M. A. Mclaren, *Feminism. Foucault, and Embodied Subjectivity* (State University of New York Press, Albany, 2002), 144.

[9] Catriona Ida Macelod/ Kevin Durrheim, "Foucauldian Feminism: the Implications of Governmentality," Journal for the Theory of Social Behaviour 32(1), 2002 봄, 41-60.

후반 미셸 푸코의 『성의 역사』의 중요성을 처음으로 주목한 학자였다.

푸코의 입장은 퀴어 이론에 있어서 가장 영향력 있는 이론이 되었다. 주디스 버틀러는 게일 루빈에게서 영향을 많이 받았다고 한다. 버틀러가 인용하면서 계승하는 소아성애에 대한 푸코의 관점은 이후 소개할 "소아성애적 안티파시즘" 운동으로 불리는 독일 68 학생 운동과 녹색당에서도 발견된다.

독일 68 학생 운동에서 "'해방된' 성은 어린아이들과 성인들 사이의 어떠한 권력관계도 생각할 수 없는 죄 없는 순수함의 루소적 제국(rousseauistisches Reich der Unschuld)으로 많은 사람에게 보여졌다."[10]

소아성애자이면서 권력비판가인 푸코는 성인과 소아 사이의 세대 간 성관계에는 어떠한 권력관계도 존재하지 않는 목가적인 루소주의적 제국이라고 주장했지만, 이후 우리는 세대 간 성관계(소아성애) 속의 엄연한 권력관계에 대해 집중적으로 비판적 분석을 할 것이다.

미셸 푸코에 대한 페미니즘적 해석에 대한 연구서에 포함된 "위험한 쾌락들: 푸코와 소아성애의 정치학"(Dangerous Pleasures: Foucault and the Politics of Pedophilia)이라는 논문은 푸코의 소아성애적 성정치를 잘 분석하고 있다.[11]

---

10 Adam Soboczynski, "Achtundsechsiger - Pädophiler Antifaschismus", *Die Zeit*, 2013년 10월 10일 기사 (https://www.zeit.de/2013/42/paedophiler-antifaschismus-kindesmissbrauch).

11 Linda Martin Alcoff, "Dangerous Pleasures: Foucault and the Politics of Pedophilia," in Susan Hekman (ed.), *Re-Reading the Canon: Feminist Interpretations of Michel Foucault* (University Park, PA: Penn State Press, 1996), 99-136.

3. 버틀러는 부모-자식 간의 근친상간의 가능성을 변호한다

1) 버틀러는 근친상간 금기에 대한 푸코적 비판을 확장한다

버틀러는 『젠더 트러블』의 59-78쪽에서 근친상간 금기를 상세하게 논한다. 여기서 사실상 근친상간 금기를 파계하고 해체하려고 한다. 버틀러는 "근친상간 금기에 대한 푸코적 비판을 확장"하려고 한다. 버틀러에 의하면 근친상간 금기는 근친상간적 성욕망을 금지하고 어떤 젠더화된 주체성들을 강제적 동일시 메커니즘을 통해 구성하는 것이다.

버틀러는 이 근친상간을 금지하는 금기적 법률의 "보편성 혹은 필요성을 보증하는 것은 무엇인가"라고 질문하면서 근친상간 금기를 사실상 해체하려고 한다.[12] 버틀러는 근친상간 금기가 동성애 금기를 생산하는 근거가 된다고 보기에, 근친상간 금기를 해체하려고 한다. 버틀러는 근친상간 금기로 인해서 동성애는 억압된 채 머물기 위해서 생산되어야 하는 그런 욕망으로 출현한다고 분석한다.[13]

버틀러는 근친상간 금기와 동성애 금기를 "억압적 명령"으로 파악해서 그 억압적 명령인 근친상간 금기를 해체하고자 한다.[14] 근친상간 금기는

---

12 Judith Butler, *Gender Trouble: Feminism and the Subversion of Identity* (New York: Routledge, 1990), p. 76: "If we extend the Foucaultian critique to the incest taboo, then it seems that the taboo and the original desire for mother/father can be historicized in ways…." ; ""The incest taboo is the juridical law that is said both to prohibit incestuous desires and to construct certain gendered subjectivities through the mechanism of compulsory identification. But what is to guarantee the universality or necessity of this law ?".

13 Butler, *Gender Trouble: Feminism and the Subversion of Identity* (New York: Routledge, 1990), p. 77: "" If the incest taboo regulates the production of discrete gender identities, and if that production requires the prohibition and sanction of heterosexuality, then homosexuality emerges as a desire which must be produced in order to remain repressed."

14 Butler, *Gender Trouble: Feminism and the Subversion of Identity* (New York: Routledge, 1990), p. 65: "The taboo against incest and, implicity, against homosexuality is a repressive injunction which presumes an original desire localized in the notion of 'dispositions,' which suffers a repression of an originally homosexual libidinal directionality."

동성애 금기를 생산하는 기초와 근거이기에 동성애자 버틀러는 이를 해체하고자 한다. 버틀러에 의하면 근친상간 금기는 동성애 금기를 또한 내포한다. 버틀러는 소아성애자 게일 루빈을 인용하면서 근친상간 금기는 그 이전의 덜 표현된 동성애 금기를 전제한다고 주장하면서 그렇기에 이를 해체하고자 한다.[15]

버틀러는 레비-스트로스 구조주의 인류학에서 말하는 근친상간 금기의 "문화적 영속성"을 수용하기를 거부한다.[16] 주디스 버틀러는 자신의 저서 『젠더 허물기』(*Undoing Gender*)에서 소아들에 대한 근친상간이 때로는 성폭력이 아닌 경우도 존재한다고 주장한다. 버틀러는 "부모-자식 간의 근친상간을 부모에 의한 자식에 대한 일방적 침해라고만 반드시 볼 필요는 없다"라고 주장한다.[17]

버틀러는 근친상간이 성폭력이 아닌 경우도 존재한다고 주장한다. 그는 "필연적으로 트라우마틱하지 않은 형태의 근친상간이 아마도 존재하거나 아니면 근친상간은 그것이 생산하는 사회적 수치심에 대한 의식 때문에 그 트라우마틱한 성격을 지니게 된다"라고 주장한다.[18] 버틀러는 "그렇

---

15 Butler, *Gender Trouble: Feminism and the Subversion of Identity* (New York: Routledge, 1990), p. 73. "Hence, the incest taboo not only forbids sexual union between members of the same kinship line, but involves a taboo against homosexuality as well. Rubin writes: 'the incest taboo presupposes a prior, less articulate taboo on homosexuality.'"

16 Butler, *Gender Trouble: Feminism and the Subversion of Identity* (New York: Routledge, 1990), p. 75.

17 Judith Butler, *Undoing Gender* (London: Routledge, 2004), p. 155: "It is not necessary to figure parent-child incest as a unilateral impingement on the child by the parent, since whatever impingement takes place will also be registered within the sphere of fantasy. In fact, to understand the violation that incest can be--and also to distinguish between those occasions of incest that are violation and those that are not--it is unnecessary to figure the body of the child exclusively as a surface imposed upon from the outside."

18 Butler, *Undoing Gender* (London: Routledge, 2004), p. 157: "So I keep adding this qualification: 'when incest is a violation,' suggesting that I think that there may be occasions in which it is not. Why would I talk that way? Well, I do think that there are probably forms of incest that are not necessarily traumatic or which gain their traumatic character by virtue of the consciousness of social shame that they produce."

기에 근친상간 금지를 때로는 성폭력을 방지하는 것으로 때로는 성폭력을 발생시키는 바로 그 도구로 재고할 필요가 있을 수 있다"고 주장한다.[19]

버틀러에 의하면 부모-자식 간의 근친상간이 때로는 문제 없다. 버틀러의 이러한 부모-자식 간의 근친상간이 때로는 성폭력이 아니며 트라우마로 남지 않는 경우도 존재하며, 오히려 근친상간에 대한 사회적 수치심에 대한 의식 때문에 트라우마가 발생한다는 주장은 소아성애 옹호자들의 오래되고 전형적인 논증이다. 버틀러의 논리에 따르면 부모-자식 간의 근친상간을 금지하는 것이 해롭다.

2020년 급진생태학자 데릭 젠슨 교수(Derrick Jensen)는 퀴어 이론이 소아성애와 밀접히 관련되어 있다고 비판하는 대표적 학자다. 젠슨 교수는 퀴어 이론의 대부 미셸 푸코와 퀴어 이론의 초석적 텍스트를 저술한 게일 루빈이 모두 소아성애를 지지한다는 사실을 강조한다. 게일 루빈은 소아성애자로 커밍아웃했다. 젠슨 교수에 의하면 버틀러도 소아성애 지지자에 속한다.[20]

버틀러와 같은 퀴어 이론가들이 소아성애적 지향을 가지고 있다는 젠슨 교수의 입장은 2019년 10월 『페미니스트 커런트』(*Feminist Current*)에 "이제 우리 모두가 빅 식스터(Big Sister)에 저항해야 할 시간이다"라는 제목으로 실렸다.[21] 퀴어 이론은 본질적으로 소아성애적이라고 주장하면서 "퀴어 이론과 소아성애"의 깊은 관계를 분석한 논문도(The Trojan Unicorn: Queer

---

19 Butler, *Undoing Gender* (London: Routledge, 2004), p. 160: "It might, then, be necessary to rethink the prohibition on incest as that which sometimes protects against a violation, and sometimes becomes the very instrument of a violation."

20 https://www.youtube.com/watch?v=Pro4W07ySII (LGBTQP: University professor exposes the concrete link between Queer Theory and pedophilia advocacy. Professor Derrick Jensen exposes the facts – no conjecture here – about how Queer Theory's founders (i.e. Foucault) and contemporaries (i.e. Judith Butler) are all advocates of pedophilia as just another sexual orientation).

21 Derrick Jensen, Lierre Keith, Max Wilbert, "It's time for us all to stand up against Big 'Sister'," *Feminist Current*. 2019년 10월 5일 (https://www.feministcurrent.com/2019/10/05/its-time-for-us-all-to-stand-up-against-big-sister/)

Theory and Paedophilia) "현대 퀴어 이론의 구루 주디스 버틀러가 근친상간을 변호했다"는 제목으로 버틀러의 소아성애와 근친상간 옹호를 비판했다. 이 논문은 수많은 소아성애와 근친상간이 친족에 의한 아동 성폭력이라는 사실을 버틀러가 무시하고 있다고 지적한다.[22]

버틀러에 의하면, 동성애 금기는 프로이트의 오이디푸스 콤플렉스뿐만 아니라 구조주의 인류학이 말한 근친상간 금기에 보이지 않게 전제되어 있다. 그녀에 의하면, 근친상간 금지는 동성애 금지를 이미 전제하고 있다. 그 이유는 그것이 욕망의 이성애화(heterosexualization)를 가정하고 있기 때문이다. 근친상간 금기는 욕망을 이성애적인 것이라고만 본다. 근친상간 금기는 이성애 결혼제도를 영속화시키는 장치라는 것이다. 즉, 레비-스트로스에 의하면 친족 구조의 핵심은 근친상간 금기이다.

버틀러는 레비-스트로스의 근친상간 금지의 규칙이 보편규칙이 아니라 이성애 결혼제도를 영속화시키는 장치라고 보았다. 버틀러는 프로이트의 정신분석과 인류학은 중요한 금기로 '근친상간 금기'를 들지만, 이 '근친상간 금기'라는 설명 방식은 그 이전에 선행하는 '동성애 금기'를 은폐하면서 '이성애'를 생산하는 역할을 하고 있다고 비판한다.

『글로벌 성혁명』의 저자 독일 사회학자 가브리엘 쿠비도 버틀러가 근친상간 금기를 해체하려 한다고 여러 강연에서 비판한 바 있다. 급진페미니즘 학자 케이트 밀레트(Kate Millett)도 "근친상간 금기를 가부장적 사유의 초석 중 하나"라고 보기에 해체하려고 한다.[23]

---

22 https://uncommongroundmedia.com/the-trojan-unicorn-qt-and-paedophilia-part-iv-dr-em/
23 https://planetwaves.net/astrologynews/blasius.html

2) '위대한 지성' 버틀러의 '오이디푸스왕'에 대한 성혁명적 오독

버틀러는 그리스 비극 작품 소포클레스의 『오이디푸스왕』에 대한 명백한 오독에 기초해 소아성애와 근친상간을 지지하는 입장을 보인다. 버틀러는 오이디푸스 콤플렉스 이론에 등장하는 어머니를 향한 아이의 근친상간 성욕망을 긍정하면서 소아성애를 지지한다.

국내 주류 그리스 고전학자들, 특히 전남대 최혜영 교수가 바르게 주장하는 것처럼 그리스 비극은 (성)혁명문학이 아니라, 카타르시스 생산을 위한 그리스 폴리스 호국문학이었다.

2021년 8월 tvN 방송의 프로그램 〈책 읽어 주는 나의 서재〉에서 한 '오이디푸스왕'에 대한 강의에서 서울대학교 그리스 고전학자 김 헌 교수가 오이디푸스를 일종의 희생제물(희생염소, scapegoat)로 잘 분석하면서 설명했다. EBS의 〈위대한 수업, 그레이트 마인즈〉에 포함될 위대한 지성이라면 적어도 소포클레스 그리스 비극작품 『오이디푸스왕』의 수수께끼는 디코딩할 수 있어야 한다.

주디스 버틀러는 독일 낭만주의의 산물인 프로이트 정신분석에서 발견되는 '오이디푸스'에 대한 인지불능을 기호학적-언어구조주의적으로 계승하고 있다.

프로이트 이후 오이디푸스에 대한 각종 프로이트막시즘적, 포스트모던적, 성혁명적, 기호학적 그리고 언어구조주의적 사변과 거품은 이제 정리되어야 한다. 꿈, 무의식 그리고 비이성에 천착하고 집착한 독일 낭만주의의 산물인 프로이트의 정신분석처럼 프로이트막시즘(Freudomarxismus) 담론의 산물인 버틀러의 젠더 이론도 그리스 비극에 대한 명백한 오독에 기초한 사변이다.

버틀러의 소아성애와 근친상간 옹호의 이론적 근거로도 작용하는 오이디푸스 콤플렉스의 근친상간과 부친 살해는 르네 지라르가 프로이트를 비판하면서 잘 분석했듯이 욕받이인 오이디푸스에 대한 최악의 욕(마녀사냥으로 읽어야지, 성혁명적으로 읽을 수 없다. 버틀러는 오이디푸스와 안티고네를 동성애 금기, 근친상간 금기 그리고 소아성애 금기를 해체하고 파계하는 근거로 오독하고 있다. 하지만 오이디푸스와 안티고네는 카타르시스적 호국문학이자 정치문학인 그리스 비극작품으로 질서가 유지되고 갱신되는 그리스 폴리스의 비극적 '욕받이'들이다.[24]

『성의 역사』 1권 서론에는 푸코가 이론적으로 소아성애의 비범죄화를 주장할 뿐 아니라, 나아가 버틀러처럼 근친상간 금기의 폐기도 주장하고 있다. 푸코와 버틀러 모두 소아성애와 근친상간을 정당화하기 위한 도구로서 프로이트 정신분석학의 초석인 오이디푸스 콤플렉스(근친상간과 부친 살해)를 제시한다. 소아 오이디푸스의 어머니를 향한 근친상간적 성욕망을 긍정함으로서 소아성애와 근친상간을 이론적으로 정당화하려고 한다.

하지만 르네 지라르가 프로이트를 잘 비판하듯이 오이디푸스의 근친상간과 부친 살해는 억압된 성욕망의 상징이 아니라, 일종의 파르마코스인 오이디푸스의 '하마르티아'로 읽어야 한다.

근친상간과 부친 살해는 사회주의 성혁명 운동에 등장하는 소아성애나 근친상간을 지지하는 것이 아니라, 일종의 최악의 욕이며 오이디푸스는 쉽게 말해 욕받이이다. 프로이트의 정신분석과 프로이트막시즘(푸코와 버틀러) 모두 소포클레스의 그리스 비극작품 『오이디푸스왕』에 대한 오독에 기초하기 있기에 이론적으로 학문성을 결여하고 있다.

3) 주디스 버틀러, 근친상간 그리고 아이의 사랑?

"주디스 버틀러, 근친상간 그리고 아이의 사랑에 대한 질문"이라는 2010년 논문은 버틀러의 소아성애와 근친상간 지지를 비판적으로 분석한

---

24 르네 지라르 이론에 기초한 주디스 버틀러의 그리스 비극에 대한 오독에 대한 보다 자세한 비판은 다음의 필자 책을 참고하라: 정일권, 『문화막시즘의 황혼: 21세기 유럽 사회민주주의 시대의 종언』 (서울: CLC, 2020).

대표적 연구이다.²⁵ 이 논문의 요약문에는 "근친상간을 권력의 관점으로만 이해하는 주디스 허만(Judith Herman)과는 대조적으로, 주디스 버틀러는 근친상간 이해에 있어서 아이의 사랑(the child's love)의 중요성을 주장한다"라고 소개되어 있다. 또한 이 논문은 버틀러 입장을 이렇게 평가한다.

> 버틀러는 (소아들의) 근친상간적 욕망들은 점차 발전해 나가는 아이들의 섹슈얼리티의 한 부분이라는 사실을 강조하는데, 이러한 버틀러의 입장은 근친상간을 아이들의 신체에 대한 잔인한 외부침입으로 파악해서 근친상간을 아이들 자신의 성욕망과 그 어떤 관계도 없다고 생각하는 그런 페미니즘적 근친상간 이해와는 완전히 대조되는 것이다.²⁶

버틀러는 부모-자식 간의 근친상간과 소아성애가 트라우마틱한 성폭력이 아닌 경우도 존재하며 오히려 근친상간 금기에 대한 사회적 수치심이 트라우마를 남긴다고 주장한다. 부모-자식 간 그리고 성인과 소아들 사이의 상호적이고 협의적인 소아성애와 근친상간은 트라우마를 남기는 아동 성폭력이 아닐 수 있다고 주장하는 버틀러의 입장은 소아성애와 근친상간을 아동 성폭력으로 파악하는 입장과 확실하게 대조적이다.

이 논문도 요약문에서 트라우마 연구로 세계적인 학자 하버드대학교 주디스 허만 교수의 입장과 주디스 버틀러의 입장이 분명 대조적이라는 사

---

25 JE Kilby, "Judith Butler, Incest, and the Question of the Child's Love," Feminist Theory 11, no. 3 (December 2010), pp. 255–265.

26 "Bezogen auf diese Debatte ist Butlers Position eindeutig: Sie betont, dass inzestuöse Sehnsüchte Teil der sich entwickelnden kindlichen Sexualität sind und damit ist Butlers Denkweise durchwegs gegenläufig zu jenem feministischen Verständnis von Inzest (etwa bei Hermans), das diesen als »brutale Fremdeinwirkung auf den kindlichen Körper« begreift; als ein Ereignis, das nicht im Geringsten etwas mit den eigenen sexuellen Bedürfnissen des Kindes zu tun hat." (앞에서 소개한 논문 JE, Kilby, "Judith Butler, incest, and the question of the child's love"의 독일어 번역본으로는 독일 '좌파 정치와 학문을 위한 좌파넷'(Linksnet. Für Linke Politik und Wissenschaft)에 실렸다. https://www.linksnet.de/artikel/26240)

실을 핵심적으로 소개한다. 주디스 허만 교수의 저서 『트라우마 - 가정폭력에서 정치적 테러까지』(*Trauma and Recovery: The Aftermath of Violence*)는 1997년 「뉴욕타임스」로부터 "프로이트 이후 출간된 가장 중요한 정신의학서 중 하나"라는 찬사를 받으며 '외상 후 스트레스 장애'에 대한 권위서로 남게 되었다. 주디스 허만 교수는 아동 성폭력이 남긴 깊은 트라우마 연구의 권위자이다.

아이의 사랑에 방점을 두면서 소아성애를 변호하는 버틀러와 마찬가지로 동성애적 소아성애자(남색자) 미셸 푸코도 1979년 강의에서 성인을 유혹하는 아이들의 성욕망을 주장함으로써 소아성애를 옹호했다. 1979년 미셸 푸코는 "반-소아성애 히스테리아"라는 제목의 방송과 글을 통해 "소아 매춘"에 대해 말하면서 소아들은 성적으로 보호받아야 하는 존재라고 주장하는 정신분석학자들과 정신의학자들의 입장을 오히려 공격하고, "성인을 유혹하는 소아들의" 성욕망을 주장했다.

푸코는 "아마 자신의 고유한 섹슈얼리티를 가진 아이가 성인을 욕망했고, 성관계에 동의했으며, 심지어 (소아성애적 성관계)의 첫 걸음을 주도했다"라고 말했다.[27]

아이의 주체적 사랑과 성욕을 버틀러와 푸코뿐 아니라, 독일 68 소아성애적 안티파와 녹색당도 강조하면서 소아성애 운동을 했다. 버틀러가 말하는 "아이의 사랑"은 독일 68 소아성애적 안티파의 주요 화두였다. 버틀러와 푸코처럼 아이들의 성욕을 강조하는 것은 소아성애 변호자들의 전형적 가해자 전략이다.

---

[27] "Perhaps the child with his own sexuality desired the adult, perhaps consented, perhaps even initiated the first steps. We can admit that it was the child who seduced the man, but our psychological insight assures us that the seducing child will undoubtedly be damaged and traumatized by having had an affair with an adult." (Michel Foucault is Professor at the College de France. Translated by Daniel Moshenberg. Excepted from "Dialogues," a French radio program produced by Roger Pillaudin and published by Recherches, April 1979. from SEMIOTEXT(E) SPECIAL, Intervention Series 2: Loving Children, p. 44ff.)

독일 "교육자들의 교황" 혹은 "교육계의 교황"(Pädagogenpapstes)[28]이자 독일 68 반권위주의적 "개혁교육의 교황"(der Papst der Reformpädogik)[29]으로 평가되는 하르트무트 폰 헨티히(Hartmut von Hentig) 교수는 독일 전 대통령 리하르트 폰 바이처제커(Richard von Weizsäcker)와 깊은 관계를 가진 독일에서 가장 유명한 교육학자였는데, 소아성애를 변호하면서 아이들이 먼저 유혹했다고 주장해 그동안 받았던 많은 영예로운 상을 박탈당했다.[30]

헨티히 교수는 독일 68 반권위주의적 진보교육의 메카이지만 이후 "소아성애자들의 천국"인 동시에 "아이들의 지옥"으로 변해 버린 오덴발트 슐레(Odenwald Schule)의 교장인 게롤드 베커와 동성애적 동반자 관계를 유지해 오면서, 상습적 소아성애자 게롤드 베커의 수백 명에 이르는 어린 학생들에 대한 조직적이고 구조적인 소아성애적 아동 성폭력을 아이들의 자발적이고 주체적인 성욕을 강조하는 버틀러와 유사한 논리로 변호했다가 거센 비판을 받았다.

이 오덴발트 슐레는 독일 68 진보교육의 성지로서 3미터 높이의 거대한 남근상을 상징처럼 세워 놓았다. 지금은 폐교가 된 국내 김누리 교수가 찬양하는 독일 68 진보교육, 개혁교육 그리고 교육혁명의 성지인 오덴발트 슐레에서의 집단적 소아성애와 남색과 깊게 연루가 되었음에도 불구하고 헨티히 교수는 버틀러와 유사한 논리를 가지고 아이들의 사랑과 성욕을 강조하면서 아이들이 먼저 유혹했다고 주장해 신랄한 비판을 받았다.

게롤드 베커와 함께 독일 68 교육혁명, 개혁교육 그리고 진보교육을 주도하면서 플라톤의 『향연』에 등장하는 소아성애/남색을 정당화하는 '교육학적 에로스' 개념을 도구로 헨티히 교수는 소아성애적/남색적 강간을 범한 게롤드 베커를 여전히 변호하고, 아이들이 먼저 유혹했다는 식으로

---

28 https://taz.de/!5234732/
29 https://www.welt.de/debatte/kommentare/article216508994/Paedophilie-Zweier-lei-Umgang-mit-Missbrauchs-Faellen.html
30 https://www.beltz.de/fileadmin/beltz/leseproben/978-3-7799-2929-1.pdf

이 아동 성폭력을 미화하고 은폐해서 최근에는 독일 바이에른 법무부 장관으로부터 경고를 받았다.[31]

4) "소아성애: 권력관계에 대한 부정"(독일 원조 여성학자 알리체 슈바르처)

아이의 사랑에 방점을 두면서 주체적, 상호적 그리고 협의적 소아성애와 근친상간을 변호하는 주디스 버틀러와 같은 입장을 가장 대표적으로 비판하는 학자는 시몬 드 보부아르와 장 폴 사르트르와 깊은 교분을 가진 독일 원조 페미니즘 학자 알리체 슈바르처(Alice Schwarzer)이다.

2017년 주디스 버틀러와 알리체 슈바르처는 독일 언론을 통해서 날카로운 논쟁을 벌이기도 했다.[32] 버틀러의 젠더 이론에 대한 가장 대표적 비판 여성학자가 알리체 슈바르처이다. 양성평등에 대한 기여가 높게 평가되고 있으며, 그 공로로 독일 정부로부터 무공훈장을 받았다. 30여 권의 저서를 집필한 그녀는 독일을 대표하는 페미니스트라 할 수 있다.

그녀는 2011년 스위스 언론 NZZ(Neue Zürcher Zeitung)의 방송 인터뷰에서 여성 연구(페미니즘)를 대체하면서 여성 연구로부터 젠더 연구로 패러다임 전환한 버틀러식의 젠더 페미니즘(성인지 페미니즘)에 대해 비판하는 대표적 지성이다.[33]

슈바르처는 2010년 헨티히 교수가 소아성애적 혹은 남색적 강간을 범한 게롤드 베커를 변호하면서 그 아이들이 오히려 선생인 게롤드 베커를 성적으로 유혹했다고 주장한 것을 신랄하게 비판했다.[34]

---

31 https://www.justiz.bayern.de/presse-und-medien/pressemitteilungen/archiv/2010/40.php
32 https://www.deutschlandfunkkultur.de/alice-schwarzer-contra-judith-butler-ueberfalliger-streit.1013.de.html?dram:article_id=394048
33 Alice Schwarzer | Der Blick zurück (NZZ Standpunkte 2011).
34 https://www.aliceschwarzer.de/artikel/aus-liebe-154351?fbclid=IwAR3dVMF0FD-Nr1-YpgaGQhoq7bx8BJL5Vd5XyChrJqjBmMQacTOGUgqqFRuU;

버틀러와 유사한 주장을 한 독일 교육계의 교황 헨티히 교수의 소아성애 미화 발언과 옹호 발언을 비판하면서 슈바르처는 이 문제와 관련해 앞에서 언급한 아동 성폭력의 트라우마 연구의 대가인 하버드대학 교수 주디스 허만의 책을 반드시 읽어야 한다고 추천했다.

허만의 책은 『폭력의 흉터』라는 제목으로 독일어로 번역되었다. 아동 성폭력은 깊게 각인된 정서적 흉터와 상처를 남기며 그것은 쉽게 치유되기 힘들다. 주디스 버틀러의 소아성애와 근친상간 옹호 입장을 맞서서 우리는 아동 성폭력의 트라우마 연구 대가인 주디스 허만의 연구를 재발견해야 한다.[35] 주디스 허만 교수는 『아버지-딸 사이의 근친상간』이라는 책도 출간했다.[36]

주체적, 상호적 그리고 협의적 소아성애와 근친상간은 가능하며 트라우마를 남기지 않는다는 식으로 주장하는 주디스 버틀러와는 달리 알리체 슈바르처는 소아성애와 근친상간을 아동 성폭력으로 파악하고 매우 깊게 이 문제를 비판해 왔다.

그녀는 독일 68 성혁명, 독일 녹색당, 사민당, 독일 68 반권위주의적-루소주의적 진보교육의 성지이자 메카인 오덴발트 슐레(Odenwald Schule), 헬무트 켄틀러 교수, 헨티히 교수 등에서 발견되는 소아성애적이고 남색적인 아동 성폭력 문제를 선구자적으로 용감하게 독일 언론과 사회에서 공론화했다. 2010년 독일 진보교육의 성지인 오덴발트 슐레에서의 집단적 소아성애 사태 폭로 이후로 대세로 자리 잡은 독일 68 소아성애 과거사 청산 운동의 선구자가 알리체 슈바르처이다.

알리체 슈바르처는 일종의 합의하에 이루어진 소아성애와 근친상간 지지 입장은 성인과 소아 사이에 존재하는 "권력관계"를 의도적으로 배제

---

35 Judith Herman, *Die Narben der Gewalt- Traumatische Erfahrungen verstehen und überwinden* (Junfermann Verlag, 2003).
36 Judith LewisHerman/Lisa Hirschman, *Father-daughter incest* (Cambridge, Mass.: Harvard University Press, 1981).

하고 있다고 비판한다. 2010년 알리체 슈바르처는 "소아성애: 권력관계에 대한 부정"(Pädophilie: Zur Leugnung der Machtverhältnisse)이라는 제목의 기고문을 통해 "문제의 핵심은 항상 성인과 소아들 사이의 권력관계에 대한 부정이었다"는 사실을 지적했다.

그녀는 권력관계는 부정되면서도 "성인과 소아들 사이의 외견상의 상호성과 동의가 암시되었다"고 바르게 분석했다.[37] 1980년 이미 알리체 슈바르처는 "소아성애를 해방시킨다?"(Emanzipiert Pädophilie?)라는 제목의 기고문을 통해 소아성애 운동가들이 근친상간 금지에 대한 법률도 폐지를 시도했다고 바르게 폭로했다.[38]

"매춘과 소아성애"라는 제목의 글을 통해서는 "매춘과 소아성애 사이에 유사점이 존재한다고들 말해진다"고 분석하면서 "한때 스스로 진보적이라고 이해하는 시대정신은 소아의 이름으로 이루어지는 소아들과의 섹스에 대한 권리를 변호했었다"라고 비판한다.

슈바르처는 "그때에는 성인과의 섹스를 마음껏 누릴 수 있는 소아들의 욕구들이 주장되었고, 소아들은 성인과의 섹스를 '자발적으로' 그리고 '동의하에' 수행했다고 주장되었다"라고 비판했다. 그녀는 소아성애적 매춘의 문제와 함께 90퍼센트 정도의 창녀들이 아동 성폭력 피해자라는 사실을 상기시킨다.[39]

슈바르처는 이렇게 동의하에 그리고 자발적으로 이루어진 소아성애와 근친상간이라는 논리를 반박하면서 성인과 소아들 사이의 소아성애와 근

---

[37] https://www.emma.de/artikel/paedophilie-zur-leugnung-der-machtverhaeltnisse-265158
[38] https://www.emma.de/artikel/sexueller-missbrauch-emanzipiert-paedophilie-265011
[39] https://www.aliceschwarzer.de/artikel/prostitution-und-paedophilie-312893 : "Die Rede ist von der Parallele zwischen Pädophilie und Prostitution. Die Rede ist von dem, was für Feministinnen schon immer offensichtlich war. Einst plädierte der sich als fortschrittlich verstehende Zeitgeist für das Recht auf Sex mit Kindern – im Namen der Kinder. Es sei das Bedürfnis der Kinder, wurde behauptet, ihre Sexualität auch mit Erwachsenen auszuleben, sie täten das 'freiwillig' und 'einvernehmlich'."

친상간에는 비대칭적 "권력관계"가 분명히 존재한다고 바르게 지적했다.

버틀러는 '아이의 사랑'에 기초한 상호적, 주체적, 자발적 그리고 동의적 근친상간과 소아성애는 트라우마틱하지 않을 수도 있다고 주장하지만, 성인과 소아들 사이에 엄연히 존재하는 권력관계, 의존관계 그리고 종속관계에 대해서는 침묵한다.

주디스 버틀러의 소아성애와 근친상간에 대한 옹호적 입장은 68 성혁명과 소아성애 운동에서 자주 사용되었던 논리, 곧 아이들의 성욕망에 기초한 동의하에 이루어진 소아성애와 근친상간이라는 논리와 유사한데, 바로 이러한 소아성애자들이나 소아성애 지지자들의 주장들은 성인과 소아들 사이에 존재하는 비대칭적 권력관계를 의도적으로 배제하고 있다고 슈바르처는 지적한다. 슈바르처는 이렇게 소아성애와 근친상간을 아동 성폭력으로 파악한다.

5) 소아의 성욕: 독일 68 '소아성애적 안티파'의 화두

아이들의 섹슈얼리티와 소아들의 성욕망을 강조하는 버틀러의 논리는 독일 68 소아성애적 안티파의 소아성애 운동의 논리와 유사하다. 버틀러도 강조하는 아이의 사랑과 '소아의 섹슈얼리티'(Kindersexualität)는 독일 68 소아성애적 안티파와 녹색당의 소아성애 운동의 주요 화두였다. 버틀러와 독일 68 소아성애 운동은 모두 자발적, 주체적, 상호적 그리고 협의적 소아성애와 근친상간을 강조함으로 아동 성폭력과 아동학대 문제를 "무해화"시키고 있다.

독일 68 학생 운동과 독일 녹색당은 동의하에 이루어지는 성인과 소아 사이 소아성애를 파시즘 격파를 위한 위대한 행위로 이해하고 찬양했다. 버틀러의 퀴어 무정부주의도 독일 68 소아성애적 안티파와 맥을 같이 한다.

독일의 저명한 주간지 「디 짜이트'」(*Die Zeit*)는 2013년 10월 10일 "68세대 – 소아성애적 반파시즘"(Achtundsechsiger – Pädophiler Antifaschismus)이라는

제목으로 68 학생 운동 속의 소아성애 운동을 비판적으로 분석한 바 있다. "좌파의 아동학대에 대한 무해화 방법을 알려고 하는 자는 당시의 파시즘 이론을 공부해야만 한다. 당시에 성해방이 나치 과거사 청산으로 이해되었고 소아성애는 해방으로 이해되었다"라는 소제목 아래 다음과 같이 이 기사는 분석한다.

> 성해방이 반파시즘적 기획으로 간주되었다. 당시 사람들은 이를 위해 빌헬름 라이히에 근거했고 자유로운 사랑으로 나치 시대뿐 아니라 전후 시대의 왜곡된 의식을 물리치고자 했다. 지배 없이 이상적 방식으로는 소가정(Kleinfamilie)으로부터 벗어난 사랑놀이(Liebesspiel)는 바로 다가오는 사회주의적 행복을 미리 발산하다고 여겨졌다.
> 충동억압과 파시즘적 이데올로기 사이에 존재한다고 여겨지는 연관성은 성인들과 어린아이들 간의 동의하에서 이루어지는 성적 접촉들이 허용될 때 비로소 제거될 수 있다.

당시 68 운동권들은 소아성애가 "어린아이의 인성발달에 대한 긍정적 결과들"을 가져온다고까지 주장했다. 68 학생 운동 1년 이후에 작성된 『수업 교재』(Kursbuch)는 "아이들과의 성적 행위들을 칭송했다."

68 학생 운동의 소아성애 행위에 대한 비판과 함께 최근에는 독일 녹색당의 소아성애 연루 문제가 공론화되었고, 독일 녹색당뿐 아니라, 독일의 "좌파와 좌파자유주의 배경의 소아성애"(Pädophilie im linken und linksliberalen Milieu)에 대해 공론화되기 시작했다. 이렇게 독일 68 학생 운동, 녹색당, 좌파 그리고 좌파자유주의 진영에서 "성해방은 신하근성에 맞서는 적극적인 저항으로 파악되었다."

> '해방된' 성은 어린아이들과 성인들 사이에 어떠한 권력관계도 생각할 수 없는 죄 없는 순수함의 루소적 제국(rousseauistisches Reich der Unschuld)으로서 많은 사

람에게 보였다.[40]

미셸 푸코와 독일 68 소아성애적 안티파 모두 동의하에 이루어지는 소아성애는 소아들과 성인들 사이의 어떠한 권력관계도 생각할 수 없는 죄 없는 순수함의 루소적 제국이라고 이해하고 찬양했는데, 앞에서 본것처럼 버틀러는 푸코의 이러한 관점을 인용하고 있다.

하지만 독일 원조 여성학자 알리체 슈바르처의 용감한 반론처럼 소아들과 성인들 사이에는 비대칭적 권력관계가 엄연히 존재한다. 버틀러, 푸코, 독일 68 그리고 과거 녹색당은 모두 소아성애와 근친상간 속의 아동 성폭력 문제를 무해화하기 위해서 소아들의 주체적이고 자발적인 성욕망을 강조하고 또한 엄연히 존재하는 성인-소아 사이의 권력관계에 대해서 부정하고 침묵한다.

동성애적 소아성애자 푸코와 소아성애 변호자 버틀러 등은 비대칭적 권력관계의 상위에 존재하는 성인보다는 종속되어 있는 아이들의 소아성애적이고 근친상간적인 성욕망과 아이들에 의한 주체적이고 자발적인 주도와 유혹에 더 방점을 두어서 성인들에 의한 아동 성폭력 문제를 무해화하고 회피하려고 한다.

푸코와 같은 많은 동성애적 소아성애자(남색자)는 소아도 성적 존재로서 성욕망과 오르가즘에 대한 권리가 있다고 가스라이팅하고 그루밍해서 자신의 소아성애 파트너로 만든다.

독일 68 소아성애적 안티파의 대표 지식인은 독일 "성교육의 교황"이자 독일 성인지 교육의 아버지인 헬무트 켄틀러(Helmut Kentler) 교수인데, 그는 최근 고아들을 대상으로 소아성애가 아동 교육에 좋다고 주장하면서 소아성애 실험을 해 독일 사회에 큰 충격을 주었다.

---

40 Adam Soboczynski, "Achtundsechsiger - Pädophiler Antifaschismus", *Die Zeit*, 2013년 10월 10일 기사 (https://www.zeit.de/2013/42/paedophiler-antifaschismus-kinde-smissbrauch).

동성애자인 켄틀러 교수도 버틀러와 유사하게 아이들도 성적 존재이기에 오르가즘을 추구할 권리가 있다고 주장함으로 소아성애를 변호했다. 2021년에는 독일 "성교육의 교황"인 헬무트 켄틀러 교수의 소아성애 실험을 고발하고 비판적으로 분석한 연구서가 출간되었다.[41]

김누리 교수는 독일 68 성교육을 가장 중요한 정치 교육으로 주장하면서 국내 교육계에서 많이 강의했는데, 독일 최초로 그리고 가장 대표적으로 독일 68 성교육을 정치 교육으로 파악하고 주장한 학자가 바로 헬무트 켄틀러 교수였다.

동성애자 켄틀러 교수는 집 없는 아이들을 15년 동안이나 소아성애자들에게 넘겨 주어서 일종의 '다양한 가족'(퀴어 가족)을 구성하게 했는데, 그 아이들은 소아성애자들 혹은 남색자들의 성노예처럼 수십 년간 외부와 차단된 채 살았고, 오덴발트 슐레에서 일어난 바와 같이 어린 시절 성적 트라우마를 극복하지 못해서 자살한 경우도 발생했다고 한다.

독일 성인지 교육의 아버지인 헬무트 켄틀러 교수의 소아성애 실험 속에서 발생된 아동 성폭력 사태로 인해서 2021년 독일 전역에 걸친 소이성애자 네트워크에 대한 광범위한 조사가 시작되었다.

4. 아동 성폭력에 대한 감수성: 거세지는 68 소아성애 운동 과거사 청산

1)『동의』?: 68 소아성애 운동 과거사 청산이 새로운 대세다

푸코와 마찬가지로 버틀러도 아이의 사랑, 소아들의 성욕 그리고 성인-

---

41 Teresa Nentwig, *Im Fahrwasser der Emanzipation? Die Wege und Irrwege des Helmut Kentler* (Göttingen: Vandenhoeck&Ruprecht, 2021)

소아 사이의 상호적이고 협의적인 사랑을 강조하지만, 이러한 '동의'를 강조했던 프랑스와 독일 68 소아성애 운동의 부끄러운 과거사 청산이 최근에 대세를 이루게 되었다.

2021년 2월 프랑스 문단 미투 운동의 신호탄이 된 바네사 스프링고라의 책 『동의』(Le Consentement)가 국내에 번역되어 출판되었다.[42] 이 책은 출간 즉시 프랑스 아마존 베스트셀러 1위로 출간 3개월만에 18만 부가 판매되었고 전 세계 20개국 언어로 번역, 출간되었다.

스프링고라는 "침묵할 수밖에 없는 여자아이들만을 성적 대상으로 하면서 그 침묵이 동의라고 공격적으로 정당화한 문인 가브리엘 마즈네프"의 소아성애를 폭로한다. 그녀는 약 30년 전 13세 때 처음 만났던 유명 작가와의 성착취 관계를 폭로하는 이 소설로 수상쩍은 성윤리에도 불구하고 2013년 에세이 부문 르노도상을 수상하는 등 여전히 문단 내에서 강고한 위치에 있던 가브리엘 마즈네프의 치부를 적나라하게 고발한다.

이 책은 2020년 「엘르」 여성독자 대상을 수상했다. 이 책은 가스라이팅이 필연적인 청소년 성착취 사건에서 가해자가 무기로 삼고 사법부가 기계적으로 수용하는 '동의'라는 이 위험한 개념을 신중하게 고려하기를 촉구한다.

2017년 독일교육학학회(Die Deutsche Gesellschaft für Erziehungswissenschaft)는 "교육학적 상황 속에서 발생한 성폭력의 맥락 속에서 본 교육학의 역할"이라는 제목의 공식 입장문을 통해 2010년 독일 68 진보교육의 성지인 오덴발트 슐레에서 발생한 집단적이고 구조적인 소아성애/남색 아동 성폭력, 이곳과 관련된 독일 "교육계의 교황"이자 독일 전 대통령과 "마피아처럼" 깊은 관계를 가진 하르트무트 폰 헨티피 교수의 소아성애/남색 사태 연루, 그리고 독일 68 '성교육의 교황'인 헬무트 켄틀러 교수의 소아성애 실험 게이트 등을 비판적으로 성찰한 바 있다.[43]

---

42 바네사 스프링고라, 『동의』, 정혜용 역, (서울: 은행나무, 2021).
43 Erziehungswissenschaft. Heft 54, Jg. 28/2017. Zur Rolle der Erziehungswissenschaft im Rahmen der Debatte um sexuelle Gewalt in pädagogischen Kontexten Erziehungswis-

이처럼 현 정부가 교육개혁의 모델로 많이 생각하는 독일 진보교육계도 2010년 이후부터 독일 68 성교육의 소아성애적 아동 성폭력 문제에 대해서 깊게 반성하고 있다. 독일 교육계의 소아성애 운동 과거사 청산과 관련해서는 스위스 쮜리히대학의 위르겐 욀커스(Jürgen Oelkers) 교육학 교수가 대표적 연구가이다.[44]

2) 소아성애적 성교육에 대한 독일 학부모 단체의 저항 운동

2021년 4월 23일 독일 유력 신문 「프랑크푸르트 알게마이네 짜이퉁」(FAZ)은 키펜호이어출판사(Der Verlag Kiepenheuer & Witsch)가 오랫동안 준비해 왔던 미셸 푸코에 대한 출간을 2021년 프랑스 해외 석학 기 소르망 교수가 폭로한 푸코의 소아성애 범죄로 인해 연기하게 되었다고 보도했다.

이 신문은 푸코의 튀니지에서의 소아성애 범죄 폭로로 인해서 출판사가 "죽음의 계곡에서의 철학자 푸코의 마약 일탈에 대한 명랑한 책을 출간하는 것이 적절하지 않다"는 판단을 했다고 보도했다.[45]

독일 저명 언론 「벨트」(Welt)는 "아동보호를 소아성애자들과 가까운 성교육자들에게 정말로 맡기겠습니까"라는 제목으로 2021년 6월 9일 독일 로마가톨릭 아동학대 방지에 관한 공식 입장문에 대한 학부모협회의 비판을 보도했다.

---

senschaft. Mit Beiträgen von Andresen, Baader, Brachmann, Demant, Elezovic, Huber, kappeler u.a. Mitteilungen der Deutschen Gesellschaft für Erziehungswissenschaft DGfE (Verlag Barbara Budrich, 2017).

[44] Jürgen Oelkers, *Eros und Herrschaft. Die dunklen Seiten der Reformpädagogik*(Basel: Beltz, Weinheim, 2011); Jürgen Oelkers, Pädagogik, Elite, Missbrauch. Die „Karriere" des Gerold Becker (Weinheim, Beltz Juventa, 2016); Jürgen Oelkers, Ist Dummheit lernbar? Re-Lektüren eines pädagogischen Bestsellers.(Hrsg., mit Damian Miller.) (Basel, Zytglogge, 2018).

[45] https://www.faz.net/aktuell/feuilleton/debatten/kiepenheuer-witsch-verschiebt-veroeffentlichung-von-foucault-buch-17352205.html?fbclid=IwAR2rfkr7VdX-7bQm4NqCIHtjBzywjM46T4lrPYW8See9vuQQLrqlHUUOmUeE

독일 로마가톨릭교회는 최근 『아동학대 방지에 대한 공식 입장문』(*ein Papier zur Prävention von Kindesmissbrauch*)을 출간했는데, 학부모협회(Der Elternverein NRW)는 이 공식 입장문에는 소아성애자 미셸 푸코와 소아성애적 성교육학자 우베 질러트(Uwe Sielert) 교수의 관점이 반영되어 있다고 비판했다. 질러트 박사는 독일 성인지 교육의 아버지이자 최근 소아성애 실험이 폭로된 헬무트 켄틀러 교수의 제자이자 동료로서 68 소아성애적 안티파의 정신을 대변하는 성교육 학자이다.

이 로마가톨릭 공식 문서는 미셸 푸코의 소아성애 범죄가 폭로되기 전부터 준비되어 왔지만, 이 폭로가 이루어진 시점 즈음에 출간되어 독일 가톨릭교회도 좀 더 지켜보겠다고 했는데, 학부모들이 먼저 거세게 비판하고 있다.[46]

2021년 5월 독일 노르트라인-베스트팔렌주 학부모협의회가 미셸 푸코의 소아성애와 독일 68 성교육의 아버지 헬무트 켄틀러의 소아성애적-조기성애화적 성교육을 비판했다.

이 학부모협의회는 "독일 주교협의회에 보내는 공식 서한"을 통해 "당신들은 아동보호와 성학대 방지를 정말로 소아성애자들과 가까운 성교육자들에게 맡기려고 하십니까"라는 제목으로 동성애적 소아성애자(남색자)인 미셸 푸코의 성담론 그리고 독일 68 소아성애적 안티파의 아이콘과 같은 헬무트 켄틀러 교수의 소아성애적 성교육이 강하게 반영된 독일 로마가톨릭 성교육 교재에 대해 비판했다.

이 공식 서한에는 최근 폭로된 미셸 푸코의 튀니지에서의 소아성애적 매춘과 강간에 대한 비판과 독일 성교육을 대표하는 헬무트 켄틀러 교수의 소아성애적 성교육에 대한 비판이 등장한다. 2021년 최근 독일어권 여러 곳에서 특히 학부모 단체들로부터 그동안 지배적 성담론과 성교육으로

---

46 https://www.welt.de/politik/deutschland/plus231687111/Kirche-Kinderschutz-paedophilienahen-Sexualpaedagogen-anvertrauen.html?fbclid=IwAR0NQVf1Zx9L5F_Vs7i2ChCL9hfD9RBtKzjmJRoHaSMgcoNHFs4OQa_tLMo

정착된 소아성애자 미셸 푸코와 소아성애 그룹들과 깊은 관계를 가져온 독일 헬무트 켄틀러 교수의 영향에 대한 저항 운동이 거세지고 있다.[47]

독일 저명 언론「프랑크푸르트 알게마이네 짜이퉁」은 "켄틀러 실험: 교육으로서의 성학대"(DAS KENTLER-EXPERIMENT: Missbrauch als Erziehung)라는 제목으로 켄틀러 교수의 소아성애 실험이 교육이라는 미명 아래서 진행되었다는 점을 비판적으로 분석했다.[48]

버틀러, 푸코 그리고 독일 68 소아성애적 안티파의 성혁명적 성담론과 성교육은 독일 학부모 단체뿐 아니라, 영국 대학가에서도 거센 비판에 직면하기 시작했다.

2021년 5월 3일 영국 런던킹스칼리지(King's College London)에서 발행하는 「킹스 비즈니스 리뷰」(*King's Business Review*)에는 "푸코의 소아성애 비난과 영문학부 강의계획서(English Syllabus) 재평가하기"라는 제목으로 미셸 푸코의 소아성애 범죄 폭로와 주디스 버틀러의 근친상간 금지 폐지 주장 등으로 인해 푸코와 버틀러가 대학 강의 계획서(syllabus)가 포함될 때의 문제를 비판적으로 조명했는데, 이 내용은 이미 앞에서 소개했다. 이 기사는 다음같이 주장한다.

> 대학들은 이 이론가들(푸코와 버틀러)이 소아성애를 지지했다는 사실에 대해서 그 책임·연루 등에 대한 부인(disclaimer)을 의무적으로 포함시켜야 하는데, 만약 그렇지 않을 경우 진실에 대한 계획적인 모호하게 만들기와 이들 학자들을 존경할 만한 학자들로 고의적으로 사실을 와전하는 것처럼 보이기 때문이다. 푸코와 버틀러는 우리가 흠모해야만 하는 사람들이 아니다.

---

47 http://www.elternverein-nrw.de/wp-content/uploads/2021/05/PM_Elternverein-NRW_Offener-Brief-an-die-Bischofskonferenz_15.05.2021.pdf?fbclid=IwAR1rK-P8XbFGMVsp3D2NOaniVpjLQUbKreyvfd4lBT3gcuTgc_ZWtGccuosM

48 https://www.faz.net/aktuell/feuilleton/debatten/der-kentler-fall-kindesmissbrauch-in-staatlicher-verantwortung-16817974.html

[미셸 푸코의 소아성애와 주디스 버틀러의 근친상간과 같은] 이러한 무시무시하고 약탈적인 개념들이 만약 그 이론가들 세계관의 주요한 부분이고 그들의 문학적 작업들의 모든 측면에 영향을 준다면 반드시 대학 강의 토론 시간에 회피되어서는 안된다.[49]

5. 나오는 말

주디스 버틀러는 아이들의 성정체성 흔들기와 허물기를 기획하는 자녀 교육의 "트러블 메이커"이기에 EBS의 〈위대한 수업〉은 사실 자녀 교육에 대해서는 '위험한 수업'이었다. 대한민국 교육방송 EBS가 소아성애와 근친상간을 지지하는 주디스 버틀러에 대한 방송을 강행한 것에 대해 유감을 표한다.

소아성애와 근친상간은 결코 교육방송 EBS가 대중화시킬 수 있는 보편적 교육가치가 아니다. 버틀러가 계승하고 있는 68 소아성애적 안티파 성혁명 사상의 최대 피해자이자 사회적 약자인 아동들의 성폭력 문제에 대해 EBS 교육방송을 비롯한 한국 교육계가 독일 교육계처럼 감수성 있게 응답하기를 기대한다. 프랑스와 독일의 68 소아성애적 안티파의 부끄러운 소아성애 과거사 청산이 새로운 대세이며 새로운 글로벌 트랜드이다.

---

49 Samanta Gladklauskaite, "Allegations of Foucault's Paedophilia and Re-evaluating the English Syllabus", *King's Business Review*, 2021년 5월 3일 기사. https://kingsbusiness-review.co.uk/__trashed-2?fbclid=IwAR3JtW12H0kyZGQGDHsNdjvEs6kh-SszdhE-hTR8Ic1zCgS3bBb9Xx0TXzPc